Die
Bayerische Bauordnung

vom 17. Februar 1901,

abgeändert durch V. vom 3. August 1910 und 10. Juli 1918.

Mit Erläuterungen und einem Anhang

herausgegeben von

Dr. Georg Heilmann und Dr. Karl Weinisch
Bezirksamtmänner
in Schweinfurt.

1924
München, Berlin und Leipzig
J. Schweitzer Verlag (Arthur Sellier)

Universitätsbuchdruckerei von Junge & Sohn in Erlangen.

Vorwort.

Die mehrfachen Abänderungen der Bauordnung, insbesondere durch die Verordnung vom 10. Juli 1918 ließen in der Praxis das Bedürfnis nach einer Ausgabe der Bauordnung nach dem heutigen Stand entstehen. Die vorliegende Bearbeitung der Bauordnung hat es sich deshalb zur Aufgabe gemacht die derzeitige Rechtslage unter besonderer Berücksichtigung der Bedürfnisse der Praxis nach dem neuesten Stande der Rechtsprechung darzustellen.

Besonderes Gewicht wurde auf die Wiedergabe der sonst nicht allgemein zugänglichen Ministerial-Entschließungen gelegt. Diese wurden seitens des Staatsministeriums des Innern in entgegenkommender Weise zur Verfügung gestellt. Es sei uns deshalb an dieser Stelle gestattet dem Staatsministerium des Innern unsern ergebenen Dank auszusprechen.

Die Verfasser.

Inhaltsübersicht.

Abkürzungen.

AG.	=	Ausführungsgesetz zum
BGB.	=	Bürgerliches Gesetzbuch.
BO. (MBO.)	=	Bauordnung. (Münchener Bauordnung)
EG.	=	Einführungsgesetz zum
GemO.	=	Gemeindeordnung.
GewO.	=	Gewerbeordnung.
GVBl.	=	Gesetz- und Verordnungsblatt.
JMBl.	=	Justizministerialamtsblatt.
KMBl.	=	Kultusministerialamtsblatt.
KostG.	=	Kostengesetz.
MABl.	=	Amtsblatt des Ministeriums des Innern.
MB.	=	Ministerialbekanntmachung.
ME.	=	Ministerialentschließung.
PStGB.	=	Polizeistrafgesetzbuch.
RGBl.	=	Reichsgesetzblatt.
RStGB.	=	Reichsstrafgesetzbuch.
StAnz.	=	Staatsanzeiger.
V.	=	Verordnung.
VGG.	=	Verwaltungsgerichtsgesetz.
WG.	=	Wassergesetz.
OLG.	=	Sammlung von Entscheidungen des Oberlandesgerichtes München in Strafsachen.
ObstLG.	=	Sammlung von Entscheidungen des obersten Landesgerichtes.
RG.	=	Entscheidungen des Reichsgerichtes.
VGH.	=	Sammlung von Entscheidungen des bayerischen Verwaltungsgerichtshofes.

Bl. f. a. Pr.	=	Blätter für administrative Praxis.
Bl. f. RA.	=	Blätter für Rechtsanwendung.
BayZ.	=	Zeitschrift für Rechtspflege in Bayern.
Reger	=	Entscheidungen der Gerichte und Verwaltungsbehörden.
Sörgel	=	Jahrbuch der Rechtsprechung zum Verwaltungsrecht von 1906 ab. Stuttgart, Deutsche Verlagsanstalt.

Literatur.

Borscht, W. v., Münchener Bauordnung. C. H. Beck, München 1896.
Braunwart=Stößel, Die neue bay. Gemeindegesetzgebung, Bay. Kommunalschriften=Verlag München 1920.
Dyroff, Bayerisches Verwaltungsgerichtsgesetz, 5. Aufl. Brügel & Sohn, Ansbach 1917.
Englert, F. v., Bauordnung, 4. Aufl. C. H. Beck, München 1911.
— Bauordnung, kleine Ausgabe, mitbesorgt von G. Köhler. C. H. Beck, München 1923.
— Handausgabe der Münchener Bauordnung, ergänzt bis zum Jahre 1910, mit einem Anhang herausgegeben von Max Schneider. Lindauersche Universitätsbuchhandlung, München 1911.
Fleiner, Fr., Institutionen des Deutschen Verwaltungsrechts. 3. Aufl. Tübingen 1913.
Frank, Kommentar z. RStGB. 11.—14. Aufl. Tübingen 1919.
Ganghofer=Weber, Kommentar zum Forstgesetz. 4 Aufl. Beck. 1904.
Helmreich=Rock, Bay. Gemeindeordnung, 3. Aufl. Ansbach 1920.
Henle, W. v., Die Zwangsenteignung von Grundeigentum in Bayern, 2. Aufl. Beck, München 1911.
Henle=Schmitt, Grundbuchordnung. Beck, München 1911.
Henle=Schneider, Die bay. Ausführungsgesetze zum Bürgerlichen Gesetzbuch, 2. Aufl. C. H. Beck, München 1909.
Herrmann, v., Die Bauordnung, 4. Aufl. München 1894.
Kahr, G. v., Bayerische Gemeindeordnung. München 1896/1898.
Krais=Brettreich=Henle, Handbuch der inneren Verwaltung für Bayern rechts des Rheins unter Zugrundelegung der Werke von Krais, Pechmann und Brettreich herausgegeben von Julius Henle.
Landmann, v., Kommentar z. Gewerbeordnung, 6. Aufl. Beck, München 1912.
Loesti, Zum Vollzug der Bauordnung (Sammlung der ME. seit 1916). München 1923.
Maurer, Bayerisches Kirchenvermögensrecht, Bd. III. Enke, Stuttgart 1919.
Meisner, Nachbarrecht, 2. Aufl. Schweitzer Verlag, München 1910.
Oertmann, Bayerisches Landesprivatrecht. Halle a. S. 1903.
Olshausen, Kommentar zum RStGB., 10. Aufl. Berlin 1916.
Reger=Stößel, Gewerbeordnung, 6. Aufl. Ansbach 1916.
Reger=Dames, Polizeistrafgesetzgebung, 3. Aufl. Ansbach.
Riedel=Sutner, Bay. Polizeistrafgesetzbuch, 6. Aufl. Beck, München 1903.
Roesch, Bay. Selbstverwaltungsgesetz, 2. Aufl. Schweitzer, München 1920.
Schiedermaier, Polizeistrafgesetzbuch. Schweitzer, München 1923.
Seydel, M. v., Bayerisches Staatsrecht, bearbeitet von Garßmann=Piloty, Tübingen 1913.
Staudinger, Kommentar zum BGB. Schweitzer, München.
Stenger, Bau= und Wohnungsrecht, Kommunalschriften=Verlag, München.
Verhandlungen der Kammer der Abgeordneten 1877—1881, Beilagenband 12 Abt. I S. 303; 1889—1890, Beilagenband 8 S. 647.
Weinisch, Polizeistrafgesetzbuch. Kommunalschriften=Verlag, München 1923.

Einleitung.

I. Geschichte.

In der Geschichte des bayerischen Baupolizeirechts sind 2 Hauptabschnitte zu unterscheiden: die Zeit vor der Erlassung der ersten allgemeinen Bauordnung vom 30. Juni 1864 und die Zeit des Ausbaues dieser BO. bis in die jüngste Zeit.

a) Die Zeit vor 1864 ist durch das Fehlen einer einheitlichen Kodifizierung des damals geltenden Baupolizeirechts gekennzeichnet. Wie bereits im Mittelalter eine große Anzahl, zum Teil sehr ausgebildeter Statutarrechte baupolizeilicher Natur bestand, so finden wir vor 1864, in der Zeit des Königreichs, in unübersichtlicher Zersplitterung eine Reihe baupolizeilicher Vorschriften, die in zahlreichen Verordnungen, landesherrlichen Reskripten und Regierungsentschließungen, provinzialen und lokalen Anordnungen enthalten sind. Der große Teil dieser Vorschriften war inhaltlich durchaus brauchbar, zum Teil besser als später erlassene Vorschriften. Eine Zusammenstellung der hauptsächlichsten dieser Bestimmungen findet sich in Döllingers Verordnungssammlung Bd. 13 S. 993; Bd. 16 S. 1106; Bd. 29 S. 489; Bd. 31 S. 407. Eine umfassende systematische Darstellung enthält Max von Schmädels „Handbuch der im Gebiete der Baupolizeiverwaltung und des Baurechts bestehenden Gesetze und Verordnungen", Augsburg 1846. —

b) Das PStGB. v. 10. Nov. 1861 gab den Anstoß zu einer einheitlichen Regelung des bayr. Baupolizeirechts; seine Art. 180 ff. die Rechtsgrundlage für die „Allgemeine Bauordnung für die Haupt- und Residenzstadt München" v. 2. Okt. 1863 (RegBl. S. 1697) und die „Allgemeine Bauordnung" v. 30. Juni 1864 (RegBl. S. 817; Änderungen 1866 S. 393; 1872 S. 385). Letztere hat in der Folge mehrfache Änderungen erfahren, bildet aber in der Hauptsache nach Einteilung und Wortlaut Vorbild und Fundament aller folgenden und auch der heutigen BO.

Die Einführung des RStGB. v. 15. Mai 1871 und die Erlassung des bayr. PStGB. v. 26. Dez. 1871 stellten die BO. auf eine neue Rechtsgrundlage (Art. 101). Am 16. Mai 1876 erging die K. V. betr. die Aufführung von Gebäuden im offenen Bausystem (GVBl. S. 347; wieder aufgehoben durch Ziff. III der V. v. 3. Aug. 1910; s. § 11 BO.); am 30. Aug. 1877 eine neue „allgemeine Bauordnung" (GVBl. S. 461). Deren strenge Vorschriften wurden für Bauten auf dem Lande gemildert in der K. V. v. 19. Sept. 1881, die allgem. BO. betr. (GVBl. S. 1241). Nach einer Änderung des Art. 101 PStGB. durch Art. 8 der Novelle zum Brandversicherungsgesetz v. 5. Mai 1890 (GVBl. S. 223) folgte die K. V. v. 31. Juli 1890 die BO. betr. (GVBl S. 331) und die BO. für die Pfalz v. 30. Aug. 1890 (GVBl. S. 583). Für beide brachte die K. V. v. 21. März 1900 (GVBl. S. 217) einige Änderungen. Am 10. Febr. 1901 erging auf Grund des Art. 73 II und III PStGB. die K. V. die Wohnungsaufsicht betr. (GVBl. S. 73).

Die K. V. v. 17. Febr. 1901, die BO. betr. (GVBl. S. 87), schuf endlich ein einheitliches Baupolizeirecht für Bayern rechts des Rheins (mit Ausnahme von München) und für die Pfalz. — Auf Grund des geänderten Art. 101 PStGB. wurde durch das Gesetz v. 6. Juli 1908 (GVBl. S. 353) der Art. 22 b in das PStGB. eingefügt. Durch die V. v. 1. Dez. 1902 wurde die Dispensbefugnis des Staatsministeriums des Innern nach § 65 Abs. II den Kreisregierungen übertragen. Die V. v. 3. Aug. 1910, die BO. betr. (GVBl. S. 403), und endlich die V. v. 10. Juli 1918 (GVBl. S. 359) brachten wesentliche Änderungen, insbes. zur Begünstigung und Erleichterung des Kleinwohnungsbaues. —

Die heute geltende BO. ist zu bezeichnen als die bayr. Bauordnung v. $\frac{\text{17. Febr. 1901}}{\text{3. Aug. 1910}}$ in der Fassung vom 10. Juli 1918.

2. Geltendes Baupolizeirecht; seine Rechtsgrundlage und sein Geltungsbereich.

Die Freiheit des Grundeigentümers, auf seinem Grund und Boden zu bauen, kann durch Normen des Privatrechts beschränkt sein. Das BGB. hat — hauptsächlich in seinen nachbarrechtlichen Bestimmungen — ein gemeinsames deutsches Privatbaurecht geschaffen. Dieses scheidet hier aus der Betrachtung aus. Soweit Eigentumsbeschränkungen im öffentlichen Interesse notwendig werden, gelten die Normen des Baupolizeirechts. Unter diesem versteht man den Inbegriff der Sätze des öffentlichen Rechts, durch welche die Baufreiheit des Grundeigentümers zur Verhütung oder Beseitigung der Gefahren, die durch die Aufführung oder den baulichen Zustand von Bauwerken für einzelne Personen oder für das Gemeinwesen entstehen können, beschränkt wird (ObstLG. 12, 346).

Die bayr. BO. v. $\frac{\text{17. Febr. 1901}}{\text{3. Aug. 1910}}$ in der Fassung v. 10. Juli 1918 ist eine baupolizeiliche V. Sie ist erlassen auf Grund des Art. 2 Ziff. 11 und 14, Art. 73 Abs. I und Art. 101 PStGB. und enthält nur öffentliches Recht, nur die materiellen und formellen Bau- und Verfahrensvorschriften, keine Strafbestimmungen. Diese sind im PStGB. bezw. im RStGB. enthalten.

Die BO. ist nicht etwa eine Kodifikation des gesamten in Bayern geltenden Baupolizeirechts; sie ist nur die Säule, die umrankt wird von einer Anzahl von Polizeivorschriften, die wie sie aus den einschlägigen Bestimmungen des PStGB. abzweigen. Aber die BO. statuiert die baupolizeilichen Mindestforderungen; die zur BO. auf Grund des PStGB. ergehenden ober-, bezirks- oder ortspolizeilichen Vorschriften können weitergehende Bestimmungen als die BO. treffen, nicht aber die Vorschriften der BO. aufheben, einschränken oder mildern.

Die gesetzliche Gültigkeit der BO. und aller baupolizeilichen Vorschriften (Verordnungen, ober-, bezirks- oder ortspolizeiliche Vorschriften) unterliegt dem Prüfungsrecht der Gerichte; ebenso die Gültigkeit der besonderen Anordnungen der Behörden, zu denen diese für einzelne Fälle durch die baupolizeilichen Vorschriften ermächtigt sind.

Die räumliche Geltung der BO. erstreckt sich über das rechtsrheinische Bayern mit Ausnahme von München und über die Pfalz.

Das Baupolizeirecht ist in der Hauptsache Landesrecht. Das Reichsrecht enthält nur einzelne Bestimmungen baupolizeilicher Art; so die GewO. über lästige und gefährliche gewerbliche Anlagen, das Festungsrayongesetz v. 21. Dez. 1871 gewisse Baubeschränkungen, das RStGB. in den §§ 330, 367 Ziff. 13—15; 368 Ziff. 3 und 8, 369 Ziff. 3 Strafbestimmungen über die Verletzung baupolizeilicher Vorschriften. —

In den sachlichen Geltungsbereich der BO. fallen Hochbauten, deren bauliche Zugehörungen und Hilfsbauten. Bei den Hochbauten sind zu unterscheiden: Gebäude und bauliche Anlagen (deren Begriffsbestimmung s. § 1 Anm. 6).

Subjekt der baupolizeilichen Vorschriften sind in erster Linie die Bauherren, dann aber auch die Bauleiter, Baumeister, Bauunternehmer, Bauhandwerker (deren Begriff s. § 72 Anm. 6). —

3. Gliederung und kurzer Inhalt der BO.

Die §§ 1—5 enthalten die Bestimmungen über die Baulinien, Höhenlagen und Baubeschränkungen, die §§ 6—11 die über Baugenehmigung und Baupläne, die §§ 12—57 geben die technischen Vorschriften über die Bauführung und in den §§ 58—79 ist die Zuständigkeit und das Verfahren behandelt.

a) Zu §§ 1—5: Erste Aufgabe der Baupolizei ist die Bestimmung des Geländes, auf dem gebaut werden und der Bedingungen, unter denen die Bebauung stattfinden darf. Alle die in dieser Hinsicht von den Behörden zu treffenden Vorkehrungen schließt der Begriff der „Erschließung des Baugeländes“ in sich. Sie erfordert insbesondere die Sicherstellung der für den Gemeinbedarf (d. i. der Bedarf für den notwendigen öffentlichen Verkehrsraum und für die sonstigen aus Gründen des Gemeinwohls von der Bebauung freizuhaltenden Flächen) erforderlichen Flächen und die Gewinnung zweckmäßiger Bauplätze. Die Frage der Erschließung des Baugeländes wurde außerhalb der BO. in sehr zweckmäßiger Weise durch das Gesetz über die Erschließung von Baugelände v. 4. Juli 1923 (s. im Anhang: dort auch hierzu die Vollzugsbekm. v. 19. Sept. 1923) gelöst. Innerhalb der BO. wird sie in §§ 1—5 und in dem hieher gehörigen § 62 behandelt. Das System der Baulinien dient sowohl der Regelung einer zweckmäßigen Bebauung der Grundstücke nach neuzeitlichen, städtebaulichen Grundsätzen als auch der Schaffung der erforderlichen Verkehrswege. Baulinien sind wirtschaftlich Grenzlinien für die bauliche Grundstücksausnützung und zugleich Straßenlinien. Sie sind dort zu ziehen, wo ein öffentliches Bedürfnis für sie, insbes. bei gesteigerter Bautätigkeit, besteht, ohne Unterschied, ob es sich um Städte, Märkte oder ländliche Siedlungen handelt. Erforderlichenfalls ist die Festsetzung der Baulinien durch Generalbaulinienpläne vorzubereiten. Letztere stellen in der Regel nur die Hauptgrundzüge für die Bebauung eines größeren Komplexes dar. Für alle öffentlichen Plätze, Straßen oder Wege, an denen Gebäude oder bauliche Anlagen des § 8 errichtet werden sollen, müssen Baulinien bestehen. Solange sie fehlen, dürfen — von Ausnahmen abgesehen; § 1, Abs. II und IV — Gebäude an diesen Verkehrswegen nicht errichtet oder gewisse Änderungen an ihnen vorgenommen werden (§ 1). Ist eine Baulinie noch nicht gegeben, oder soll von ihr abgewichen werden, so ist vor Erteilung der Baugenehmigung die Baulinie durch die Regierung (bei unmittelbaren Städten) bezw. durch den Bezirksausschuß festzusetzen (§ 1, 58). Bei der Bestimmung der Baulinien ist auch — jedoch nur im Bedürfnisfalle —

Rücksicht auf die Höhenlage (das Niveau) und allenfallsige Baubeschränkungen zu nehmen. Hiebei ist den Forderungen des Verkehrs, der Gesundheit, Feuersicherheit und Schönheit Rechnung zu tragen.

Durch die Baubeschränkungen (§ 2) kann insbes. angeordnet werden, ob für ein zu bebauendes Gelände das offene oder geschlossene Bausystem zu gelten hat (s. § 2 Anm. 3).

In neuen Bauanlagen dürfen Bauführungen erst genehmigt werden, wenn die Herstellung des Straßenkörpers für den entsprechenden Teil der Straße gesichert ist (§ 62). Die Erledigung von Grundabtretungen für öffentliche Verkehrswege ist dem Uebereinkommen zwischen der Gemeinde und den Beteiligten überlassen; nur für gewisse Fälle besteht ein Zwangsenteignungsrecht (§ 62). —

b) Zu §§ 6—11: Für gewisse, jedoch nicht alle Bauführungen besteht die Verpflichtung zur vorherigen Einholung der baupolizeilichen Genehmigung, um der Baupolizeibehörde die Kontrolle der Einhaltung der baupolizeilichen und sonst etwa einschlägigen Vorschriften zu ermöglichen.

Welche Bauführungen (Neubauten und Veränderungen) genehmigungspflichtig sind, bestimmen die §§ 6—8. Es sind dies: die Herstellung von neuen Haupt- und Nebengebäuden (Ausnahmen: § 6 Abs. II), deren Verlegung an einen anderen Ort, die Vornahme von Hauptänderungen und Hauptreparaturen an ihnen (§§ 6, 7). Für bestimmte bauliche Anlagen kann durch ortspolizeiliche Vorschrift eine Genehmigungs- oder auch nur eine Anzeigepflicht angeordnet werden (§ 8). Eine baupolizeiliche Genehmigung ist ferner nach der V. v. 27. März 1919 (GVBl. S. 119) für die Errichtung, Abänderung usw. von Denkmälern einzuholen (s. Anhang und § 6 BO. Anm. 4). Keine Genehmigungspflicht besteht für Bauführungen auf Kosten des Staates usw. (§ 10); hier ist lediglich Mitteilung an die Baupolizeibehörde zwecks Erinnerungsabgabe erforderlich. Der Genehmigung bedürfen auch beabsichtigte Abänderungen eines bereits genehmigten Bauplanes (§ 75). Zum Zwecke der Genehmigungserteilung sind die Baupläne der Baupolizeibehörde vorzulegen (§ 9).

c) Zu §§ 12—57: In 17 Unterabteilungen enthält der Abschnitt III der BO. die näheren Vorschriften über die Bauführung.

Allen diesen Vorschriften liegt der Gedanke zugrunde, daß alle Bauarbeiten bei Bauführungen jeder Art (insbesondere auch an Gerüsten und anderen provisorischen Bauvorrichtungen, die nur vorübergehend während und zum Zweck der Bauführung angewendet werden), fest und sicher und den Rücksichten auf Leben und Gesundheit entsprechen müssen. Diese Bauarbeiten müssen nach Maßgabe des genehmigten Planes und der etwaigen besonderen Anordnungen, sowie unter Einhaltung sämtlicher baupolizeilicher Vorschriften ausgeführt werden. Wer bei der Leitung oder Ausführung eines Baues wider die allgemein anerkannten Regeln der Baukunst handelt, daß hieraus für andere Gefahr entsteht, macht sich strafbar (§ 330 RStGB.). Es handelt sich hiebei um den Schutz des öffentlichen Verkehrs und um die Verhütung von Bauunfällen, ferner soll den Bewohnern ein gesunder und sicherer Aufenthalt gewährleistet werden. Daher wird verlangt, daß das Baumaterial, dessen Wahl übrigens dem Bauherrn anheim gegeben ist, diejenigen Dimensionen und jene Beschaffenheit haben muß, welche eine feste und feuersichere, sowie den gesundheitspolizeilichen Anforderungen entsprechende Bauführung, insbesondere die Herstellung trockener Wände ermöglichen. Zu beachten ist, daß für Baumaterialien und Baukonstruktionen zunächst die Vorschriften der BO. selbst maßgebend sind. Wo z. B. Backsteinbrandmauern in der BO. verlangt sind, ist die Verwendung anderen Materiales als Backstein

(z. B. Bruchstein ꝛc.) unzulässig. Doch kann durch die BO. selbst ein Ersatz durch anderes Material zugelassen werden und zudem kann durch Ministerialvorschrift bestimmt werden, welche weiteren Materialien und Konstruktionen als den in der Bestimmung der BO. genannten gleichwertig, zum Ersatz derselben verwendet werden dürfen. Von dieser Befugnis hat das Ministerium des Innern auch in zahlreichen Fällen Gebrauch gemacht. Bei Verwendung eines durch das Ministerium zugelassenen Ersatzes ist im Einzelfalle eine baupolizeiliche Genehmigung nicht mehr nötig; doch hat die Baupolizeibehörde darüber zu wachen, daß die betreffenden Materialien und Konstruktionen die vorgeschriebenen Eigenschaften besitzen.

Alle massiven Mauern eines Gebäudes, diejenigen Hofmauern und sonstigen Schutz- und Einfriedigungsmauern, welche den Boden um mehr als 2 Meter überragen, ferner alle Stützmauern, Tragpfeiler und Säulen müssen auf festem natürlichen oder künstlich befestigtem Grund unter Frosttiefe fundiert werden. Bezüglich der Stärke der Umfassungs- und Tragmauern der Gebäude vgl. § 15.

Besonders wichtig sind die Vorschriften über die Brandmauern, das sind Mauern, die zugleich die massive Umfassungsmauer zwischen 2 zusammenhängend zu bauenden Gebäuden mit Feuerstätten bilden und bei einem entstehenden Brande das Uebergreifen des Feuers abhalten sollen. Sie sind stets in ordnungsmäßigem Zustande zu unterhalten. Eine vorschriftsmäßig hergestellte Brandmauer darf nicht in einer Weise abgeändert werden, daß sie den Vorschriften der BO. nicht mehr entspricht. Zur Neuherstellung und Veränderung von Brandmauern ist baupolizeiliche Genehmigung nicht erforderlich. Brandmauern werden verlangt in §§ 16, 40, 41, 44, 45, 47 und 48.

Die Vorschriften über die Kamin- und Feuerstätten haben eine besondere Bedeutung für eine möglichst wirtschaftliche Ausnützung der Brennstoffe durch zweckmäßige Anwendung. Es werden besteigbare (deutsche) und unbesteigbare Kamine unterschieden (s. §§ 17, 18). Offene Feuerstätten dürfen nur an massiven Mauern angebaut werden; sie sind unzulässig in Räumen, in welchen leicht entzündliche Stoffe lagern. Bezüglich der Zimmeröfen und geschlossenen Herde, Räucherkammern, Backöfen und Malzdörren vgl. §§ 21—24.

Ein Gebäude darf nicht willkürlich hoch gebaut werden. Die Gebäude an den Baulinien sowohl wie abseits von denselben dürfen nur eine solche Höhe erhalten, daß mit Rücksicht auf die anliegenden Straßen, freien Plätze, Hofräume und dergl. keine Gefährdung der Gesundheit zu befürchten ist und die Anwendung der Feuerlöschgerätschaften gesichert erscheint. Die Höhe der Privatgebäude an einer Straße darf die Breite der Straße mit Einschluß der Trottoire und etwaiger Vorgärten nicht überschreiten. Die für Kirchen, Staatsgebäude usw. zulässige Höhe und der zu fordernde Abstand von anderen Gebäuden wird von den zur Würdigung der Pläne berufenen Behörden festgestellt. Im übrigen vgl. §§ 25 ff.

Neben den gesundheitspolizeilichen Vorschriften des § 29 über die Höhe und über die Fenster von Wohn- und Arbeitsräumen können weitergehende Vorschriften über die Beschaffenheit von Wohnungen und Wohnräumen sowie über die Belegung von solchen auf Grund des Art. 73 Abs. II RStGB. durch V., ober- oder ortspolizeilichen Vorschrift geschaffen werden. Zu beachten ist, daß bei Neubauten, bei neuen An- oder Aufbauten sowie beim Umbau bestehender Gebäude jeder Wohnraum, jedes Schlafgemach, jede Küche und jeder Abtritt mindestens ein unmittelbar ins Freie gehendes Fenster von ausreichender Größe und entsprechender Lage erhalten muß.

Die Stärke des Dachstuhlgebälkes, die Form und Höhe der Dächer muß u. a. so bemessen werden, daß nicht eine übermäßige Höhe bei entstehendem

Feuer die Gefahr vermehrt. Über der zulässigen Fronthöhe der Gebäude dürfen die Dächer nicht steiler als 60° sein. Zur Eindeckung darf im allgemeinen nur feuersicheres Material verwendet werden, worüber die Baupolizeibehörde entscheidet. Ausnahmen sind zugelassen. Vgl. § 31, § 56.

Neue Kellerwohnungen dürfen nur bei günstigen Bodenverhältnissen und in der Regel nur in solchen Straßen, in denen die Höhe der Gebäude die Straßenbreite nicht überschreitet, unter bestimmten Voraussetzungen hergestellt werden (s. § 33).

Hinsichtlich der Dachwohnungen oder einzelner heizbarer Lokale im Dachraum, die nur in Gebäuden von nicht mehr als drei Stockwerken über dem Erdgeschoß und unter bestimmten Bedingungen zulässig sind, vgl. § 34.

Für äußere Aufgangsstiegen, Erker und Oberlichtschachte ist nähere Bestimmung in den §§ 35—37 getroffen, für Altanen, Balkone und Galerien in den §§ 38, 39.

Eingehend geregelt sind Bauten mit Feuerstätten (§§ 40 mit 43) und Bauten ohne Feuerstätten (§§ 44, 45).

Grundsätzlich gilt die Regel, daß Bauten mit Feuerstätten mit massiven Umfassungen von Stein oder Eisen auszuführen sind und, wenn sie mit anderen Gebäuden zusammenhängend gebaut werden sollen, von diesen durch Brandmauern zu trennen sind. Stallungen oder Lagerplätze für Futter und dergl., welche in Gebäuden mit Feuerstätten angebracht werden, müssen von den daneben befindlichen Wohnräumen durch Mauern getrennt sein. In diesem Falle genügen statt Brandmauern einfache Mauern, die bis zur Höhe der zu trennenden Räume reichen. Von dem Grundsatze des Massivbaues sind Ausnahmen zugelassen für bestimmte Gebäude, § 41; desgleichen für Bauten in Märkten mit nicht geschlossener Bauweise und auf dem Lande. Hier genügt es, wenn die Umfassungswände des Erdgeschosses der Wohngebäude massiv hergestellt werden, während die oberen Stockwerke auch mit Umfassungswänden von ausgemauertem Fachwerk oder Riegelwerk ausgeführt werden. Im übrigen vgl. § 42, ferner § 43. Für Bauten ohne Feuerstätten im allgemeinen und für solche in Märkten mit nicht geschlossener Bauweise und auf dem Lande sind wesentliche Erleichterungen vorgesehen.

Bei Bauten von mehr als gewöhnlicher Ausdehnung und Brandgefahr, also bei Neubauten, deren obere Stockwerke zu größeren Versammlungen oder öffentlichen Lustbarkeiten bestimmt sind, wird verlangt, daß die Zugänge zu den Versammlungs- oder Gesellschaftsräumen mit unverbrennlichen Treppen versehen werden. Soweit Gebäude zur Herstellung, Bearbeitung oder Lagerung größerer Quantitäten leicht entzündlichen oder schwer zu löschenden Materials bestimmt sind, müssen sie mit massiven Mauern umgeben und wenn sie mit anderen Gebäuden zusammenhängend gebaut werden sollen, von diesen durch Backsteinbrandmauern getrennt werden. Besondere Regelung ist vorgesehen bei Theatern mit Schnürboden und Versenkungen. Im übrigen vgl. §§ 46, 47, 48.

Nach § 49 sind Winkel und Reihen, sog. „enge Reihen" zwischen den einzelnen Bauten, wo nur immer möglich, zu vermeiden, unter allen Umständen aber sind diese so zu pflastern, daß ein entsprechender Wasserablauf ermöglicht ist. Zwecks Vermeidung von Winkeln und engen Reihen sind von bestehenden Bauten entsprechende Abstände einzuhalten. Es darf auch von der Anwesensgrenze nicht in einem Abstand gebaut werden, daß dadurch die Entstehung einer engen Reihe vorbereitet wird. Vgl. im übrigen die Ausführungen zu § 49. Die privatrechtlichen Verhältnisse an engen Reihen bestimmen sich nach den Vorschriften des BGB. Vgl. § 921, 922. —

Bei allen Wohnhausneubauten müssen Hofräume vorhanden sein, die in einer den Anforderungen der Feuersicherheit und Gesundheitspflege entsprechenden Größe, die nicht auf weniger als ein Viertel der zur Überbauung bestimmten Fläche zu bemessen ist, nicht überbaut werden dürfen. Vgl. § 50, 51.

Hinsichtlich der Abtritte, Dung- und Versitzgruben vgl. § 52.

Die 17. Unterabteilung des III. Abschnittes enthält besondere Bestimmungen:

a) für Städte und Märkte mit geschlossener Bauweise §§ 53, 54;

b) für Märkte mit nicht geschlossener Bauweise und für Bauten auf dem Lande, dann im Hochgebirge usw. §§ 55, 56;

c) für Villenbauten, Landhäuser § 57.

Bezüglich diesen besonderen Bestimmungen wird auf die bei den einschlägigen Paragraphen gemachten Anmerkungen verwiesen.

d) Zu §§ 58—79: Die §§ 58—64 behandeln die Zuständigkeit und das Verfahren bei Festsetzung der Baulinien, Höhenlagen und Baubeschränkungen. Danach sind Beschlußbehörde bei Festsetzungen in unmittelbaren Städten die Regierungen in erster, das Staatsministerium des Innern in 2 Instanz, in den übrigen Gemeinden die Bezirksausschüsse in erster, die Regierungen in 2 Instanz. Die Beteiligten sind zu hören; sie haben ein Einspruchsrecht. Die Verbescheidung über Baulinien usw. erfolgt im Beschlußwege. In § 62 ist (wie bereits oben erwähnt) die wichtige Frage der Grundabtretungen für öffentliche Verkehrswege und der Bauführungen in neuen Bauanlagen behandelt.

Zuständigkeit und Verfahren bei Baugenehmigungsgesuchen regeln §§ 65—76. Zuständig zur Genehmigung sind die Bezirksverwaltungsbehörden in erster, die Kreisregierungen in 2 Instanz. Außer der Vorbehandlung und Verbescheidung der Baugesuche obliegt den Baupolizeibehörden erster Instanz aber auch die Überwachung der plangemäßen Ausführung genehmigter Bauvorhaben, zu diesem Zwecke haben sie geeignete Sachverständige (Amtstechniker) aufzustellen.

Wer um Baugenehmigung nachsucht, muß die erforderlichen Pläne einreichen (§ 67). Bauherr, Planfertiger und die beteiligten Nachbarn müssen, letztere zum Zeichen der Anerkennung, die Pläne unterschreiben.

Wird die Unterschrift durch die Nachbarn verweigert, so hat die Baupolizeibehörde zu prüfen, ob das Baugesuch trotz des Einspruchs genehmigt werden kann Grundsätzlich sind hiebei privatrechtliche Verhältnisse unberücksichtigt zu lassen; die Beteiligten sind zur Austragung der Einsprüche auf den Zivilrechtsweg zu verweisen. Nur unter gewissen Voraussetzungen können auch privatrechtliche Einsprüche im Genehmigungsverfahren gewürdigt und berücksichtigt werden (§ 69 Anm. 1). Bei gewissen Bauführungen (des Staates usw. s. § 68) sind die betreffenden Behörden mit ihren Erinnerungen zu hören; werden solche erhoben und von der Baupolizeibehörde nicht berücksichtigt, so steht den betr Behörden das Recht der Beschwerde (gleich sonstigen Nachbarn) zu. Bei Fragen gesundheitspolizeilicher Natur sind auch die Medizinalbehörden gutachtlich zu hören (§ 70).

Nach erledigter Vorbehandlung ist das Baugesuch beschlußmäßig zu bescheiden. Hiebei getroffene besondere Anordnungen sind in den Genehmigungsbeschluß aufzunehmen und geeignetenfalls in die Pläne einzuzeichnen.

Vor Rechtskraft der Baugenehmigung darf mit den Bauarbeiten (auch der Herstellung der Baugrube) nicht begonnen werden. Der Baubeginn ist der Orts- und der Bezirkspolizeibehörde anzuzeigen. Vor Baubeginn hat auch die Ortspolizeibehörde für Ausstecknng der Baulinie Sorge zu tragen.

Ebenso ist bei Bauvollendung Anzeige zu erstatten (§ 73); der Amtstechniker hat hierauf die Schlußkontrolle über die plan- und vorschriftsgemäße Bauführung vorzunehmen. Das Beziehen neuer Wohnungen ist nur nach polizeilicher Genehmigung statthaft (§ 74 BO. und § 9 der V. v. 10. Febr. 1901 betr. die Wohnungsaufsicht).

Eine genehmigte Baubewilligung wird unwirksam, wenn nicht binnen 2 Jahren seit Rechtskraft des Genehmigungsbeschlusses mit dem Bau begonnen wird; ausnahmsweise kann die Genehmigung um ein weiteres Jahr verlängert werden (§ 76).

Bei Vorliegen besonderer Verhältnisse kann die Regierung gem. § 65 II von den materiellen Vorschriften der BO. dispensieren; es dürfen hiebei aber weder öffentliche Interessen noch Rechte Dritter verletzt werden. —

In allen Bausachen steht das Recht der Beschwerdeführung binnen einer Frist von 14 Tagen zu (§ 77); daneben läuft noch das — von keiner Frist abhängige — Recht der Aufsichtsbeschwerde. —

§§ 78 und 79 behandeln die Gebühren der Sachverständigen und Bauaufseher und die Kosten des Verfahrens. —

4. Das Baupolizeistrafrecht.

Strafrechtliches Einschreiten in Bausachen kann veranlaßt sein entweder bei Bauen ohne Genehmigung (= eigenmächtiges Bauen) oder bei Bauen unter Verletzung baupolizeilicher Vorschriften (= fehlerhaftes Bauen). Hier einschlägig sind insbesondere die §§ 330; 367 Ziff. 12—15; 368 Ziff. 3, 4, 8; 369 Ziff. 3 RStGB. und Art. 22 b, 73, 101, 103, 104 PStGB. (s. Anhang).

In den Fällen des § 367 Ziff. 13—15 und § 368 Ziff. 3 und 4 RStGB. und des Art. 101 PStGB. ist der Richter verpflichtet im Urteil auszusprechen, daß die Polizeibehörde berechtigt ist, die Beseitigung des ordnungswidrigen Zustandes anzuordnen und zu diesem Zwecke die Sicherstellung, Abänderung, den gänzlichen oder teilweisen Abbruch des betr. Bauwerks oder der betr. Vorrichtung zu verfügen (s. Art. 101 im Anhang und auch Art. 16, 18 PStGB.). Entsprechendes gilt für die Fälle des Art. 73 PStGB. Der Ausspruch der Beseitigungsbefugnis ist keine Nebenstrafe.

Nach § 73 Abs. II BO. ist in den Fällen der dort angeführten Strafbestimmungen die Baupolizeibehörde, soweit nötig, insbesondere bei Gefahr im Verzuge, zur vorläufigen Einschreitung berechtigt (s. die Anm. zu § 73 II BO.; Art. 20 und 105 PStGB.), dies aber nur unter dem Vorbehalt der nachträglichen Strafverfolgung.

(Im übrigen s. die Anm. zu § 73 BO. und Art. 105 PStGB.) —

Königlich Allerhöchste Verordnung, die Bauordnung betreffend.

Im Namen seiner Majestät des Königs.

Luitpold,

von Gottes Gnaden Königlicher Prinz von Bayern, Regent.

Zum Zwecke der einheitlichen Gestaltung der baupolizeilichen Vorschriften für die Landesteile rechts des Rheins und die Pfalz finden Wir Uns bewogen, im Hinblick auf § 367 Ziff. 15 und § 368 Ziff. 3 und 8 des Strafgesetzbuches für das Deutsche Reich, auf Grund des Art. 2 Ziff. 11 und 14, des Art. 73 Abs. I und des Art. 101 des Polizeistrafgesetzbuches für Bayern vom 26. Dezember 1871 in der Fassung des Gesetzes vom 22. Juni 1900 (Gesetz- und Verordnungsblatt S. 484), dann auf Grund des § 4 des letzteren Gesetzes für den Umfang des Königreiches mit Ausnahme der Haupt- und Residenzstadt München zu verordnen, was folgt:

I. Baulinien und Höhenlage (Niveau); Pläne hierüber und Bauplätze.

§ 1.

I [1]) Wer an[2]) bestehenden oder neu anzulegenden[3]) öffentlichen[4]) Plätzen, Straßen oder Wegen[5]) ein Gebäude[6]) oder eine bauliche Anlage[7]) der im § 8 bezeichneten Art neu aufführen oder an der Umfassung[8]) bestehender Gebäude oder baulicher Anlagen gegen die Straßenseite eine Hauptreparatur[8]) oder Hauptänderung vornehmen will[9]), hat die Baulinie (§ 4 Abs. II) einzuhalten[10]). Als öffentlich gelten die Plätze, Straßen und Wege, die dem allgemeinen Verkehre dienen oder zu dienen bestimmt sind.

II Von Einhaltung der Baulinie kann bei Hauptreparaturen oder Hauptänderungen, welche sich nicht auf die ganze Umfassung gegen die Straßenseite erstrecken[11]), Umgang genommen werden[12]), wenn das Fundament der Umfassung noch tragfähig ist, und nicht die ganze Umfassung der betreffenden Gebäudeseite nach ihrer baulichen Beschaffenheit derselben Hauptreparatur oder Hauptänderung bedarf.

III Wenn eine Baulinie noch nicht gegeben ist oder wenn von der bereits gegebenen abgewichen werden soll, so ist vor Erteilung einer Baugenehmigung die Baulinie festzusetzen[13]).

IV Von der Festsetzung von Baulinien kann Umgang genommen werden, wenn für eine hinreichende Zufahrt gesorgt ist und die Festsetzung weder von den Beteiligten angestrebt wird, noch im öffentlichen Interesse geboten ist[14]).

V [15])In den Fällen des Abs. IV müssen die Gebäude und die baulichen Anlagen von den öffentlichen Plätzen, Straßen und Wegen so weit abgerückt werden, als es im einzelnen Falle die Rücksicht auf diese und auf den Verkehr erfordert. Die Bestimmung des hienach einzuhaltenden Abstandes[16]) und der Stellung der Gebäude und der baulichen Anlagen obliegt der Baupolizeibehörde. Diese hat hiebei auf eine später etwa in Betracht kommende Baulinienziehung Bedacht zu nehmen und auf bestehende Gebäude angemessene Rücksicht zu üben[17]).

1. Baulinien: § 1 enthält eine der wichtigsten Beschränkungen des aus dem Eigentum entspringenden Verfügungsrechtes des Grundeigentümers (§ 903 BGB.) im öffentlichen Interesse. Die Forderungen des Städtebaues und der Ästhetik (vgl. § 53 Abs. II und IV), der Gesundheitspflege, der Wohnungsfürsorge, der Feuersicherheit, des Heimat- und Naturschutzes, der wirtschaftlichen Entwicklung, insbesondere aber des Verkehrs verlangen hinsichtlich der Bebauung der Grundstücke zum Teil tiefe Eingriffe in die Privatrechte.

Die Baulinien dienen der flächenmäßigen Abgrenzung der Bebauungsfähigkeit der Baustelle und der Erschließung des Baugeländes. Erschließung des Baugeländes ist jede Maßnahme, die den Zweck hat, bisher unbebaute, unvollständig oder unzweckmäßig bebaute Bodenflächen so einzuteilen, daß sie nach neuzeitlichen städtebaulichen Grundsätzen baulich zweckmäßig verwendet werden können. Die Baulinienfestsetzung ist die erste und wichtigste Grundlage für eine den wirtschaftlichen und öffentlichen Interessen gleichmäßig Rechnung tragende Bebauung. Die BO. geht allgemein von dem Grundsatz aus, daß die im öffentlichen Interesse hier gebotenen Anforderungen berücksichtigt werden müssen, überläßt es aber im übrigen durch gegen früher wesentliche Erweiterung der Ermessensfreiheit dem Vollzuge, die Aufgabe jeweils aus den örtlichen Bedürfnissen und den gegebenen Verhältnissen zu lösen. — § 1 ist eine rein baupolizeiliche Vorschrift; weitergehende straßenpolizeiliche Vorschriften können auf Grund des § 366 Ziff. 10 RStGB. und Art. 90 PStGB. erlassen werden. —

§ 1 bestimmt:

1. daß die Baulinie unter bestimmten Voraussetzungen einzuhalten ist (Abs. I);
2. wann nach dem Ermessen der Baupolizeibehörde von der Einhaltung der Baulinie Umgang genommen werden kann (Abs. II);
3. wann eine Baulinie festzusetzen ist (Abs. III);
4. wann und unter welchen Bedingungen von deren Festsetzung abgesehen werden kann (Abs. IV und V). —

Die Novelle vom 3. Aug. 1910 brachte bezüglich der Baulinien tiefgreifende Änderungen. Von der bisherigen Forderung einer möglichsten Geradeleitung der Straßen (wie die früheren BO. v. 30. Juni 1864, 30. Dez. 1877, 19. Sept. 1881 und 31. Juli 1890) geht die Novelle v. 3. Aug. 1910 ab und beschränkt sich lediglich auf Aufstellung der im § 3 enthaltenen Grundsätze. Schon vorher wies die ME. v. 22. Sept. 1895 Nr. 17 134 auf die Berücksichtigung ästhetischer Forderungen hin und die ME. v. 1. Jan. 1904 (MABl. S. 1) betr. Denkmalspflege und Pflege der heimischen Bauweise (s. Anhang) verlangt Festsetzung von Baulinien unter Vermeidung endloser Geradlinigkeit und unter tunlichster Schonung aller den Plätzen und Straßen zum Schmucke gereichenden Gebäude, Anlagen, Bäume [1]) und dergl. und unter Rücksichtnahme auf die umgebende Landschaft.

Die grundlegende ME. v. 18. Juli 1905 (MABl. S. 317) betr. die Herstellung von Baulinienplänen (s. Anhang) weist nachdrücklich darauf hin, daß das bisher geübte Verfahren der tunlichsten Geradeleitung der Straßen nicht den Absichten der BO. entspreche, unwirtschaftlich sei und zu unnötigen und unverantwortlichen Eingriffen in das fremde Eigentum führe. Sie verwirft die schablonenhafte Anlage schnurgerader, gleichbreiter Normalstraßen mit dem ausnahmslosen Rechteckschema und betont die hervorragende schönheitliche Bedeutung der Baulinienführung. Sie empfiehlt für Orte mit starker baulicher Entwicklung die Anlage von Generalbaulinienplänen, jedoch nur da, wo wirklich Anlaß und Bedürfnis besteht. — Die gleichen Ziele hinsichtlich des Schutzes des Orts- und Landschaftsbildes verfolgt der durch Gesetz v. 6. Juli 1908 geschaffene Art. 22 b PStGB. — Eingehend behandelt die Baulinien die ME. v. 3. Aug. 1910 (MABl. S. 477) betr. Vollzug der Bauordnungen (s. Anhang) in Ziff. 1—4. — Endlich s. auch MB. v. 14. Sept. 1923 zum Vollzug des Gesetzes über die Erschließung von Baugelände: Ziff. 11 zu Art. 1. Ziff. 5, 6 zu Art. 2 (GVBl. S. 317, — s. Anhang). —

Die BO. (§ 4 Abs. II) unterscheidet folgende Arten von Baulinien:

1. Straßenbegrenzungslinien: sie bestimmen, ohne im Zusammenhang mit einer anderen Baulinie zu stehen, die mit Rücksicht auf den Verkehr nötige Straßenbreite; grenzen also die Straße gegen ein baulich nicht weiter auszunützendes Gelände ab. Wird eine Einzäunung hergestellt, wozu keine Verpflichtung besteht, so ist sie unmittelbar an der Straßenbegrenzungslinie zu errichten;
2. Vorgartenlinien: sie sind ebenfalls Straßenbegrenzungslinien, stehen aber im Gegensatz zu diesen in notwendigem Zusammenhang mit hinter ihnen verlaufenden Gebäudefluchtlinien (s. Ziff. 3). Eine Bebauung der zwischen der Vorgartenlinie und der dahinter verlaufenden Gebäudefluchtlinie liegenden Fläche mit Gebäuden oder baulichen Anlagen der im § 8 bezeichneten Art ist ausgeschlossen. Wird eine Einzäunung hergestellt, so ist sie unmittelbar an der Vorgartenlinie zu errichten. Eine Verpflichtung zur Errichtung besteht ebensowenig wie eine solche zur Verwendung der Vorgartenfläche in einer bestimmten Richtung;
3. Gebäudefluchtlinien: sie haben die rechtliche Wirkung, daß die vordere Gebäudeflucht unmittelbar an diese Linie herangerückt werden muß;
4. vordere, seitliche und rückwärtige Bebauungsgrenzen: sie haben die rechtliche Wirkung, daß Gebäude entweder

[1]) MB. v. 30. Aug. 1909 betr. Schutz der Alleen (MABl. S. 714).

an diese Baulinien gestellt oder in einem beliebigen Abstand hinter ihnen errichtet werden dürfen. Innerhalb dieser Grenzen ist die Ausnützung des Baugeländes frei, soferne nicht anderweitige polizeiliche Anordnungen entgegenstehen.

(Zu Ziff. 1—4 s. ME. v. 3. Aug. 1910 im Anhang).

Die Straßenbegrenzungs- und die Vorgartenlinien werden unter der Bezeichnung Einfriedigungslinien, die Gebäudefluchtlinien und die Bebauungsgrenzen unter der Bezeichnung Gebäudelinien zusammengefaßt.

Unter Baulinien im engeren Sinne werden die Gebäudefluchtlinien verstanden. —

2. Für die Entscheidung der Frage, ob ein Bauwerk „an" einer Straße usw. liegt, kann lediglich das Merkmal der Entfernung von der Straße von Bedeutung sein. Andere Gesichtspunkte (z. B. Lage des Bauwerks „im Wirkungsbereich der Baulinie") sind praktisch nicht verwertbar. — An der Straße liegt ein Bauwerk, wenn es unmittelbar an der Straßengrenze errichtet wird; weiter aber auch dann, wenn es zwar in einer Entfernung von der Straße errichtet wird, diese Entfernung aber nicht so groß ist, daß die Errichtung eines Vordergebäudes mit einem dem § 50 entsprechenden Hofraum zwischen Straße und Bauwerk möglich ist. Ist das Bauwerk noch weiter von der Straße entfernt, so lassen sich bestimmte allgemeine Anhaltspunkte nicht mehr geben; die Entscheidung liegt hier im Ermessen der Behörde. —

3. Die Gegenüberstellung von „bestehenden" und „neu anzulegenden" Plätzen usw. zeigt, daß hier „neu anzulegende" nichts anderes als „künftige" bedeuten soll. Es soll nicht etwa zum Ausdruck gebracht werden, daß Staat oder Gemeinde bereits Schritte unternommen haben, um den Platz usw. als öffentlichen zu übernehmen.

4. Abs. I Satz 2 gibt eine Legaldefinition: „Als öffentlich gelten die Plätze, Straßen und Wege, die dem allgemeinen Verkehr dienen oder zu dienen bestimmt sind." Dieser Begriff des öffentlichen Weges des § 1 BO. deckt sich nicht mit dem verwaltungsrechtlichen Begriff des öffentlichen Weges.

Öffentliche (öffentlich-rechtliche) Wege, Straßen und Plätze im Verwaltungsrechtssinne sind Einrichtungen, die der Staat oder die Gemeinde dem öffentlichen Verkehr darbieten, die dem allgemeinen Gebrauch offen stehen und dienen, weil sie durch einen ausdrücklichen oder stillschweigenden Akt der zuständigen Verwaltungsbehörde hiezu bestimmt, „gewidmet" worden sind. Die Schaffung und der Bestand der öffentlich-rechtlichen Eigenschaft einer Straße usw. hat zur unerläßlichen Voraussetzung, daß die öffentliche Gewalt, die eine solche Verwaltungseinrichtung ins Leben ruft, nach dem bürgerlichen Rechte ein unbestrittenes Verfügungsrecht über den hiezu dienenden Grund und Boden hat. Nicht die Tatsache, daß die Straße von der Gemeinde dem öffentlichen Verkehr freigegeben ist, ist für das Vorhandensein einer öffentlich-rechtlichen Straße maßgebend, sondern ausschließlich der Umstand, daß die Gemeinde kraft eines im bürgerlichen Rechte begründeten Titels über den Grundstreifen verfügen und deswegen diesen dem öffentlichen Verkehr übergeben konnte (ObstLG. Bd. 13 S. 427).

Dagegen hängt nach § 1 BO. die Eigenschaft der Öffentlichkeit nicht davon ab, daß eine öffentliche Korporation, Gemeinde usw. oder eine Privatperson eine Straße, einen Weg oder Platz dem allgemeinen Verkehr gewidmet hat; entscheidend ist vielmehr der Umstand, daß die Straße, der Weg oder Platz tatsächlich öffentlich sind. Öffentliche Straße usw. im Sinne des § 1 BO. ist sohin jede Straßen- usw. Fläche, die für jedermann frei zugänglich ist und tatsächlich dem öffentlichen Verkehr dient (oder zu dienen bestimmt ist), ohne daß es darauf ankommt, in wessen Eigentum der Straßenkörper steht und ob diesem die Eigenschaft einer öffentlichen Straße durch den Eigentümer der Grundfläche jederzeit wieder entzogen werden kann oder nicht (vgl. auch ObstLG. Bd. 6 S. 179).

Es fallen also unter die öffentlichen Straßen, Wege und Plätze im Sinne des § 1 sowohl die öffentlich-rechtlichen als auch die im Privateigentum stehenden tatsächlich öffentlichen Straßen usw. —

Ein öffentlicher Weg verliert seine Eigenschaft nicht dadurch, daß er nur von wenigen Personen benutzt wird oder den Interessen von nur wenigen Personen dient oder zu dienen bestimmt ist. Solange er von der Allgemeinheit ohne weiteres benützt werden darf, tritt eine Änderung seiner rechtlichen Eigenschaft nicht ein. Eine solche Änderung kann vielmehr nur dadurch herbeigeführt werden, daß der öffentliche Weg der Benützung durch die Allgemeinheit entzogen wird und sodann den einzelnen etwa an ihm Interessierten besondere privatrechtliche Befugnisse hiezu eingeräumt werden (ObstLG. Urt. v. 28. April 1908 MABl. S. 266). —

Öffentlicher Weg kann auch ein Fußsteig sein (OLG. München Bd. 6 S. 119). —

Privatwege scheiden bei der Frage der Verpflichtung zur Baulinieneinhaltung aus; sie sind nach Maßgabe der zivilrechtlichen Verhältnisse entweder als selbständige Grundstücke oder als Teile von solchen zu betrachten.

Für die Frage des Baulinienzwanges ist nur zu prüfen, ob die Wegfläche oder die Fläche des zugehörigen Gesamtgrundstückes in Beziehung zu einer öffentlichen Straße usw. steht. —

Grundsätzlich werden alle Gebäude, welche nicht an einer öffentlichen Straße liegen, im allgemeinen als Rückgebäude zu betrachten sein; die Errichtung von Rückgebäuden setzt aber das Vorhandensein eines dem § 50 BO. entsprechenden Hofraumes voraus (vgl. § 25 Abs. I). Solche den Anforderungen der Feuersicherheit und Gesundheit entsprechende und in ihrem Bestand gesicherte Hofräume müssen vor allem in denjenigen Umfassungsmauern des Rückgebäudes sich befinden, welche mit Fenstern versehen sind. Daher ist ein Anbauen an eine schmale Privatstraße nur dann zulässig, wenn dieselbe auf eine der Höhe des Baues entsprechende Breite durch Zurückrücken von der Weggrenze gebracht ist (ME. v. 19. Okt. 1904 Nr. 21 393). —

Wenn zwischen einer Gemeinde und einem Privaten Streit darüber entsteht, ob die im Eigentum des Privaten stehende, vor der festgesetzten Baulinie an einer öffentlichen Straße liegende Grundfläche wie diese Straße dem öffentlichen Verkehr zu dienen hat, so ist eine Streitsache nach Art. 8 Ziff. 34 VGG. gegeben (VGH. 22, 85). —

5. Durch die V. v. 3. Aug. 1910 kamen hier die folgenden Worte: „in Städten, Märkten oder zusammenhängend gebauten Dörfern, dann an einer Staats- oder Distriktsstraße oder an einem Gemeindeverbindungswege" in Wegfall; die ME. v. 3. Aug. 1910 (s. Anhang) bemerkt hiezu: „Diese Änderung soll im Zusammenhalte mit den Bestimmungen in den §§ 2 und 3 für alle Fälle außer Zweifel stellen, daß durch die Festsetzung von Baulinien- und Generalbaulinienplänen auch abseits geschlossener Ortschaften in freiem Gelände, namentlich in Gegenden, die wegen ihrer landschaftlichen Schönheit für Ansiedelungen gesucht sind und des Schutzes bedürfen, ein wildes, rücksichtsloses Bauen hintangehalten werden kann und so beliebte, seit Menschengedenken der Allgemeinheit offenstehende Höhen- und Uferwege, Aussichtspunkte und dergl. der Allgemeinheit erhalten werden können."

6. Weder § 1 noch § 6 BO. geben eine Begriffsbestimmung; auch die Bestimmungen des RStGB. (§§ 330, 367 Ziff. 13, 14, 15) enthalten eine solche nicht. Es ist deshalb der Begriff nach seiner landläufigen und rein sprachlichen Bedeutung, sowie im Einklang mit der Rechtsprechung zu bestimmen (ObstLG. 2, 122).

„Bauwerk" im Sinne der baupolizeilichen Vorschriften ist nach der Rechtsprechung des RG. und des ObstLG. eine unbewegliche, von Menschenhand hergestellte Sache, die sich als ein selbständiges, in sich abgeschlossenes und für eine gewisse Dauer bestimmtes Ganze darstellt; so RG. Rechtspr. Bd. 6 S. 477; RG. Bd. 15 S. 263; Bd. 30 S. 246; RG. Civ. Bd. 56, S. 41; ObstLG. Bd. 2 S. 122 und Bd. 10, S. 289: Unter Bauwerk ist zu verstehen „eine unbewegliche, durch Verbindung von Arbeit und Material in dauernder Verbindung mit dem Erdboden hergestellte Sache, die sich als selbständiges, in sich abgeschlossenes Ganze darstellt". —

„Gebäude" im Sinne der BO. sind Hochbauten aus beweglichen Baustoffen, die entweder im Erdboden befestigt oder so mit ihm verbunden sind, daß sich die Unbeweglichkeit von Grund und Boden naturgemäß darauf überträgt, oder ihnen doch, wenn sie auch nicht mit dem Boden fest zusammenhängen, nach ihrer ganzen Anlage, nach ihrer Länge, Höhe und Tiefe die Eigenschaft der Unbeweglichkeit innewohnt (so die ständige Rechtsprechung: Urt. des bayr. Oberst. Gerichtshofs Sammlung 5, 26; 6, 281; OLG. München Sammlung 5, 140; 9, 52; ObstLG. 2, 122, 245, 289; 6, 208; 12, 358).

Ein „Gebäude" setzt eine Fundierung nicht voraus; vielmehr kommt es darauf an, daß das Bauwerk nicht ohne Zerlegung von der Stelle gebracht werden kann (ObstLG. 12, 358). Die durch die Schwere des Bauwerks hergestellte Verbindung mit dem Boden ist für genügend anzusehen (so RG. Strafs. 10, 103). — Einem Gebäude kann dadurch, daß es zur Umgehung baupolizeilicher Bestimmungen auf Räder gesetzt wird, nicht die Eigenschaft eines Gebäudes genommen werden. Das preuß. Oberverwaltungsgericht hat in solchen Fällen entschieden (Sammlung Bd. 4 S. 392; Bd. 4 S. 538), daß diese baulichen Anlagen, wenn aus den gesamten Umständen die Absicht der dauernden Belassung auf dem gewählten Standorte hervorgehe, als Gebäude zu betrachten seien; die Räder seien hier nur an Stelle einer als Fundament dienenden Unterlage. — Eine dauernde Verbindung mit dem Boden erscheint für den Begriff des Gebäudes und Bauwerkes (im Gegensatz zu der oben zitierten Entscheidung ObstLG. Bd. 10 S. 289) nicht erforderlich, da der Sprachgebrauch auch Bauwerke, die wie z. B. Ausstellungsgebäude, nur vorübergehenden Zwecken dienen, als Gebäude bezeichnet [1]).

7. D. s. alle im § 8 aufgezählten Anlagen, soweit sie nicht unter den Begriff des „Gebäudes" fallen; die Aufzählung im § 8 ist eine erschöpfende.

8. Als Hauptreparatur oder Hauptänderung der Umfassungsmauer an der Straßenseite ist nicht nur nach § 7 Ziff. 2 die Schwächung, Versetzung, Beseitigung oder Erneuerung der Umfassung, sondern auch die Veränderung

---

[1]) (v. Borscht MBO. § 10 Anm. 1 bezeichnet die Begriffsbestimmung der Rechtsprechung als zu eng. Ausschlaggebend soll sein, ob nach Art und Weise der Verbindung die Annahme gerechtfertigt erscheint, daß es sich um eine provisorische Aufstellung auf einem bestimmten Platz handelt, der je nach Umständen verlassen wird. Eine Marktbude, die ihren Standplatz stets wechsle, sei kein Gebäude; dieselbe Bude sei aber Gebäude, sobald sie an einem Platze dauernd Aufstellung finde. — Diese Ansicht dürfte dem Sprachgebrauch nicht entsprechen.)

ihrer Höhe oder Länge unter den dort aufgeführten Voraussetzungen zu betrachten, da eine Hauptreparatur nach § 7 Ziff. 1 auch in einer Veränderung der Umfassungsmauer nach Höhe oder Länge bestehen kann. — Im übrigen s. § 7. —

9. Eine Verpflichtung zur Vorlage von Plänen oder zur Anzeigeerstattung an die Baupolizeibehörde begründet § 1 bei Bestehen von Baulinien nicht. Eine solche kann jedoch aus anderen Gründen (z. B. § 9) nötig sein. Soweit es sich um genehmigungspflichtige Bauführungen handelt, wird die Baupolizeibehörde die Einhaltung der Baulinie anläßlich der Einreichung der Pläne prüfen. Dagegen ist ihr Tätigwerden bei Bauführungen nach § 1 Abs. I, die jedoch nicht genehmigungspflichtig sind, nicht erforderlich; dem Gesetz wird hier durch tatsächliches Einhalten der Baulinie genügt. Ist bei letzteren Bauführungen eine Abweichung von der Baulinie beabsichtigt, so ist vorher deren Abänderung zu beantragen oder um Befreiung nach Abs. II nachzusuchen (vgl. ME. v. 13. März 1897 Nr. 4883). —

10. Was unter „Einhaltung" der Baulinie zu verstehen ist, ergibt sich aus der Art der in Frage stehenden Baulinie und aus § 53 Abs. I; s. auch Ziff. 4 der ME. v. 3. Aug. 1910 (s. Anhang). Danach sollen in Städten und Märkten mit geschlossener Bauweise an die Baulinien nur Hauptgebäude gestellt werden; sonstige Bauwerke sollen für die Regel nur auf den rückwärtigen Teilen der Baugrundstücke errichtet werden. Bei vorderen, seitlichen und rückwärtigen Bebauungsgrenzen müssen sich die Gebäude und baulichen Anlagen innerhalb dieser Grenzen halten; dagegen dürfen sie bei Vorgartenlinien und Gebäudefluchtlinien diese weder überschreiten noch hinter ihnen zurückbleiben (vgl. ObstLG. 5, 210). Bei Einfriedigungslinien müssen die Einfriedigungen auf den Baulinien errichtet werden.

Eine Verpflichtung zur E r r i c h t u n g von Einfriedigungen ergibt sich aus § 1 n i c h t; eine solche kann aber auch nicht auf Grund des Art. 101 Abs. III PStGB. festgesetzt werden (unzutreffend Englert, BO. § 1 Anm. 10a); denn unter baupolizeilichen Vorschriften im Sinne des Art. 101 Abs. III sind nur solche polizeiliche Verordnungen zu verstehen, welche die äußere Gestaltung eines Bauwerks zum Gegenstand haben; weder Bebauungsgebote noch -verbote können auf Art. 101 Abs. III gegründet werden. Dies ergibt der Wortlaut des Gesetzes und auch seine Entstehungsgeschichte (s. Verhandlg. des gesetzgebenden Ausschusses der Kammer der Abgeordneten 1871/72 Bd. II, S. 52/53; ObstLG. 11, 340; 13, 7; 14, 70; 15, 188). Unter Umständen wird jedoch eine Verpflichtung zur Herstellung von Einfriedigungen gem. Art. 2 Ziff. 6 PStGB. aus § 306 Ziff. 10 RStGB., Art. 90 PStGB. hergeleitet werden können.

Die Baulinie hat in der Gebäudeflucht über dem Sockel (d. i. im sog. Mauerleib) zu verlaufen. Bei bestehenden Straßen kann die Häuserflucht nicht ohne weiteres als Baulinie betrachtet werden; es obliegt vielmehr der Baupolizeibehörde zu bestimmen, ob die Häuserflucht als Baulinie anzuerkennen oder beizubehalten ist oder ob die Festsetzung einer neuen Baulinie angezeigt erscheint.

Für die Fälle, in denen ein Vortreten (Vorspringen, Ausladen) einzelner Gebäudeteile über die Baulinie oder das Zurückrücken von solchen hinter die Baulinie beabsichtigt ist, bestimmt die generalisierte ME. v. 14. Juli 1902 Nr. 11 966:

„1. Für Vorsprünge, welche b i s z u m E r d b o d e n reichen, wie Sockel, Risalite, Erker, Lisenen und dergl. kann eine Ausladung bis zu 15 cm über die Baulinie von der Baupolizeibehörde gestattet werden. Bei größeren Ausladungen ist die Mauerflucht entsprechend hinter die Baulinie zurückzurücken, sofern nicht im einzelnen Fall durch das K. Staatsministerium des Innern [nunmehr Regierung, K. d. J.] auf Grund des § 65 Abs. II der BO. Dispensation von § 1 Abs. I erteilt wird.

2. Bei vorspringenden Gebäudeteilen, welche nicht bis zum Erdboden reichen, wie Altanen, Balkonen, Galerien, Gesimsen, Verdachungen, Fensterbänken, Tür- und Fenstergewänden und dergl. kommt weniger die Einhaltung der Baulinie als die Rücksichtnahme auf die Sicherheit des Verkehrs, auf den erforderlichen Lichtzutritt und auf die ästhetische Erscheinung in Betracht.

Hinsichtlich der Altanen, Balkone und Galerien ist im § 38 der BO. eine allgemeine Regelung erfolgt, von welcher Abweichungen selbstverständlich nur im Wege der Dispensation stattfinden können.

In Ansehung der übrigen Ausladungen dieser Art steht der Baupolizeibehörde zu, im einzelnen Fall nach eigenem Ermessen unter Beachtung der vorbezeichneten Rücksichten zu entscheiden. Auch bleibt unbenommen, hierüber durch ober- und ortspolizeiliche Vorschriften nähere Regelung zu treffen.

3. Das Zurücktreten einzelner Bauteile hinter die Baulinie ist seitens der Baupolizeibehörden nicht zu beanstanden; jedoch ist bei Bauten im geschlossenen Bausystem darauf zu bestehen, daß im Anschluß an die Nachbargebäude die Baulinie wieder eingehalten wird. Auch in Bezug auf das Zurücktreten von Bauteilen hinter die Baulinie bleibt indessen die Erlassung ober- oder ortspolizeilicher Vorschriften unbenommen." —

Ein Zurückbleiben hinter der Baulinie ist dann nicht gegeben, wenn das Bauwerk überhaupt nicht als an der Straße errichtet anzusehen ist. Ist aber ein Bauwerk als an der Straße errichtet zu betrachten (s. oben Anm. 2), dann muß es entweder die Baulinie einhalten oder soweit zurückbleiben, daß zwischen ihm und der Baulinie noch ein den örtlichen Verhältnissen entsprechendes Hauptgebäude hergestellt werden kann; zwischen diesen beiden Grenzlinien kann ohne Dispens ein Gebäude nicht errichtet werden. Stößt ein Baugrundstück nicht an die Baulinie, so ist entweder Erwerbung des vorliegenden Grundstücks oder entsprechendes Zurückbleiben von der Baulinie nötig. —

Aussteckung der Baulinie: s. § 72 Abs. 4. — Die Einhaltung der Baulinie ist auch bei ärarialischen usw. Bauführungen zu beachten; für diese ist lediglich die Ausnahmebestimmung des § 10 geschaffen; hievon abgesehen unterliegen sie aber den materiell-rechtlichen Bestimmungen der BO. ebenso wie private Bauführungen. —

Eine Verpflichtung zur Abtretung der außerhalb der Baulinie liegenden, zur Straße fallenden Fläche kann aus § 1 nicht hergeleitet werden (so auch Englert BO. § 1 Anm. 10 a; a. M. Vorscht MBO. § 5 Anm. 3 S. 33 ff.); s. § 62 BO.; und auch Art. 46 d. Ges. über die Erschließung von Baugelände (GVBl. 1923 S. 280).

Nur die Errichtung von Gebäuden und baulichen Anlagen der im § 8 bezeichneten Art (— gleichgültig ob eine ortspolizeiliche Vorschrift nach § 8 ergangen ist oder nicht —) oder die Vornahme einer Hauptreparatur oder Hauptänderung an deren Umfassung unterliegt dem Baulinienzwang. Die Vorschrift des § 1 Abs. I Satz 1 schließt jeden Zweifel aus; ausschlaggebend sind für die Frage des Baulinienzwanges die Begriffe „Gebäude" und „bauliche Anlage des § 8"; das Merkmal der Genehmigungspflicht hat hier völlig auszuscheiden. Die in der ME. v. 3. Aug. 1910 Ziff. 1 letzter Absatz (s. Anhang) vertretene Ansicht, daß § 1 Abs. I nur genehmigungspflichtige Bauten treffe und somit auf die baulichen Anlagen des § 8 nur anwendbar sei, wenn hiefür die Genehmigungspflicht durch ortspolizeiliche Vorschrift angeordnet ist, hat im Wortlaut des § 1 keine Stütze; vgl. auch ME.

v. 29. Dez. 1910 Nr. 4050d 23 Vollzug der BO. betr. („Bereits festgesetzte Baulinien sind deshalb nach wie vor nicht nur bei allen genehmigungspflichtigen Bauten, sondern auch bei allen nicht genehmigungspflichtigen baulichen Anlagen (§ 8 der BO.) einzuhalten).

Die BO. unterscheidet zwischen Baulinienzwang und Genehmigungspflicht. Welche Bauwerke dem Baulinienzwang unterliegen, ist ausschließlich in § 1 Abs. I und II bestimmt; die Genehmigungspflicht behandeln die §§ 6, 7, 8. § 1 schließt die Annahme (wie bei Englert-Köhler BO. § 1 Anm. 4) aus, daß auch die in § 6 Abs. II genannten baulichen Anlagen die Baulinie einzuhalten haben. Letztere Ansicht ist nur soweit richtig, als die in § 6 Abs. II bezeichneten Bauten sich als „Gebäude" darstellen. — Denkbar sind Bauwerke, die zwar die Baulinie einzuhalten haben, aber nicht genehmigungspflichtig sind (z. B. in Märkten und auf dem Lande die in § 6 Abs. II b 1 genannten Bauwerke, soweit sie Gebäude sind), ebenso wie solche, die zwar genehmigungspflichtig sind, dagegen nicht dem Baulinienzwang unterliegen (z. B. in Städten die im § 6 Abs. II b 1 genannten Bauwerke, soweit sie nicht Gebäude sind). —

Wie alle Bestimmungen der BO., so beziehen sich diejenigen hinsichtlich der Baulinien regelmäßig, soweit nicht ausdrücklich ein anderes vorgeschrieben ist, im wesentlichen nur auf die bebauten Teile der Städte und Ortschaften und diejenigen Gebiete, deren Bebauung in absehbarer Zeit zu erwarten ist. Bauvornahmen auf Grundstücken außerhalb der Ortschaften und ihres voraussichtlichen Bebauungsgebietes sind in der Regel den Vorschriften der BO. nicht unterstellt. Nun wird allerdings in der Regel ein Gebiet, für das ein Baulinienplan besteht, zum voraussichtlichen Bebauungsgebiet der Ortschaft gehören; es ist aber immerhin der Fall denkbar, daß ein Gebiet, ohne daß letzteres der Fall ist, überflüssigerweise mit Baulinien überzogen ist. In solchen Fällen wäre § 1 BO. wie alle anderen Vorschriften der BO. nicht anwendbar (ObstLG. Bd. 11 S. 167). —

Wer, — abgesehen von den Fällen des Abs. II —, von der Baulinie abweichen will, hat entweder deren Abänderung zu beantragen oder Dispens gem. § 65 (die im Gegensatz zu den Fällen des Abs. II möglich ist) nachzusuchen.

11. Als solche sind auch Stockwerksaufbauten, die sich nicht auf die ganze Umfassung gegen die Straßenseite erstrecken, anzusehen (ME. v. 10. April 1891 Nr. 5665; ME. v. 29. Juli 1903 Nr. 17233).

12. Die Entscheidung hat nach dem Ermessen der Baupolizeibehörde im geordneten Instanzenweg zu erfolgen; Dispens nach § 65 kommt daher nicht in Frage (ME. v. 2. März 1901 Nr. 4236). Unter Ermessen ist das pflichtgemäße Ermessen unter Berücksichtigung aller einschlägigen Verhältnisse zu verstehen. —

13. Die Festsetzung erfolgt nach Maßgabe des Bedürfnisses und des öffentlichen Interesses von Amtswegen. Dritte Personen können Anträge auf Festsetzung stellen; diese Anträge Beteiligter (Grundbesitzer, Bauherren usw.) können im administrativen Beschwerdeweg verfolgt werden; ein Rechtsanspruch auf Festsetzung steht den Beteiligten jedoch n i c h t zu (VGH. 32, 29). Trotzdem erscheint es als eine Pflicht der nach § 58 zuständigen Stelle, die Baulinie festzusetzen, es sei denn, daß sie von § 1 Abs. 4 Gebrauch machen oder daß die Bebauung des Platzes überhaupt aus wichtigen Gründen verhindert werden will.

Abs. III gilt nur für genehmigungspflichtige Bauten, also auch nicht für solche, deren Pläne nach § 10 zur Erinnerung vorzulegen sind. Unter

Abweichung von der gegebenen Baulinie ist nicht nur deren Abänderung, sondern auch deren Aufhebung verbunden mit Festsetzung einer neuen Linie zu verstehen.

Sobald die Baulinie festgesetzt und damit den künftigen Bauprojekten und Baugesuchen für eine Straße oder einen Platz eine bestimmte Richtung gegeben ist, haben die beteiligten Grundbesitzer Anspruch darauf, daß bei Neuaufführung von Bauwerken die Baulinie eingehalten wird und daß eine Abweichung von ihr nur mit beschlußmäßiger Genehmigung der nach § 58 zuständigen Stelle nach Durchführung des vorgeschriebenen Verfahrens, bei dem alle Beteiligten zu hören sind, stattfindet. —

Über das Verfahren s. §§ 58ff.

14. Abs. IV gilt ebenfalls nur für genehmigungspflichtige Bauten. Dispens kommt nicht in Frage; da die Umgangnahme ins pflichtgemäße Ermessen der genehmigenden Stelle gestellt ist, hat diese nur in den Fällen von der Festsetzung Abstand zu nehmen, in denen die Voraussetzungen des Abs. IV erfüllt sind. Die Bestimmung der Art und Weise der Ermittlung der Voraussetzungen ist der zuständigen Stelle überlassen; Verfahrensvorschriften bestehen nicht.

In allen Fällen muß für eine den Verhältnissen entsprechende Zufahrt gesorgt sein; insbesondere muß sie die Anwendung von Feuerlöschgeräten ermöglichen. Dazu ist weiter erforderlich, daß entweder die Beteiligten die Festsetzung nicht anstreben oder ein öffentliches Interesse an ihr nicht vorliegt. Den Beteiligten wird Gelegenheit zur Stellungnahme zu geben sein. Als beteiligt sind die Grundeigentümer, etwaige dinglich Berechtigte, die Gemeinde, an Staatsstraßen auch der Fiskus (Straßen- und Flußbauamt) zu betrachten. Der Kreis der Beteiligten läßt sich nicht fest umschreiben; ihre Ermittlung ist Sache der Behörde. Sie wird auch zu entscheiden haben, ob die Festsetzung „von den Beteiligten" angestrebt ist oder nicht. An sich müßte nach dem Wortlaut der Vorschrift die Festsetzung von allen Beteiligten angestrebt sein; dies dürfte jedoch, gerade im Hinblick auf die Unbestimmtheit des Kreises der Beteiligten, nicht der Sinn des Gesetzes sein. Es wird genügen, wenn die Hauptbeteiligten, ja selbst nur einer von diesen, die Festsetzung anstreben, es sei denn, daß dessen Rechtsausübung offenbar als Schikane zu betrachten sei. —

15. Auch Abs. V findet nur auf genehmigungspflichtige Bauwerke Anwendung. Es muß bei Verzicht auf Festsetzung von Baulinien die gleiche ordnungsgemäße Bebauung des Geländes erfolgen wie bei deren Festsetzung.

16. Als Anhalt können allenfalls auch die Bestimmungen des § 25 dienen. — Die Bestimmungen über Abstand, Stellung der Gebäude usw. werden am besten als Bedingungen in die zu erteilende Baugenehmigung aufgenommen.

17. Die an die Baugenehmigung zu knüpfenden Bedingungen müssen die spätere Durchführung von Baulinien nach Möglichkeit sichern. Eine wesentliche Erleichterung werden hier schon bestehende Generalbaulinienpläne oder auch nur allgemeine Richtlinien für die Bebauung gewähren. —

§ 2.

I Bei der Bestimmung der Baulinie ist auch auf die Höhenlage[1]) und auf etwaige Baubeschränkungen[2]) (offene Bauweise[3]), Gebäudeabstand[4]), Gebäudehöhe[5]), Hofraumgröße[6]), Ausschluß lästiger Anlagen[7]) und dergl.) Rücksicht zu nehmen.

II Die Höhenlage und die Baubeschränkungen sind im Falle des Bedürfnisses festzusetzen[8]); weitergehende Baubeschränkungen durch distrikts- oder ortspolizeiliche Vorschriften bleiben vorbehalten[9]).

1. Vor Bestimmung der Baulinie ist, soweit hiezu überhaupt im einzelnen Fall ein Bedürfnis besteht, die Höhenlage (das Niveau) zu bestimmen. Durch vertikale Messung werden die Punkte festgelegt, die die bebauungsfähige Fläche bestimmen.

2. Baubeschränkungen sind nicht nur Beschränkungen hinsichtlich der Bebauungsdichtigkeit, sondern solche jeder Art, insbesondere hinsichtlich der Art der Bebauung und der Verwendung der Bauwerke. Weiter sind hier nur Baubeschränkungen öffentlich-rechtlicher Natur, nicht privatrechtliche, zu verstehen (obwohl nichts im Wege steht, auch auf letztere Rücksicht zu nehmen; vgl. z. B. Vollz.Vorschr. zur MBO. v. 29. Mai 1896 § 3 Abs. III). — Durch Bebauungsvorschriften können u. a. aus Gründen der Gesundheit und des Städtebaues getrennte Viertel für reine Wohnzwecke und andererseits für Zwecke der Industrie und des Gewerbes geschaffen werden.

Bis zur Novelle von 1910 konnten Baubeschränkungen nur nach Art. 101 Abs. II und III PStGB. durch Verordnung, ober- und ortspolizeiliche Vorschrift angeordnet werden. Seit der Novelle von 1910 besteht neben der bisherigen Möglichkeit noch die der beschlußmäßigen Festsetzung der Baubeschränkungen nach §§ 2, 58 ff. BO.

Die BO. selbst enthält eine Anzahl von Einschränkungen hinsichtlich der Bebauung; so in §§ 14 (Kleinhausbauten), 25 (Gebäudehöhe), 49 (Winkel und Reihen), 50 (Hofraumgröße), 53 (Bauten an der Baulinie). Diese Beschränkungen sind jedoch nicht „Baubeschränkungen" im Sinne des § 2; unter letzteren versteht man vielmehr nur solche Vorschriften, die über die Forderungen der BO. hinausgehen.

Die vorstehenden Vorschriften der BO. sind Mindestforderungen; sie können durch weitergehende Vorschriften ergänzt werden. — Die Aufzählung in Abs. I ist nicht erschöpfend. —

3 Hinsichtlich des Bebauungssystems unterscheidet die BO. zwischen offener und geschlossener Bauweise. Das offene (Pavillon-)Bausystem war bisher durch § 11 BO geregelt Nunmehr können diesbezügliche Vorschriften auf Grund des § 2 beschlußmäßig oder durch bezirks- oder ortspolizeiliche Vorschriften gegeben werden.

Bei der offenen Bauweise müssen die einzelnen Gebäude voneinander einen durch die diesbezüglichen Anordnungen, die den Forderungen der Gesundheit, Ästhetik und Feuersicherheit Rechnung tragen, bestimmten Mindestabstand einhalten, im Gegensatz zur geschlossenen Bauweise, bei der die einzelnen Gebäude aneinander gebaut werden dürfen oder nur durch enge Reihen voneinander getrennt sind. Im einzelnen läßt der Begriff der offenen Bauweise den weitesten Spielraum; er schließt z. B. die Anlage von Doppelhäusern, ja ganzen Gebäudegruppen nicht aus (vgl. Vollz.Vorschr. zur MBO v. 29 Mai 1896 § 3).

In einem Orte oder einem Stadtteil können offene und geschlossene Bauweise nebeneinander vorkommen (gemischte Bauweise). Für die Frage, ob der Ort oder Stadtteil als im offenen oder geschlossenen Bausystem gebaut zu betrachten ist, ist das Vorwiegen der einen oder anderen Bauweise entscheidend; im Einzelfall unterliegt sie der Würdigung durch die Baupolizeibehörde.

Die offene Bauweise kann nicht nur kraft ausdrücklicher ortspolizeilicher Vorschrift, sondern auch kraft örtlicher Übung als Baunorm gelten. Dabei kann als offene Bauweise auch die Bausitte erachtet werden, jeweils die eine Grenze zu bebauen und den ganzen Gebäudeabstand auf die andere Gebäudeseite zu nehmen und so Gebäude—Hof, Gebäude—Hof usw. durch die Zeile sich folgen zu lassen (ME. v. 13. Dez. 1912 Nr. 4064 a 9).

Für das offene Bausystem sind nicht nachbarrechtliche, sondern gesundheitspolizeiliche Gesichtspunkte maßgebend. Es erscheint deshalb bei bestehendem Verbot des Überbauens des Zwischenraumes dessen Überbauung auch dann unzulässig, wenn die beiden Grundstücke dem gleichen Eigentümer gehören. —

4. Unter Gebäudeabstand ist die Entfernung zu verstehen, die ein Gebäude von einem andern oder unter Umständen von der Nachbargrenze einzuhalten hat. Die Vorschrift über den Gebäudeabstand regelt an sich noch nicht die Frage der Überbauungsfähigkeit des Zwischenraumes. — Im übrigen s. § 49.

5. S. § 25.

6. S. § 50.

7. Hierunter sind nicht nur Anlagen nach §§ 16 und 17 GewO. zu verstehen, sondern alle gesundheitsschädlichen, lärmenden usw. Anlagen. Durch Baubeschränkungen kann nur die Errichtung, nicht etwa auch der Weiterbetrieb schon bestehender Anlagen verboten werden. Die Baubeschränkungen müssen sich im Rahmen des Art. 101 PStGB. halten; da Art. 101 PStGB. sich nur auf die äußere Gestaltung des Bauvorhabens bezieht, kann ein Ausschluß lästiger Anlagen, der sich nicht auf eine Bauvornahme bezieht, nicht auf Art. 101 PStGB. gegründet werden (vgl. ObstLG. 9, 121).

8. Über das Verfahren s. §§ 58 ff.

9. Eine Ergänzung des § 2 Abs. II stellt der § 1 Abs. III des Gesetzes über die Erschließung von Baugelände v. 4. Juli 1923 (s. Anhang) dar: „Die Bebauungsweise des zu erschließenden Baugeländes ist nach Bedarf durch Bebauungsvorschriften zu regeln." —

§ 3.

I Bei der Festsetzung der Baulinien und der Höhenlagen sowie der Baubeschränkungen muß auf Sicherheit und Bequemlichkeit des Verkehrs [1]) gesehen sowie den Wohnungsverhältnissen [2]), den Anforderungen der Gesundheit [3]), der Feuersicherheit und Schönheit [4]) tunlichst Rechnung getragen werden [5]). Insbesondere ist darauf zu achten, daß die neuen Bauanlagen mit den schon bestehenden gut verbunden werden und daß die Grundstücke zweckmäßig bebaut werden können.

II Bei der Festsetzung der Höhenlagen ist außerdem besonders auf Schutz gegen Ueberschwemmungen [6]), auf den höchsten bekannten Grundwasserstand, auf möglichst geringe Steigungen sowie auf zweckmäßigste Entwässerung [7]) der Gebäude und des sie umgebenden Bodens (rasche Abführung in Gossen, Abzugskanälen oder Sielen und möglichst erleichterten Anschluß der einzelnen Grundstücke) Bedacht zu nehmen.

1. Aus diesem Grunde ist auch die Entstehung von Sackgassen zu vermeiden; s. § 62 Abs. III und ME. v. 20. Jan. 1898 Nr. 430 und v. 28. April 1904 Nr. 9917. —

Über die Beschaffung des notwendigen öffentlichen Verkehrsraums (öffentlicher Straßen, Wege, Fußwege, Radfahrwege, Promenadewege, Verkehrsplätze einschl. der sog. Inseln und etwaiger Fahrzeughalteplätze) s. § 62 und die Anm. hiezu und weiter das Gesetz über die Erschließung von Baugelände v. 4. Juli 1923 und die Vollzugsbekm. hiezu v. 14. Sept. 1923 (beide s. Anhang).

2. S ME. v. 18 Juli 1905 die Herstellung von Baulinienplänen betr (s. Anhang).

3. In Orten mit starker Bautätigkeit ist genügend Platz für Anlagen und freie Plätze zu lassen (ME. v. 26 Nov. 1898 Nr. 21 837 und v. 13. Juli 1900 Nr 11 107). Die Freihaltung von Grünplätzen im Baublockinnern kann durch Festsetzung von Bebauungsgrenzen errichtet werden (ME. v. 3. Aug. 1910 Ziff 3; s. Anhang)

Über den Gemeinbedarf an aus Gründen des Gemeinwohls von der Bebauung freizuhaltenden Flächen s das Gesetz über die Erschließung von Baugelände v 4 Juli 1923 und die Vollzugsbekm. hiezu v 14 Sept 1923 (s. Anhang).

Danach gehören hieher: Grünplätze, Baum- und gärtnerische Anlagen, Parkanlagen, Sport- und Spielplätze mit ihren notwendigen Anlagen, öffentliche Brunnenanlagen, Schutzgebiete für Naturschönheiten und hervorragende Naturgebilde, Aussichtspunkte, Uferstreifen an Seen und Flüssen, allenfalls auch Flächen für öffentliche Bedürfnisanstalten. —

4. S. Anm 3 und im Anhang: ME. v. 18. Juli 1905 und 3 Aug. 1910.

5 Die Aufzählung der zu beachtenden Gesichtspunkte ist keine erschöpfende.

6. Nach Art 76 WG hat die Verwaltungsbehörde für alle öffentlichen Flüsse und für die Privatflüsse und -Bäche mit erheblicher Hochwassergefahr die Grenzen des Überschwemmungsgebietes festzusetzen. Innerhalb dieser Grenzen dürfen ohne Erlaubnis der Verwaltungsbehörde weder Anlagen und Bauten errichtet, noch Änderungen daran vorgenommen werden, die auf den Lauf des Wassers oder auf die Höhe des Wasserstandes Einfluß haben können. Nach Art 85 WG ist das Überschwemmungsgebiet auch von anderen Hindernissen, Zäunen, Einfriedigungen usw freizuhalten. —

Voraussetzung ist, daß das Überschwemmungsgebiet schon festgesetzt ist (Urt. des ObstLG. in Bl f. RA. Jahrg. 75 S. 577); wenn nicht, ist das wasserrechtliche Verfahren vor der Baulinienfestsetzung durchzuführen.

Im nach Art. 76 WG. festgesetzten Überschwemmungsgebiet ist eine Baulinienfestsetzung nicht möglich. —

7 Ein Verbot von Sammel- und Versitzgruben für Entwässerungszwecke enthält Abs II nicht (ME. v. 2. Febr. 1886 Nr. 885). — S. auch Art. 19 und 37 ff. WG. —

§ 4.

1 Behufs der Festsetzung neuer und der Abänderung bestehender Baulinien und Höhenlagen sind Pläne vorzulegen[1]), welche in den einer Kreisregierung unmittelbar untergeordneten Städten nach dem Maßstabe von 1 : 1000, in den übrigen Städten, dann

in Märkten und auf dem Lande im Maßstabe von 1 : 2500 in doppelter Fertigung herzustellen sind[2]); die Steuerkatasterblätter[3]) können, wo sie diesen Maßstäben entsprechen, hierzu gleichfalls angewendet werden.

II Die Baulinienpläne haben die Grundfläche mit den Grenzen der Grundstücke, den Namen der Eigentümer und den Plan- und Hausnummern, ferner die hierauf befindlichen Bauwerke, Wege und Wasserläufe[4]), die aufzuhebenden, die neu beantragten und die unverändert bleibenden Baulinien, endlich Angaben über den Planmaßstab und die Himmelsrichtung zu enthalten. Die Pläne müssen ersehen lassen, ob die beantragten Baulinien als Straßenbegrenzungslinien, als Vorgartenlinien, als Gebäudefluchtlinien, als vordere, seitliche oder rückwärtige Bebauungsgrenzen gelten sollen[5]).

III Die Höhenlagepläne sollen die Höhenlage der Grundfläche in Beziehung zu den nächst gelegenen, genau zu bezeichnenden Fixpunkten sowohl für die Mitte der Straße als auch für die beiderseitigen Trottoire, sowie die Kanäle und Wasserabzugsrinnen darstellen.

IV Bei unebenem Gelände kann die Eintragung von Höhenkurven gefordert werden, welche die Geländegestaltung ersehen lassen.

1. Von der Gemeinde bezw. dem Antragsteller (§§ 59 II, 60); im übrigen s. wegen des Verfahrens §§ 58 ff.; wegen der Kosten §§ 78 ff.

2. Der Maßstab ist auf den Plänen anzugeben; die Pläne sollen in Aktenformat eingereicht werden.

3. „Die FinMinBekm. v. 14. Dez. 1923 (StAnz. Nr. 290) über den Bezug von Katasterplänen und Übersichtskarten bestimmt:

1. Vom Landesvermessungsamt, dem das Vervielfältigungsrecht an den bayerischen Katasterplänen und den hiezu gehörigen Übersichtskarten zusteht, können bezogen werden:

a) Flurblätter, die in der Regel im Maßstab 1 : 5000 oder 1 : 2500 und ausnahmsweise bei einzelnen Neumessungen im Maßstab 1 : 1000 hergestellt sind, ferner Flurblattbeilagen verschiedenen Maßstabes,

b) Orts- und Stadtblätter im Maßstab 1 : 2500,

c) Orts- und Stadtblätter von neugemessenen Orten und Städten im Maßstab 1 : 1000,

d) Amtsgerichtsübersichtskarten im Maßstab 1 : 100 000, Kreisübersichtskarten im Maßstab 1 : 400 000 und Landesübersichtskarten im Maßstab 1 : 800 000.

2. Der Preis beträgt für jedes Blatt zu Ziff. 1 a: 3 Goldmark, zu Ziff. 1 b: 4 Goldmark, zu Ziff. 1 c und d: 5 Goldmark. In dem Preise sind die Verpackungskosten nicht inbegriffen.

3. Bestellungen von Katasterplänen und Übersichtskarten sind an die Kasse des Landesvermessungsamts in München, Alexandrastraße 4, zu richten.

4 Auf Antrag können vom Landesvermessungsamt auch Katasterpläne im verkleinerten oder vergrößerten Maßstab und mit besonderen Einträgen im Schwarz- oder Farbendruck gegen Ersatz der Herstellungskosten geliefert werden. Diesbezügliche Anträge sind unmittelbar an das Landesvermessungsamt zu richten.

5. Die seitherigen Bestimmungen über den Bezug von Katasterplänen und Übersichtskarten treten außer Wirksamkeit."

Jede unbefugte Vervielfältigung von Katasterplänen verstößt gegen das Reichsgesetz v. 19. Juni 1901 (RGBl. S 227) betr. das Urheberrecht an Werken der Literatur und der Tonkunst (FinMinBekm. v. 9. April 1913 Nr. 37 832).

4. Auch diejenigen Baulichkeiten, Ausblicke und dergl., welche bei den Bauführungen berücksichtigt und geschont werden sollen, sind auf den Baulinienplänen zu vermerken (ME. v. 18. Juli 1905 Abs. VII; s. Anhang).

5 Darstellung der Baulinien (nach der ME. v. 3. Aug. 1910 Ziff 7; s. Anhang):

„In den Baulinienplänen sollen die Baulinien künftig durch schwarze, mit Farbe hinterlegte Linien dargestellt werden Für die Gebäudefluchtlinien ist rote, für die Straßenbegrenzungs- und Vorgartenlinien grüne, für die vorderen Bebauungsgrenzen blaue, für die seitlichen und rückwärtigen Bebauungsgrenzen violette Farbe anzuwenden und zwar in der Weise, daß die neuen Baulinien durch ununterbrochene Farbbänder, die unverändert bleibenden mit durch Punkten unterbrochenen Farbbändern (▭ ∘ ▭ ∘ ▭), die aufzuhebenden durch unterbrochene Farbbänder (▭ ▭ ▭) gekennzeichnet werden. Baulinien, die zwar in Aussicht genommen sind, aber vorerst noch nicht festgesetzt werden sollen, sind durch nicht hinterlegte Strichlinien (—— —— ——) von entsprechender Farbe zu kennzeichnen.

Fallen aufzuhebende und beantragte Baulinien zusammen, indem z. B. eine vordere Bebauungsgrenze in eine Gebäudefluchtlinie oder eine Gebäudefluchtlinie in eine Vorgartenlinie umgewandelt werden soll, so kann dies in der Weise dargestellt werden, daß die schwarze Linie mit entsprechender Farbe hinterlegt und zugleich ein entsprechendes, unterbrochenes Farbband vorgelegt wird.

Die Maße für die bestehenden Straßen- und Vorgartenbreiten sind schwarz, die Veränderungen dieser Breiten rot einzuschreiben."

Die Eigentumsgrenzen, sofern sie nicht schon auf andere Weise deutlich hervorgehoben, sind durch dunkelgrüne — nicht hinterlegte und nicht schraffierte — Linien zu bezeichnen (ME. v. 5. Jan. 1914 Nr. 4050 d 2). —

§ 5.

I Alle Bauplätze, welche zur Aufführung neuer Wohngebäude bestimmt sind, müssen den Anforderungen der öffentlichen Gesundheitspflege entsprechen oder entsprechend gemacht werden [1]).

II Die Landesgrenze darf bei Herstellung von neuen Gebäuden oder Anbauten nicht überbaut werden.

1. § 5 gibt die Möglichkeit, eine Bebauung von Bauplätzen, die nicht den Anforderungen der öffentlichen Gesundheitspflege entsprechen, zu verhindern. Dispens von § 5 kann nicht stattfinden. Die gesundheitspolizeiliche Überwachung fertiggestellter Wohnungen regelt die V. v. 10. Febr. 1901 die

Wohnungsaufsicht betr. (s. Anhang); s. auch § 70 (bezügl. des amtsärztlichen Gutachtens) sowie §§ 12, 27.

Insbesondere wird bei Neubauten eine entsprechende Entwässerungsanlage zu verlangen sein. Jedoch darf die Baugenehmigung nicht deshalb verweigert werden, weil der Neubau nicht an einer kanalisierten Straße liegt (ME. v. 29. Nov. 1889 Nr. 10 483); auch deswegen nicht, weil ein Bauplatz einen verhältnismäßig hohen Grundwasserstand hat und ein Straßenkanal nicht vorhanden ist; jedoch muß in letzterem Falle gefordert werden, daß die zur Trockenhaltung des Baues erforderlichen technischen Hilfsmittel angewandt werden. — Bei Lage des Bauplatzes im Überschwemmungsgebiet wird schon aus wasserrechtlichen Gründen die Bebauung ausgeschlossen sein (s. § 3 Anm. 6).

Vgl. auch § 8 MBO.: „Alle Bauplätze, welche zur Aufführung neuer zum Wohnen oder zum dauernden Aufenthalte für Menschen bestimmter Gebäude benützt werden sollen, müssen den Anforderungen der öffentlichen Gesundheitspflege entsprechen, oder entsprechend gemacht werden, zu welchem Zwecke die Entwässerung des gesamten Baugrundes angeordnet werden kann.

Insbesondere sind unreine Ablagerungen und Aufschüttungen zu entfernen, oder es muß die gesamte Baufläche durch eine Betonschicht von mindestens 0,15 m Stärke abgeschlossen werden, die zur Auffüllung von Bauplätzen verwendeten Materialien müssen frei von verwesenden und verfaulenden oder sonstigen den Boden und das Grundwasser verunreinigenden Bestandteilen sein." —

Das Baugrundstück muß auch gegen allenfallsige Erdbewegungen (Senkung, Einsturz, Erdrutsch, Unterspülung usw.) gesichert sein. Wohnungsbauten sind da, wo wegen der Gefahr von Felsstürzen usw. die öffentliche Sicherheit nicht gewährleistet ist, zu verbieten (ME. v. 17. Juni 1903 Nr. 13 268).

Sollte auch nach Vornahme der technisch möglichen Verbesserungen der Bauplatz den gesundheitlichen Anforderungen nicht entsprechen, so ist ein Bauverbot möglich und angezeigt (ME. v. 2. Juni 1908 Nr. 13 474). — S. auch Art. 46 Abs. II des Gesetzes über die Erschließung von Baugelände (GVBl. 1923 S. 280; s. Anhang).

II. Baugenehmigung und Baupläne.

§ 6.

I Baupolizeiliche Genehmigung[1]) ist zu erholen:

zur Herstellung[2]) von neuen[3]) Haupt- und Nebengebäuden[4]), zur Verlegung[5]) von solchen an einen anderen Ort, sowie zur Vornahme einer Hauptreparatur[6]) oder Hauptänderung[6]) an denselben.

II Baupolizeiliche Genehmigung ist nicht erforderlich[7]):

a) in Städten[8]) für die Herstellung von Kegelstätten und Sommerhäuschen ohne Feuerungsanlagen[9]), von offenen Schutzdächern[10]), unheizbaren Federviehställen[11]), Taubenschlägen[11]) und dergleichen[12]) geringfügigen Bauwerken[13]) für wirtschaftliche Zwecke[14]);

b) in Märkten und auf dem Lande außerdem:

1. für offene[15]) oder nur mit Latten und dergleichen geschlossene Schupfen, Holzhütten und Remisen, für gewöhnliche Schweineställe und für sonstige Bauten[16]) ohne Feuerungsanlagen mit nur Einem Geschosse[17]) und höchstens 70 qm Grundfläche[18]), sofern solche Bauten nicht zur Lagerung besonders feuergefährlicher Materialien[19]), wie Pech, Petroleum, Spiritus und dergleichen bestimmt sind, dann mit Ausnahme der Feldkapellen[20]);
2. für Ziegeltrockenstädel[21]) und Getreide- und Heuschupfen außerhalb der Ortschaften[22]), für Alpen-, Jagd- und Waldhütten.

1. Baupolizeiliche Genehmigung ist der (— nach verwaltungsrechtlichem Sprachgebrauch im Gegensatz zu dem des BGB. vorgängige —) polizeiliche Ausspruch darüber, ob und wie eine Bauvornahme betätigt werden darf.

Über die Erfordernisse s. § 9; über das Verfahren §§ 65 ff. — Hinsichtlich etwa erforderlicher wasser- und gewerbepolizeilicher Genehmigung s. § 65 Anm. 7. —

Ob eine Bauvornahme einer baupolizeilichen Genehmigung bedarf, ist nach der Gesamtheit der in Aussicht genommenen Bauarbeiten zu beurteilen; es darf nicht etwa zwischen den einzelnen Teilen eines und desselben Bauvorhabens unterschieden werden (ObstLG. 4, 365; 12, 346; 20, 385). — S. auch § 367 Ziff. 15 StGB. Anm. 18 (im Anhang).

Wann eine baupolizeiliche Genehmigung (= polizeiliche Genehmigung des § 367 Nr. 15 RStGB.) einzuholen ist, bestimmt allein die BO. Die nach WG. geforderte „Erlaubnis" ist keine baupolizeiliche Genehmigung; zur Errichtung einer Brücke ist daher eine baupolizeiliche Genehmigung nicht erforderlich (ObstLG. 14, 89).

2. Herstellung ist die Tätigkeit, die auf die Schaffung der durch den Begriff des Gebäudes (s. § 1 Anm. 6) im Sinne der BO. bedingten Voraussetzungen gerichtet ist. Es ist deshalb bei Gebäuden, die in Einzelteilen hergestellt und lediglich an Ort und Stelle zusammen gesetzt werden, nicht schon die Fertigung der Teile einer Herstellung im Sinne des § 6, sondern erst deren Aufstellung und Zusammensetzung an Ort und Stelle bezw. ihre Verbindung mit dem Boden.

3. Ein „neues" Gebäude entsteht auch dann, wenn es sich um den Wiederaufbau eines zerstörten Gebäudes mit den Bestandteilen des bisherigen Gebäudes handelt.

4. Begriff des Gebäudes s. § 1 Anm. 6.

Nach der Verordnung v. 27. März 1919 (GVBl. S. 119) betr. die Errichtung von Denkmälern (s. Anhang) und der Vollzugsbekm. hiezu v. 31. Juli 1920 (KultMinABl. S. 353 — s. Anhang) bedarf auch die Errichtung, Wiederherstellung, Instandsetzung, Änderung oder Beseitigung von Denkmälern an öffentlichen Straßen usw. und von Denkmälern in Friedhöfen der baupolizeilichen Genehmigung. Zuständig sind die Bezirkspolizeibehörden. Über das Verfahren und die Erfordernisse s. die Vollzugsbekm. v. 31. Juli 1920 und die MB. v. 26. Febr. 1920 betr. die Errichtung von Denkmälern (KMBl. S. 99). —

Über die — nicht in allen Fällen erforderliche — baupolizeiliche Genehmigung für Bauten für Umspanner (Transformatoren) s. ME. v. 28. Aug. 1920 Nr. 4049 e 8, B. v. 5. Mai 1922 (GVBl. S. 277); MB. v. 15. Mai 1922 (StAnz. Nr. 113) und vom 3. Nov. 1922 (StAnz. Nr. 259); weiter das Urt. des ObstLG. v. 16. Jan. 1922 RevReg. II Nr. 415/1921.

5. S. auch ME. v. 4. Jan. 1910 (MABl. S. 44) betr. Hebungs- und Verschiebungsarbeiten.

6. S. § 7.

7. Zu beachten jedoch § 12 Abs. II.

8. Als „Stadt" im Sinne des § 6 Abs. II hat nicht der ganze Stadtbezirk zu gelten, vielmehr sind für die Entscheidung der Frage, ob ein Bau „in der Stadt" oder „auf dem Lande" liegt, die Umstände des einzelnen Falles, insbesondere die Lage des Baugrundstückes zu den städtischen Bauquartieren maßgebend. Liegt ein Bau mitten unter Wiesen und Feldern und weit entfernt von den bewohnten Stadtquartieren und den Teilen des städtischen Gebietes, die in absehbarer Zeit zu städtischen Bauquartieren werden, so hat der Bau, auch wenn er im städtischen Burgfrieden liegt, als „auf dem Lande" liegend zu gelten (ObstLG. 10, 366).

9. Als solche sind auch Gasöfen und Gasherde, nicht dagegen die Heizkörper von Warmwasser- und Heißluftanlagen und elektrische Heizkörper zu betrachten (s. auch ObstLG. 18, 86: in eine nach § 6 II b 1 BO. genehmigungsfreie Hütte mit 28 qm Grundfläche war nachträglich eine Feuerungsanlage ohne Genehmigung eingebaut worden; dadurch bildete die Hütte mit der Feuerungsanlage einen verbotenen Zustand; das Gericht wäre zum Ausspruch der Beseitigungsbefugnis für die ganze Hütte berechtigt gewesen, wenn nachgewiesen worden wäre, daß die Anlage der Feuerstätte schon bei Errichtung der Hütte geplant war; mangels dieses Nachweises konnte jedoch nur die Beseitigung der Feuerungsanlage allein ausgesprochen werden).

10. „Schutzdach" ist eine Eindeckung, die den Zweck hat, Personen oder Gegenstände vor schädlichen Einflüssen, insbesondere der Witterung, zu schützen. — „Offen" ist ein Schutzdach, wenn der Raum unter dem Dach frei zugänglich ist (so OLG. München 7, 401; ObstLG. 16, 94; 17, 57). — Dadurch, daß ein offenes Schutzdach nach einer oder mehreren Seiten hin abgeschlossen oder eingeplankt ist, verliert es seinen freien Zugang noch nicht. Oberstrichterlich ist sogar anerkannt (ObstLG. 4, 164), daß die nur nach einer Seite hin offene Überdachung eines Hofraumes ein offenes Schutzdach bilden kann. Entscheidend bleibt stets die freie Zugänglichkeit, mag sie auch nur von einer Seite her bestehen (OLG. München 7, 46); der Raum unter dem Dach muß wenigstens auf einer Seite ohne Hindernis betreten werden können. Den Gegensatz zum offenen Schutzdach bildet der „umschlossene Raum", ein nach allen Seiten hin mit Abschließungen umgebener Teil der Oberfläche, dessen Umschließung die Absicht des Eigentümers ersehen läßt, das Eindringen Unberechtigter durch Bereitung von Hindernissen abzuhalten. — An der Natur einer Gartenhalle als offenes Schutzdach ändert es darum nichts, wenn sie während des Winters, also nur vorübergehend und zu einer Zeit, wo sie ihrer Zweckbestimmung nicht dienen kann, auf allen Seiten abgeschlossen wird (ObstLG. 17, 57).

Offene Schutzdächer bedürfen der baupolizeilichen Genehmigung nicht, gleichviel ob sie geringfügige Bauwerke für wirtschaftliche Zwecke sind oder nicht; so die ständige Rechtsprechung des ObstLG. (ObstLG. 10, 16; 10, 92; 11, 436; 14, 154; 16, 94; 17, 57).

A. M.: Englert BO. § 6 Anm. 8; Englert-Köhler BO. § 6 Anm. 3.

Die Begründung der Ansicht der Rechtsprechung des ObstLG. geht dahin, daß es dahingestellt bleiben kann, ob sich aus dem Umstand, daß in § 6 II a das Wort „von" zwar vor „offenen Schutzdächern", nicht aber vor „unheizbaren Federviehställen" wiederholt ist, der Schluß ziehen läßt, daß sprachlich „geringfügige Bauwerke für wirtschaftliche Zwecke" sich auch auf die offenen Schutzdächer bezieht; daß es vielmehr ausschlaggebend ist, daß sich die Schlußworte des Buchstaben a „für wirtschaftliche Zwecke" sprachlich und sachlich nur auf die den Federviehställen und Taubenschlägen gleichzuachtenden Bauwerken beziehen können; denn offene Schutzdächer dienen nicht immer wirtschaftlichen Zwecken. Ferner müsse gerade auch die Entstehungsgeschichte des jetzigen Textes, insbesondere die Streichung des früheren Höchstmaßes von 20 qm bei den Schutzdächern zugunsten der vollen Baufreiheit für die Schutzdächer verwertet werden.

Gegenüber den gegenteiligen Ansichten verdient die Rechtsprechung des ObstLG. den Vorzug, zumal sie auch dem Grundsatze der BO., nur da Einschränkungen eintreten zu lassen, wo das öffentliche Interesse solche unbedingt erfordert, Rechnung trägt.

Die Vorschrift, daß Bauten, die zur Herstellung, Bearbeitung oder Lagerung größerer Quantitäten leicht entzündlichen oder schwer zu löschenden Materials bestimmt sind, mit massiven Mauern zu umgeben sind, und, wenn sie mit anderen Gebäuden zusammenhängen, von diesen durch Backsteinmauern getrennt werden müssen (§§ 44, 47 I BO.), gilt für offene Schutzdächer nicht (ObstLG. 10, 92).

11. Sie müssen sich als „geringfügige Bauwerke" darstellen, sonst sind sie nach Abs. I genehmigungspflichtig.

12. Bezieht sich nur auf die Federviehställe und Taubenschläge. Das Wort „dergleichen" besagt, daß das Bauwerk den unheizbaren Federviehställen und Taubenschlägen gleichen, von der gleichen Bedeutung wie diese sein muß (ObstLG. 11, 436).

13. Ob ein geringfügiges Bauwerk im Sinne des § 6 II a vorliegt, ist von Fall zu Fall festzustellen; eine Begriffsauslegung gibt die BO. nicht; jedoch ist das Ermessen insoferne begrenzt, als der Maßstab für die Prüfung (unheizbare Federviehställe und Taubenschläge) gegeben ist. Weitere Anhaltspunkte, insbesondere ein Flächenhöchstmaß, können nicht gegeben werden (s. ObstLG. 5, 228; 11, 436). Änderungen an den Bauwerken, die ihnen die Eigenschaft der Geringfügigkeit nehmen, sind genehmigungspflichtig.

Bauwerke mit Feuersgefahr (z. B. Lager feuergefährlicher Gegenstände) sind nicht geringfügig (ME. v. 24. Mai 1911 Nr. 4137 a 3).

14. Das sind wirtschaftliche Zwecke jeder Art; also für landwirtschaftliche, gewerbliche, industrielle usw. Zwecke.

15. Die Worte „offene oder nur mit Latten und dergl. geschlossene" beziehen sich nicht nur auf Schupfen, sondern auch auf Holzhütten und Remisen.

Offen sind die genannten Bauwerke auch dann, wenn sie auch nur auf einer Seite offen sind. Selbst wenn sie an einer Seite an einem Gebäude angebaut sind und 2 weitere Seiten mit Brettern geschlossen sind, ist eine Genehmigungspflicht nicht gegeben (vgl. OLG. München 7, 46); — dagegen ist eine auf allen Seiten mit Brettern verschlossene Schupfe, bei der auch noch die Fugen mit Latten beschlagen sind, genehmigungspflichtig, es sei denn, daß sie sich als sonstiger einstöckiger Bau ohne Feuerungsanlage mit höchstens 70 qm Grundfläche darstellt (OLG. München 9, 367).

16. Die Worte: „ohne Feuerungsanlagen mit nur einem Geschosse und höchstens 70 qm Grundfläche" beziehen sich nur auf „sonstige Bauten" (so auch Englert BO. § 6 Anm. 13; a. M. Englert-Köhler § 6 Anm. 5).

Wenn die offenen usw. Schupfen, Holzhütten und Remisen begriffsnotwendige Eigenschaften verloren haben, so sind sie immer noch als „sonstige Bauten" genehmigungsfrei, wenn sie ohne Feuerungsanlage mit nur 1 Geschoß und höchstens 70 qm Grundfläche errichtet sind.

17. Die Frage, ob ein Gebäude mit einem sog. Kniestock oder Überbau als ein- oder mehrgeschossig zu erachten ist, ist nach Beschaffenheit des einzelnen Falles zu beurteilen und im vorgeschriebenen Instanzenzug zu entscheiden (ME. v. 18. März 1898 Nr. 4879).

Auch Dachräume können unter Umständen als Geschoß zu betrachten sein (a. M. Englert § 6 Anm. 12).

18. Wird die Grundfläche durch einen Anbau oder Erweiterungsbau über das Höchstmaß von 70 qm hinaus vergrößert, so ist der gesamte Bau genehmigungspflichtig. — Beträgt die Grundfläche des Erweiterungsbaues über 70 qm, so ist nicht nur dieser, sondern auch der schon bestehende Bau mit einer Grundfläche unter 70 qm zusammen als Ganzes genehmigungspflichtig. — Dagegen sind Bauten ohne Feuerungsanlagen mit nur 1 Geschoß und unter 70 qm Grundfläche auch dann nicht genehmigungspflichtig, wenn sie an ein anderes Gebäude angebaut werden.

19. Die Lagerung landwirtschaftlicher Vorräte, wie Stroh, Heu usw. fällt nicht hierunter. — S. auch V. v. 19. März 1874 betr. die Verhütung von Feuergefahren durch leicht Feuer fangende Gegenstände (GVBl. S. 109 — § 4 Ziff. 9).

20. S. ME. v. 25. Juli 1848, 2. Febr. 1849 und 24. Aug. 1849; Döllinger V.-Sammlung Bd. 31 S. 15, Bd. 32 S. 371, Weber, Gesetz- und V.-Sammlung Bd. 3 S. 722.

21. „Außerhalb der Ortschaften" bezieht sich auch auf Ziegeltrockenstädel; innerhalb der Ortschaften sind sie entweder genehmigungspflichtig oder nach Ziff. 1 genehmigungsfrei.

Dagegen sind Feldziegelöfen (auch außerhalb der Ortschaften) genehmigungspflichtig (ObstLG. 5, 307). Zu ihrer Errichtung ist auch noch Genehmigung nach § 16 GewO. erforderlich (ObstLG. 7, 12 stellt fest, daß neben rechtskräftiger Verurteilung wegen Erbauung eines Ziegelofens ohne baupolizeiliche Genehmigung nach § 367 Nr. 15 RStGB. weitere Verurteilung aus §§ 16, 147 I Ziff. 2 GewO. denkbar ist).

22. Mit Ziff. 2 soll nicht gesagt sein, daß die Ziegeltrockenstädel, Getreide- und Heuschupfen nur dann genehmigungsfrei seien, wenn sie außerhalb der Ortschaften liegen. Sie sind vielmehr nicht genehmigungspflichtig auch dann, wenn sie innerhalb der Ortschaften liegen und sich als eines der nach Ziff. 1 genehmigungsfreien Bauwerke darstellen. Außerhalb der Ortschaften sollen sie nach Ziff. 2 genehmigungsfrei sein, auch wenn sie die Beschränkungen nach Ziff. 1 nicht einhalten.

Ob ein Bauwerk innerhalb einer Ortschaft gelegen ist, ist von Fall zu Fall zu entscheiden. Allgemeine Regeln lassen sich nicht geben. Z. B. hat OLG. München 6, 596 (auch MABl. 1891, S. 388) eine Heuschupfe, die vom äußersten Gebäude der Ortschaft 16,50 m entfernt war, jedoch mit einer Wand an die Gartenmauer eines zum Orte gehörigen Anwesens angebaut war, nicht als „außerhalb der Ortschaft" gelegen erachtet. — Für die Beurteilung können insbesondere auch feuerpolizeiliche Erwägungen ausschlaggebend sein.

§ 7.

Als Hauptreparaturen oder Hauptänderungen an Bauten [1]) sind zu betrachten:

1. die Veränderung der Höhe, Länge oder Breite eines Gebäudes [2]);
2. die Schwächung [3]), Versetzung [4]), Beseitigung [5]) oder Erneuerung von Umfassungen, soferne die Änderung auf eine ganze Gebäudeseite [6]) sich erstreckt oder von solcher Bedeutung ist, daß bei ordnungsmäßigem Verfahren [7]) besondere technische Vorsichtsmaßregeln [8]) hierzu erforderlich werden;
3. die Anlegung neuer und die Versetzung oder konstruktive Änderung bestehender Feuerstätten [9]) oder Kamine [10]), soweit es sich nicht lediglich um das Setzen von Öfen oder Herden [11]) zum häuslichen Gebrauch handelt [12]);
4. in Städten und in Märkten mit geschlossener Bauweise [13]) die Erneuerung oder konstruktive Änderung eines Dachstuhles, sowie die Wohnbarmachung [14]) von Räumen im Kellergeschosse [15]) oder im Dachraume [16]);
5. die bauliche Änderung [17]) der Fassaden [18]) von Gebäuden an Straßen [19]) und öffentlichen Plätzen in Städten von mehr als 20000 Seelen [20]) und auch in anderen Orten, insoferne im Interesse der Verschönerung [21]) baupolizeiliche Vorschriften erlassen sind (Art. 101 Abs. III des Polizeistrafgesetzbuches).

1. „Bauten" ist hier gleichbedeutend mit Gebäuden (Haupt- und Nebengebäuden), da § 6 nur die Hauptreparaturen und Hauptänderungen an solchen für genehmigungspflichtig erklärt und über die wesentlichen Veränderungen an baulichen Anlagen § 8 bestimmt.

2. Hierunter fallen alle Anbauten und Aufbauten, vor allem Stockwerksaufbauten; aber auch die Aufbauten nach § 25 Abs. VI Ziff. 2 (ME. v. 15. Okt. 1906 Nr. 18632). — Über Gebäudehöhe s. § 25.

3. Hierunter fällt nicht die Entfernung des Verputzes, da die Vorschrift offenbar nur die Prüfung der vorschriftsmäßigen Beschaffenheit der Umfassungen, soweit sie statisch in Anspruch genommen sind, ermöglichen will, hier aber die Verputzstärken nicht mitgerechnet werden (s. § 15, insbesondere Abs II).

Eine Schwächung kann nicht nur in der Verringerung der Mauerstärke, sondern auch im Ausbrechen von Fenster-, Tor- oder sonstigen Öffnungen bestehen (s. ObstLG. 9, 4).

4. Nur einzelner Teile der Umfassung. Die Versetzung der gesamten Umfassung ist als „Verlegung" des Gebäudes nach § 6 I genehmigungspflichtig. — Über Hebungs- und Verschiebungsarbeiten s. ME. v. 4. Jan. 1910 MABl. S. 44.

5. Auch nur von Teilen der Umfassung. Ausbrüche und Durchbrüche in der Umfassung fallen hierunter, sofern sie sich nicht schon als „Schwächung" der Mauer darstellen, wenn sie besondere technische Vorsichtsmaßregeln erfordern, was meist der Fall sein wird; möglicherweise sind sie aber auch als bauliche Änderungen im Sinne der Ziff. 5 zu betrachten.

6. Auch wenn die Änderung zur Umgehung der Genehmigungseinholung nicht auf einmal, sondern in Abschnitten vorgenommen wird. Maßgebend ist der Gesamtvorsatz des Bauherrn; ging dieser schon von Anfang an auf Änderung der gesamten Gebäudeseite, so ist Genehmigung einzuholen.

7. D. i. bei gewissenhafter Beachtung aller bautechnischen Gesichtspunkte und Erwägungen.

8. Z. B. Abbolzungen, Abspriezungen, Hängevorrichtungen usw. (ObstLG. 6, 23; 9, 4).

9. Der Begriff der Feuerstätte ist hier der gleiche wie in § 368 Ziff. 3 und 4 RStGB. Unter Feuerstätte sind alle Teile der gesamten Feuerungsanlage, insbesondere aber die zur Aufnahme der Feuerung dienenden Vorrichtungen (diese = Feuerstätten im engeren Sinne) zu verstehen (ObstLG. 21, 314).

Die Aufstellung eines Benzinmotors ist keine Anlegung einer Feuerstätte (ME. v. 10. Juni 1908 Nr. 26 435); wohl aber die Errichtung von Sauggasanlagen (ME. v. 5. März 1909 MABl. S. 245). Gasöfen und -herde sind als Feuerstätten zu betrachten; dagegen nicht elektrische Heizanlagen, auch nicht die Heizkörper von Zentralheizungsanlagen.

10. Anlegung eines neuen Kamines ist auch der Wiederaufbau eines Kamines, dessen über das Dach hinausragender Teil abgebrochen worden war, da die unterhalb des Daches stehen gebliebenen Mauerteile für sich allein einen Kamin nicht mehr darstellten (ObstLG. 3, 100).

11. Unter Öfen und Herden sind Zentralheizungsanlagen nicht zu verstehen (ObstLG. 4, 325).

12. In diesem Falle ist baupolizeiliche Genehmigung nicht erforderlich; es sind jedoch nach § 12 II die Vorschriften über die Feuerstätten — §§ 19 ff. — zu beachten. — S. auch § 368 Ziff. 4 RStGB.

13. S. § 2 Anm. 3.

14. Wohnbarmachung bezieht sich ausschließlich auf bauliche Vornahmen, Konstruktionsänderungen, Schaffung oder Änderung wesentlicher Baubestandteile, nicht aber auf sonstige Maßnahmen zur Wohnbarmachung; insbesondere nach § 7 Ziff. 3 auch nicht auf das Setzen eines zum häuslichen Gebrauch bestimmten Herdes (ObstLG. 15, 70; vgl. auch ObstLG. 16, 60; — a. M.: Englert-Köhler BO. § 7 Anm. 5).

Die Wohnbarmachung ist nicht als solche, sondern nur dann genehmigungspflichtig, wenn damit die Anlegung einer neuen Feuerstätte oder sonst eine genehmigungspflichtige Bauvornahme verbunden ist. Wo diese Voraussetzung nicht vorliegt (z. B. nach § 7 Ziff. 3 bei Setzen eines Herdes und Einleiten einer Rohrleitung in eine schon bestehende Kaminanlage), kommt eine Strafbarkeit erst bei Benutzung der Räume zu Wohnzwecken in Frage, und zwar nicht aus § 367 Nr. 15 RStGB. oder Art. 101 PStGB., sondern aus Art. 73 II PStGB. mit § 9 der V. v. 10. Febr. 1901 die Wohnungsaufsicht betr.

15. S. § 33. — Wer bei Ausführung eines Neubaues von dem genehmigten Bauplan abweichend Kellerräume zu Wohnzwecken einrichtet, macht sich damit nicht notwendig nach § 367 Nr. 15 RStGB. strafbar, auch dann nicht, wenn er Ofen und Herd in den Räumen setzt (ObstLG. 15, 89).

16. S. § 34. — S. auch ObstLG. 7, 358.

17. Nicht jede Änderung, sondern nur b a u l i c h e Änderungen. Letzteres liegt vor bei Durchbrechungen der Umfassungsmauer, Versetzung oder Neuerrichtung von Fenstern. Die Fassade selbst (die Bauteile) müssen geändert werden, nicht bloß Änderungen a n der Fassade vorgenommen werden. Die Herstellung architektonischer Fensterumrahmungen aus Verputz sind keine Änderung der Fassade im Sinne der Ziff. 5 (ObstLG. 6, 23).

18. Fassade ist die freistehende Außenseite eines Gebäudes (ObstLG. 6, 179 und MABl. 1905 S. 557).

19. Es handelt sich hier um Ortsstraßen, worunter diejenigen öffentlichen Wege verstanden werden, welche dazu bestimmt sind, den Verkehr innerhalb einer zusammenhängend gebauten Ortschaft zu vermitteln (ObstLG. 6, 23; auch 6, 179).

20. Maßgebend ist die Bevölkerungsziffer nach der letzten Volkszählung vom 8. Oktober 1919 (RGBl. 1919 S. 652; StAnz. Nr. 232); endgültige Ergebnisse in der Zeitschrift des bayr. Statist. Landesamtes 1920 S. 413 ff.

21. S. ObstLG. v. 26. Febr. 1914 MABl. S. 203 (GmdVerwZtg. 1914, 235).

Als baupolizeiliche Vorschriften im Interesse der Verschönerung können nur solche Polizeiverordnungen gelten, welche die ä u ß e r e G e s t a l t u n g eines Bauwerks zum Gegenstand haben. B e b a u u n g s v e r b o t e können auf Art. 101 III PStGB. nicht gegründet werden (ObstLG. 13, 7). Aus der Entstehungsgeschichte des Art. 101 III PStGB. (Verhandlg. des gesetzgeb. Aussch. d. Kammer der Abg. 1871/72 Bd. II S. 52/53) geht auch hervor, daß solche Polizeivorschriften nicht als unmittelbare Weisungen an die Bauherren usw., sondern nur als gesetzliche Grundlage für die Anordnungen der Baupolizeibehörde ergehen können.

§ 8.

Durch ortspolizeiliche Vorschrift kann angeordnet werden[1]), daß auch zur Herstellung[2]) oder wesentlichen Veränderung[3]) von Brunnenschachten[4]), Kellern, Haus- und Straßenkanälen[5]), von Abtritten[6]), Dung- und Versitzgruben[7]), von Zäunen[8]) und Einfriedungen[9]) aus Mauer- oder geschlossenem Holzwerk[10]) oder Metall[11]) an öffentlichen[12]) Plätzen, Straßen oder Wegen, oder wo Baulinien in Frage kommen[13]), dann in Städten zum Anbau von Balkonen[14]), Altanen[14]), Erkern[15]), Galerien[16]) und Gängen[17]) polizeiliche Genehmigung[18]) zu erwirken, oder daß der Ortspolizeibehörde[19]) zur Wahrung bestehender Vorschriften[20]) binnen bestimmter Frist[21]) vor dem Beginne der Ausführung dieser baulichen Anlagen Anzeige zu erstatten[22]) ist. Als wesentliche Veränderungen baulicher Anlagen sind Änderungen anzusehen, die

nach § 7 bei Gebäuden als Hauptreparatur oder Hauptänderung zu betrachten wären.

1. Sowohl in Städten als auch in Märkten und auf dem Lande. — Die Aufzählung der baulichen Anlagen in § 8 ist erschöpfend; die ortspolizeilichen Vorschriften können nicht auch noch auf andere als die hier aufgezählten baulichen Anlagen ausgedehnt, wohl aber kann die Genehmigungs- oder Anzeigepflicht auf einzelne der genannten baulichen Anlagen beschränkt werden.

2. = Neuerrichtung. Eine solche liegt auch dann vor, wenn z. B. zur Herstellung eines Zaunes Material und Teile eines früheren Zaunes Verwendung gefunden haben (ObstLG. 2, 231; 20, 251).

Wiederherstellung einer baulichen Anlage, die durch einen Andern eigenmächtig zerstört wurde, in dem früheren Zustand, ist ebenfalls genehmigungspflichtige Herstellung (ObstLG. 6, 421).

3. Der Begriff „wesentliche Veränderung" im Sinne des § 8 in der Fassung v. 17. Febr. 1901 wurde in der Rechtsprechung verschieden ausgelegt (vgl. OLG. München 7, 53; 9, 160 und ObstLG. 2, 231; 2, 238; 8, 346). Um eine Übereinstimmung des § 8 mit § 7 herbeizuführen, wurde durch die V. v. 3. Aug. 1910 dem § 8 der Schlußsatz angefügt, der nunmehr eine Definition im Sinne der Hauptreparatur oder Hauptänderung des § 7 gibt (s. auch ObstLG. 20, 251 und ME. v. 3. Aug. 1910 Ziff. 5; s. Anhang).

Über wesentliche Veränderungen an einem Zaun sagt das Urt. des ObstLG. v. 20. Juni 1908: Der Begriff „wesentliche Veränderung" erfordert nach seinem Wortlaut eine Änderung, die das Wesen des Zaunes erfaßt, sei es, daß er versetzt wird, oder daß eine Erneuerung des Zaunes unter Verwendung anderen Materials erfolgt, oder daß die bestehende Form eine augenfällige Änderung (z. B. hinsichtlich der Höhe oder der Struktur) erfährt; nicht aber schon dann, wenn der bisher bestehende Zaun, sei es aus altem oder neuem Material der gleichen Art, aber unter Beibehaltung der bisherigen Erscheinungsform teilweise erneuert wird.

4. Unter „Schacht" ist eine senkrechte Öffnung des Bodens von entsprechender Tiefe, gleichviel ob mit oder ohne Vermauerung oder Verschalung, zu verstehen. Im Einzelfall kommt es lediglich auf die Beurteilung an, ob die Ausgrabung tief genug erscheint, um als „Schacht" zu erscheinen. Ob der Schacht mit dem festen Entschluß gegraben wurde, einen Brunnen zu errichten, oder nur zu dem vorläufigen Zwecke, das Vorhandensein von Wasser zu ermitteln, ist gleichgültig, da die BO. keinen Unterschied zwischen Probe- und endgültigen Schächten macht (Urt. des OLG. München v. 15. Juni 1886 (MABl. S. 208). — (Vgl. auch Art. 20 WG.).

5. Nicht genehmigungspflichtig ist die Herstellung von Grundstücksdrainagen (s. aber Art. 160 WG.).

6. Ihre Errichtung wird meist schon nach §§ 6 und 7 genehmigungspflichtig sein. — Im übrigen s. §§ 52, 29, 49 BO.

7. Andere Gruben, wie Bau-, Kalkgruben usw., gleich welcher Art und Größe, sind nicht genehmigungspflichtig.

8. S. Anm. 3 — sog. „lebende Zäune" (Hecken, Einfriedung aus Gesträuch) sind nicht genehmigungspflichtig. Sind solche „lebende Zäune" stellenweise durch Draht oder Gitter oder Holz verstärkt, so wird im Einzelfall hinsichtlich der Genehmigungspflicht der überwiegende Charakter der Einfriedung zu entscheiden haben.

9. Unter Einfriedung eines Grundstücks ist eine Anlage zu verstehen, die bestimmt ist, das Grundstück gegen das Eindringen von Menschen oder Tieren zu schützen. Eine Einfriedung im Sinne des § 8 erfordert, daß sie aus Mauer- oder geschlossenem Holzwerk oder aus Metall besteht (ObstLG. 9, 231). Mauern, die nicht den Schutz eines Grundstücks in vorstehendem Sinne bezwecken, sondern lediglich zur Stützung von Böschungen und zur Erhaltung von Erdabschnitten dienen, sind keine Einfriedungen (ME. v. 5. Jan. 1886 Nr. 16 832).

10. Einfriedung aus geschlossenem Holzwerk sind nicht nur Bretterzäune, d. h. Einfriedungen, welche aus mehr oder weniger eng aneinander angereihten, durch Pfosten miteinander fest verbundenen Brettern gebildet werden, sondern auch Lattenzäune, d. h. Einfriedung, welche aus mehr oder weniger enge gereihten, durch Querleisten miteinander verbundenen Latten bestehen (OLG. München 1, 194; 2, 41; ObstLG. 2, 231).

11. Eine Einfriedung aus Metall liegt auch dann vor, wenn zwischen Pfosten einzelne Drähte gespannt sind (ObstLG. 11, 12); auch wenn bei Einfriedungen aus Metall Holzteile (z. B. als Stützen) Verwendung finden, sind diese doch als Einfriedung aus Metall zu betrachten (ObstLG. 9, 231 und MABl. S. 371; ObstLG. 11, 12).

12. S. § 1 Anm. 4. — Die Worte „an öffentlichen Plätzen usw.... in Frage kommen" beziehen sich nur auf die Errichtung von Zäunen und Einfriedungen (Urt. des Oberst. Gerichtshofs Sammlg. Bd. 7 S. 81 ff.).

13. D. i. dann der Fall, wenn die Baulinien — wenn auch nur vorläufig — festgesetzt sind oder ihre Festsetzung eingeleitet ist (OLG. München 2, 51 und OLG. München Urt. v. 4. Mai 1883 MABl. S. 206). Hiezu wird aber auch noch zu verlangen sein, daß die Einfriedung die Abschließung des Grundstücks gegen die Baulinie zu darstellt; Einfriedungen, selbst wenn sie aus Mauerwerk bestehen, als Abgrenzung gegen die Nachbargrundstücke oder im Innern des Grundstückes, dürften nicht als genehmigungspflichtig anzusehen sein.

14. S. § 38.

15. S. § 36.

16. S. §§ 38, 39.

17. S. § 39.

18. Zuständig ist die Bezirkspolizeibehörde, § 65 I.

19. D. i. in den unmittelbaren Städten und in den Städten und Märkten r. d. Rh. mit vormals magistratischer Verfassung des Stadtrat bezw. Gemeinderat; in allen übrigen Gemeinden der 1. Bürgermeister allein. GemO. Art. 92 ff., 138 ff.

20. D. s. außer der BO. alle in Verordnungen, ober- und ortspolizeilichen Vorschriften enthaltenen Anordnungen.

21. Diese muß eine angemessene, im Interesse der Bauherrn möglichst kurze sein.

22. Die Verpflichtung zur Vorlage von Plänen kann damit nicht verbunden werden.

§ 9.

I Zur Erlangung der baupolizeilichen Genehmigung ist die Vorlage von Plänen[1]) notwendig, welche zu enthalten haben:

a) bei Neubauten

1. die Lage[2]) nach allen Seiten, soweit sie zur richtigen

Erkennung und Bestimmung der Stellung des Baues erforderlich ist, mindestens in einem Umkreise von 25 m, mit Darstellung der in demselben befindlichen Gebäude, Straßen und Grundstücke und mit Angabe[3]) der betreffenden Eigentümer;

2. den Grundriß und Durchschnitt aller Stockwerke des Gebäudes von der Kellersohle bis zum Dachfirste, mit Angabe der Einteilung der Räume, der wesentlichen Maße[4]), der Feuerungseinrichtungen und des Bau- und Eindeckungsmaterials; bei außergewöhnlichen Konstruktionen entsprechende Detailzeichnungen;

3. die Fassade des Baues von der Straßenseite aus und bei offener Bauweise[5]) auch die Seitenfassaden;

b) bei Hauptreparaturen oder Hauptänderungen an bestehenden Gebäuden

die Zeichnungen des betreffenden Baubestandteiles, wie derselbe zur Zeit ist und wie er werden soll, sowie diejenigen der vorbezeichneten Vorlagen, welche zur Beurteilung des Unternehmens notwendig sind.

II Bei diesen Plänen sind folgende Maße einzuhalten[6]):

bei den Lageplänen . . . . 1 : 1000,
bei den Grundriß-, Durchschnitts- und Fassadeplänen 1 : 100,
bei den Detailplänen nicht kleiner als . . . . . 1 : 50.

1. Verfahren s. §§ 65 ff., insbesondere § 67 über die weiteren Erfordernisse der Pläne.

Vgl. auch die Anmerkungen zu § 4. — Es ist unzulässig, wenn in einer ortspolizeilichen Vorschrift ausgesprochen ist, daß bei Ausführung von Gebäuden usw. die Baupläne vor der baupolizeilichen Bescheidung den Stadt- oder Gemeinderat zur Genehmigung vorzulegen seien. Eine solche Bestimmung ist unvereinbar mit den Zuständigkeitsbestimmungen der BO. — Unbedenklich wäre es, wenn das Wort „Genehmigung" durch „Äußerung" ersetzt würde (ME. v. 9. Juni 1911 Nr. 4054 f 6). — Auf jedem Plane soll das Einlaufsdatum oder diejenige Einlaufsnummer, welche dem bei Einreichung des Planes aufgenommenen Protokolle oder Vermerke oder dem einschlägigen schriftlichen Einlaufe entspricht, vorgetragen und überdies auf den über eingereichte Pläne aufgenommenen Vermerken oder Protokollen die Überschrift der Pläne bezw. der Baugegenstand, auf den sie sich beziehen, bezeichnet werden (ME. v. 19. Mai 1899 Nr. 10 344).

2. Der Lageplan muß eine Übersicht über die Umgebung des Bauplatzes im Umkreis von 25 m, d. h. über einen Kreis mit einem Radius von 25 m ergeben. Die Einzeichnung der Nachbargrundstücke und die Angabe der Eigentümer ist wegen §§ 67 und 68 besonders wichtig.

3. Auch die Angabe der Zweckbestimmung (vgl. MBO. § 14 A Ziff. 2) wird insoweit zu verlangen sein, als je nach der Art der Verwendung des Baues (z. B. zur Lagerung feuergefährlicher Gegenstände; in den Fällen der §§ 46—48) besondere baupolizeiliche Vorschriften bestehen.

4. Soweit dies zur baupolizeilichen Würdigung notwendig ist. — Vgl. § 14 A Ziff. 2 der MBO.: „2. Die Grundrisse aller Geschosse des Gebäudes vom Keller bis zum Dachraum mit Angabe der Einteilung und Zweckbestimmung der Räume, dann alle zur Deutlichkeit erforderlichen Längen- und Querschnitte, endlich bei außergewöhnlichen Konstruktionen entsprechende Detailzeichnungen; in allen diesen Plänen sind die Maße der Mauern, Gewölbe, Balken, Träger, Sparren, Säulen, Posten, Durchzüge der Häng- und Sprengwerke, der Längen-, Tiefen- und Höhenmaße der einzelnen Räume, soweit diese Angaben zur baupolizeilichen Beurteilung erforderlich sind, sowie der Breiten der Treppen und Gänge, dann die Form und Weite und der Zug der Kamine, sowie deren Höhe über der Dachung genau anzugeben; besondere Konstruktionen müssen unter Angabe des Materials in den Plänen deutlich eingetragen werden; auch sind auf Verlangen die erforderlichen Tragfähigkeitsberechnungen beizubringen." Auch nach der allgemeinen BO. muß die Baupolizeibehörde für befugt erachtet werden, Tragfähigkeitsberechnungen zu verlangen. — S. oberpolizeiliche Vorschrift v. 25. März 1918 für die Aufstellung und Prüfung von Tragfähigkeitsnachweisen bei Bauwerken (GVBl S. 251) und v. 13. Aug. 1921 (GVBl S 404) — ME v 2. Mai 1918 (MABl. S. 89) über Schaffung einer amtlichen Stelle bei der Landesgewerbeanstalt Nürnberg zur Prüfung von Plänen und Berechnungen für statisch besonders beanspruchte Bauwerke und Bauteile; — MB. v. 1 Okt. 1920 (MABl. S. 379) betr. gewerbliche und technische Prüfämter (Ziff. 8: Prüfamt der bayr. Landesgewerbeanstalt in Nürnberg: dieses prüft die statischen Berechnungen und Pläne von Bauwerken aus Eisenbeton, Eisen und Holz, insbesondere für die Baupolizeibehörden. Das Prüfamt übernimmt ferner die Überwachung der Ausführung dieser Bauwerke).

S. ferner ME. v 5. Febr 1916 über landwirtschaftliche Bauberatung (MABl. S. 12); ME v 17. Juni 1920 über landwirtschaftliche Bauberatung bei den Landbauämtern (StAnz. Nr. 147); ME. v. 1. Okt. 1920 (MABl. S 384) betr. gewerbliche und technische Auskunftsstellen (Ziff. 8: die landwirtschaftliche Bauberatungsstelle in München (Zweigstelle der Landesgewerbeanstalt) bietet fachmännische Beratung und Auskunfterteilung, Anfertigung von Plänen, Kostenvoranschlägen, Überwachung von Bauführungen usw).

5 S § 2 Anm. 3.

6 Maßstab und Himmelsrichtung ist auf den Plänen anzugeben.

§ 10.

[1]) Bei Bauführungen [2]) auf Kosten der Zivilliste, des Staatsärars 2c.[3]), welche nach den desfalls bestehenden besonderen Vorschriften einer höheren technischen Prüfung unterliegen, sind der Baupolizeibehörde die Entwürfe[4]) zur Erinnerung[5]) in bezug auf Baulinien, Höhenlage und sonstige bau- und gesundheitspolizeiliche Verhältnisse mitzuteilen.

1. § 10 hat ausschließlich die formelle Bedeutung einer Zuständigkeitsvorschrift (ME. v. 7 Juli 1904 Nr 14 704). Bei den hier genannten Bauführungen ist, sofern sie einer höheren technischen Prüfung unterliegen, die Zuständigkeit der Baupolizeibehörden ausgeschlossen; ihnen steht lediglich eine gutachtliche Erinnerungsabgabe zu.

Die Vorschrift hat ihre Begründung in der staatsrechtlichen Erwägung, daß die Verwaltungsressorts einander nicht untergeordnet sein können, sondern selbständig nebeneinander wirken, und daß der Staat gegen sich selbst keine Polizeigewalt übt (s. Seydel, bayr. Staatsrecht Bd. 5 S. 658). Daraus folgt, daß die Baupolizeibehörden nicht berechtigt sind, dem Staate als Bauherrn Weisungen zu geben und daß dieser keiner baupolizeilichen Genehmigungspflicht untersteht. Trotzdem ist aber auch der Staat als Bauherr verpflichtet, die materiell-rechtlichen Bestimmungen der BO. genau so einzuhalten wie ein privater Bauherr. Die BO. ist eine „allgemein verbindliche Vorschrift" im Sinne des Art. 1 Abs. I PStGB.; ihr sind nicht nur die Staatsbürger, sondern auch die Staatsbehörden unterworfen, es sei denn, daß die Vorschrift selbst eine Ausnahme zugelassen hätte. Eine solche Befreiung ist jedoch nirgends vorgesehen. Die materiell-rechtlichen Bestimmungen der BO. haben für sämtliche staatlichen Ressorts Geltung (es sind also auch bei Staatsbauten insbesondere die Vorschriften über Baulinien, über Straßenherstellung und -Sicherung usw. einzuhalten).

Will bei Bauführungen des § 10 von materiell-rechtlichen Vorschriften der BO. abgewichen werden, so ist ebenso wie bei Privatbauten Dispens bei der Regierung, K. d. J., nach § 65 Abs. II nachzusuchen. Veranlaßtenfalls hat hier das Oberaufsichtsrecht des Staatsministeriums des Innern einzugreifen.

Verstöße gegen die materiell-rechtlichen Vorschriften der BO. bei Staatsbauführungen begründen zwar keine strafrechtliche, wohl aber disziplinäre Verantwortung der mit der Bauführung befaßten Behörden.

Bauführungen des Reiches genießen nach den bayrischen Bauvorschriften für die baupolizeiliche Behandlung keine Vorzugsstellung, sondern stehen den Privatbauten gleich. § 10 findet (nach seinem Wortlaut und seiner Entstehungsgeschichte) auf sie keine Anwendung. Nach der bisherigen Reichsverfassung war ein Bedürfnis für eine Sonderstellung auch nicht gegeben, da die Eisenbahn-, Post-, Finanz- und Heeresverwaltung unter bayrischer Hoheit stand und den § 10 für sich in Anspruch nehmen konnte. Mit dem Übergang dieser Verwaltungen auf das Reich ist jedoch die Frage einer Sonderregelung für dessen Bauführungen aufgetaucht.

Für die Bauführungen der Reichseisenbahnverwaltung hat daher die ME. v. 19. Okt. 1921 Nr. 4090 a 5 und die ME. v. 13. Jan. 1922 Nr. 4090 a 1 die Regelung getroffen, daß bei Behandlung der Baugesuche des Reichsverkehrsministeriums bis auf weiteres der bisher gegenüber den Baugesuchen des früheren bayerischen Verkehrsministeriums eingenommenen Standpunkt hinsichtlich des § 10 einzunehmen ist.

Die gleiche Anordnung ist mit ME. v. 24. März 1922 Nr. 4090 a 6 für die Baugesuche des Reichspostministeriums, Zweigstelle Bayern, ergangen.

Bei Baugesuchen beider Verkehrsverwaltungen sind wichtigere Entwürfe, hauptsächlich solche, die das Orts- und Landschaftsbild beeinflussen, vor Abgabe der Erinnerung nach § 10 BO. dem Staatsministerium des Innern zur Einsicht vorzulegen.

Die damit dem Reichsverkehrs- und dem Reichspostministerium eingeräumte Ausnahmestellung gründet sich in der Hauptsache auf § 12[1]) des Staatsvertrags über den Übergang der Staatseisenbahnen auf das Reich v. 31. März 1919 (RGBl. S. 778) und auf § 1[2]) des Staatsvertrags über den

---

[1]) „§ 12: Rechtsstellung der Reichseisenbahnbehörden. Den Reichseisenbahnbehörden stehen alle Befugnisse öffentlich-rechtlicher Art zu, die bisher den Eisenbahnbehörden der Länder zugestanden haben."

[2]) „§ 1. Die Verwaltung und das gesamte Eigentum der bayerischen Posten und Telegraphen werden dem Reiche vom 1. April 1920 an als Gan-

Übergang der Post- und Telegraphenverwaltung Bayerns an das Reich vom 29./31. März 1920 (RGBl. S. 644).

Diese Sonderstellung bezieht sich **nicht** auf andere Verwaltungen des Reichs (Finanzverwaltung, Reichsbank usw.); für sie findet § 10 **keine** Anwendung (ME. v. 24. März 1922 Nr. 4090 a 6 und ME. v. 25. Febr. 1922 Nr. 4020 a 5).

2. Hierunter fallen nicht nur die Vornahmen von Neubauten und Umbauten, sondern alle baulichen Vornahmen, für welche nach den Vorschriften der BO. sonst baupolizeiliche Genehmigung erforderlich ist; also Bauvornahmen nach § 6 und § 7 bezw. bei bestehenden ortspolizeilichen Vorschriften auch nach § 8 (ME. v. 18. Okt. 1897 Nr. 22 866).

3. Der § 7 der allgemeinen BO. v. 30. Juni 1864 zählte hier namentlich auf die Gebäude, „welche auf Kosten der Zivilliste, des Staatsärars, einer Kreis-, Distrikts- oder Einzelgemeinde oder der Stiftungen ausgeführt werden."

Nunmehr ist zu unterscheiden: Bei Bauten auf Kosten des Staates und der Verwaltung des ehemaligen Krongutes steht der Baupolizeibehörde in allen Fällen nur das Recht der Erinnerungsabgabe nach § 10 zu, also kein Recht der Bescheidung und Aufsicht über die Bauführung. Bei Bauten der Gemeinden und Stiftungen jedoch ist dies nur dann der Fall, wenn sie einer höheren technischen Prüfung unterliegen; in sonstigen Fällen ist die ordentliche Zuständigkeit der Baupolizeibehörde gegeben.

Bei Bauten der unmittelbaren Stiftungen, bei denen nach § 73 Format. V. v. 17. Dez. 1825 (RBl. S. 1049) die Würdigung und Bescheidung der Pläne auf Grund höherer technischer Prüfung auch in baupolizeilicher Hinsicht erfolgt, findet § 10 Anwendung; bei den Mitteilungen an die Baupolizeibehörde gem. § 10 soll (nach der ME. v. 29. Aug. 1906 Nr. 18 123) jeweils ausdrücklich bemerkt werden, daß die Pläne auch nach der baupolizeilichen Seite hin geprüft und zur Ausführung geeignet befunden wurden.

S. auch § 76, 77 KirchGemO. und Meurer, Kirchenvermögensrecht Bd. III § 97 ff.

Die von der Kreisregierung von Schulaufsichtswegen erteilte Genehmigung für Schulhausbauten der Gemeinden ersetzt die baupolizeiliche Genehmigung nicht.

Soweit die Zuständigkeit der Baupolizeibehörde durch § 10 ausgeschlossen ist, wird sie auch nicht dadurch begründet, daß ein Dritter Einspruch gegen den Bau erhebt (Bl. f. a. Praxis Bd. 47 S. 132).

Hochbauten der Privateisenbahnen fallen nicht unter § 10 (ME. v. 31. Juli 1901 Nr. 17 217); wegen der Tiefbauten dieser Bahnen s. V. v. 20. Juni 1855 (RBl. S. 653) und MB. v. 25. März 1910 (MABl. S. 243).

4. S. § 67 Abs. II (Unterschrift der Nachbarn).

5. Gegen diese steht Beschwerderecht im ordentlichen Aufsichtsverfahren zu.

---

zes mit allen Rechten und Pflichten öffentlich-rechtlicher und privatrechtlicher Art übertragen. Das Reich tritt zu diesem Zeitpunkt in die laufenden Verträge, Rechte und Pflichten öffentlich-rechtlicher und privatrechtlicher Art ein, die für die bayerische Post- und Telegraphenverwaltung bestehen und durch deren Übergang auf das Reich nicht kraft Gesetzes wegfallen. . . ."

§ 11.

Die Verpflichtung zur Einhaltung des offenen (Pavillon-)Bausystems bemißt sich nach den auf Grund der Verordnung vom 16. Mai 1876 (Gesetz- und Verordnungsblatt S. 347) erlassenen oder künftig ergehenden Vorschriften. Die Bestimmungen der genannten Verordnung treten auch für die Pfalz in Kraft [1]).

III. Vorschriften für die Bauführung.

1. Allgemeine Vorschriften [1]).

§ 12.

I Sämtliche Bauarbeiten bei Bauführungen jeder Art [2]), insbesondere auch an Gerüsten und anderen provisorischen Bauvorrichtungen [3]) müssen fest und sicher und den Rücksichten auf Leben und Gesundheit entsprechend [4]) nach Maßgabe des genehmigten Planes [5]) und der etwaigen besonderen Anordnungen [6]) und unter Einhaltung sämtlicher baupolizeilicher Vorschriften [7]) ausgeführt werden [8]).

II Die in den bestehenden Verordnungen oder ortspolizeilichen Vorschriften begründeten baupolizeilichen Anordnungen [9]) müssen auch bei solchen Bauten eingehalten werden, zu deren Herstellung, Reparatur oder Abänderung eine polizeiliche Genehmigung oder eine vorgängige Anzeige nicht erforderlich ist [10]).

1. In 16 Unterabteilungen (§§ 12—52) enthält der Abschnitt III die Richtlinien darüber, wie bei Beachtung der allgemeinen Regeln der Baukunst im speziellen Falle den zu stellenden Anforderungen auf Bestandsfestigkeit, Feuersicherheit, den Rücksichten auf Leben und Gesundheit, des Verkehrs und Wohnungswesens Rechnung zu tragen ist. Die 17. Unterabteilung (§§ 53—57) gibt besondere Bestimmungen für Städte und Märkte mit geschlossener Bauweise; für Märkte mit nicht geschlossener Bauweise und für Bauten auf dem Lande, dann im Hochgebirge usw. und für Villenbauten (Landhäuser).

Diese Vorschriften für die Bauführung sind bei der Herstellung von Neubauten wie auch bei baulichen Änderungen an Gebäuden zu beachten. Abgesehen hievon können feuergefährliche und gesundheitsgefährliche Zustände unter Umständen auch auf Grund anderer Bestimmungen beseitigt werden. Vgl. z. B. § 8 bes. Abs. 4 der V. v. 10. Febr. 1901, die Wohnungsaufsicht betreffend. GVBl. S. 73; §§ 10 und 14 V. über die Feuerbeschau v. 17. Juni 1898 (GVBl. S. 332). Vgl. dazu auch ObstLG. 8 S. 285; 5 S. 202. — Insbesondere hat der Richter in den Fällen des Art. 73 Abs. 1 und 2 PStrGB. zu erkennen, daß die Polizeibehörde berechtigt ist, die Beseitigung

---

[1]) § 11 wurde durch die V. v. 3. Aug. 1910 (GVBl. S. 403) im Zusammenhang mit der Neufassung des § 2 aufgehoben und die V. v. 16. Mai 1876 außer Kraft gesetzt. Nach der V. v. 3. Aug. 1910 Abschn. III bleiben jedoch die gem. d. V. v. 16. Mai 1876 erlassenen ortspolizeil. Vorschriften bis zu ihrer Änderung so in Kraft, als ob sie auf Grund des nunmehrigen § 2 Abs. II erlassen wären.

des vorschriftswidrigen Zustandes bezw. die Räumung der vorschriftswidrigen Wohnung zu verfügen.

2. § 12 spricht den allgemeinen Grundsatz aus, daß sämtliche Bauarbeiten bei Bauführungen jeder Art fest und sicher und den Rücksichten auf Leben und Gesundheit entsprechend ausgeführt werden müssen. Es müssen daher alle Regeln der Baukunst, die für die Sicherheit und Festigkeit in Frage kommen, eingehalten werden. Hierin liegt für den Bauherrn auch ohne besondere Anordnung die Verpflichtung zur Herstellung der Mauern in regelrechtem Verbande unter Vermeidung der Anblendung begründet. Die BO. enthält deshalb selbst keine weiteren allgemeine Bestimmungen in dieser Richtung. Nur in § 15 Buchst. i ist das Verbot der Anblendung besonders erwähnt. Vgl. § 15 Anm. 17. — Bezüglich der Begriffe „Bauwerk" und „Gebäude" vgl. die Anm. 6 zu § 1. Da nun, wie oben bemerkt, unter einem Bauwerk im Sinne der baupolizeilichen Vorschriften eine unbewegliche, durch Verwendung von Arbeit und Material in dauernder Verbindung mit dem Erdboden hergestellte Sache zu verstehen ist, die sich als selbständiges, in sich abgeschlossenes Ganzes darstellt, ist die bloße Wegnahme von Erdreich von der Bodenfläche zur Verwendung an einem andern Ort nicht als eine Bauführung im Sinne der BO. zu verstehen. Vgl. ObstLG. 2 S. 125; 10 S. 289; RG. 30 S. 246; RG. Zivils. 56 S. 41. — Nach dem Wortlaute des § 12 kann nur hinsichtlich solcher Bauarbeiten bei Bauführungen, die sich aus dem Baue selbst, nicht aus einem im Baue stattfindenden Betriebe ergeben, baupolizeilich gegen sicherheits- und gesundheitswidrige Zustände eingeschritten werden. — Im übrigen erstreckt sich die polizeiliche Regelung der Bauführung nicht nur auf Hochbauten, sondern auch auf gewisse Tiefbauten wie Brunnenschacht, Keller und dergl. ObstLG. 10 S. 289.

3. D. s. alle vorübergehenden Maßnahmen während der Bauausführung. Alle zur Verwendung kommenden Materialien, Geräte und Maschinen müssen sich stets in gutem, vollkommen gebrauchsfähigem Zustande befinden. Vgl. hiezu oberpolizeiliche Vorschriften zum Schutze der bei Tiefbauten beschäftigten Personen v. 4. Sept. 1905 GVBl. S. 567 und oberpolizeiliche Vorschriften zum Schutze der bei Bauten beschäftigten Personen v. 21. Aug. 1909 GVBl. S. 655, deren gewissenhafter Vollzug namentlich durch tunlichst häufige, verlässige und sachkundige Baukontrolle laut ME. v. 26. Aug. 1909, MABl. S. 710, den Polizeibehörden besonders eingeschärft ist. Auch die Bauämter sind angewiesen, diesen Vorschriften bei der Ausführung von Staatsbauten den Vollzug zu sichern. Vgl. dazu auch ME. v. 21. Mai 1900 MABl. 357. Die Baukontrolle hat sich dabei nicht darauf zu beschränken, die plan- und bauordnungsgemäße Ausführung der genehmigten Bauten zu überwachen, sie hat vielmehr weiterhin darauf zu sehen, ob seitens der Bauleitung alle Maßnahmen getroffen sind und beobachtet werden, welche mit Rücksicht auf Leben und Gesundheit der Arbeiter geboten erscheinen. Vgl. ME. über den Vollzug der Baukontrolle v. 12. Dez. 1908, MABl. 642. — Die Gewerbe- und Baupolizeibehörden sowie die Gewerberäte werden durch ME. v. 4. Aug. 1910, MABl. S. 502 beauftragt, den mit dem Lastentransport auf Baustellen und Lagerplätzen, sowie beim Betrieb von Lehm-, Kies- und Sandgruben verbundenen Unfallsgefahren ihr stetes Augenmerk zuzuwenden und veranlaßten Falles im Wege der Verfügung für einzelne Anlagen gemäß § 120c, 120d GewO. die Ausführung der erforderlichen Maßnahmen insbesondere die Herstellung und Unterhaltung einer festen Fahrbahn von der An- und Abfahrtsstelle der Betriebsstätte bis zur nächsten befestigten Straße anzuordnen oder die Erlassung solcher Verfügungen bei der zuständigen Behörde anzuregen.

4. Bezüglich der Beschaffenheit der Bauplätze vgl. § 5 Abs. I BO. — Durch Anwendung der allgemein anerkannten Regeln der Baukunst soll jegliche Gefahr während der Bauvornahme für die Arbeiter ꝛc. wie nach Fertigstellung für die Bewohner von vorneherein ausgeschaltet werden. Mißachtung dieser Gesichtspunkte macht unter Umständen strafbar nach §§ 330, 367 Ziff. 14 RStGB. S. Anhang.

Die Bauarbeiten müssen fest und sicher sein, also tragfähig, witterungsbeständig, dauerhaft. Vgl. auch ME. v. 21. Aug. 1919 Nr. 17951 a/31 MABl. S. 195 betr. Unfallschutz der bei Bauten beschäftigten Personen, nach der verlangt wird, daß in Fällen, in denen auch nur der geringste Zweifel an der einwandfreien Beschaffenheit des notgedrungen zu verwendenden Strickmaterials bestehen kann, unter allen Umständen besondere Sicherheitsmaßnahmen durch Anbringen von Unterstützungsstangen an den Seitenstangen oder in anderer Weise getroffen werden müssen. Im übrigen sind alle Bestimmungen der oberpolizeilichen Vorschriften vom 21. Aug. 1909 GVBl. S. 655 gewissenhaft zu beachten. (S. Anm. 3.) — Vgl. ferner: Oberpolizeiliche Vorschriften betreffend die Beschäftigung von Arbeiterinnen auf Bauten v. 21. Nov. 1908 GVBl. S. 990, teilweise ersetzt durch § 137 Abs. VII GewO. Sie dürfen auf Baugerüsten überhaupt nicht beschäftigt und nicht zum Transport von Materialien bei Bauten aller Art verwendet werden. Hierdurch wird jede räumliche Veränderung, wie das Tragen und Schaufeln von Mörtel, Sand, Steinen usw., das Schieben derselben mit Schubkarren bei Hoch- und Tiefbauten verboten.

Zur Erhöhung der Sicherheit empfiehlt sich die Herstellung wirksamer Blitzableiter besonders auf Gebäuden, in denen Erntevorräte gelagert werden sollen. Zu diesem Zwecke werden laut MB. v. 4. April 1919 Nr. 4158 b/3 MABl. S. 86 von der Landesbrandversicherungsanstalt Vorschüsse wie auch entsprechende Zuschüsse gewährt. Vgl. ferner B. v. 15. März 1922 betr. vorbeugenden Brandschutz, StAnz. Nr. 64 und ME. v. 10. Mai 1897, MABl. S. 145; besonders gilt dies für die gefährlichsten und in erster Linie gefährdeten Gebäude und Anlagen wie Theater, Konzert- und Versammlungssäle, Lichtspielhäuser, Zirkusbauten aller Art usw. Über die genannte ME. v. 10. Mai 1897 hinaus muß sich der vorbeugende Brandschutz auch auf die gewerblichen und industriellen Betriebe (Fabriken, Warenhäuser (ME. v. 7. Okt. 1903 MABl. S. 425), Filmlager, Speicher usw.), die öffentlichen Gebäude und die Gesamtheit der Privatgebäude erstrecken. Grundlage hiefür bietet im wesentlichen die B. v. 17. Juni 1898 über die Feuerbeschau GVBl. S. 332. Der vorbeugende Brandschutz hat sich nicht nur auf die Feuerbeschaukommissionen zu beschränken. Es haben vielmehr die Baupolizeibehörden mit ihren Hilfskräften aus Anlaß der Bauplanprüfung und der Baukontrolle dem vorbeugenden Brandschutz besonderes Augenmerk zu schenken. Die ME. v. 13. Juni 1923 Nr. 4306 a I 8 über Wärmewirtschaft StAnz. Nr. 161 weist auf die dringende Notwendigkeit der rechtzeitigen Überwachung der Kaminbauten hin mit der strengen Weisung in dieser Richtung den bestehenden Vorschriften genauesten Vollzug zu sichern und die Bauhandwerker und Bauunternehmer entsprechend anzuweisen und zu überwachen. Die rechtliche Grundlage zur Invollzugsetzung der von der Versicherungskammer, Abteilung für Brandversicherung, herausgegebenen Merkblätter über die Kehrfristen, insbesondere § 11, wonach jede neue Kaminanlage vom Kaminkehrer sowohl im Rohbau als auch nach Einleitung der Rauchrohre abzuziehen und auf Feuersicherheit und Wärmewirtschaftlichkeit zu untersuchen ist, und der Baumeister oder der Hausbesitzer dem Kaminkehrer von der Fertigstellung der Kamine im Rohbau zu verständigen hat, bildet § 2 Abs. XIII der B. v. 26. März 1903. Hiernach bleibt es den Bezirksverwaltungsbehörden vorbehalten, die Tätigkeit der Kaminkehrer durch Dienstvorschrift zu regeln.

Laut ME. v. 6. Febr. 1923 Nr. 4050 d 21/22 u. 2/1923 betr. Errichtung baulicher Anlagen in der Nähe von Munitionsaufbewahrungsräumen haben die Baupolizeibehörden schon bei der Bescheidung von Baulinienplänen, sowie bei der Prüfung von Gesuchen um Bewilligung von Bauvorhaben in der Umgebung von solchen Lagerräumen auf etwa vorhandene Munitionslagerräume besondere Rücksicht zu nehmen und dafür zu sorgen, daß bauliche Anlagen mit Räumen zum dauernden Aufenthalt von Menschen oder mit Feuerstätten oder von größerer Ausdehnung und Feuersgefahr vom Lagerraume einen die Sicherheit der Bewohner des geplanten Gebäudes und der Bevölkerung gewährleistenden Abstand einhalten. Vorbehaltlich der Prüfung im einzelnen Fall und vorbehaltlich der Bestimmungen über die Lagerung von Sprengstoffen im allgemeinen soll zur Vermeidung der Gefährdung durch Zerknallen von Munitionsaufbewahrungsräumen der beabsichtigte Bau mindestens 500 m von einem vorhandenen Munitionsaufbewahrungsraum entfernt werden. Soweit die BO. nicht selbst die nötige Handhabe zur Durchsetzung der Innehaltung eines solchen Abstandes bietet, wird das Vorhandensein oder die Neuanlage einer Munitionsanlage allenfalls Anlaß zum Erlaß von Polizeivorschriften auf Grund des Art. 101 PStGB., der §§ 367 Ziff. 14; 368 Ziff. 8 RStGB. zur Sicherung der nötigen Mindestentfernungen geben. Die gesundheitlichen Interessen sind dabei von Fall zu Fall zu würdigen.

Zur Vorbeugung vor den Gefahren beim Betrieb der Sauggaskraftanlagen, zum Schutz der Anwohner vor Belästigungen ist bei der veranlaßten baupolizeilichen Würdigung auf den Arbeiterschutz (§ 120 ff. GewO.) sowie die gesundheits- und feuerpolizeilichen Rücksichten zu achten. Dabei sind die Grundsätze für die Aufstellung und den Betrieb von Sauggaskraftanlagen besonders zu berücksichtigen. Vgl. ME. v. 5. März 1909 MABl. S. 245. — Die mit dem Vollzug der Bau-, Feuer- und Gewerbepolizei betrauten Behörden haben bei der Beaufsichtigung dieser Anlagen die in den für die Errichtung und den Betrieb von Luftgasanlagen zur Verhütung von Feuersgefahr gebotenen Sicherheitsmaßregeln ergangene Anleitung zu beachten. ME. v. 30. Sept. 1909 Nr. 26 082 MABl. S. 797. Bezüglich der Berechnung der Standfestigkeit von Fabrikschornsteinen und anderen Turmschornsteinen vgl. ME. v. 3. Sept. 1921 StAnz. Nr. 207. S. Anhang.

Für die Berechnung ebener Decken aus Ziegelsteinen mit Eiseneinlagen: ME. v. 14. Okt. 1921 StAnz. Nr. 241.

Daraus, daß alle Bauarbeiten fest und sicher und den Rücksichten auf Leben und Gesundheit entsprechend ausgeführt werden müssen, folgt, daß die Baupolizeibehörde auch berechtigt ist, alle im Interesse der Festigkeit, Sicherheit und Gesundheit notwendigen Anordnungen zu treffen. (So auch ObstLG. 5, S. 107) und falls nötig, noch weiter gehende Beschränkungen im Rahmen der Bestimmungen anzuordnen. Eine dem Bauplan aus diesen Gründen zugefügte Bedingung: „Dachabwässer oder sonstige Flüssigkeiten dürfen nicht gegen die Staatsstraße oder in den Straßengraben geleitet werden," ist zulässig.

Die Einwendung, die Durchführung des Bauplanes in seiner polizeilich genehmigten Form sei unmöglich, kann vom Strafrichter daher auch nicht berücksichtigt werden. Vgl. OLG. München 4 S. 388.

5. Vgl. Anm. 4 letzter Satz und § 75 nebst Anmerkungen. Maßgebend ist der genehmigte Plan. Besteht die Absicht, während der Bauführung nicht nach voller Maßgabe des genehmigten Bauplanes, sondern teilweise mit einer Abänderung des Planes den Bau auszuführen, so ist ein neuer Plan der Behörde zur Genehmigung der Abänderung vorzulegen, vorausgesetzt, daß die beabsichtigte Abänderung der Genehmigung bedürfte, wenn sie an dem planmäßig hergestellten Bauwerk vorgenommen werden wollte. Vgl. ObstLG. 12 S. 346. Es ist also im Hinblick auf § 75 nicht jede Abweichung vom genehmigten Bauplan strafbar. Vgl. auch ObstLG 4 S. 231 und 8 S 69. S. auch Anm. 6.

6 Zunächst hat der Bauherr und Baumeister die allgemeinen Verpflichtungen aus §§ 12 ff. BO. zu beachten. In zweiter Linie hat er aber auch bei der Bauführung die etwa veranlaßten besonderen Anordnungen einzuhalten, die im Baubescheid auf Grund der Vorschriften der BO oder sonstigen Verordnungen, auf Grund oberpolizeilicher oder ortspolizeilicher Vorschriften mit Bezug auf die Bauführung erlassen werden. Soweit besondere Anordnungen nicht maßgeben, ist der Bauherr innerhalb des Rahmens der für die Bauführung geltenden allgemeinen Vorschriften (§§ 13—57 BO.) einer weiteren Beschränkung — natürlich unter der Bedingung der Einhaltung des genehmigten Bauplanes — nicht unterworfen. Gem. § 71 sollen bei Genehmigung der Baugesuche die allenfalls veranlaßten besonderen Anordnungen nicht nur durch deutliche Einzeichnung in die Pläne, sondern auch durch ausdrückliche Aufnahme in die Ausfertigung der Genehmigung dem Bauunternehmer kund gegeben werden. Sie bilden einen wesentlichen Bestandteil der Genehmigung. Im Zusammenhalt mit § 75 ist daher neuerlich die Genehmigung auch zu einer Bauvornahme zu erholen, die sachlich zu einem Ergebnis führt, das in baulicher Hinsicht von demjenigen verschieden ist, was durch die Ausführung der erlassenen besonderen Anordnungen bewirkt werden würde ObstLG 12 S 346. Eine eigenmächtige Abweichung macht also nur unter der Voraussetzung nach § 367 Ziff 15 RStGB. strafbar, daß es sich um eine solche Abänderung des Bauplanes handelt, zu der nach den bestehenden Vorschriften eine baupolizeiliche Genehmigung überhaupt erforderlich ist und daß die bezügliche Anordnung der Baupolizeibehörde eine genügende Grundlage in den einschlägigen Gesetzen und Verordnungen hat. Die Nachprüfung dieser Voraussetzung ist Sache des Strafrichters; ob sie sonst gerechtfertigt ist, ist Sache der Baupolizeibehörde. ObstLG. 14 S 70

Eine Änderung, die an einem fertigen Bauwerk ohne Genehmigung erfolgen darf, ist nicht eigenmächtig und daher auch nicht verboten, wenn sie schon während des Baues vorgenommen wird — Eine nach § 367 Ziff. 15 strafbare Abweichung ist die Nichtbeachtung einer bei Genehmigung des Bauplanes nach § 12 beigefügten besonderen Anordnung, soweit diese Anordnung die technische Ausführung des Baues betrifft. Vgl. ObstLG. 15 S. 70; 17 S 16

Mit der Auflage der Benutzung von Torfmull zum Streuen in einem Stall z. B kann nicht eine bei der Bauausführung zu beachtende Anordnung getroffen werden. Vgl ObstLG. 9 S. 24. Dagegen ist als eine Anordnung im Sinne des § 12 die der Plangenehmigung beigefügte Bedingung anzusehen, daß die Räume im ersten Stockwerk weder wohnbar noch heizbar gemacht werden dürfen; ObstLG. 3 S. 131; ebenso die bei der Plangenehmigung für den Wiederaufbau eines Hauses getroffene Anordnung, das bereits vorhandene Rückgebäude künftig nicht mehr zu Wohnzwecken zu benützen. Wenn auch die Ausführung des neugebauten Hauses dem genehmigten Plan entspricht, so erscheint doch die Unterlassung der rechtzeitigen Räumung des Rückgebäudes von Mitbewohnern, weil nach dem genehmigten Bauplan ohne diese Räumung die Ausführung des Neubaues nicht gedacht werden darf, als eine eigenmächtige Abweichung. ObstLG. München 5 S. 216.

Dagegen kann aus § 12 nicht die Befugnis der Distriktspolizeibehörde abweichend von der Vorschrift des § 1 besondere Anordnungen über die Festsetzung und Einhaltung der Baulinie zu treffen, abgeleitet werden. Für Bauten in Dörfern, die nicht zusammenhängend gebaut sind, in denen also nach § 1 kein Baulinienzwang besteht, kann die Baugenehmigung an die Bedingung, daß eine Baulinie einzuhalten sei, nicht geknüpft werden. Dies folgt aus dem Wortlaut und ihrer Stellung im 3. Abschnitt der BO, der die materiellen Vorschriften über die Bauführung enthält. Die besonderen Anordnungen können sich daher nur auf die Bauführung im technischen Sinne beziehen. Die Vorschriften über die Festsetzung und Einhaltung der Bau- und Vorgartenlinie sind erschöpfend im 1. Abschnitt der BO. geregelt. Vgl. ObstLG 10 S 71

Gegen die getroffenen Anordnungen besteht das Beschwerderecht nach §§ 65, 77 BO.

7. Baupolizeirecht ist der Inbegriff der Sätze des öffentlichen Rechtes, durch welche die Baufreiheit des Grundeigentümers zur Verhütung oder Beseitigung der Gefahren beschränkt wird, die durch die Aufführung oder den baulichen Zustand von Bauwerken für einzelne Personen oder für das Gemeinwesen entstehen können. ObstLG 10 S 346 — Unter den baupolizeilichen Vorschriften im Sinne des § 12 sind zumeist die Bestimmungen der BO. selbst, dann alle die in sonstigen Verordnungen, ober- oder ortspolizeilichen Vorschriften enthaltenen Bestimmungen zu verstehen. Sie sind für den Bauherrn, Baumeister und Bauhandwerker maßgebend. ObstLG. München 9 S 356.

8 Der Tatbestand des Art. 101 Abs I PStGB. und der §§ 12, 14 BO deckt sich nicht mit dem Tatbestand des § 330 RStGB. Wenn die unter Anklage gestellte Handlung sowohl § 330 als auch die des Art. 101 verletzt, liegt Idealkonkurrenz vor Vgl. auch ObstLG. 8 S. 298. — Bezüglich des Dispensationsrechtes vgl. § 65 Abs. II.

9 Hier handelt es sich nicht um besondere Anordnungen im Sinne des Abs I, weil ja keine Genehmigung oder vorgängige Anzeige erforderlich ist, sondern es sind die baupolizeilichen Vorschriften im Sinne des Art 101 Abs II und III PStGB. gemeint. S. auch § 1 Anm 10.

10 Abs II will die Anwendung der Bauvorschriften auch in den Fällen sichern, in welchen baupolizeiliche Genehmigung oder Anzeige nicht vorgeschrieben ist Diese Vorschriften sind also auch in allen in §§ 6—8 nicht aufgeführten oder ausgenommenen Bauten einzuhalten. — Ein bewegliches Sommerhäuschen ist ein Hochbau, da ihm zu einem „Gebäude", abgesehen von der Unbeweglichkeit, keine charakterisierende Eigenschaft fehlt. § 12 II findet also auch Anwendung, wenn man unter den in § 6 Abs II Buchst. a genannten Sommerhäuschen nur unbewegliche versteht Dies ist von Bedeutung, wenn durch ein Sommerhäuschen die Entstehung einer engen Reihe (§ 49) herbeigeführt wird.

2. Baumaterial.

§ 13.

I Die Wahl des Baumaterials ist dem Bauherrn anheimgegeben[1]); das gewählte Material muß jedoch diejenigen Dimensionen und jene Beschaffenheit haben, welche eine feste und feuersichere sowie den gesundheitspolizeilichen Anforderungen entsprechende Bauführung, insbesondere die Herstellung trockener Wände ermöglichen[2]).

II Solid hergestellte sogenannte Schwemmsteine sind den Ziegelsteinen gleich zu achten[3]).

III Welche weiteren Materialien und Konstruktionen, als den in nachstehenden Bestimmungen genannten gleichwertig, zum Ersatz derselben verwendet werden dürfen, wird durch Ministerialvorschrift bestimmt[4]).

1. Die BO. bezeichnet selbst in einzelnen Bestimmungen, was zunächst als Baumaterial in Betracht kommt. Soweit die BO. die Verwendung eines ganz bestimmten Materials nicht vorschreibt, hat der Bauherr die Wahl unter den zulässigen Baumaterialien und Konstruktionen. Soweit die Verwendung eines bestimmten Materiales vorgeschrieben ist, vgl. z. B. § 47, dann ist an sich die Verwendung eines anderen Materiales unzulässig; doch kann, wie sich aus dem § 13 Abs. II und III ergibt, durch die BO. selbst oder durch eine Ministerialvorschrift Ersatz durch andere Materialien zugelassen werden (vgl. dazu auch ME. v. 17. Dez. 1908 Nr. 30 956).

2. Das gewählte Material muß den in § 13 gestellten Bedingungen entsprechen. Es muß also eine feste, dauerhafte und witterungsbeständige, tragfähige sowie den gesundheitspolizeilichen Anforderungen entsprechende Bauführung ermöglichen. Damit die Baupolizeibehörde nach dieser Richtung hin prüfen kann, ist ihr gem. § 9 Ziff. 2 bei der Vorlage der Pläne auch das Bau- und Eindeckungsmaterial zu bezeichnen. Bei Verwendung fehlerhaften Materials bei der Bauausführung wäre unter Umständen der Bau einzustellen. — Vgl. bezüglich der Ausführung von eisernen Brücken und Hochbaukonstruktionen ME. v. 22. Febr. 1908 Nr. 4954, besondere Bedingungen für die Ausführung eiserner Brücken und Hochbaukonstruktionen betr. MABl. 1908 S. 122 und 14. Okt. 1905 MABl. S. 499. — Die BO. selbst enthält keine Bestimmungen über die Zubereitung des Mörtels. Vgl. dazu ME. v. 7. Juli 1908 Nr. 15 804 Mörtelmischungen mit Traßmehl betr., MABl. 1908 S. 347; ferner ME. v. 10. Nov. 1908 Nr. 29 296, Bestimmungen für die Vorbereitung, Ausführung und Prüfung von Bauten aus Stampfbeton betr., MABl. 1908 S. 603; ME. v. 17. März 1910 Nr. 9100/4 b, deutsche Normen für einheitliche Lieferung und Prüfung von Portlandzement betr. MABl. 1910 S. 235. — Dann ME. v. 25. März 1908 Nr. 4071 b/4, MABl. S. 87 betr. Normen über die zulässige Beanspruchung von Baumaterialien. Aus Anlaß der sich ausbreitenden Eisenbetonbauweise wurden oberpolizeiliche Vorschriften für die Ausführung von Bauwerken aus Eisenbeton erlassen, GVBl. 1918 S. 225. In Verbindung damit wurde auch die Aufstellung und Prüfung von Tragfähigkeitsnachweisen bei Bauwerken im allgemeinen geregelt. Vgl. oberpolizeiliche Vorschriften v. 25. März 1918 GVBl. S. 251. Die Normen v. 16. März 1912 MABl. S. 495 treten außer Kraft. — ME. v. 28. Okt. 1918 Nr. 4071 b/18 MABl. S. 332 betr. besondere Vertragsbedingungen für die Ausführung eiserner Brücken und Hochbaukonstruktionen (Abänderung der Vertragsbedingungen v. 1. Jan. 1912 MABl. 1912 S. 497 und 1913 S. 585).

Die Feuersicherheit von Baumaterial besteht darin, daß es einerseits den Ausbruch von Feuer verhindert, andererseits bei einem Brand gegen Weiterverbreitung schützt. Abgesehen von Stein und Metall bezeichnet die Instruktion zum Vollzug des Brandversicherungsgesetzes v. 30. Juni 1875

MABl. S. 237 in § 7 Ziff. 7 auch Stein- und Lederdachpappe, Zement und Glas als feuersicher. Als Steindachpappe ist dabei eine Dachpappe zu ververstehen, die durch Tränken einer zähen, langfaserigen Lumpenpappe in heißem Steinkohlenteer hergestellt ist. Diese Steindachpappe kommt auch noch unter dem Namen „Teerdachpappe" und Asphalt-Dachpappe in den Handel. Vgl. Bek. v. 5. Juni 1909 MABl. S. 456. — Als feuersicher sind anerkannt die Simonsschen feuerfesten Baumaterialien. ME. v. 27. Juli 1899 MABl. S. 405; Thümelitschiefer laut ME. v. 27. Sept. 1906 Nr. 20 692. — Von der Verwendung von Dachziegeln aus porösem Material sind nur die auszuschließen, die in Teer getaucht oder allseitig mit demselben bestrichen sind, nicht aber solche, die nur auf ihrer oberen Seite und an ihren Rändern mit Teer bestrichen sind. ME. v. 14. Dez. 1901 Nr. 26 876 MABl. S. 573 und v. 1. Febr. 1901 MABl. S. 68.

Das Material muß ferner gesundheitspolizeilichen Anforderungen entsprechen. — Nicht nur eine sparsame Brennweise, sondern vor allem auch gesundheitliche Interessen verfolgt die Einrichtung der Beratungs-, Auskunfts- und Prüfungsstelle des bayerischen Wärmewirtschaftsverbandes (München-Liebherrstraße 13) ME. v. 27. März 1923 Nr. 4306 a III 3. — Die Zulassung von Mauersteinen aus Zementbeton ist Sache der Baupolizeibehörde. Bei Verwendung von massiven Betonsteinen zu Außenmauern von Wohngebäuden in den zulässigen Mindeststärken wird in vielen Fällen die Anbringung eines besonderen Wärmeschutzes zur Ermöglichung eines gesunden Wohnens zu verlangen sein. ME. v. 22. Dez. 1921 Nr. 4071 b 46. — Absolut unzulässig ist die Verwendung von Straßenkot zur Mörtelbereitung. Hier würde es sich um eine Verletzung des § 13 BO. handeln; gem. § 26 Abs. V sind die Fehlböden mit reinem, trockenem und unverbrennlichem Material auszufüllen.

Die Prüfung der Frage, ob das vom Bauherrn gewählte Baumaterial auch die vom § 13 verlangten Bedingungen erfüllt, obliegt in jedem einzelnen Falle der Baupolizeibehörde. Vgl. ME. v. 21. April 1914 Nr. 4071 b 1. — § 9 Ziff. 2 BO. schreibt zur Erlangung der baupolizeilichen Genehmigung ausdrücklich auch die Angabe des Bau- und Eindeckungsmaterials vor. Es können daher je nach Bedürfnis besondere Anordnungen über die nach § 13 Abs. I verlangte Beschaffenheit von Aufsichts- oder Oberaufsichtswegen erlassen werden. In einer Reihe von Ministerialentschließungen ist die Prüfung, daß die Materialien Gewähr für Festigkeit, Feuersicherheit und Gesundheit bieten, durch die Baupolizeibehörden vorgesehen, insoweit eine Zulassung nach § 13 Abs. III nicht ausgesprochen wurde. Z. B. ME. v. 6. Juli 1922 betr. Zulassung der Zementhohlsteine des Kunststeinwerkes Eibach. Die Zulassung kommt hier nur in Betracht, soweit nicht die Verwendung bestimmter Baustoffe zwingend vorgeschrieben ist. — Ferner: ME. v. 15. April 1922 Nr. 4071 b 22 über die sog. Peri-Bauweise zur Verwendung für solche Mauern, für die die BO. keine zwingenden Vorschriften über die Wahl des Baustoffes aufstellt. Die Festigkeit der Perischlackenkohlensteine wird je nach dem Mischungsverhältnis und verwendetem Schlackenmaterial verschieden sein und ohne Anwendung eines tragenden Eisenbetongerüstes nur für kleinere Gebäude hinreichen, für die nach § 41 BO. Ausnahmen vom Massivbau zulässig sind. Festigkeitsnachweis ist durch Druckprobe an einzelnen Steinen wie durch Probebelastung eines ganzen stockwerkshohen Wandstücks zu erbringen. — Bei der von der gemeinnützigen Vereinigung „Heimkultur" in Wiesbaden, Adolfshöhe, empfohlenen Lehmdraht-Betonbauweise System Beetz ist der Nachweis über ausreichende Tragfähigkeit sowie die Frage zu prüfen, ob den Bestimmungen der §§ 15 und 17 BO entsprochen wird. ME. v.

10. April 1919 Nr. 4071 b 10. — Bei der Prüfung der Zulassung der Kastenhohlsteine der pfälzischen Schnellbaugesellschaft ist die Anwendung bei 25 cm starken Brandmauern von einer Brandprobe abhängig zu machen. Auf eine gute Verankerung der Wände untereinander ist Bedacht zu nehmen. ME. v. 24. Sept. 1919. — Die Anwendbarkeit der Porös-Bauweise Stengel und Hofer (ME. v. 1. März 1918) sowie die Schnellbauweise Immobiliar-Abdutt ist an Hand einer statischen Berechnung zu prüfen (ME. v. 1. März 1919). Ebenso bei der Eisenbetonfachwerk-Isolierwerkstein-Konstruktion. ME. v. 30. Okt. 1918. — Laut ME. v. 27. Okt. 1921 können Torfsteine vorbehaltlich der baupolizeilichen Prüfung im Einzelfalle Verwendung finden als Hintermauerung hinter Ziegel- oder Betonwänden, beiderseits verputzt zum Aufmauern von Scheidewänden, die keine Tragmauern bilden, zur Ausmauerung von Fachwerksscheidewänden in Fachwerksbauten. Hinter Öfen und Herden sind aber Backsteine oder Tonplattenverkleidungen erforderlich. Für Außenmauern und Fachwerks-Außenwände werden sie nicht zugelassen. — Vgl. im übrigen die Zusammenstellung von Stadtbaurat Loesti, zum Vollzug der BO., Sonderdruck aus der Süddeutschen Bauzeitung; München, Süddeutsche Verlagsanstalt G. m. b. H.

3. Schwemmsteine sind sohin als Ersatz für Ziegelsteine zugelassen. Voraussetzung ist immer solide Herstellungsweise. Ihre Verwendung zu Kaminen ist nicht zugelassen, § 17, da hier die Verwendung „gelegter Backsteine" ausdrücklich verlangt ist.

4. Im Interesse einer einheitlichen Regelung technischer Neuerungen für das ganze Land kann durch Ministerialvorschrift bestimmt werden, was als Ersatz für in der BO. bezeichneten Materialien gelten kann. In diesem Falle ist zur Verwendung von Fall zu Fall eine baupolizeiliche Genehmigung nicht mehr erforderlich. ME. v. 18. Juni 1901 Nr. 13 675. Aber immerhin haben die Baupolizeibehörden darüber zu wachen, ob die als Ersatz zugelassenen Materialien auch tatsächlich die vorausgesetzten Eigenschaften besitzen; verneinenden Falles wäre der vorgesetzten Stelle Mitteilung zu machen zwecks Rückgängigmachung der Zulassung.

Auf Grund des Art. 13 Abs. III ergingen eine Reihe von Zulassungen, von denen nur die wichtigsten erwähnt werden sollen. (Vgl. auch die Zusammenstellung von Stadtbaurat Loesti.) Die ME. v. 17. Mai 1919 Nr. 4071 b 12 läßt die Kalksandsteine des oberbayerischen Hartsteinwerkes Fürstenfeldbruck (früher Reginasteinwerk Emering) zu Kaminen als Ersatz für Backsteine, nicht aber zu Backsteinbrandmauern zu. — Widerrufliche Zulassung ist erfolgt für die Zellen-Hohlsteinbauweise, System Krämer für Kleinhausbauten, Barackenbauten, kleinere landwirtschaftliche und ähnliche Gebäude unter Ausschluß der Brandmauern, Kamine und Treppenhausmauern. ME. v. 27. Juni 1919.

Die von der Bausteingesellschaft für Ingolit und Wetterstein m. b. H. München aus Sägemehl mit einem Bindemittel hergestellten und unter dem Namen Ingolitsteine in den Handel gebrachten Mauersteine werden laut ME. v. 1. Febr. 1923 Nr. 4071 b 42 widerruflich und unter bestimmten Bedingungen zugelassen. Zur Herstellung von Kaminen, Brandmauern und von Kellermauerwerken dürfen die Steine nicht verwendet werden. Die Mauern aus Ingolitsteinen sind innen und außen zu verputzen. Sie sind den Einwirkungen der Bodenfeuchtigkeit, auch der Jauche in Ställen und ähnlichen Einflüssen dadurch zu entziehen, daß sie auf genügend hohem mit einer Isolierschicht versehenen Sockel aus anderem Material errichtet werden. Die leicht gepreßten Steine können nur für Mauerwerk von nicht über $\frac{3\,\text{kg}}{\text{cm}\,2}$ Beanspruchung zugelassen werden. Als schlechte Wärmeleiter besonders zur Ausmauerung von Fachwerk, Hintermauerung von Untersteinmauerwerk, Errichtung von Scheidewänden, von Fall zu Fall auch für Außenmauern von Kleinhausbauten im Sinne des § 14 Abs. III BO. Die schwergepreßten Steine sind hinsichtlich der Festigkeit den Ziegelsteinen gleich zu achten. Sie werden unter obigen Voraussetzungen zur Herstellung von Außen- und Tragmauern von Kleinhausbauten, Ställen und sonstigen ländlichen und landwirtschaftlichen Gebäuden ohne erhöhte Brandgefahr zugelassen. — Widerruflich und unter bestimmten Bedingungen wird gemäß ME. v. 1. Mai 1920 Nr. 4071 b 20 StAnz. Nr. 106, MABl. S. 149 das Holzstabgewebe des Holzmattenwerkes Werner Heyd in Freilassing (Oberbayern) und das Baculagewebe der deutschen Bacula-Industrie Ziegler und Etsch in Mainz als Ersatz für Rabitzgewebe und als glutsichere Ummantelung zugelassen. — Verputztes Holzstabgewebe kann verwendet werden als feuersicherer Verputz z. B. als Ersatz für Weißdecken und als Ersatz für Rabitz, dann als glutsichere Ummantelung bei Erfüllung bestimmter Bedingungen sowie für Fachwerksscheidewände, die beiderseits mit verputztem Holzstabgewebe versehen werden. Letztere Konstruktionen können die Baupolizeibehörden bei freistehenden Einfamilienhäusern auch als Außenwände zulassen, wenn solche Häuser aus nicht mehr als Erdgeschoß und ausgebautem Dachgeschoß bestehen und für genügenden Wärmeschutz gesorgt wird. ME. v. 9. Febr. 1922. — Die Elektroglasfließen der deutschen Luxfer-Prismen-Gesellschaft dürfen in Ergänzung der ME. vom 3. Mai 1901 Nr. 3254 zum Verschluß größerer Fensteröffnungen bis 1 qm Fläche widerruflich verwendet werden, wenn sie mindestens 20 mm stark sind. ME. v. 16. Okt. 1919 Nr. 4071 b 32. — Die Thielsche Wand II, ein Riegelgerippe mit auf beiden Seiten vorgemauerten Hourdis wird als Ersatz für gemauertes Fach- oder Riegelwerk im Sinne des § 41 BO. und 48 MBO. zugelassen. ME. v. 23. Sept. 1920 Nr. 4071 b 44. — Die Wärmeregulierungsvorrichtung „Hyp" System Vogel (DRGM. Nr. 710 192) wird in jederzeit widerruflicher Weise als Rauchrohrklappe für Öfen und Herde zugelassen. ME. v. 24. Febr. 1920 Nr. 4071 b 10.

Die ME. v. 9. Febr. 1922 bestimmt für die feuersicheren Verglasungen künftig allgemein 1 qm Fläche. In besonderen Fällen können die Baupolizeibehörden auch größere Flächen zulassen; wenn die Fenster doppelt werden und den Anforderungen des einzelnen Falles genügen. — Die Verwendung der Glaseisenbeton-Konstruktion System Keppler der deutschen Luxfer-Prismein-Gesellschaft m. b. H. in Weißensee-Berlin als feuersichere Abschlüsse von Lichtöffnungen in Brandmauern und Massivdecken wird widerruflich zugelassen. ME. v. 15. Okt. 1919. — Das Luftisoliermauerwerk System Kaiser des Architekten Heinrich Kaiser in Halle a. S. wird widerruflich zugelassen als Ersatz für massives Mauerwerk und für Wohngebäude aus Erdgeschoß und einem Obergeschoß unter Ausschluß für Brandmauern. Bei Auflegung schwerer Träger ist statischer Nachweis zu erbringen, bei mehr als 1,5 m Abstand der Betonsäulen sind besondere Binderbetonsteine anzuordnen. ME. v. 3. Febr. 1916. — Laut ME. v. 2. Sept. 1916 ist die Isolierwandkonstruktion nach dem System des Maurermeisters Chr. Groll in Nürnberg als Ersatz massiver Umfassungs- und Scheidewände nur für eingeschossige Wohngebäude kleineren Umfangs zugelassen. Als solche Wohngebäude sind auch die mit ausgebauten Dachgeschossen, nicht aber jene anzusehen, bei denen es sich um ein verkleidetes volles Obergeschoß handelt. — Für die Herstellung von Kaminen als Ersatz für Backsteine werden die Zementschlackensteine der bayr. A.G. für chemische und landwirtschaftliche chemische Erzeugnisse in Herfeld in widerruflicher Weise unter bestimmten Bedingungen zugelassen. ME. v. 9. Nov. 1915 Nr. 4071 b 23. — Vgl. ferner ME. v. 24. Mai 1909 MABl. S. 400 bezüglich der Lugino-Plattenwand, als feuerfeste Scheide- und Trennungswand zugelassen zum Ersatz für die in § 34 Abs. I Ziff. 2 und § 37 Abs. I, vorgeschriebenen Materialien. — Die von der Firma H. Georg Herzberg u. Co., Düsseldorf, hergestellten „Idealglasbausteine" werden in der gleichen Weise wie die Glasbausteine „Patent Falconier", die hohlen, auswechselbaren Glasbausteine der A.-G. für Glasindustrie in Dresden, DRGM. Nr. 165 325 und die von der A.-G. „Sächsische Glaswerke" in Deuben hergestellten Hartglasbausteine „Faust" als Ersatz für Backsteine und anderes Mauerwerk unter der Bedingung zugelassen, daß sie nur an solchen Stellen in Mauern oder Gewölbe eingebaut werden, wo ihre Druckfestigkeit mit höchstens 2 kg auf den qcm beansprucht werden, daß sie in Brandmauern nur in Flächen von geringer Ausdehnung bis zu höchstens 0,5 qm zur Verwendung gelangen und daß letzteren Falls vor der lichtgebenden Fläche noch Drahtgitter angebracht wird. ME. v. 29. Jan. 1909 Nr. 776 MABl. S. 161.

3. Fundierung und Stärke der Mauern.

§ 14.

I Sämtliche massive Mauern[1]) eines Gebäudes, diejenigen Hof- und sonstigen Schutz- und Einfriedungsmauern[2]), welche den Boden um mehr als 2 m überragen, dann alle Stützmauern, Tragpfeiler und Säulen müssen auf festem natürlichen oder künstlich befestigtem Grunde[3]) unter Frosttiefe[4]) fundiert werden[5]).

II [6]) Bei Kleinhausbauten[7]) kann von der Fundierung bis unter Frosttiefe bei massiven Mittelmauern abgesehen werden, ferner auch bei Umfassungsmauern, soweit es sich um Fachwerksbauten handelt, die lediglich aus einem Erdgeschoß und Dachgeschoß bestehen.

III [6]) Kleinhausbauten im Sinne des Abs. II sind Einfamilien- und Mehrfamilienhäuser (Einzelhaus, Doppelhaus und Reihenhaus), die nur aus höchstens zwei Vollgeschossen (Erdgeschoß und Obergeschoß oder Erdgeschoß und ausgebautem Dachgeschoß) bestehen und als Mehrfamilienhäuser in jedem Vollgeschoß höchstens 3 Kleinwohnungen im Sinne des § 62 Abs. VI Ziff. 2 enthalten. Dabei dürfen Dachgeschosse über zwei Vollgeschossen nur bis zur Hälfte der Dachraumfläche zu Wohnräumen ausgebaut sein, die lediglich als Zubehör der Geschoßwohnungen, nicht aber als selbständige Wohnungen dienen.

1. Vgl. auch die Anmerkungen zu § 13, § 15 Abs. I Buchst. a, § 40 Abs. I. Hiernach versteht die BO. unter Massivbau den Bau aus Stein oder Eisen. Auch Eisenfachwerkbau fällt sohin darunter.

2. Einfriedigung ist jede Anlage, die bestimmt ist, ein Grundstück gegen das Eindringen von Menschen und Tieren zu schützen. Es ist notwendig, daß sie rings um das ganze Grundstück geht und es vollständig abschließt; doch kann auch unter Umständen eine Anlage genügen, die das Grundstück

nur auf einer Seite abschließt, wo die Gefahr des Eindringens besonders häufig eintritt, z. B. auf der Straßenseite gegen das Eindringen von Tieren (vgl. ObstLG. v. 22. Okt. 1912 Recht 1913, Sörgel 1913 S. 354). Im übrigen gilt auch für § 14 das in § 8 Anm. 9 ff. ausgeführte.

3. Der Baugrund ist auf seine Tragfähigkeit zu untersuchen, da jedes Gebäude auf einer festen und unverrückbaren Unterlage ruhen muß. Besonders sorgfältige Untersuchung ist notwendig an den Stellen, die stärkere Belastung erhalten sollen. Zur Untersuchung des Baugrundes gehört auch die Ermittelung des Grundwasserstandes. — Fester natürlicher Grund ist ein Boden, der für das betreffende Bauwerk tragfähig ist, wobei die Ansprüche an die Tragfähigkeit je nach der Höhe des Gebäudes verschieden sind. Der beste natürliche Grund ist der Fels. Wie tief im übrigen die Fundamentmauern unter das Niveau der Straße zu liegen kommen, bestimmt sich nach der Stärke und Belastung der Mauern. Hiefür hat die Bautechnik bestimmte, vom Bauunternehmer zu beachtende Regeln aufgestellt. — Künstliche Befestigung ist erforderlich bei schlechtem Baugrund, also Bodenarten, die bei jedem stärkeren Drucke seitlich ausweichen und nicht tragfähig sind. Z. B. feiner Sand, nasser Ton oder Lehm, Torf- und Moorboden; aufgefüllter Boden, Humusboden. Die künstliche Befestigung kann z. B. bestehen aus Pfahlrammungen aus Holz oder Beton, Rosten aus Holz oder Platten aus Eisenbeton, die rostartig gestaltet werden können mit oder ohne darunter geschlagenen Pfählen.

4. Der Grund unter Frosttiefe ist gegeben je nach den klimatischen Verhältnissen zwischen 1,20—1,50 Meter unter der Erdoberfläche.

5. Beachtung verdient hiebei auch die Bestimmung der MBO. § 18, die sagt: „Die sämtlichen Grundmauern von Gebäuden, welche im Erdgeschosse Wohn- oder Arbeitsräume enthalten, müssen von den darauf ruhenden Mauern durch eine wasserundurchlässige Isolierschicht getrennt werden." § 14 BO. verlangt eine solche Isolierung nicht, doch empfiehlt sich ihre Vornahme zwecks Verhinderung des Aufsteigens der Erdfeuchtigkeit. Isolierschichten gegen senkrecht aufsteigende Erdfeuchtigkeit werden z. B. hergestellt aus geteerter Dachpappe, die in eine Mauerfuge horizontal eingebettet wird. Noch besser dürften sich Bleiplatten in einem Rost von Gußeisen bewähren, während Asphaltpappe oder Bleiplatten allein von dem Mauergewicht leicht zerdrückt werden können. Abhaltung der Erdfeuchtigkeit von vertikalen Wänden erfolgt am besten durch Zementmauerputz.

6. Abs. II und III neu eingefügt durch V. v. 10. Juli 1918 GVBl. S. 359.

7. Mit Rücksicht auf die zur Zeit bestehende Wohnungsnot wurden auch weiterhin die baupolizeilichen Bestimmungen tunlichst erleichtert, um mit geringstem Aufwand vor allem die Herstellung von Kleinwohnungen und Kleinwohnhäusern zu ermöglichen. Unbeschadet der vom Standpunkt der Bausicherheit und Gesundheitspflege gebotenen Rücksichten kommen für die Gebäude mit Kleinwohnungen, d. h. Wohnungen, die höchstens 4 Haupträume mit nicht mehr als 70 qm Gesamtfläche umfassen, gegenseitig vollständig abgeschlossen sind und höchstens zu Dreien in jedem Stockwerk auf das nämliche Treppenhaus angewiesen sind, § 62 Abs. VI Ziff. 2, weitere Erleichterungen nur durch Abminderung der lichten Höhe der Wohnräume und durch Verminderung der Zahl der erforderlichen Brandmauern bei Reihenhäusern in Frage. Dem ist Rechnung getragen in § 29 Abs. I bezüglich der Höhe der Wohnungen und in § 40 Abs. III BO. bezüglich der Brandmauern. Weitere Begünstigungen werden für Bauten vorgesehen, die

die BO. unter dem Begriff „Kleinhausbauten" zusammenfaßt. Es kommen hiefür in Betracht Vereinfachungen und Erleichterungen hinsichtlich der Fundierung unter Frosttiefe § 14 Abs. II; der Stärke der Umfassungs- und Mittelmauern § 15; der Scheidung der Stockwerke, § 26; der Einwölbung und Lüftung § 28; der lichten Höhe der Wohnräume § 29; der Trennung der Dachgesimse bei Anschluß an das Nachbarhaus § 32; der Brandmauer § 40; der Hofzufahrten § 51; der Treppenraummauern § 54; und hinsichtlich des Erfordernisses der massiven Bauweise § 41. Die nähere Bestimmung über die „Kleinhausbauten" enthält § 14 Abs. III.

§ 15.[1])

I Die Stärke der Umfassungs- und Tragmauern[2]) der Gebäude ist vorbehaltlich weitergehender, durch den Zweck oder die besondere Beschaffenheit eines Gebäudes gerechtfertigter Anforderungen[3]) nach folgenden Grundsätzen zu bemessen:

a) die Umfassungsmauern mehrstöckiger[4]) Wohngebäude müssen im obersten Stockwerke bei Anwendung von Ziegel- oder Quadersteinen eine Stärke von mindestens 0,38 m ($1^1/_2$ Stein) erhalten[5]); bei Anwendung von Bruchsteinen ist ein Mindestmaß von 0,45 m anzuwenden und auch dieses nur unter der Voraussetzung zulässig, daß dieselben lagerhaft sind und die Erstellung eines schichtenmäßigen Gemäuers in entsprechendem Verbande ermöglichen[6]).

Diese Vorschrift gilt auch für einstöckige Wohngebäude, deren Stockwerkshöhe 3,50 m und deren freitragende Balkenlänge 6 m überschreitet[7]).

b) Für die Umfassungsmauern einstöckiger Wohngebäude, deren Stockwerkshöhe und[7]) freitragende Balkenlänge[7]) die vorbezeichneten Ausmaße nicht überschreitet, ist im ersten Stockwerke eine Mauerstärke von 0,25 m (1 Stein) bei Anwendung von Ziegel- oder Quadersteinen[8]) zulässig[9]); bei Verwendung von Bruchsteinen muß auch hier die geringste Stärke von 0,45 m eingehalten werden.

Die Erdgeschoßmauern solcher Wohngebäude müssen eine Stärke von 0,38 m bei Anwendung von Ziegel- oder Quadersteinen und eine solche von 0,52 m bei Verwendung von Bruchsteinen[10]) erhalten.

c) Bei Wohngebäuden, welche lediglich aus einem Erdgeschoß bestehen und welche weder die unter lit. a Abs. 2 bezeichneten Ausmaße[7]) überschreiten, noch eine außergewöhnlich große Belastung zu erhalten bestimmt sind, darf bei Verwendung von Ziegeln oder Quadern die Mauerstärke auf 0,25 m abgeändert werden; Bruchsteinmauern müssen auch in diesem Falle 0,45 m stark ausgeführt werden. Die gleiche Abminderung ist bei Kleinhausbauten[11]) (§ 14 Abs. III) im Erdgeschoß und Obergeschoß zulässig.

d) Auf Gebäude, welche Wohnzwecken nicht dienen, finden im Allgemeinen vorstehende Bestimmungen ebenfalls Anwendung; jedoch kann von der Baupolizeibehörde im einzelnen Falle unter Berücksichtigung der Höhe der Gebäude, des Baumaterials, der Verbindung, in welcher die Mauern zueinander stehen, der Bestimmung der Gebäude und der Konstruktion der Decken auch eine größere oder geringere Stärke der massiven Mauern festgesetzt werden[12].

e) Mittelmauern, die durch Balkenlagen belastet sind, müssen im obersten Stockwerk in einer Stärke von mindestens 0,25 m ausgeführt werden und nach unten von zwei zu zwei Stockwerken um mindestens 0,13 m (1/2 Stein) zunehmen. Wenn sie durch Balkenlagen nicht belastet sind oder wenn bei ebenerdigen oder einstöckigen Gebäuden die freitragende Balkenlänge[7] 5 m und[7] die Zimmerhöhe 3 m nicht überschreiten, so genügt eine Stärke der Mittelmauern von 0,12 m.

Die Baupolizeibehörde kann für Mittelmauern eine geringere Stärke zulassen, wenn durch eine statische Berechnung die genügende Tragfähigkeit nachgewiesen wird: Insbesondere können bei Kleinhausbauten (§ 14 Abs. III) durch Balken belastete Mittelmauern in einer Stärke von 0,12 m und durch Balken nicht belastete Mittelmauern in einer Stärke von 0,07 m (gestellter Stein) zugelassen werden, letztere, wenn sie in jedem Stockwerk entsprechend verspannt sind[13].

f) Soll ein Gebäude zu ebener Erde massiv[14] und in den oberen Stockwerken aus Riegelwerk[14] ausgeführt werden, so haben die Umfassungsmauern bei Anwendung von Ziegeln oder Quadern

α) wenn nur Ein Stockwerk aus Riegelwänden aufgesetzt wird, eine Stärke von mindestens 0,25 m,

β) wenn mehrere Stockwerke aus Riegelwänden aufgesetzt werden, eine Stärke von mindestens 0,38 m zu erhalten.

Bei Anwendung von Bruchsteinen muß die Umfassungsmauer auch in dem Falle unter lit. *α* mindestens 0,45 m stark sein[15].

g) Die Stärke der Umfassungsmauern aller mehrstöckigen Wohngebäude muß von oben nach unten bei Anwendung von Ziegeln oder Quadern von zwei zu zwei Stockwerken um wenigstens 0,13 m (1/2 Stein) und bei Anwendung von Bruchsteinen von Stockwerk zu Stockwerk um wenigstens 0,07 m zunehmen[16].

h) Riegel- oder Fachwerk muß in jedem Stockwerk wenigstens 0,12 m stark sein.

i) Stockwerksaufsetzungen auf bestehende Gebäude sind nur dann zulässig, wenn die in Vorstehendem unter lit. a mit h festgesetzten geringsten Stücken ohne Anblendung von Steinen an die bestehenden Mauern noch eingehalten werden können[17]).

II Bei sämtlichen vorstehend bestimmten Mauerstärken darf der Verputz nicht mitgerechnet werden[18]).

III Eine Abweichung von den Vorschriften über Verstärkung der Mauern von oben nach unten kann bei Stockwerksaufsetzungen[19]), dann beim Wiederaufbau abgebrannter oder aus anderen Anlässen teilweise abgebrochener Gebäude gestattet werden[20]), wenn das in Verwendung kommende Baumaterial und die Beschaffenheit des bestehenden Gemäuers auch bei einer geringeren Stärke desselben vollständige Gewähr für die Festigkeit und Dauerhaftigkeit des Gesamtbaues bietet.

IV Bei Anwendung besonderer Konstruktionen und Materialien (Eisen, Beton)[21]) können ferner Abweichungen von den vorgeschriebenen Mauerstärken durch die Baupolizeibehörden bewilligt werden, wenn genügende Festigkeit und Tragfähigkeit nachgewiesen ist.

1. § 15 erfuhr durch die V. v. 10. Juli 1918 eine Abänderung in Abs. I Buchst. c und e.

2. Die Umfassungsmauer schließt das Gebäude oder einen Gebäudeteil gegen das Freie hin ab. ObstLG. 1 S. 25. Die Tragmauer ist eine durch Gebälke oder Gewölbe belastete Mauer.

3. Die Beurteilung liegt im pflichtgemäßen Ermessen der Baupolizeibehörde; bezüglich der Gebäude, die Wohnzwecken nicht dienen, vgl. lit. d.

4. Das einstöckige Wohnhaus besteht aus dem Erdgeschoß und einem Stockwerk über dem Erdgeschoß; mehrstöckig ist es, wenn das Gebäude mindestens 2 Stockwerke über dem Erdgeschoß hat.

5. Nach dem in Deutschland für Ziegelsteine (auch Backsteine oder Hintermauerungsstein genannt), eingeführten Normalformat, welches auch der BO. zugrunde liegt, ist der Ziegelstein 25 cm lang, 12 cm breit und 6,5 cm stark; sein Gewicht beträgt rund 3,3 kg. Außer diesem Reichsformat sind auch noch größere Formate gebräuchlich, deren Verwendung nichts im Wege steht, da die Bauordnung von einer Zwangseinführung des Reichsformates absieht und nur von Mindestmaß spricht. Auch die Verwendung von einem kleineren Format ist möglich. So ist das Format der sog. Klinkersteine meistens etwas kleiner als das der gewöhnlichen Mauersteine. Sie sind besonders stark gebrannte Ziegelsteine, die außerordentlich hart und wasserundurchlässig sind. Sie werden verwendet zu Sockel und Fundamentmauerwerk, zu Pflasterungen, zum Ausmauern von Abortgruben usw.; aber immer ist das Mindestmaß zu beachten.

6. Soweit nicht besondere Anforderungen nach Abs. I zu stellen sind, ist bei der Verwendung verschiedenen Materiales bei den einzelnen Stockwerken für jedes Mauerwerk diejenige Steinstärke anzuwenden, die notwendig ist, falls das ganze Gebäude aus dem betreffenden Material hergestellt worden wäre. Bei der Anwendung von Bruchsteinen, die in Steinbrüchen gewonnen werden, wird verlangt, daß sie lagerhaft sind und die Herstellung eines schichtenmäßigen Gemäuers in entsprechendem Verbande ermöglichen.

Die lagerhaften Bruchsteine haben zwei ebene, mehr oder weniger parallele Seiten, kommen in größerer Menge und gleicher Stärke vor und lassen sich während des Mauerns mit dem Maurerhammer an ihren Lagerflächen so bearbeiten, daß die Fugen möglichst regelmäßig sind und eine schichtenweise Aufmauerung erfolgen kann. Die Steine behalten ihre rauhe Kopffläche. Die Lagerfugen sind wagrecht durch die ganze Mauerlänge durchzuführen. Die Schichten können gleich hoch oder auch verschieden hoch sein. Innerhalb der Schichten sind die Steine verschieden groß. S. auch Anm. 8.

7. Freitragende Balkenlänge ist die zwischen zwei Stützpunkten liegende freie Länge des Balkens. Der von Englert, 4. Aufl. Anm. 5 S. 50 vertretenen Ansicht, daß es zur Anwendung der strengeren Bestimmungen genügt, wenn eines der in Buchst. a Abs. II bezeichneten Ausmaße überschritten wird, ist beizutreten. Das Wort „und" ist also im Sinne von „oder" zu verstehen.

8. Die gebrochenen Steine werden entweder nicht oder nur teilweise mit dem Hammer bearbeitet und als sog. Bruchsteine zu dem Bruchsteinmauerwerk verwendet, oder sie erhalten durch besondere Steinhauerwerkzeuge eine bestimmte Form und dienen dann zur Herstellung des Werkstein- oder Quadermauerwerkes.

9. Aus dem Worte „zulässig" folgt, daß die hier vorgeschriebene Mauerstärke von 0,25 überschritten werden kann.

10. Auch hier ist zu verlangen, daß die Bruchsteine lagerhaft sind und die Herstellung eines schichtenmäßigen Gemäuers in entsprechendem Verbande ermöglichen.

11. S. Anm. bei § 14 Abs. II. Letzter Satz wurde eingefügt durch V. v. 10. Juli 1918.

12. Auf Giebelaufbauten haben im allgemeinen die Bestimmungen des § 15 Abs. I Anwendung zu finden; es besteht jedoch keine Erinnerung dagegen, auf solche Giebelaufbauten, hinter denen sich keine Wohnräume befinden, die Bestimmung in § 15 Buchst. d sinngemäß anzuwenden und demgemäß die Mauerstärken der Giebelaufbauten nur nach statischen Rücksichten zu bemessen. Vgl. Aut. ME. v. 11. Dez. 1914 Nr. 4049 c 2/1914.

13. Der erste Satz dieses Absatzes wurde eingefügt durch die Novelle v. 3. Aug. 1910, Satz 2 durch V. v. 10. Juli 1918.

Alle Treppenhausmauern, die durch Balkenlager, Treppenstufen oder Treppenpodeste belastet sind, sind nach der für belastete Mittelmauern geltenden Bestimmung in § 15 Abs. I Buchst. c zu beurteilen. Unter die Stärke von 0,25 m kann dabei im Hinblick auf § 54 Abs. I BO. nicht herabgegangen werden; dagegen kann die Baubehörde von einer Verstärkung nach unten ganz oder teilweise Abstand nehmen, wenn durch statische Berechnung die genügende Tragfähigkeit der Treppenhausmauer nachgewiesen wird. Vgl. Aut. ME. v. 11. Dez. 1914. Insbesondere gilt dies zur Förderung des Kleinwohnungsbaues und für Kleinhausbauten, wenn die Tragfähigkeit vom Baugesuchsteller nachgewiesen wird. ME. v. 3. Juli 1910 Nr. 4035/8 MABl. S. 477. Vgl. dazu § 54 Abs. III BO.

14. Also eine aus Kreuzhölzern zusammengesetzte Holzkonstruktion. Mauerwerk wird hiebei nur bei Ausfüllung der einzelnen Fache verwendet.

15. Das Mindestmaß für aus Bruchsteinen hergestellte Mauern ist nach § 15 Abs. I Buchst. a, b, c, f lediglich für die Umfassungsmauern vorgeschrieben. Für Mittelmauern können auch geringere Dimensionen angenommen werden, wenn sie mit den zur Verwendung stehenden Bruchsteinen hergestellt werden können.

16. Sohin ergibt sich, daß z. B. bei einem vierstöckigen Wohngebäude die Umfassungsmauern mindestens folgende Stärke haben muß: Im Erdgeschoß 0,64 m = $2^1/_2$ Stein, im 1. und 2. Stockwerk je 0,51 m = 2 Steine, im 3. und 4. Stockwerk je 0,38 m = $1^1/_2$ Stein. — Es besteht keine Erinnerung dagegen, den Giebelaufbau als Bestandteil eines darunter befindlichen Stockwerkes anzusehen und demnach bei der Berechnung der Mauerstärke nach § 15 Abs. I Buchst. g den Giebelaufbau außer Betracht zu lassen, sofern dieser durch Balkenlagen nicht belastet ist oder sofern bei dem mit einer Balkenlage belasteten Giebelaufbau der Nachweis der Standfestigkeit durch eine statische Berechnung beigebracht wird. Aut. ME. vom 11. Dez. 1914 Nr. 4049 c 2/1914.

17. Nach technischen Begriffen entspricht eine durch Anblendung verstärkte Mauer statisch nicht den gleichen Anforderungen wie eine in regelrechtem Verbande hergestellte Mauer. Die Mauern müssen daher — nach technischen Begriffen ist dies selbstverständlich —, in regelrechtem Verbande hergestellt werden und dürfen nicht durch Anblendung die vorgeschriebene Stärke erhalten. Mit Rücksicht auf die sich aus der Vorschrift des § 12 BO. von selbst auch ohne besondere Anordnung ergebende Verpflichtung zur Herstellung der Mauern in regelrechtem Verbande, enthält die BO. auch keine weiteren allgemeinen Bestimmungen in dieser Richtung. Lediglich in § 15 Buchst. i ist das Verbot der Anblendung besonders erwähnt, weil es bei Stockwerksaufsetzungen nahe lag, daß der Bauherr zur Erreichung der vorgeschriebenen Mauerstärke zwecks Kostenersparnis unter Umständen nur Anblenden könnte und allenfallsige Mißverständnisse von Anfang an ausgeschlossen werden wollten. Es ist davon auszugehen, daß nicht nur bei Stockwerksaufsetzungen auf bestehende Gebäude die Anblendung verboten ist, und daß überall wo für Mauern in der BO. ein bestimmtes Maß vorgeschrieben ist, für dieses Maß statische Erwägungen maßgebend waren, denen die Annahme zugrunde gelegt ist, daß die Mauern in regelrechtem Verbande hergestellt werden und nicht ihre Stärke durch eine statisch ungleichwertige Anblendung erhalten, und daß mithin eine Anblendung in allen diesen Fällen, jonach auch in den Fällen des § 54 unzulässig ist. Vgl. ME. v. 15. Juli 1897 Nr. 12 515, 18. S. § 7 Anm. 3.

19. Die MBO. schreibt hier in § 19 Abs. II vor: Das Aufsetzen von Stockwerken auf bestehende Gebäude ist nur dann zulässig, wenn die für Umfassungsmauern festgesetzten Stärken ohne Anblendung von Steinen an die bestehende Mauer noch eingehalten werden können. Ausnahmsweise kann indessen, soferne die Beschaffenheit des bestehenden Gemäuers vollständige Gewähr für die Festigkeit und Dauerhaftigkeit des Gesamtbaues bietet, die Aufsetzung eines Stockwerkes auf ein bestehendes Gebäude auch dann gestattet werden, wenn dessen Umfassungsmauer nach Maßgabe der früheren BO. in den beiden oberen Stockwerken nur eine Stärke von $1^1/_2$ alten Steinen = 0,45 m und in den beiden nach unten folgenden Geschossen eine solche von 2 alten Steinen = 0,60 m besitzen. In diesem Falle müssen die Umfassungsmauern des aufgesetzten Stockwerkes mindestens 0,38 m stark sein.

20. Nach pflichtgemäßem Ermessen besonders dann, wenn sich in irgend einer Richtung eine Verbesserung erzielen läßt.

21. Nur beispielsweise Aufzählung. Es kommen auch andere Materialien und Konstruktionen in Frage.

§ 16.[1])

1. Brandmauern[2]) müssen in der Stärke der Umfassungsmauern[3]) hergestellt, noch am Firste[4]) unter der Dachfläche bei

Verwendung von Ziegeln oder Quadern 0,25 m, bei Bruchsteinen aber mindestens 0,45 m stark gehalten und bis dicht unter die Dacheindeckung aufgeführt werden[5]).

Die Baupolizeibehörde kann bei Brandmauern die nach § 15 Abs. I erforderliche Mauerverstärkung ganz oder teilweise erlassen, wenn die Standfestigkeit gewährleistet ist und durch eine statische Berechnung genügende Tragfähigkeit nachgewiesen wird. Auch in diesem Falle hat am Firste unter der Dachfläche die Mauerstärke noch mindestens 0,25 m zu betragen[6]).

Bei Gebäuden, die unter § 47 fallen, bei Gebäuden mit mehr als 2 Obergeschossen, wobei ein bewohnbares Dachgeschoß als Obergeschoß anzusehen ist, und bei Gebäuden, die nicht vollständig mit Stein oder Metall eingedeckt sind, müssen die Brandmauern in den im Abs. 1 angegebenen Stärken 0,30 m über die Dachfläche geführt werden; zu ihrer Abdeckung darf nur feuersicheres[7]) Material mit Ausschluß aller Holzteile verwendet werden.

2.[8]) Auf Brandmauern darf der Dachfuß nur dann aufgelegt werden, wenn durch geeignete Vorkehrungen ein entsprechender Schutz gegen Feuerübertragung geschaffen wird. Zu diesem Zwecke muß die von der Brandmauer aufsteigende Dacheindeckung aus unverbrennlichem[9]) Materiale hergestellt und mindestens auf eine Entfernung von 3,5 m, wagrecht vom Mittel der Brandmauer an gemessen, mit einem dauerhaften, gegen Witterungseinflüsse widerstandsfähigen, unverbrennlichen[9]) Material unmittelbar unterlegt[10]) werden; Dachöffnungen müssen feuersicher[7]) hergestellt und abgeschlossen werden; unterhalb der Dachtraufe angebrachte Gesimse sind aus unverbrennlichem[9]) Materiale, Dachrinnen aus Eisen- oder Kupferblech herzustellen. Die Baupolizeibehörde kann von der Forderung der Dachunterlegung absehen, wenn für den betreffenden Teil der Dacheindeckung diese selbst sicheren Schutz gegen Feuerübertragung gewährt.

3. Werden an den Brandmauern Blindfeldungen, Sitzbänke, Wandkästchen, Nischen, Kamine oder dergl. angebracht, so müssen die Brandmauern an den entsprechenden Stellen immer noch wenigstens 0,25 m stark sein.

4. Öffnungen in Brandmauern sind im allgemeinen unzulässig[11]). Die Baupolizeibehörde kann jedoch, wenn ein Bedürfnis hiezu nachgewiesen ist, Öffnungen bei Gebäuden gestatten, die nicht zur Herstellung, Bearbeitung oder Lagerung größerer Mengen leicht entzündlichen oder schwer zu löschenden Materials (§ 47) bestimmt sind. Die Öffnungen dürfen im Lichten[12]) höchstens 2 qm Fläche erhalten; sie müssen im Erdgeschoß auf einer, in

den oberen Stockwerken auf jeder Seite[13]) der Brandmauer dicht verschließbar gemacht werden, und zwar entweder durch starke, fest versteifte Türen oder Läden aus unverbrennlichem[9]) Material, oder durch Holztüren (= Läden) von mindestens 3 cm gleichmäßiger Stärke, die in Nut und Feder zusammengefügt, fest versteift und allseitig, also auch an den Rändern mit einer wenigstens 1 mm starken Eisenblechverkleidung versehen sind. Die (Türen) Läden müssen allseitig mindestens 6 cm breite Stein-, Beton-[14]) oder Eisenfälze[14]) überdecken. Die Kegel müssen haltbar eingekittet sein; zu ihrer Befestigung darf leicht schmelzbares Material, wie Schwefel, Blei und dergl. nicht verwendet werden. Bei Hauptreparaturen oder Hauptänderungen im Sinne des § 7 Ziff. 1—3 können solche Verschlüsse auch für bereits bestehende Brandmaueröffnungen angeordnet werden[15]).

5. Die Dacheindeckung ist mit der Brandmauer dicht und dauerhaft zu verbinden; Dachlatten und Dachverschalungen dürfen weder über die Brandmauer hinweg-, noch durch diese hindurchgeführt werden; sie sind durch die Brandmauer in deren ganzer Stärke zu trennen[16]).

Holzbalken, Holzschwellen, Holzpfetten, Holzsparren[16]) und sonstige Holzteile dürfen durch Brandmauern nicht hindurch geführt werden und in diesen sich nicht berühren; sie müssen an den Enden, selbst im Dachraume noch, durch ein wenigstens 0,12 m starkes Mauerwerk verdeckt oder geschieden sein. Auch dürfen Hölzer der Länge nach nur dann in die Brandmauer eingefügt werden, wenn hiedurch die Standfestigkeit im Brandfalle nicht gefährdet wird[16]). Eiserne Träger und Stützen dürfen in Brandmauern nur dann eingefügt werden, wenn sie glutsicher ummantelt sind[16])[17]).

6. Wo Brandmauern vorgeschrieben sind, müssen sie auch die Dach- und Gesimsvorsprünge, Dachrinnen und dergl. vollständig trennen. Die Baupolizeibehörde kann Ausnahmen zulassen, wenn die Dach- und Gesimsvorsprünge durchaus massiv und die Dachrinnen aus Kupfer- oder Eisenblech hergestellt sind[16]). Auch bei hölzernen Dachvorsprüngen kann die Baupolizeibehörde von der Trennung durch die Brandmauer Umgang nehmen, wenn die über die Umfassung vortretenden Teile der Sparren und der Dachverschalung zu beiden Seiten der Brandmauer auf eine Länge von mindestens je 2,5 m aus Eichenholz hergestellt werden[16]).

7. Die Brandmauern und die Einrichtungen, die sonst nach den vorstehenden Ziffern 2, 4—6 zur feuersicheren Abtrennung der Gebäude geboten sind, müssen stets in bauordnungsmäßigem Zustand unterhalten werden[18]).

1. Durch V. v. 3. Aug. 1910 erfuhr § 16 eine umfassende Änderung, die wesentliche Erleichterungen gegenüber früher und die Voraussetzungen vorsieht, unter denen die Erleichterungen gewährt werden können.

2. Unter Brandmauer versteht man eine zugleich die massive Umfassungsmauer zwischen zwei zusammenhängend zu bauenden Gebäuden mit Feuerstätten zu bildende Mauer, die bei einem entstehenden Brand das Übergreifen des Feuers von dem einen Gebäude auf das andere abhalten soll. Um dieses zu erreichen, ist sie besonderen Bestimmungen unterstellt. Vgl. OLG. München 6 S. 674; ObstLG. 2 S. 263. — § 16 bestimmt nun in welcher Weise, insbesondere in welcher Stärke Brandmauern aufgeführt werden müssen. In dem hierin enthaltenen Gebote liegt zugleich das Verbot der Abänderung einer vorschriftsmäßig hergestellten Brandmauer in einer Weise, daß sie den Vorschriften der BO. nicht mehr entspricht. ObstLG. 7 S. 279; 4 S. 150. Im übrigen wird auf die §§ 40 Abs. III; 44 Abs. III mit 45 Ziff. 1; 47; 48 BO. verwiesen, in denen die näheren Voraussetzungen enthalten sind, unter denen Brandmauern zu errichten sind.

3. Auch dann, wenn sie nicht durch Balkenlager belastet sind.

4. Der First ist die obere wagerechte Begrenzung der Dachfläche oder die Schnittlinie zweier Dachflächen, deren Traufen parallel sind. Die Traufe ist die untere wagerechte Begrenzung der Dachfläche.

5. Während nach den früheren Bestimmungen die Brandmauer bei allen Gebäuden 0,30 m über die Dachfläche geführt werden mußte und bei einfachen ländlichen Verhältnissen die Höherführung der Mauer über die Dachfläche auf dem Dispenswege erlassen wurde, vorausgesetzt, daß das Dachgesims unter Ausschluß jeglicher Holzteile feuersicher hergestellt wurde (vgl. ME. v. 2. Juli 1902 Nr. 15 007 und 30. Juli 1903 Nr. 13 085) gilt dies seit der V. v. 3. Aug. 1910 nicht mehr; lediglich für Gebäude mit mehr als 2 Obergeschossen, wobei ein bewohnbares Dachgeschoß als Obergeschoß anzusehen ist, und bei Gebäuden, die nicht vollständig mit Stein oder Metall gedeckt sind, sowie für Gebäude mit besonderer Feuersgefahr (§ 47) wurde im Interesse der Feuersicherheit die Vorschrift der Überdachführung der Brandmauer beibehalten. Vgl. § 16 Ziff. 1 Abs. III. Die Überdachführung der Brandmauer wurde aufgehoben, weil vor allem bei mangelhafter Bauführung das Eindringen von Regen und Schneewasser in die anstoßenden Gebäudeteile erleichtert wurde. Die seit 1910 ermöglichten Erleichterungen kommen vor allem dem Kleinhausbau zugute. Vgl. ME. v. 3. Juli 1910 Nr. 4035/8 Vollz. der BO. betr. MABl. S. 477.

6. Dieser Absatz wurde eingefügt durch V. v. 3. Aug. 1910.

7. Also schwer entzündbares Material. Gegensatz unverbrennliches Material.

8. Neu eingefügt durch V. v. 3. Aug. 1910.

9. Gegensatz feuersicheres Material.

10 Vgl. hiezu Ziff. 5 Abs. II.

11. Auch Maueröffnungen, die als Fenster der Licht- und Luftzuführung, oder als Türen der Verbindung von Räumen nebeneinander bezw. des Gebäudes mit der Außenwelt dienen. — Die Frage, ob derjenige, der zuerst an der Grenze baut, die Umfassungsmauer an der Grenze als Brandmauer herzustellen hat, ist zu verneinen. Es wäre auch rechtsirrig anzunehmen, daß jede Öffnung in einer solchen Mauer als ein bauordnungswidriger Zustand sich darstelle, dessen Beseitigung von der Polizeibehörde bedingungslos verfügt werden könnte. Hat der Erstbauende ohne Verstoß gegen die bau- und feuerpolizeilichen Vorschriften die Grenzmauer nicht als Brandmauer aufgeführt und mit Öffnungen gegen das Nachbargrundstück versehen, so wird die Mauer nicht dadurch bauordnungswidrig, daß der Besitzer des Nachbargrundstücks in späterer Zeit auf diesem einen Bau mit einer Feuerstätte aufführt. Auch entsteht dadurch nicht an dem Gebäude der Erstbauenden ein feuergefährlicher Zustand. Vielmehr hat der Anbauende unter Beobachtung der Vorschriften der BO. bei der Aufführung seines Baues jede Feuersgefahr für das Nachbaranwesen auszuschließen und nach § 40 Abs. II eine Brandmauer herzustellen. Vgl. § 40 nebst Anm.; ferner ObstLG. 11 S. 232 und 249. — Da § 16 Abs. IV lediglich dem Schutz der Feuersicherheit in Gebäuden dient, hat er mit der Verhütung von Unfällen nichts zu tun. Diese Bestimmung gehört daher auch nicht zu den in § 120 GewO. bezeichneten Vorschriften.

12. D. i. der kürzesten Entfernung zwischen den Gemäuern (= seitlicher Begrenzung der Öffnungen) und der Begrenzung oben und unten.

13. Gem. § 13 Abs. III können jedoch auch Türkonstruktionen mit einseitigem Verschlosse gestattet werden. Vgl. z. B. ME. v. 5. Juli 1905, MABl. S. 270; 28. Okt. 1905, MABl. S. 515; ME. v. 1. Febr. 1906, MABl. S. 545.

Mit ME. v. 28. Okt. 1914 Nr. 4071 b 62 wurden in widerruflicher Weise die Türen nach dem System der Firma Georg Lörner in München, hergestellt aus einer einzigen gepreßten Duroplatte als Füllung und 2 in einem eisernen Rahmen befestigten Eisenbleche als Verkleidung außer für die Fälle des § 47 BO. und § 53 MBO. zum einseitigen Abschluß von Brandmaueröffnungen zugelassen. Die Türen müssen einschließlich des Rahmens 36 mm stark und mit einem Kastenschloß versehen sein. Die Stärke der Füllung hat 30 mm, die der Eisenblechverkleidung je 2 mm zu betragen.

14. Eingefügt durch V. v. 3. Okt. 1910.

15. Durch eine Reihe von ME. waren früher auf Grund des § 13 Abs. III besondere Türkonstruktionen als gleichwertig zugelassen worden. Die Notwendigkeit ergab sich eben auf Grund der damaligen Fassung: „Die Öffnungen . . . müssen im Erdgeschosse auf einer, in den oberen Stockwerken auf jeder Seite der Brandmauer durch starke, fest versteifte, in allen Teilen eiserne Türen . . . dicht verschließbar gemacht werden." Vgl. z. B. ME. v. 13. Aug. 1908 (MABl. S. 390); ME. v. 28. Okt. 1908 (MABl. S. 559); ME. v. 13. Nov. 1909 (MABl. S. 928); ME. v. 23. April 1910 (MABl. S. 327); ME. v. 2. Juni 1910 (MABl. S. 393). — Seit der V. v. 1910 gestattet Ziff. 4 nunmehr die Prüfung der Baupolizeibehörde, ob und welche Türkonstruktionen, abgesehen von den auf Grund des § 13 Abs. III genehmigten, die in Ziff. 4 verlangten Vorschriften erfüllen. — Eine Ausnahme von der Verschlußbarmachung enthält § 45 Ziff. 1 Abs. IV BO.

16. Eingefügt durch V. v. 3. Aug. 1910.

17. Verputztes Holzstabgewebe kann als glutsichere Ummantelung zugelassen werden, wenn folgende Bedingungen erfüllt sind:

a) Das zur Verwendung kommende Gewebe muß aus Holzstäben bestehn, die mindestens 8 mal 8 mm stark sind; die einzelnen Stäbe müssen durch verzinkten, geglühten Bindedraht von mindestens 0,8 mm Stärke mit mindestens 1,8 mm starken verzinkten Führungsdrähten, die in einem Abstand von höchstens 20 cm gezogen sind, fest verwoben sein.

b) Der zur Verwendung kommende Putzmörtel darf kein schlechteres Mischungsverhältnis haben als 1:2:3 bei Verwendung von Gipskalkmörtel, 1:3 bei Verwendung von Zementmörtel, 1:2:6 bei Verwendung von verlängertem Zementmörtel.

c) Die Mörtelschicht muß mit Einschluß des Holzstabgewebes mindestens 3 cm, die reine Mörtelschicht mindestens 2 cm stark sein. ME. v. 9. Febr. 1922 StAnz. Nr. 38 betr. den Vollzug der BO., hier Verwendung von Holzstabgeweben.

18. Die Brandmauern müssen stets in bauordnungsmäßigem Zustand unterhalten werden. Es ist daher jede Abänderung einer Brandmauer, die den Vorschriften gemäß hergestellt wurde, derart, daß sie diesen Vorschriften nicht mehr entspricht, unzulässig. Vgl. ObstLG. 6 S. 279. — An sich sind für Brandmauern, die nach den früheren Vorschriften aufgeführt wurden, diese älteren Bestimmungen maßgebend insoweit, als die gegenwärtigen Bestimmungen strengere Anforderungen stellen. Doch können bei Hauptreparaturen oder Hauptänderungen im Sinne des § 7 Ziff. 1—3 Vorschriften im Sinne des § 16 Ziff. 4 auch für bereits bestehende Brandmaueröffnungen angeordnet werden.

4. Feuerstätten und Kamine (Schornsteine).

§ 17.

1. Kamine[1]) sind aus gelegten Backsteinen[2]) auf feuerfester Unterlage mindestens 0,80 m über die Dachfläche zu mauern, im einzelnen Falle aber soweit über die Dachung hinauszuführen, als es die Baupolizeibehörde aus feuer- und gesundheitspolizeilichen Rücksichten, sowie zur Fernehaltung erheblicher Belästigung der Nachbarschaft fordert[3]); sie sind innen und außen auf die ganze Höhe zu verputzen[4]) und feuersicher abzudecken; sie dürfen horizontal ineinander nicht eingeleitet werden. Im Kellergeschoß dürfen Kamine aus Beton hergestellt werden, soweit dort keine Feuerungen eingeleitet sind. Treten Kamine am First oder in unmittelbarer Nähe des Firstes aus der Dachfläche, so genügt eine Hinausführung über die Firstlinie auf 0,40 m Höhe[5]).

2. Holzteile dürfen in Kaminmauern nicht eingefügt, Holzverschalungen an denselben nicht angebracht werden und allenfallsige eiserne oder steinerne Träger der Kamine nicht auf den Balkenlagen aufruhen[6]).

3. Freistehende und außerhalb der Gebäude befindliche Kamine für Fabriken und sonstige industrielle Unternehmungen dürfen mit baupolizeilicher Bewilligung auch von Eisen hergestellt werden.

4. Die Stärke der Kaminmauern ist nach der Lage und Höhe derselben und nach der Stärke und Zahl der einmündenden Feuerungen zu bemessen und darf bei außergewöhnlichen Feuerungen nicht unter 0,25 m, bei den gewöhnlichen Feuerungen nicht unter 0,12 m betragen[7]).

5. Die innere Weite der besteigbaren Kamine muß mindestens 0,50 m im Quadrate betragen[8]).

6. Schlotmäntel und Rauchkutten sind aus unverbrennlichem Materiale herzustellen[9]).

1. Kamine (Schornsteine) dienen zur Abführung der Feuergase und zur Herstellung des zum Verbrennen notwendigen Luftzuges. Der Luftzug bildet sich infolge der ungleichen Schwere von kalter und warmer Luft. — Man unterscheidet weite oder besteigbare Schornsteine und enge oder unbesteigbare Schornsteine (russische Schornsteine). Die besteigbaren Schornsteine kommen für die Regel nur bei größeren offenen Feuerungen in Betracht; bei den gewöhnlichen Wohnhausbauten kommen lediglich die unbesteigbaren Kamine zur Anwendung. — Mit ME. v. 3. Sept. 1921 Nr. 4073 c 2 StAnz. Nr. 207 (s. Anhang) betr. Fabrikschornsteine und andere Turmschornsteine, wurde verfügt, daß bis zum Erlaß einheitlicher deutscher Bestimmungen über die Errichtung von Fabrik- und anderen Turmschornsteinen in Bayern für die Berechnung, Prüfung und Ausführung solcher Schornsteine die preußischen Bestimmungen gemäß Erlaß des Ministeriums für öffentliche Arbeiten v. 30. April 1902 (abgedruckt im Zentralblatt der Bauverwaltung 1902 Nr. 49 S. 297) mit den in der Bekanntmachung enthaltenen Ergänzungen und Abweichungen sinngemäß anzuwenden sind. Soweit die genannten Bestimmungen von den Vorschriften der BO. abweichen, haben die Regierungen bis auf weiteres Befreiung zu erteilen.

§ 17 enthält die generellen Vorschriften für alle Kaminanlagen, wobei die Ziff. 5 besondere Bestimmung für die besteigbaren Kamine trifft. Für die nicht besteigbaren Kamine ist Sonderregelung in § 18 BO. getroffen.

Als Hauptreparatur oder Hauptänderung an einem Bau wird gem. § 7 Ziff. 3 die Anlegung neuer und die Versetzung oder konstruktive Änderung bestehende Feuerstätten oder Kamine, soweit es sich nicht lediglich um das Setzen von Öfen oder Herden zum häuslichen Gebrauch handelt, bezeichnet und bedürfen daher nach § 6 der baupolizeilichen Genehmigung. Bei der nach § 3 vorgeschriebenen Vorlage von Plänen sind darin auch die Feuerungseinrichtungen anzugeben. § 9 Buchst. a Ziff. 2. — Nach § 368 Ziff. 4 RStGB. sind die Feuerstätten in baulichem und brandsicheren Zustand zu unterhalten und zur rechten Zeit zu reinigen. — Die Kaminkehrer haben ihrer Pflicht, bei Ausübung ihres Geschäfts darauf zu achten, daß sich die Feuerstätten in gutem baulichen Zustande befinden, auf Mängel den Besitzer aufmerksam zu machen und feuergefährliche Zustände den Polizeibehörden alsbald anzuzeigen (§ 2 Abs. IV der Kaminkehrordnung) auf das sorgfältigste zu genügen. Vgl. ME. v. 3. Febr. 1919 Nr. 4152 c 6 StAnz. Nr. 35.

2. Diese Vorschrift ist eine im Interesse der Feuersicherheit der Kamine als der feuergefährlichsten Teile des Bauwerkes erlassene Sonderbestimmung, die an sich die Anwendung der allgemeinen Vorschriften über das Baumaterial ausschließen will. — Materialien, wie Beton, Eisenbeton sowie alle aus verschiedenen Stoffen zusammengesetzten Baumaterialien, deren Güte und Widerstandsfähigkeit von den verschiedensten Umständen abhängt und daher keine genügende Gewähr für Feuersicherheit bieten, können auch nicht ohne weiteres auf Grund des § 13 Abs. III BO. zum Ersatz von Backsteinen zugelassen werden. Vgl. ME. v. 8. Jan. 1909 Nr. 29 738. Dies wurde überdies in einer Reihe von ME. bezüglich solcher aus oben genanntem Material hergestellten Kunststeinen ausgesprochen. Doch werden laut ME. v. 8. Febr. 1915 Nr. 4071 b 2, v. 9. März 1915 Nr. 4071 b 9 und 9. Nov. 1921 Nr. 4071 b 38 gem. § 13 Abs. III als gleichwertiges Material in widerruflicher Weise und unter folgenden Bedingungen die Kunstersatzsteine zu Kaminbauten folgender Firmen zugelassen:

	Name	Kennzeichen
1.	Bay. Kunstsandsteinwerk G. m. b. H. in Behringersdorf	zwei eiförmige Vertiefungen.
2.	Gräfl. Giechsch. Kalksandsteinfabrik Thurnau	Wollschere.
3.	Hartsteinfabrik G. m. b. H. Wemding	G. HW.
4.	Kalksandsteinfabrik G. m. b. H. Roding	R.
5.	Reichelsdorfer Kunstbackstein=Werk Jean Leipold in Nürnberg	zwei kreisrunde Vertiefungen von 2 cm Durchmesser.
6.	Kalksandsteinwerk Milbertshofen A.G.	kreisrunde Einbuchtung von 3 cm Durchmesser in der Mitte des Steines
7.	Baumeister Xaver Schmidt Markt Oberndorf	X. S.
8.	Hartsteinwerk Fürstenfeld=Bruck (Reginasteinwerk Emmering)	zwei vertiefte Schraubenköpfe.
9.	Industriewerk Lohwald bei Augsburg	◯ (40/55 mm).

Bedingungen: 1. Die Steine müssen unter Dampfdruck erhärtet sein. 2. Sie müssen mindestens das sogenannte Reichsformat haben. 3. Ihre Druckfestigkeit muß mindestens 140 kg/cm betragen. 4. Den Steinen muß die Bezeichnung der Fabrik (Fabrikzeichen) aufgepreßt sein. 5. Die Kunstersatzsteine dürfen als Ersatz für Backsteine in Gebäuden mit erhöhter Brandgefahr (§§ 47, 48) nicht verwendet werden.

3. Vgl. § 7 der V. v. 24. Nov. 1909 GVBl. S. 861 bezüglich der Dampfkesselfeuerungen. Treten nach der Inbetriebnahme trotz der in dieser Bestimmung vorgesehenen Sicherungsmaßnahmen Gefährdungen oder Belästigungen der Nachbarschaft ein, so ist der Unternehmer verpflichtet, sie nachträglich zu beseitigen. Vgl. ferner die Bekanntmachung v. 18. April 1921 betr. Anlage und Betrieb von Dampfbacköfen, StAnz. 1921 Nr. 69.

„Nach § 24 Abs. IV der V. v. 24. Nov. 1909 über die Anlegung und den Betrieb von Dampfkesseln und Dampfgefäßen (GVBl. S. 861) unterliegen die geschlossenen Heizrohre der Dampfbacköfenanlagen einer besonderen polizeilichen Genehmigung. Hiewegen ergehen folgende Anordnungen:

1. Jede Neuanlage eines Dampfbackofens ist bei der Bezirkspolizeibehörde anzuzeigen;

2. bei Neuanlage von Dampfbacköfen und bei Auswechslung der Heizrohre dürfen nur Rohre ohne Längsnaht (angeschweißte Rohre) verwendet werden;

3. die Anlage der Dampfbacköfen ist künftig so einzurichten, daß die Heizrohre leicht ausgewechselt werden können;

4. Jeder Dampfbackofen ist mit einem Thermometer zu versehen, dessen Teilung bis mindestens 300 Grad Celsius reicht;

5. beim Betriebe des Dampfbackofens soll im Heizraum die Temperatur von 250 Grad Celsius tunlichst nicht überschritten werden;

6. die Heizrohre sind bei jeder Betriebsunterbrechung auf Abbrand sowie auf Beulen- und Rißbildung zu untersuchen; schadhafte Rohre sind sofort auszuwechseln;

7. der Dampfbackofen ist jährlich einmal durch den Bezirksbaumeister zu untersuchen;

8. es empfiehlt sich, Heizrohre nach zehnjährigem Gebrauche auszuwechseln.

Auf bestehende Anlagen finden Ziff. 2 bei Auswechslungen, Ziff. 3 bei etwaigem Umbau, ferner Ziff. 4—8 Anwendung."

Soweit Kamine mehr als 0,80 m über die Dachfläche gemauert sind, steht einer Herstellung derselben aus Eisenblech nichts im Wege. Die Bestimmung in Abs. III kommt zur Beurteilung dieser Frage nicht in Betracht, da es sich hier um freistehende und außerhalb der Gebäude befindliche Kamine für Fabriken und sonstigen industriellen Unternehmungen handelt. Vgl. hiezu auch § 17 der Vollz.Vorschr. zur MBO.: „Die Anbringung von sogenannten Blechrohrstützen auf gemauerten Kaminen wird nur für bereits bestehende Kamine in solchen Fällen gestattet, wo die erforderliche Erhöhung des Kamins im Mauerwerk aus statischen Rücksichten unmöglich ist.

In solchen Fällen sind diese Aufsatzrohre aus doppeltem Eisen- oder Kupferblech herzustellen.

Ventilationshüte und Rauchsauger bedürfen einer besonderen Genehmigung nicht, müssen jedoch aus feuersicherem Material hergestellt werden."

4. Aus Gründen der Feuersicherheit sowie zum Schutz gegen die Einwirkung der Hitze, die sich bildenden wässrigen Niederschläge, sowie zum Schutz gegen die Beschädigung beim Reinigen der Kamine. Von der Herstellung des erforderlichen Innenverputzes kann wohl abgesehen werden, wenn die Stoß- und Lagerfugen des Kaminmauerwerkes vollständig dicht mit Mörtel ausgefüllt werden, die Steine gegen die Kaminröhre zu glatte Flächen besitzen und die Fugen in der Kaminröhre mit Portlandzement so ausgefüllt werden, daß in demselben keine Vertiefungen und Erhebungen entstehen.

5. Die beiden letzten Sätze wurden neu eingefügt durch die V. v. 10. Juli 1918.

6. Laut ME. v. 23. Febr. 1911 Nr. 4049 a 3 ist die Zulassung der Abelschen Bauweise bei freistehenden Landhäusern gem. § 57 BO. im einzelnen Falle dem Ermessen der Baupolizeibehörde überlassen, wobei die §§ 17, 18, 19, 21 BO. genauestens zu beachten sind. Werden Feuerungskamine in die Umfassungs- und Scheidewände derartiger Gebäude eingebaut, so sind die Holzteile dieser Wände von den Kaminmauern durch mindestens 0,12 m starkes Mauerwerk zu trennen. An die Verschalung derartiger Wände dürfen Feuerungskamine nicht unmittelbar angemauert werden, sondern es ist zwischen Verschalung und Kamin ein Abstand von wenigstens 10 cm einzuhalten und der so geschaffene Zwischenraum durch Einstampfen einer unverbrennlichen fugenlosen Masse wie Beton, Mörtel und dergl. auszufüllen. — Die Ursache vieler Fehlbodenbrände liegt erfahrungsgemäß in der nachlässigen Anbringung der Bretter der Fehlböden und der Weißdecken, da diese häufig bis hart an das noch unverputzte Kaminmauerwerk herangeführt oder gar zur Erzielung besseren Haltes in dessen Fugen eingeklemmt werden. Laut ME. v. 29. Sept. 1914 MABl. S. 463 werden daher die Distriktsverwaltungsbehörden angewiesen, durch die Baukontrollorgane mit allem Nachdruck auf die sorgsame Ausführung der Kamine und die sorgfältige Anbringung der in ihrer Nähe befindlichen Holzteile der hiefür geltenden Vorschriften entsprechend bringen zu lassen. Als eine zweckmäßige Maßnahme ist es dabei zu erachten, wenn der Raum zwischen Kamin und Gebälk mit Beton oder steifem Mörtel und dergl. aufgefüllt wird, da hiedurch der Fehlboden an dieser Stelle entbehrlich wird, ferner wenn die Schalbretter für die Weißdecke in der unmittelbaren Nähe des Kamins durch Rabitzgewebe ersetzt wird. — Es ist auf der Einhaltung dieser allgemeinen Vorschriften strenge zu achten. Die Strafbarkeit der Bauherrn hängt nicht davon ab, daß jene Anordnungen in dem Plan oder in dem ihn genehmigenden Beschluß der Baubehörde ersichtlich gemacht sind. ObstLG. München 9 S. 335.

7. Es gilt auch für diese Mauerstärke das Reichsziegelformat. Das Auflagern der Träger von Massivdecken auf die Feuerungskaminmauern sowie das Hindurchführen solcher Träger durch derartige Mauern kann nur dann gestattet werden, wenn diese Träger von der Kaminröhre durch ein wenigstens 0,12 m starkes Backsteinmauerwerk getrennt werden. ME. v. 8. Jan. 1909 Nr. 29 738. — Gem. § 13 Abs. III werden als gleichwertige Konstruktion Kamine aus Weiselbergschen Formbacksteinen (vgl. ME. v. 30. Mai 1910 Nr. 4036/5) mit 0,12 m Mindestwandstärke bei einer Mindestlichtweite von 0,14 m oder mit 0,11 m Mindestwandstärke bei einer Mindestlichtweite von 0,15 m zugelassen. ME. v. 23. Juli 1914 Nr. 4073 c 6.

8. Zwecks Erleichterung des Kehrens der Kamine, wobei bezüglich der besteigbaren Kamine zu beachten ist, daß sie, falls sie von unten geschlossen sind, entweder an ihrer untersten Stelle mit einer seitlichen mittelst einer eisernen Türe verschließbaren Einsteigöffnung oder an ihrer Sohle mit einem horizontalen verschließbaren Falltürchen aus Eisenblech (Falle) versehen werden müssen. Vgl. ME. v. 29. Okt. 1901 MABl. S. 523.

9. Die Rauchkutten haben den Zweck, über offenem Feuer die Funken zu sammeln, oder auf dem Kamin sitzend (also über Dach), außerdem noch schlechten Wind vom Kamin abzuhalten.

§ 18.

Bei Anwendung nicht besteigbarer Kamine sind nachstehende besondere Vorschriften zu beobachten:

1. solche Kamine müssen eine Lichtweite von nicht unter 0,15 m und nicht über 0,33 m je nach der Stärke und Zahl der einmündenden Feuerungen [1]) erhalten;

2. metallene Rauchrohre müssen, wo es die Feuersicherheit erfordert, in einem Abstande von 0,03 m mit einem Eisenblechrohre umgeben und die Zwischenräume mit Asche, Cement, Sand und dergl. ausgefüllt werden [2]);

3. die Stärke der Zungen [3]) darf nicht unter 0,10 m betragen;

4. in der Regel sind solche Kamine an Mauerwerk zu stellen; wo sie freistehen, müssen sie mit Strebepfeilern versehen oder durch Eisenwerk mit massiven Mauern verbunden werden, wenn der freistehende Teil des Kamins das Zehnfache der unteren äußeren Stärke übersteigt;

5. die Putzöffnungen der Kamine müssen mit genau schließenden, versperrbaren Doppeltürchen aus Eisenblech geschlossen werden [4]);

6. der unter diesen Putzöffnungen befindliche Bretterboden muß auf 0,45 m Entfernung mit Metall belegt werden;

7. zwischen je zwei Putzöffnungen darf die Form und Weite der Kamine nicht geändert werden.

1. § 18 enthält die besonderen Vorschriften für die nicht besteigbaren Kamine. Ziff. 1 läßt einen Spielraum, innerhalb dessen die Lichtweiten sich bewegen müssen. Die MBO. gibt in § 24 Ziff. 1 für diesen Fall präzisere Vorschriften: „In solche Kamine von nicht mehr als 0,18 m Lichtweite dürfen nicht mehr als 2, in solche von nicht mehr als 0,22 m Weite nicht mehr als 3, bei 0,30 m Weite nicht mehr als 5 Feuerungsrohre einmünden." Im übrigen sollte dies auf Feuerungen desselben Stockwerkes beschränkt werden. Ganz abgesehen, daß stark belastete Kamine schlecht ziehen, wird durch den Anschluß mehrerer in verschiedenen Geschossen aufgestellten Ofen an ein gemeinsames Rauchrohr eine Verbindung zwischen den verschiedenen Räumen geschaffen, welche zum Eindringen von Rauch aus einem unten stehenden Ofen in einen höher liegenden Raum Veranlassung geben kann. — Wenn Gasheizungen in gemauerte Züge eingeleitet werden, so sollten diese nicht an kalten Räumen liegen, da sonst die Heizgase stark abgekühlt werden und die sich bildenden Niederschläge die Mauer durchfeuchten.

2. Diese Vorschrift ist auch auf besteigbare Kamine zu beziehen. Sie gilt für Kamine aus Metall jeglicher Weite. — Vgl. ferner § 7 der V. v. 24. Nov. 1909, GVBl. S. 861, die Anlegung und den Betrieb von Dampfkesseln und Dampfgefäßen betreffend.

3. D. h. die Stärke der Scheidewände mehrerer nebeneinander liegender Kamine.

4. Mit ME. v. 19. Sept. 1891 MABl. S. 339 sind für Putztürchen aus Eisenblech auch solche aus Gußeisen als gleichwertig zugelassen. Dagegen kann die Zulassung von Zementtürchen wegen der Unzulänglichkeit des Materiales (Zerspringen bei großer Hitze) nicht in Betracht gezogen werden. ME. v. 31. Jan. 1920 Nr. 4049 a 4.

§ 19[1].

I Rauchrohre müssen von Holzteilen 0,45 m, von mit Mörtel verputzten hölzernen Decken 0,25 m abstehen[2]).

II Rauchrohre sind in Kamine einzuleiten[3]); Ausnahmen kann in Notfällen die Baupolizeibehörde in widerruflicher Weise bewilligen[4]).

1. § 19 ist eine für die Bauführung zum Zwecke der Feuersicherheit erlassene Vorschrift, die auch für besteigbare Kamine anwendbar ist.

2. Aus dem Wortlaut ist zu folgern, daß der Abstand von 0,45 m nur bei freiem Holzwerk zu verlangen ist; wie bei mit Mörtel verputzten hölzernen Decken, so genügten wohl analog 0,25 m auch bei allem mit Mörtelputz feuersicher verkleidetem Holzwerk. Soweit aber die in § 19 Abs. I vorgeschriebenen Entfernungen aus triftigen Gründen nicht eingehalten werden können, läßt sich wohl durch eine Isolierung der metallenen Rauchrohre nach Maßgabe des § 18 Ziff. 2 BO. der erforderliche Grad von Feuersicherheit erzielen. Überziehen der Holzteile mit einem „feuersicheren" Anstrich kann nicht als wirksamer Schutz gegen Entzündung anerkannt werden.

3. Handelt es sich um einen Verstoß gegen diese Vorschrift, der nicht bei der Bauführung erfolgt ist, so liegt unter Umständen Strafbarkeit gem. § 368 Ziff. 4 vor; hienach hat der Hauseigentümer und sein Stellvertreter die Pflicht, die Feuerstätten in einem Haus — Bestandteile sind auch die Rauchrohre — in der jeweils notwendigen Weise zum Zwecke der Erhaltung ihres baulichen und brandsicheren Zustandes auszubessern und bei der Vornahme von Änderungen an den bestehenden Feuerstätten zu verhüten, daß ein feuergefährlicher Zustand entsteht. Vgl. ObstLG. 7 S. 160. — Laut ME. v. 6. Okt. 1922 StAnz. Nr. 233 sollen bei der Neuaufstellung von Öfen in schon bestehenden Häusern zur Vermeidung von Gesundheitsschädigungen der Bewohner sowie zur Verhütung von Feuersgefahren der Kaminkehrer gehört werden, da dieser zur Aufschlußerteilung über den baulichen Zustand des Kamins, in dem die neue Feuerungsanlage eingeleitet werden soll, sowie über die Zugverhältnisse, also über die Stellung und Belastung der einzelnen Kamine in erster Linie berufen ist. — Vgl. ferner die Richtlinien über die Wärmewirtschaft. ME. v. 11. Juni 1922 StAnz. Nr. 136 sowie v. 13. Juli 1923 StAnz. Nr. 161.

4. Ausnahmen sind nur in Notfällen zu gewähren und auch nur in widerruflicher Weise. Erfolgt Widerruf der Ausnahmen, so greift § 368 Ziff. 8 RStGB. Platz, falls nicht entsprechende Abänderung vorgenommen wird.

§ 20.

Offene Feuerstätten [1]) dürfen nur an massiven Mauern angebaut werden und müssen, wenigstens soweit Funken und Flammen reichen, mit feuersicherem Boden umgeben und mit Rauchkutten versehen sein, soferne sie nicht eingewölbt sind.

1. In Lokalen, in welchen Vorräte von Holz oder sonstigen leicht entzündlichen Stoffen lagern oder verarbeitet werden, sind offene Feuerstätten unzulässig; die Öfen in solchen Lokalen müssen von außen heizbar, oder, wo dies untunlich ist, mit verschließbaren Vorgelegen versehen sein. § 2 der V. v. 27. Juni 1862, die Verhütung von Feuersgefahren betr. Reg.Bl. S. 1573. Vgl. ferner § 25 Abs. I der V. betr. leicht entzündlicher flüssiger Stoffe v. 9. Juni 1902 GVBl. S. 211. In den Lagerräumen dürfen sich keine Heizkaminöffnungen, Heizeinrichtungen, Gas und Wassermesser befinden.

§ 21.

1. Zimmeröfen und geschlossene Herde dürfen nicht auf hölzerne Gestelle aufgesetzt werden.

Wenn sie auf Bretterboden oder Balkenlagen zu stehen kommen, müssen sie gemauerte Sockel oder eiserne, auf einer Pflasterung oder auf Stein- oder Metallplatte ruhende Gestelle haben.

2. Werden Zimmeröfen oder geschlossene Herde in Räumen mit Fach- oder Riegelwänden oder mit Wänden aus verputztem Lattenwerk errichtet, so müssen diese Wände in der Richtung gegen die Heizöffnungen auf 0,60 m, nach allen übrigen Richtungen aber auf mindestens 0,30 m Entfernung, von den Enden der Ofen- oder Herdseiten an gerechnet, durch massives Mauerwerk ersetzt werden [2]).

3. Die Heiz- und Aschenabfallöffnungen der Öfen und Herde müssen durch metallene, gut schließende Türchen, die Vorgelegeöffnungen der Kamine unter allen Umständen mit wohlverschließbaren, eisenblechenen Türen abgeschlossen sein.

Der Boden vor den Heiz- und Aschenabfallöffnungen muß gepflastert oder mit Metall belegt oder sonstwie feuersicher sein[3]).

4. Die Heizung darf keine Gefahr für die Gesundheit bieten[4]). Die Anbringung von Sperrklappen in den Rauchabzugsrohren, welche einen Zimmerofen mit einem Kamin verbinden, ist verboten. Die Vorrichtungen zur Regulierung des Zuges sind lediglich an den Heiztüren anzubringen[5]).

1. Die zur Erlangung der baupolizeilichen Genehmigung vorzulegenden Pläne müssen gem. § 9 Buchst. a Ziff. 2 unter anderen Angaben auch eine solche über die Feuerungseinrichtungen enthalten. Nach § 7 Ziff. 3 ist die Anlegung neuer und die Versetzung oder konstruktive Änderung bestehender Feuerstätten oder Kamine, soweit es sich nicht lediglich um das Setzen von Öfen oder Herden zum häuslichen Gebrauch handelt, als Hauptreparatur oder Hauptänderung anzusehen und daher nach § 6 baupolizeiliche Genehmigung erforderlich.

Bezüglich der Heizanlagen in Waren- und Geschäftshäusern wird auf ME. v. 7. Okt. 1903, die Feuer- und Betriebssicherheit in Waren- und Geschäftshäusern betreffend, verwiesen, insbesondere vgl. Allgemeine Anweisung A II 1 und B II 1.

2. Die Bestimmung in § 21 Ziff. 2 schreibt für die Errichtung von Öfen und Herden schon in Räumen mit teilweisem Holzwerk zum Schutz vor Feuersgefahr einen bestimmten Mindestabstand vor, der selbstverständlich noch vielmehr einzuhalten ist bei Neubauten, bei denen die gesamte Umfassungsmauer aus Holz hergestellt ist; denn hier bedeutet eine für einen massiven Bau unter Umständen noch belanglose Zimmerwand für das ganze Gebäude und die Nachbarschaft eine große Gefahr. Die Ziffer 2 will unter allen Umständen die Schaffung und Fortdauer eines feuergefährlichen Zustandes verhüten. Solange ein solcher Zustand etwa besteht, dauert daher die Strafbarkeit einer Zuwiderhandlung gegen diese Vorschrift fort.

3. § 21 Ziff. 3 schreibt also massive Herstellung vor. Bewegliche Ofenvorsetzer entsprechen zweifellos wegen ihrer leichten Verschiebbarkeit und Beseitigungsmöglichkeit nicht der genannten Vorschrift; sie sind daher nicht zuzulassen.

4. An den Landbauämtern sind staatliche heiztechnische Beratungsstellen eingerichtet, die in engem Zusammenarbeiten mit den Bezirksverwaltungsbehörden zur Hebung der Brennstoffwirtschaft in häuslichen Feuerstellen für die Errichtung zweckmäßiger und wirtschaftlich wirkender Hausbrandstätten, für die Aufklärung über ihre richtige Instandhaltung und Bedienung und Förderung des Wärmeschutzes der Gebäude sorgen sollen. Vgl. B. v. 12. Mai 1920 StAnz. Nr. 114 über die Errichtung von staatlichen heiztechnischen Beratungsstellen an den Landbauämtern; daß durch die Maßnahmen durch diese Beratungsstellen in erster Linie die gesundheitlichen Rücksichten besonders betont werden, ist selbstverständlich. Zur möglichsten Ausnützung der zur Raumbeheizung erzeugten Wärme wird in den Richtlinien der Bayerischen Landeskohlenstelle für die Wärmewirtschaft des Hausbrandes die Gewinnung eines

ausreichenden Wärmeschutzes der Gebäude durch bauliche Maßnahmen vorgeschlagen. Vgl. das. Ferner wird auf die von der Landeskommission für das Hafnergewerbe bearbeiteten und von ihr zu beziehenden „Grundsätze für Kachelofen- und Herdbau" besonders verwiesen, deren Verbreitung durch die Landbauämter laut ME. v. 23. Febr. 1920 nach Möglichkeit zu fördern ist. Nachdem die BO. selbst keine Vorschriften über die Ausführung und Auswahl von Heiz- und Kochanlagen enthält, sondern sich nur auf Vorschriften über die Feuersicherheit beschränkt, empfiehlt es sich bei dem heutigen Brennstoffmangel und Teuerung gerade den Heiz- und Kochanlagen Aufmerksamkeit zu schenken. Sie müssen von einer Bauart und in einem Zustand sein, daß sie eine wirtschaftliche Ausnützung der Brennstoffe gewährleisten.

5. Laut ME. v. 27. Mai 1921 Nr. 4306 a I/25 ist mit Rücksicht auf die derzeitige Brennstoffknappheit die unbeschränkte Verwendung von Sperrklappen in Rauchabzugsrohren bis auf weiteres im Hinblick auf § 13 Abs. III BO. unter folgenden Voraussetzungen nicht zu beanstanden:

1. Die angebrachten Sperrklappen müssen auch bei völliger Schließung noch mindestens ein Viertel des gesamten Querschnittes des Abzugsrohres für den Abzug der Rauchgase freilassen.

2. Die durchzugsfreie Fläche (mindestens ein Viertel der Querfläche der Sperrklappe) muß einen zusammenhängenden Ausschnitt des Kreises bilden.

3. Die Klappe muß leicht zugänglich, tunlichst leicht herausnehmbar, leicht nachzusehen, zu überwachen und zu reinigen sein.

4. Aus dem Handgriff an der Klappe muß ihre Stellung erkennbar sein.

5. Die Klappe muß so gebaut sein, daß eine Verrußung möglichst verhindert ist.

6. Die Reinigung des Rauchabzugrohres muß gewährleistet bleiben.

Diese Bestimmungen über Sperrklappen gelten auch für Sperrklappen in Rauchrohren, die Küchenherde mit einem Kamin verbinden. Es empfiehlt sich bestehende Sperrklappen abweichender Bauart unter Hinweis auf ihre Gefahr für die Gesundheit den vorstehenden Bestimmungen möglichst anzupassen.

Auf alte Holzbrandfeuerungsanlagen mit sog. Vorgelegen konnte das Verbot des § 21 Nr. 4 Abs. II ohnehin nicht ohne weiteres Anwendung finden. Im Gegensatz zu den gewöhnlichen Kachel- oder Kohlenbrandöfen mit eisernen Rauchrohrabzügen werden diese alten für Feuerung mit Holz, Reisig ꝛc. bestimmten Anlagen von außen von einem besonderen Vorgelege aus angeheizt. Nach dem Erlöschen des Feuerbrandes muß eine Drosselung des Kaminabzuges stattfinden, damit der durchgeheizte Ofen seinen Zweck der langsamen Wärmeabgabe erfüllt. Die Drosselungsklappe ist dabei in der Kaminanlage selbst angebracht, an die der Ofen oder das Vorgelege unmittelbar angeschlossen ist. Ist die Sperrklappe nicht in einem besonderen Verbindungsrohr zwischen Ofen und Kamin angebracht, sondern im Kamin selbst, so konnte nach dem Wortlaut genannte Bestimmung keine Anwendung finden. Die Beseitigung der Klappe würde die sachgemäße Bedienung eines solchen Ofens unmöglich machen. Vgl. auch ME. v. 7. März 1914 Nr. 4050 d 1. — Mit ME. v. 24. Febr. 1920 wurde die Wärmeregulierungsvorrichtung „Hyg" System Vogel in München als Rauchrohrklappe für Öfen und Herde widerruflich zugelassen.

§ 22.

I Räucherkammern sind auf feuerfester Unterlage an Wänden und Decken massiv auszuführen und die Öffnungen mit eisenblechenen Türen dicht zu schließen.

II Kommen die Räucherkammern auf den Dachraum zu stehen, so müssen überdies Doppeltüren von Eisenblech an den Eingängen dieser Kammern angebracht und die vor dem Eingange befindlichen Bodenteile feuersicher hergestellt werden[1]).

1. Räucherkammern aus einfachem Eisenblech sind also nicht als massiv im Sinne des § 22 und 40 Abs. I BO. anzusehen. Sie müssen daher Zimmeröfen und geschlossenen Herden gleich in der Aufstellung der §§ 21 und 34 Abs. I Ziff. 2 genügen. Vgl. ME. v. 5. Mai 1914 Nr. 4001 a 10. Als Bestandteile der Kamine sind die Räucherkammern ebenso wie die Kamine aus gelegten Backsteinen herzustellen. Zur feuersicheren Herstellung der Bodenteile vor dem Eingang vgl. § 18 Ziff. 6.

§ 23.

I Backöfen müssen feuersicher hergestellt sein und Kamine und Vorgewölbe erhalten[1]).

II Von dem Erfordernisse der Kamine und Vorgewölbe kann je nach der Größe, dem Zwecke und der Einrichtung der Backöfen Umgang genommen werden, wenn hiedurch die Feuersicherheit nicht beeinträchtigt wird.

1. Gleichgültig ob sie sich in einem Gebäude befinden oder ein selbständiges Bauwerk sind. Bei allen größeren derartigen Feuerungsanlagen ist zu verlangen, daß ein den hinsichtlich der Gesundheit der Arbeiter zu stellenden Anforderungen entsprechender Luftraum vor der Heizung geschaffen wird. Vgl. MBO. § 55 Abs. II. — Vgl. ferner § 17 Anm. 3.

§ 24.[1])

I Neu anzulegende Malzdörren müssen mit gut fundierten Mauern in einer Stärke von mindestens 0,25 m bei Ziegeln oder Quadern und 0,45 m bei Bruchsteinen umgeben und gewölbt werden.

II Sämtliche Öffnungen in den Umfassungen des Dörr-Raumes müssen steinerne Wandungen und feuersichere[2]) Verschlüsse erhalten, die allseitig mindestens 6 cm breite Steinfälze überdecken.

III Der Dunstkamin[3]) darf nur in Stein oder Metall ausgeführt werden und ist mit einer im Brandfalle selbstschließenden Klappe zu versehen.

1. Die Vorschrift des § 24 bezieht sich zunächst nur auf Malzdarren. Für Hopfendarren enthält die BO. keine nähere Bestimmung. Die Frage, ob § 24 sinngemäß anzuwenden ist, dürfte für gewerbliche Hopfendarranlagen zu bejahen sein. Anderer Ansicht ME. v. 20. Dez. 1896 Nr. 20150, wonach aus Gründen der möglichsten Erleichterung der Lage der Hopfenbauern ledig-

lich die allgemeinen feuerpolizeilichen Vorschriften und die Vorschriften der BO. über Feuerstätten und Kamine §§ 17 ff. und über Bauten mit Feuerstätten §§ 40 ff. Anwendung finden sollen. Diese Gründe sind zur Zeit weggefallen und es besteht keine Veranlassung, von einer sinngemäßen Anwendung des § 24 Abstand zu nehmen.

2. Früher: „eiserne" Verschlüsse. Abgeändert durch V. v. 3. Aug. 1910.

3. Dunstkamine sind wie andere Kamine im Mauerwerk ausgesparte Röhren, die der Entlüftung des Raumes dienen und deshalb mit Luftklappen in den zu entlüftenden Räumen versehen sind.

5. Höhe der Gebäude und deren Abteilung in Stockwerke.

§ 25 [1]).

I Die Gebäude an den Baulinien sowohl als abseits von denselben dürfen nur eine solche Höhe [2]) erhalten, daß mit Rücksicht auf die anliegenden Straßen, freien Plätze, Hofräume [3]) und dergleichen keine Gefährdung der Gesundheit zu befürchten ist und die Anwendung der Feuerlöschgerätschaften gesichert erscheint [4]); insbesondere darf die Höhe der Privatgebäude [5]) an einer Straße, sie mögen neu errichtet oder durch Stockwerkaufsetzung erhöht werden, die Breite der Straße mit Einschluß der Trottoire und etwaiger Vorgärten nicht überschreiten [6]). Ist die Straße ungleich breit, so ist die mittlere Breite zwischen den beiden nächsten Querstraßen maßgebend.

II Ausnahmsweise kann eine größere Höhe von der Baupolizeibehörde mit Rücksicht auf bereits bestehende Nachbargebäude [7]) oder beim Wiederaufbau eines Gebäudes mit Rücksicht auf die frühere Höhe derselben gestattet werden.

III In Straßen unter 12 m Breite kann, abgesehen von vorstehender Ausnahme, eine Höhe bis zu 12 m bewilligt werden [8]).

IV Als Maximalhöhe für Wohngebäude werden 22 m festgesetzt; auch dürfen dieselben nicht mehr als 5 Geschosse einschließlich etwaiger Zwischengeschosse und Mansardenwohnungen enthalten [9]).

V Bei Eckhäusern ist für die zulässige Gebäudehöhe die breitere der angrenzenden Straßen maßgebend; in der engeren Straße darf aber diese Höhe nur auf die Länge von 18 m beibehalten werden.

IV Die Höhe eines Gebäudes wird in der Mitte der Fronte von der Unterkante des Sockels bis zur oberen Kante des Dachgesimses gemessen. Wird der Aufbau von Giebeln, Türmen, Dacherkern usw. auf der Frontwand über die hienach zulässige Höhe hinaus beabsichtigt, so werden diese Aufbauten nach dem Durchschnitt ihrer Fläche in die zulässige Gebäudehöhe eingerechnet [10])

1. In Märkten mit nicht geschlossener Bauweise und auf dem Lande kann von den Bestimmungen des § 25 nach Maßgabe des § 55 BO. Abstand genommen werden.

2. § 2 Abs. II BO. eröffnet noch die Möglichkeit zur weiteren Einschränkung der Gebäudehöhe als sie § 25 selbst vorsieht. Bezüglich des Abstandes vgl. § 1 Anm. 16.

3. Vgl. § 50 BO. § 1 Anm. 4 a. E.

4. Maßgebend soll sein die Rücksicht auf die Gesundheit. Die Zuführung von Licht und Luft zu den Wohnungen muß in ausreichender Weise sichergestellt sein. Bezüglich der feuerpolizeilichen Rücksichten vgl. auch Anweisung für Waren- und Geschäftshäuser A I 3, B I 1.

5. Bei Staatsgebäuden, Kirchen ꝛc. haben die zuständigen Behörden die zulässige Höhe sowie den notwendigen Abstand von anderen Gebäuden festzustellen. Vgl. hiezu § 10.

6. § 25 regelt zunächst nur die Höhe der Privatgebäude an der Straßenseite. Diese Regelung gilt auch für nur einseitig bebaute Straßen. Bezüglich der Höhe der Rückgebäude und deren Entfernung von den Vordergebäuden enthält die BO. keine nähere Bestimmung. Aber es ist die sinngemäße Anwendung der in § 70 Abs. I MBO. enthaltenen Vorschrift, nach der Rückgebäude von Vordergebäuden ꝛc. mindestens so weit entfernt sein müssen, als die mittlere Höhe der in Frage kommenden Gebäude beträgt, auch im Bereich der allgemeinen BO. gerechtfertigt. Vgl. ME. v. 15. Nov. 1905 Nr. 21 487. Zur Vermeidung von mißlichen Verhältnissen in gesundheitlicher Beziehung muß es ausgeschlossen sein, daß in den engen Höfen der Lichteinfall durch eine schrankenlose Höherführung der Gebäuderückfronten beschränkt wird. § 25 erstreckt sich daher auf alle zu der betreffenden Straße gehörigen Vorder- und Hintergebäude. Die Straßenbreite bezw. die auf Grund derselben festgesetzte Gebäudehöhe ist demnach als das Höchstmaß für alle zu der fraglichen Straße gehörigen Gebäude und zwar für alle Seiten derselben zu betrachten. Vgl. ME. v. 17. Sept. 1899 Nr. 17 103. Im übrigen ist zu bemerken, daß diese Höhen je nach den Verhältnissen von der Baupolizeibehörde noch beschränkt werden können. Es handelt sich lediglich um ein Höchstmaß. Bezüglich der Ausnahmen vgl. die folgenden Absätze.

7. Nachbargebäude sind die anstoßenden sowie die umliegenden Gebäude derselben Straße.

8. Unter den in Abs. II bezeichneten Voraussetzungen kann also auch in einer Straße unter 12 m Breite unter Umständen eine Höhe von über 12 m bewilligt werden.

9. Diese Vorschrift beabsichtigt eine zu dichte Bewohnung des Hauses zu verhindern. Nach der Ausdrucksweise der BO. ist unter „Geschoß" auch eine Souterrainwohnung zu verstehen. Vgl. § 7 Ziff. 4 BO., wo ausdrücklich von einem Kellergeschoß die Rede ist. Bei Vorhandensein eines Kellergeschosses ist zulässig Erdgeschoß und 3 Obergeschosse, sonst über dem Erdgeschoß noch 4 Obergeschosse.

10. Je nach der Höhe der Umfassungsmauer kann ein Gebäude verschiedene Höhen haben. Abs. VI unterscheidet dabei nicht zwischen Vorder- und Rückgebäuden, weshalb seine Vorschriften für alle Arten von Gebäuden und zwar Vorder-, Rück- und Seitengebäude gelten. Wenn ein Dachgesims nicht vorhanden ist, was auch vorkommen kann, so ist bis zur Oberkante der Umfassungsmauer zu messen. Wenn aber das Dachgesims vorhanden ist, so ist nicht die Höhe der Umfassungsmauer, sondern die obere Kante des Gesimses maßgebend. Pläne, in denen eine Herabsetzung der Gebäudehöhe nach einem unter die Oberkante der Umfassungsmauer künstlich herabgedrückten Dachgesimse bemessen ist, sind zurückzuweisen. — Dacherker werden, wenn sie auf die Frontmauer aufgesetzt sind, nach dem Durchschnitt ihrer Fläche in die zulässige Gebäudehöhe eingerechnet. Werden sie aber hinter der Frontmauer angebracht, so sind sie in sinngemäßer Weise nach dem Durchschnitt jener Fläche, die sich über die höchst zulässige Dachneigung erhebt, in die zulässige Gebäudehöhe einzurechnen. Unter der höchsten zulässigen Dachneigung ist das Profil eines Daches von 60° Neigung zu verstehen, dessen Fuß in der höchsten zulässigen Gebäudehöhe gelegen ist. Es ergibt sich sohin grundsätzlich die gleiche Behandlung der Aufbauten wie nach § 30 Abs. II BO. Ein Unterschied besteht nur insofern, als die Dächer über der zulässigen Fronthöhe nicht steiler als 45° sein dürfen, während anderseits für Aufbauten eine Überschreitung der gesamten zulässigen Frontfläche um 10 % zugelassen ist. ME. v. 27. Aug. 1897 Nr. 11 005. — Bezüglich der Genehmigungspflicht vgl. § 7 Anm. 2.

§ 26.

I Die Abteilung der Gebäude in Stockwerke muß in vollkommen sicherer Weise durch Einwölbung[1]) oder entsprechend starke Balkenlagen[2]) geschehen.

II Die Balken dürfen nicht weiter auseinander gelegt werden, als nach deren Tragkraft und mit Rücksicht auf den Zweck des Gebäudes zulässig ist.

III Dieselben müssen genügend oft auf Tragmauern oder festen Durchzügen ruhen[3]).

IV Wenn zur Scheidung der Stockwerke in Gebäuden mit Feuerstätten nicht wegen besonderer Verhältnisse Einwölbung angeordnet wird, müssen die zur Abteilung der Stockwerke dienenden Balkenlagen in den mit Feuerstätten versehenen Lokalitäten entweder Weißdecken[4]) oder Holzdecken mit an den Fugen aufgenagelten Leisten erhalten[5]).

V Zwischen diesen Decken und den Fußböden der unmittelbar darüber befindlichen Räume sind Fehlböden anzubringen und diese Fehlböden nach erfolgtem Verstriche der Fugen 6—8 cm hoch mit reinem, trockenen und unverbrennlichen Material auszufüllen; Urbau[6]) darf hiezu nicht verwendet werden.

VI Auf gleiche Weise oder durch einen Estrichboden sind auch die Speicherräume von den unmittelbar darunter liegenden Räumen mit Feuerstätten zu trennen

VII Die Vorschriften der Abs. V und VI sind für Bauten in Märkten und auf dem Lande sowie für Kleinhausbauten (§ 14 Abs. III) nicht bindend[7]).

1. Zur Überdeckung von allen möglichen Räumen dienen Gewölbe. Darunter sind Steindecken zu verstehen, die aus einzelnen sich keilförmig zwischen zwei feste Widerlager (Begrenzungsmauern oder Pfeiler) verspannenden Steinen zusammengesetzt sind und die vermöge der Gestalt und der Zusammenfügung der Steine freischwebend über dem Raum erhalten werden. — S. auch §§ 28 Abs. I; 46 Abs. VII; 47 Abs. II; 48 c.

2. Wie stark die Balkenlage zwischen den einzelnen Geschossen sein muß, bestimmt sich nach dem für sie zu verwendenden Material sowie vor allem auch nach der Länge, auf die sie frei zu tragen hat. Die Anbringung von Glasdecken in den Zwischengebälken ist nicht ausgeschlossen. Bezüglich der Stockwerkstrennung von Waren- und Geschäftshäusern vgl. Anweisung A I 5 ff. und B I 1.

3. Das Auflagern von Trägern von Massivdecken auf eine Feuerungskaminmauer, sowie das Hindurchführen solcher Träger durch eine Kaminmauer kann nur gestattet werden, wenn die Kaminwand durch ein entsprechend starkes Backsteinmauerwerk (Pfeilervormauerung) getrennt wird. Vgl. § 17 Anm. 7.

4. Weißdecken (Plafond) aus Kalk oder Gips.

5. Mit ME. v. 11. Mai 1911 Nr. 4071 b 22 wurde die Gipsstuckdecke der Firma Burkard Schmitt in Würzburg DRP. 199 410 als Ersatz von Weißdecken mit Fehlboden zugelassen; nach ME. v. 21. Okt. 1911 Nr. 4071 b 62 ist die Holzbalkendecke von Dressel, Gera, als Ersatz der vorgeschriebenen Abscheidung der Stockwerke zugelassen. Doch bleibt es der Würdigung der Baupolizeibehörde überlassen, im Einzelfall je nach den in Bezug auf Feuer und Standfestigkeit zu stellenden Anforderungen noch besondere Bedingungen zu stellen oder die Verwendung der Deckenkonstruktion gänzlich zu verbieten. — Als Ersatz für Vollbalkendecken bis 6 m Spannweite wird Gumpert's Bogenbalkendecke widerruflich zugelassen. Eine Belastung der Bogenbalken durch Leichtsteinwände, Dachstuhlsäulen usw. ist unzulässig. ME. v. 14. Febr. 1919. (Vgl. Loesti S. 6.) Die von der Terrastgesellschaft Hannover hergestellten Terrastdecken über Balkenlagen wurden unter der Bedingung zugelassen, daß im einzelnen Fall jeweils der Nachweis der Stabilität der Decke erbracht wird und daß das die Terrastdecke tragende Holzgebälke an seiner unteren Seite mit einer Mörteldecke versehen wird. ME. v. 3. Aug. 1909 MABl. S. 646.

Die ME. v. 25. Aug. 1904 MABl. S. 348 läßt Betondecken nach dem System der Firma Kuhe u. Co. Köln (DRGM. 182 100 und 229 251) zur Verwendung als Ersatz für die in Abs. IV und VI vorgeschriebenen Deckenkonstruktionen mit der Maßgabe zu, daß die Anbringung von Fehlböden entfallen kann, jedoch muß der Zwischenraum zwischen Decke und Fußboden bis zur Balkenoberkante mit unverbrennlichem Material ausgefüllt werden. Die Art des Füllmaterials bestimmt sich nach der Anordnung der Baupolizeibehörde.

Als Deckenzwischenfüllung im Sinne des Abs. IV und V wird laut aut. ME. v. 20. Juli 1923 Nr. 4071 b 7 der aus einer Mischung von Holzwolle und Magnesit in Heraklithlösung bestehende und gesetzlich geschützte „Heraklith"baustoff zugelassen. An der Deckenunterschicht muß ein kräftiger Mörtelverputz angebracht werden. Die Heraklithschicht ist von grober Beanspruchung durch Stöße usw. zu schützen und gegen Entstehen von Ungezieferherden durch Aufbringen einer Aschenschicht zu sichern. Die Baupolizeibehörde ist jederzeit berechtigt, auf den Baustellen Heraklithproben zu entnehmen und auf Kosten des Bauherrn in einer staatlichen Materialprüfungsanstalt auf ihre Eigenschaften prüfen zu lassen. Der Unternehmer ist zur größten Sorgfalt bei Herstellung der Gußmasse durch Zusatz zum Bauleitungsprotokoll besonders zu verpflichten.

6. Vgl. Anm. 5 am Ende. — Der Herstellung von Zwischenfüllungen ist besonderes Augenmerk zur Vermeidung von Krankheitsherden zu schenken. Nur beispielsweise ist hier die Verwendung von Urbau verboten; hierunter versteht man Schutt vom Abbruch alter Gebäude, unter denen sich besonders leicht Ungeziefer und Fäulnisstoffe befinden können. In § 33 Abs. I MBO. ist besonders hervorgehoben, daß die Verwendung von organischen Stoffen, Bauschutt, Kehricht, Asche, Lösch 2c. als Füllmaterial zu unterlassen ist. Als beste Zwischenfüllungen kommen klein geschlagene, vom Staub gereinigte Steine in Betracht, ferner Gipsdielen, Korksteine, Kalktorf, Kieselguhr, grober oder feiner Sand und Kies in reinem oder geglühtem Zustand, Spreutafeln.

7. Daß aber trotzdem den Rücksichten der Feuersicherheit und Gesundheit Rechnung zu tragen ist, braucht nicht näher ausgeführt zu werden. — Die Worte „sowie für Kleinhausbauten" wurden eingefügt durch V. v. 10. Juli 1918.

§ 27.

Die Fußböden der ebenerdigen Wohn- und jener Arbeitsräume eines neuen Gebäudes, bei welchen es der Betrieb des Geschäftes zuläßt[1]), müssen das Niveau des anstoßenden natürlichen Geländes mindestens um 0,30 m überragen und es kann, wenn es nach der Bodenbeschaffenheit aus gesundheitspolizeilichen Rücksichten notwendig erscheint, auch verlangt werden, daß solche Fußböden, insoweit sie nicht unterkellert sind, entweder um mehr als 0,30 m über das natürliche Gelände gelegt oder von demselben durch eine Betonlage isoliert werden[2]).

1. Bei welchen Wohn- und Arbeitsräumen eines neuen Gebäudes der Geschäftsbetrieb die Höherlegung der Fußböden gestattet, bestimmt sich von Fall zu Fall. Nach allgemeiner Anschauung fallen Läden und Wirtschaften nicht hierunter zwecks Ermöglichung einer möglichst bequemen und verkehrssicheren Zugänglichkeit von der Straße aus; ebenso Arbeitsräume, in denen Materialien von großem Umfang oder Gewicht verarbeitet werden. Wegen der derzeitigen Wohnungsnot kann allenfalls beim Einbau von Notwohnungen in Erdgeschossen ganz ausnahmsweise eine geringere Fußbodenhöhe zugelassen werden statt der vorgeschriebenen 30 cm über der Höhenlage des anstoßenden Grundes, vorausgesetzt, daß die in Betracht kommenden Räumlichkeiten unterkellert sind und mit einem Fußbodenbelag aus Holz oder in Bezug auf Wärmehaltung gleichwertigen Baustoff versehen werden. — Vgl. auch Anm. 2.

2. Die MBO. verlangt in diesem Falle, daß die Fußböden und ihre Lager durch eine 0,15 m hohe Betonlage oder in anderer gleich wirksamer Weise vom Erdboden isoliert werden. — Wenn auch § 27 vor allem nur von neuen Gebäuden spricht, so ist er doch auch auf alte Gebäude anzuwenden, wenn bisher zu Wohn- und Arbeitsräumen nicht verwendete, nicht unterkellerte Räume zu genanntem Zweck benutzt werden sollen. — Bezüglich der Beschaffenheit des Bauplatzes vgl. auch § 5 Abs. I BO.

§ 28.

I Unter Wohnräumen befindliche Keller, Stallungen, Futterräume und Waschküchen, dann Lokale mit starken Feuerungen müssen eingewölbt[1]) werden und es ist bei denselben weiter noch für den nötigen Luftwechsel durch Anlage entsprechender Vorrichtungen zu sorgen.

II In Märkten mit nicht geschlossener Bauweise und auf dem Lande kann bei kleineren unter Wohnräumen befindlichen Stallungen oder Futterräumen (nicht über 30 qm Grundfläche) von Einwölbung Umgang genommen werden; dieselben müssen aber von den Wohnräumen durch Weißdecken, Lehmwickeldecken oder Holzdecken mit an den Fugen aufgenagelten Leisten abgeschieden werden.

III Bei Kleinhausbauten (§ 14 Abs. III) kann für Keller und Waschküchen unter Wohnräumen statt Einwölbung eine Holzbalkenlage mit Fehlboden und Weißdecke oder eine gleichwertige Bauart zugelassen werden[2]).

1. Da Holzdecken einen vollwertigen Ersatz für Massivdecken nicht bieten, ist ihre allgemeine dispensweise Zulassung nicht angängig. ME. v. 19. Juni 1909 Nr. 10 302. Im übrigen ist die Einwölbung der genannten Räume nur verlangt, soweit über diesen Räumen sich Wohnräume befinden. Ob das Gebäude auch Wohnzwecken dient, ist ohne Belang. Den Wohnräumen sind auch solche Räume gleich zu achten, die zum dauernden Aufenthalt von Menschen bestimmt sind.

2. Abs. III ist durch V. v. 10. Juli 1918 hinzugefügt worden. Es ist besonderes Augenmerk darauf zu richten, daß die Feuchtigkeit nicht dem Holzwerk schaden und nicht in die Wohnräume dringen kann.

6. Höhe und Fenster der Wohn- und Arbeitsräume.

§ 29[1]).

I Die lichte Höhe der Wohnräume und der Arbeitsräume muß bei Neubauten, bei neuen An- oder Aufbauten sowie beim Umbau bestehender Gebäude in Städten mit mehr als 10000 Einwohnern auf mindestens 2,60 m bemessen werden. In den anderen Städten und in Märkten mit geschlossener Bauweise genügt eine Höhe von 2,40 m, in anderen Orten eine solche von 2,20 m. Bei Gebäuden, die nur Kleinwohnungen im Sinne des § 62 Abs. VI Ziff. 2 enthalten, sowie bei Kleinhausbauten (§ 14 Abs. III) genügt in Städten und in Märkten mit geschlossener Bauweise für alle Wohngeschosse eine lichte Höhe von 2,30 m[2]).

II Bei den in Abs. I bezeichneten Bauführungen muß jeder Wohnraum, jedes Schlafgemach, jede Küche und jeder Abtritt mindestens ein unmittelbar ins Freie gehendes Fenster[3]) von ausreichender Größe[4]) und entsprechender Lage erhalten.

1. § 29 Abs. I wurde durch die V. v. 10. Juli 1918 geändert. Die frühere Bestimmung in der Fassung v. 3. Aug. 1910 lautete: „Die lichte Höhe der Wohnräume und der Arbeitsräume muß bei Neubauten, bei neuen

An- oder Aufbauten sowie beim Umbau bestehender Gebäude auf mindestens 2,60 m in Städten mit mehr als 10 000 Einwohnern, 2,40 m in anderen Städten, dann bei Kleinwohnungsbauten (§ 62 Abs. VI Ziff. 2) auch in Städten mit mehr als 10 000 Einwohnern, endlich in Märkten mit geschlossener Bauweise, 2,20 m in anderen Orten bemessen werden."

Diese Vorschriften sind gesundheitlicher Natur. Sie gelten nur für Wohnräume und Arbeitsräume, nicht aber für Lagerräume und sonstige unheizbare Räume. Ein Unterschied zwischen Arbeitsräumen, die nur zu vorübergehendem Aufenthalt von Personen bestimmt sind und solchen, die zum dauernden Aufenthalt von Personen dienen, wird nicht gemacht. Es kann auch kein Unterschied dahin gemacht werden, ob die Arbeitsräume gewerblichen oder hauswirtschaftlichen Zwecken dienen. Allenfallsige Härten, die aus dieser Auffassung entstehen können, lassen sich unter Umständen vermeiden. Vgl. §§ 55, 57, 65 Abs. II BO. — Soweit durch V., durch ober- oder ortspolizeiliche Vorschriften weitergehende Bestimmungen über die Beschaffenheit von Wohnungen und Wohnräumen erlassen werden, sind diese bei Würdigung der Baugesuche zu beachten. (Art. 73 Abs. II PStrGB.) Vgl. auch § 10 Abs. I der V. v. 10. Febr. 1901 die Wohnungsaufsicht betr.: „Alle Wohnräume, welche als Wohn-, Schlaf- oder Arbeitsräume benutzt werden, sollen hinreichend Luft und Licht, und zwar in der Regel aus dem Freien erhalten." Im übrigen sind für Kellerwohnungen und Dachwohnungen in § 33 Ziff. 2 und § 34 Ziff. 1 besondere Vorschriften enthalten.

2. Durch die weitere Spezialisierung, wie sie durch die V. v. 10. Juli 1918 erfolgt ist, soll vor allem durch Kosteneinsparung das Kleinwohnungswesen in möglichst entgegenkommender Weise gefördert werden.

3. Die Frage, ob § 29 der Errichtung von geschlossenen Veranden vor den Fenstern von Wohn- oder Schlafräumen usw. überhaupt entgegensteht, ist zu verneinen, vorausgesetzt, daß den dahinter liegenden Räumen genügend Licht- und Luftzutritt ermöglicht ist und feuerpolizeiliche Bedenken nicht entgegenstehen. ME. v. 15. Febr. 1893 Nr. 2430 § 29 verlangt ferner, daß jeder Abtritt mindestens ein unmittelbar ins Freie gehendes Fenster erhält. Die Einschiebung von Speisen zwischen Abort- und Umfassungsmauer ist daher nicht zuzulassen, schon aus Gründen der Gesundheit und Reinlichkeit. Mit Rücksicht auf die gesundheitlichen Bedenken, die bei dem derzeitigen Wohnungselend besonders betont werden müssen, sowie auf die ebenfalls wegen der Überfüllung der Wohnungen mit Hausrat rc. zu befürchtende mißbräuchliche Verwendung des Luftschachtes als Lager- und Aufbewahrungsraum und auf die Schwierigkeit der Öffnung und Schließung der Fenster vom Abort aus ist allen solchen Bestrebungen bei Neubauten unter allen Umständen entgegenzutreten. Diese Anschauung ist in verschiedenen ME. vertreten. Vgl. z. B. ME. v. 28. Febr. 1914 Nr. 4090 a 11. Es liegt vielmehr eine Verletzung der BO. vor, wenn zugelassen wird, daß entgegen der ausdrücklichen Bestimmung des § 29 Abs. II die Aborte nicht unmittelbar ins Freie gehende Fenster erhalten. — Wenn auch § 29 auf Speisen nicht unmittelbar Anwendung findet, so erscheint seine Beachtung auch in diesem Falle zweckmäßig. — Bezüglich der Städte und Märkte mit geschlossener Bauweise vgl. § 54 Abs. III. — Das Fenster hat u n m i t t e l b a r ins Freie zu gehen. Dies ist auch der Fall bei Fenstern, die auf einen Lichthof ausmünden, wenn dieser nicht mit einem Glasdach versehen ist, sowie bei Fenstern, die Licht und Luft von einer offenen, nicht verschließbaren Veranda oder Loggia erhalten.

4. Ein Maß für die Größe des Fensters ist nicht vorgeschrieben. Es bleibt dies dem Ermessen der Baupolizeibehörde überlassen.

7. Dachungen.

§ 30.

I Die Stärke des Dachstuhlgebälkes, dann die Form und Höhe der Dächer muß nach Lage, Höhe, Tiefe, Breite und Tragkraft der Gebäude, sowie mit Rücksicht darauf bemessen[1]) werden, daß nicht eine übermäßige Höhe bei entstehendem Feuer die Gefahr vermehre[2]).

II Über der zulässigen Fronthöhe der Gebäude dürfen die Dächer nicht steiler als 60° sein[3]).

1. Soweit Genehmigungspflicht vorliegt, erfolgt die Bemessung durch die Baupolizeibehörde. Vgl. hiezu § 6 Abs. I, § 7 Ziff. 1 und 4; soweit baupolizeiliche Genehmigung nicht anderweitig vorgeschrieben ist, kann aus der Bestimmung des § 30 eine solche nicht abgeleitet werden. Doch ist darauf hinzuweisen, daß gem. § 12 Abs. II die in den bestehenden Verordnungen oder ortspolizeilichen Vorschriften begründeten baupolizeilichen Anordnungen auch bei solchen Bauten eingehalten werden müssen, zu deren Herstellung, Reparatur oder Abänderung eine polizeiliche Genehmigung oder eine vorgängige Anzeige nicht erforderlich ist. Hieraus ergibt sich, daß auch die Vorschriften des § 30 bei solchen Bauvornahmen zu beachten sind. — Die Baupolizeibehörde wird bezüglich der Form des Daches und des zu verwendenden Dachmateriales nur da beanstanden, wo es das architektonische oder landwirtschaftliche Bild stört oder nicht heimisch ist.

2. Bezüglich der Höhe der Gebäude vgl. § 25 Abs. I, wo auch verlangt wird, daß die Anwendung der Feuerlöschgerätschaften gesichert erscheint; bezüglich der Auflegung des Dachfußes auf Brandmauern vgl. § 16 Ziff. 2.

3. Das über dem Dachgesimse beginnende Dach, für welches ein Winkel von nicht über 60° vorgeschrieben ist, umschließt den Dachraum, der unter Umständen bei sehr flachen Dächern auf Null reduziert werden kann. Als Dachraum im Sinne der BO. kann nur der Raum in Frage kommen, der innerhalb der Konstruktion über dem Dachfuß liegt. Senkrechte Dachwände (Umfassungen) sind hier ganz ausgeschlossen, da die Dächer über der zulässigen Fronthöhe der Gebäude, die durch den Dachfuß — Dachgesims — markiert werden, nicht steiler als 60° sein dürfen. Räume mit senkrechten Umfassungen und horizontaler Decke sind, wenn letztere in der Ebene oder unterhalb des Dachfußes liegt, als Stockwerk zu betrachten und als solche baupolizeilich zu behandeln. Unter der zulässigen Fronthöhe können an sich Dächer steiler als 60° sein, vorausgesetzt, daß sie sich innerhalb der zulässigen Dachneigung bewegen. Vgl. hiezu § 25. — Durch ortspolizeiliche Vorschriften ꝛc. kann aber bestimmt werden, daß auch Dächer unter der zulässigen Fronthöhe nicht steiler als 60° sein dürfen. Vgl. § 2 Abs. II BO.; Art. 101 PStrGB.

§ 41 MBO. schreibt noch vor: „Dächer mit mehr als 10° Steigung sind mit entsprechenden Schneefängen zu versehen.“

§ 31.

I Zur Eindeckung der Gebäude darf im Allgemeinen vorbehaltlich der in Abs. 5 und § 56 zugelassenen Ausnahmen nur feuersicheres[1]) Material verwendet werden.

II Diese Bestimmung ist vorbehaltlich der erwähnten Ausnahmen auch für bestehende Gebäude maßgebend, wenn an denselben eine Erneuerung oder konstruktive Änderung des Dachstuhles vorgenommen, oder wenn mindestens die Hälfte einer Dachseite[2]) neu eingedeckt wird und die baulichen Zustände des Gebäudes die Eindeckung mit ortsüblichem feuersicheren Material gestatten.

III Insoferne nach Vorstehendem die Reparatur oder teilweise Erneuerung einer nicht feuersicheren Eindeckung zulässig ist, sind die Strohdächer den Schindeldächern gleich zu achten[3]).

IV Bei neuen Ziegeldachungen sind Unterlagen von sogenannten Strohfiedern unzulässig[4]).

V Für die in § 6 Abs. 2 bezeichneten Bauten ist in den betreffenden Ortschaften[5]) die Eindeckung mit nicht feuersicherem Material gestattet, wenn dieselben nicht mehr als 30 qm Grundfläche einnehmen oder außerhalb[6]) der Ortschaften aufgeführt werden; Ziegeltrockenstädel sind jedoch auch in letzterem Falle feuersicher einzudecken.

1. Im Gegensatz zu dem Begriff „unverbrennlich", der sich unter allen Umständen gleichbleibt, verlangt der Begriff „feuersicher" lediglich, daß das zur Verwendung gelangende Material Schutz gegen das Umsichgreifen des Feuers gewährt. Die BO. selbst bestimmt nicht, welches Material als feuersicher zu betrachten ist. Die Entscheidung hierüber steht im allgemeinen der Baupolizeibehörde zu. Als sog. harte Bedachungen im Sinne des Art. 58 Brandversicherungsgesetzes, die den Grundsätzen der MBO. v. 13. Nov. 1916 MABl. S. 285 entsprechen, werden laut ME. v. 13. Jan. 1917 (Loesti S. 7) zugelassen:

1. Pappoleinklebedach der Dessauer Dachpappen- und Teerproduktenfabrik Röpert u Mathis in Dessau.
2. Koriatdachpappe von A. Fonthof-Hutter u. Co., Hamburg.
3. Asphaltinpappe von C. F. Weber A.-G, Bamberg.
4. Lindolitdach von F. Lindenberg, G. m. b. H., Stettin.
5. Asphaltpappe von Büscher u. Hoffmann, G m. b. H., Regenstauf.
6. Teerdachpappe von A. F. Malchow, Dachpappenfabrik in München.
7. Durescopappe von J. Steindler u. Co., Altona-Ottensen.
8. Asphaltpappe von Osk. Wollner, Ölsnitz i. Vogtland.
9. Asphaltpappe von J. G. Doerer, Nürnberg.
10. Irispappe von Otto Herr u. Co., Hamburg.
11. Banusin von Böschner u. Hoffmann, Regenstauf.
12. Ruberoid der Ruberoidwerke A.G. Hamburg, Zweigniederlassung München.
13. Strapazoidpappe von A. W. Andernach, Beuel a. Rhein.
14. Atala-Dachpappe der Atala-Bauartikelgesellschaft Berlin-Charlottenburg.

Ausgeschlossen von der Verwendung zur Eindeckung sind gem. ME. v. 1. Febr und 14 Dez. 1901 MABl. S 68 und 573 solche Dachziegel, die aus porösem Zement hergestellt und in Teer getaucht oder allseitig mit Teer bestrichen sind — Bezüglich der Forderung der Unterlegung vgl. § 16 Ziff. 2.

2. Unter Dachseite versteht man die Dachfläche, welche einer einzelnen Dachstuhlseite entspricht Nach der Konstruktion des Dachstuhles ergibt sich demnach auch die Zahl der Dachseiten, je nachdem ein Sattel- oder Walm- oder Pultdach vorliegt. ME. v. 3. Okt. 1881 Nr. 12 905.

3. Wenn auch mit dieser Bestimmung den Bestrebungen des Heimatschutzes auf Erhaltung von Strohdächern ein Entgegenkommen gezeigt wird (ME. v. 11. Nov. 1909 Nr. 30 320), wünschenswert erscheint dieses Material für die Eindeckung von Gebäuden mit Rücksicht auf die große Feuersgefahr nicht.

4. Als Unterlagematerial, nicht aber als Deckmaterial ist daher auch Heu oder Moos zulässig. Vgl. ObstLG. München 7 S. 153.

5. Also dürfen in Städten nur Bauten mit Kegelstätten, Sommerhäuschen ohne Feuerungsanlagen, offene Schutzdächer; unheizbare Federviehställe, Taubenschläge und dergleichen geringfügige Bauwerke für wirtschaftliche Zwecke mit weichen Dächern versehen werden. Dazu kommen noch in Märkten oder auf dem Lande die in § 6 Abs. II Buchst. b näher bezeichneten Bauten.

6. Bezüglich des Begriffes „außerhalb der Ortschaften" vgl. § 6 Anm. 21, 22.

§ 32. [1])

I Bei Dachvorsprüngen und bei überhängenden Gespärren dürfen zwischen den Sparren in der Ebene der Umfassungswände keine Öffnungen belassen werden.

II Hölzerne Dachgesimse müssen durch einen Metallüberzug oder durch Mörtelverputz oder feuersicheren Anstrich [2]) gesichert werden und dürfen beim Anschluß an Nachbargebäude mit ihren Holzteilen nicht unmittelbar aneinander anstoßen, sondern müssen beiderseits auf je 0,25 m Länge durch feuersicheres Material getrennt werden. Bei Kleinhausbauten (§ 14 Abs. III) ist die feuersichere Trennung von hölzernen Dachgesimsen beim Anschluß an Nachbargebäude nur bezüglich des Anschlusses an die nach § 40 Abs. II vorgeschriebene Brandmauer notwendig [3]).

III Bei zusammenhängenden Gebäuden in Städten und Märkten [4]) dürfen Dachrinnen nur aus feuersicherem Material hergestellt werden.

1. Von der Bestimmung des § 32 kann gem. § 55 in Märkten mit nicht geschlossener Bauweise und auf dem Lande insoweit Umgang genommen werden, als dies mit Rücksicht auf die Baulinie, die Feuersicherheit und Gesundheit nach den örtlichen Verhältnissen von der Baupolizeibehörde für zulässig erachtet wird.

2. Feuersichere Anstriche sind solche Anstriche, die die Feuerentzündlichkeit des Holzes herabmindern. Dazu dienen Farben, Silikatfarbe, gesandelte Ölfarbe, oder sonstige Flüssigkeiten, z. B. Wasserglas.

3. Letzter Satz wurde angefügt durch die V. v. 10. Juli 1918.

4. Demnach sind auf dem Lande hölzerne Dachrinnen zulässig. Vgl. hiezu auch § 16 Ziff. 6 Satz 2.

8. Kellerwohnungen.

§ 33.[1]

I Neue Kellerwohnungen dürfen[2]) nur bei günstigen Bodenverhältnissen und in der Regel nur in solchen Straßen[3]), in denen die Höhe der Gebäude die Straßenbreite nicht überschreitet, unter der Voraussetzung hergestellt werden, daß

1. deren Fußböden mindestens 0,50 m über den höchsten Wasserstand[4]) zu liegen kommen;
2. die Wohnräume eine Höhe von mindestens 2,60 m erhalten;
3. die Fensterbrüstungen wenigstens 0,30 m über dem anstoßenden Grunde[5]) oder der Sohle eines gehörig entwässerten Lichtschachtes und die Decken wenigstens 1,50 m über ersterem angebracht werden;
4. die Mauern bei feuchtem Boden durch äußere Isolierungsmauern gegen das Eindringen der Feuchtigkeit geschützt, und die Fußböden auf eine 0,15 m hohe Betonschichte oder ein doppeltes in Zementmörtel gemauertes Backsteinpflaster gelegt werden, endlich
5. für guten Abfluß des Regenwassers und der Hauswässer vom Gebäude gesorgt ist.

II Die nämlichen Bestimmungen gelten für Küchen-, Arbeits- und Wirtschaftsräume im Kellergeschosse. Für Waschküchen im Kellergeschosse sind sie nur dann anwendbar, wenn es sich um gewerbliche Anlagen handelt[6]).

1. § 55 BO. gestattet für Märkte mit nicht geschlossener Bauweise und auf dem Lande Dispens von den einzelnen Vorschriften des § 33. Doch sind die §§ 10 ff. der V. v. 10. Febr. 1901 die Wohnungsaufsicht betr. zu beachten, wonach alle Räume, die als Wohn-, Schlaf- oder Arbeitsräume benutzt werden sollen, hinreichend Licht und Luft und zwar in der Regel unmittelbar aus dem Freien erhalten und in Bezug auf baulichen Zustand, Trockenheit und Reinlichkeit derart beschaffen sein sollen, daß aus ihrer Benützung keine gesundheitlichen Gefahren entstehen. — Im übrigen ist gem. § 7 Ziff. 4 in Märkten mit nicht geschlossener Bauweise und auf dem Lande für die Wohnbarmachung von Räumen im Kellergeschoß baupolizeiliche Genehmigung nicht erforderlich.

2. Als Erdgeschoß gilt nur ein Geschoß, dessen Boden sich dem Erdboden angleicht und es kommt (§ 27 BO.) jene Bezeichnung, soweit Wohn- und Arbeitsräume in Frage stehen, nur einem Geschoß zu, dessen Fußböden die Höhenlage der Umgebung mindestens um 30 cm überragen. Die früheren sog. Souterrainwohnungen bezeichnet die BO. ausdrücklich als Kellerwohnungen. ObstLG. 15 S. 60. Im übrigen ist nach dem Wortlaut die Herstellung von Wohnungen unter dem Erdgeschoß nur ausnahmsweise unter den vorgeschriebenen Voraussetzungen zulässig. Die Baupolizeibehörde hat genau zu prüfen, ob auch die für die Zulässigkeit einer solchen Wohnung notwendigen Voraussetzungen gegeben sind.

3. Darüber, ob solche Kellerwohnungen auch in den Rückgebäuden hergestellt werden dürfen, enthält die BO. keine ausdrückliche Bestimmung; aber nach dem Wortlaut ist wohl anzunehmen, daß sie zunächst nur für die Hauptgebäude zulässig sind, da sie in der Regel nur in solchen Straßen hergestellt werden dürfen, in denen die Höhe der Gebäude die Straßenbreite nicht überschreitet. Daraus ist auch zu entnehmen, daß die Herstellung einer Kellerwohnung nur an der Straßenfront zulässig ist.

4. Wasserstand, Grund- und Hochwasserstand vgl. § 3 Abs. II.

5. Diese Bestimmung soll einen rein hygienischen Zweck erfüllen. Aus diesem Grunde ist unter dem anstoßenden Grund nur der natürliche Grund sowie die dem Straßenniveau (§ 44 BO.) entsprechend veränderte Höhenlage des natürlichen Grundes, keinesfalls aber eine künstlich hergestellte Vertiefung zwischen Kellerwand und Trottoir zu verstehen.

6. Letzter Satz wurde auf die V. v. 10. Juli 1918 eingefügt. — Es ist kein Unterschied gemacht, ob die Arbeitsräume nur zum vorübergehenden Aufenthalt von Personen oder zum dauernden Aufenthalt dienen sollen, auch nicht, ob die Arbeitsräume ꝛc. gewerblichen oder hauswirtschaftlichen Zwecken dienen. § 29 und § 33 Abs. II enthalten gesundheitspolizeiliche Vorschriften. Im Zusammenhang mit § 41, der feuerpolizeiliche Vorschriften enthält, ist anzunehmen, daß § 33 Abs. II auch auf nicht gewerbliche Waschküchen im Kellergeschoß Anwendung zu finden hat. Nach dieser Auffassung müssen Waschküchen im Kellergeschoß eine Mindesthöhe von 2,60 m besitzen, § 33 Abs. I Ziff. 2; für die Fensterbrüstungen gilt § 33 Abs. I Ziff. 3. Für allenfallsige Härten geben die §§ 55, 57, 65 Abs. II entsprechende Ausgleichsmöglichkeiten. — Für Waren- und Geschäftshäuser vgl. Anweisung **A I** 4, 14, 15, **B I** 1. — Kellerstallungen sind nicht grundsätzlich ausgeschlossen. Zu verlangen ist größte Reinlichkeit, ständige Zufuhr guter Luft. Als Streu ist möglichst Torfmull zu verwenden. Außerdem sind wasserdichte Böden ohne Holzbrückung, sowie der Anschluß der Stallräume an die öffentliche Wasserleitung und Entwässerung vorzuschreiben zwecks Ermöglichung einer regelmäßigen Durchspülung. ME. v. 24. April 1897 Nr. 1569. — Wegen der Möglichkeit des Erlasses ortspolizeilicher Vorschriften vgl. Art. 94 PStGB. — Für die Einrichtung von Kegelbahnen unter dem Erdgeschoß dürften auch die Vorschriften des § 33 in Frage kommen.

9. Dachwohnungen.

§ 34[1]).

I Dachwohnungen oder einzelne heizbare Lokale im Dachraume[2]) sind nur in Gebäuden von nicht mehr als drei Stockwerken über dem Erdgeschoß[3]) und nur unter folgenden Bedingungen[4]) zulässig:

1. Die lichte Höhe solcher Räume muß in Städten mit mehr als 10000 Einwohnern wenigstens 2,50 m und in allen anderen Orten wenigstens 2,30 m betragen und zwar mindestens für die Hälfte der Fußbodenfläche jeder einzelnen Räumlichkeit. Bei Gebäuden, die nur Kleinwohnungen im Sinne des § 62 Abs. VI Ziff. 2 enthalten, sowie bei Kleinhausbauten (§ 14 Abs. III) genügt es auch in Städten mit mehr als 10000 Einwohnern,

wenn jeder Wohnraum im Dachgeschoß eine lichte Höhe von 2,30 m auf mindestens die Hälfte der Fußbodenfläche erhält[5]);

2. die einzelnen heizbaren Lokale, sowie die sämtlichen, eine Dachwohnung bildenden Räume müssen von gehörig fundierten, massiven oder doch ausgemauerten Fach- oder Riegelwerkwänden umschlossen sein. Scheidewände aus verputztem Lattenwerk sind nur zulässig, wenn die Herstellung vorschriftsmäßiger Scheidewände nach der Besonderheit des Falles nicht tunlich ist[6]);

3. jedes Gemach muß durch mindestens ein Fenster gehöriges Licht erhalten. Auf eine Gangbelichtung kann verzichtet werden[7]);

4. der Zugang zu solchen Gelassen darf nicht durch einen offenen Dachraum führen, sondern muß nach Ziff. 2 umschlossen und mit einer Decke nach Vorschrift der Ziff. 7 versehen sein;

5. die Stiege muß in Städten und Märkten mit geschlossener Bauweise den Anforderungen des § 54 entsprechen;

6. jede Feuerung muß zur Ableitung des Rauches mit einem Kamine in Verbindung gebracht werden;

7. die Decken der Gemächer müssen nach Vorschrift des § 26 hergestellt werden, während die schrägen Flächen mit Brettern und Lattenverputz oder mit Holzstückung, Lehmumwickelung und Rohrverputz herzustellen sind; am Dachfuß muß für den gehörigen Abfluß des Regenwassers gesorgt werden;

8. die Festigkeit des Dachstuhles darf durch die Herstellung von Dachzimmern oder Dachwohnungen nicht benachteiligt werden.

II Sollen solche in bereits bestehenden Gebäuden eingerichtet werden, so kann in Orten von nicht mehr als 10000 Seelen, wenn gesundheitliche Erwägungen nicht entgegenstehen, das Mindestmaß der lichten Höhe baupolizeilich bis zu 2,20 m zurückgeführt werden.

III Die Herstellung von Dachwohnungen oder einzelnen heizbaren Lokalen über dem Kehlgebälk ist untersagt[8]).

1. Gem. § 55 kann in Märkten mit nicht geschlossener Bauweise und auf dem Lande von den Bestimmungen des § 34 Umgang genommen werden; die Wohnbarmachung von Räumen im Dachgeschoß bedarf keiner Genehmigung. § 7 Ziff. 4. Doch dürfen in allen Gemeinden neuhergestellte Wohnungen und Wohnungsräume ohne polizeiliche Genehmigung nicht bezogen werden. § 9 V. v. 10. Febr. 1901; bezüglich der Benutzung des Dachgeschosses in Waren- und Geschäftshäusern vgl. Anweisung A I 4, 14; B I 1.

2. Als einzelne heizbare Lokale sind selbständig vermietbare Zimmer, Ateliers, auch Mägdekammern usw. anzusehen. — Der Dachraum liegt innerhalb der über dem Dachfuß befindlichen Dachkonstruktion. ME. v. 21. Jan. 1892 Nr. 583. Zum Begriff des Dachraumes gehört es, daß das Dach eine Neigung hat, welche es nach außen als Dach erscheinen läßt. Gebrochene Dächer, die fast senkrecht auf das Dachgesims abstürzen, sind als Umfassungsmauern aufzufassen und der sich dahinter befindliche Raum ist als Stockwerk, nicht als Dachraum anzusehen und daher nach §§ 25, 26 zu behandeln. — Der Be-

griff der Dachwohnung ist nicht erfüllt bei unheizbaren Schlafräumen. — Im übrigen müssen bei der zur Zeit bestehenden Wohnungsnot die nicht unerheblichen Bedenken bautechnischer, städtebaulicher, wohnungstechnischer und gesundheitlicher Art etwas zurückstehen.

3. Zwischengeschosse sind als Stockwerke zu behandeln.

4. Diese Bedingungen gelten für neue Dachwohnungen, neue einzelne heizbare Dachräume, oder neu herzustellende heizbare Dachräume in einer schon bestehenden Dachwohnung.

5. Die Erleichterung für Kleinwohnungen (§ 62 IV) und Kleinhausbauten (§ 14 Abs. III) wurde eingefügt durch die V. v. 7. Okt. 1918 GVBl. S. 359.

6. Vgl. § 43. — Als Ersatz wird laut ME. v. 12. Dez. 1913 Nr. 4071 b 39 die Robert Ruff'sche Wand vorbehaltlich der bezirkspolizeilichen Prüfung im Einzelfall zugelassen. Diese Wand besteht aus Kopf- und Fußriegel mit Drahtverspannung zwischen diesen und dem Mauerwerk sowie aus Stuckmörtelantrag von mindestens 5 cm Stärke. — Ebenfalls vorbehaltlich der bezirkspolizeilichen Prüfung von Fall zu Fall ist in widerruflicher Weise die Schugkwand als Ersatz zugelassen. ME. v. 27. Juli 1914 Nr. 4071 b 46. Durch ME. v. 29. Juli 1905 MABl. S. 352 wurde die Luginowand als eine sich vollständig freitragende, feuerfeste Scheidewand und Trennungswand als Ersatz zugelassen. Vgl. ferner ME. v. 20. Okt. 1906 MABl. S. 443 bezüglich das von der Kunst- und Dübelsteinfabrik Langenzenn in Bayern hergestellte Zementholz (DRGM. Nr. 284 959 und 285 248).

7. Ziff. 3 Satz 2 wurde neu eingefügt durch die V. v. 10. Juli 1918 GVBl. S. 359.

8. Doch können nach § 43 Abs. III Abteilungen in Dachräumen, ferner die Umfassungen kleiner verschlagartiger Räume aus Latten oder Brettern errichtet werden.

10. Äußere Aufgangsstiegen, Erker und Oberlichtschachte.

§ 35.[1])

I Hölzerne äußere Aufgangsstiegen sind nur ausnahmsweise bei freistehenden[2]) Gebäuden bis zum ersten Stock (über eine Stiege) zulässig und müssen, wenn sie einer Dachung bedürfen, feuersichere Eindeckung erhalten.

II In bestehenden Wohngebäuden sind solche Aufgangsstiegen, wenn sie zu höheren Stockwerken führen, bei Vornahme von Hauptreparaturen oder Hauptänderungen in das Innere der Gebäude zu verlegen und in Städten und in Märkten mit geschlossener Bauweise nach Vorschrift des § 54 herzustellen.

1. In Märkten mit nicht geschlossener Bauweise und auf dem Lande kann von den Bestimmungen des § 35 Umgang genommen werden. § 55 BO.

2. Ist nach Lage des Falles nach pflichtgemäßem Ermessen zu beurteilen. Vgl. hiezu die Vorschriften der §§ 41, 44 und 49. Nach letzterer Bestimmung sind enge Reihen zwischen den einzelnen Bauten zu vermeiden.

§ 36.[1])

I Hölzerne Erker sind in der Regel unzulässig.

II Nur bei freistehenden Gebäuden kann deren Herstellung gestattet, zugleich aber Metallüberzug oder feuersicherer Anstrich[2]) vorgeschrieben werden.

1. In Märkten mit nicht geschlossener Bauweise und auf dem Lande kann Dispens erteilt werden. § 55.

2. Z. B. Silikatfarbe, fein gesiebter Sand auf Ölfarbengrund.

§ 37.

I Oberlichtschachte müssen mit Mauern oder ausgemauertem und verputztem Riegel- oder Fachwerk oder in Eisen ausgeführt werden[1]).

II Die Lichtöffnungen in den Dachräumen und die sogenannten Aufzüge[2]) müssen mit einem Verschlusse[3]) versehen sein. Ihre Größe kann mit Rücksicht auf die Feuersicherheit und die Benützungsweise der Dachräume bei den Plangenehmigungen ausdrücklich bestimmt werden.

1. Vgl. hiezu § 13. — Mit ME. v. 5. Sept. 1914 Nr. 4071 b 56 ist die sog. Keßlerwand DRP. Nr. 193 144 zum Abschluß von Licht- und Fahrstuhlschächten widerruflich zugelassen; vgl. auch bezüglich der Luginowand ME. v. 29. Juli 1905 und 24. Mai 1909, MABl. 1905 S. 352 sowie 1909 S. 400 sowie ME. v. 20. Okt. 1906 und 11. Nov. 1907 MABl. 1906 S. 443 und 1907 S. 75 hinsichtlich des sog. Zementholzes der Kunststeinfabrik Langenzenn und die sog. Noriszementdielen der Firma Alt in Nürnberg.

2. Vgl. die Sicherheitsvorschriften für Aufzüge v. 17. März 1911 MABl. S. 145. — Selbst wenn bestimmte Sicherungsmaßnahmen beobachtet werden, dürften Bedenken gegen die Einrichtung eines Paternosterwerkes bestehen.

3. Nach § 14 der Sicherheitsvorschriften für Aufzüge v. 12. März 1911 müssen die Fahrschachttüren durch die Steuerung selbsttätig und zwangsläufig unter Verschluß gebracht werden und dürfen sich nur öffnen lassen, wenn der Fahrkorb in gleicher Höhe mit ihnen steht und zur Ruhe gebracht ist. Die Einleitung der Bewegung des Fahrkorbes muß solange behindert sein, als nicht alle Fahrschachttüren fest geschlossen sind. Diese Vorschrift wird nicht erfüllt, wenn auch bei dem Versagen eines, sogar aller von der Steuerung abhängigen Riegels die Bewegung des Fahrstuhles eingeleitet werden kann. Bei dem gleichzeitigen im Bereiche der Möglichkeit liegenden Versagen einer der außerdem zu den einzelnen Türen angebrachten mechanischen Verriegelungen ist die Sicherung gegen Unfälle auf unbestimmte Zeit aufgehoben. Derartige Störungen an den Türverriegelungen müssen sich aber sofort durch die Unmöglichkeit den Fahrstuhl in Gang zu setzen bemerkbar machen. ME. v. 29. Jan. 1915 Nr. 22 756/II.

11. Altanen, Balkone und Gallerien.

§ 38.

I Altanen, Balkone und Gallerien[1]) dürfen über die Baulinie nicht mehr als 1,30 m vorspringen[2]), nur in Straßen, welche einschließlich der Trottoire eine Breite von wenigstens 12 m haben[3]), und nur in einer Höhe von mindestens 3,50 m über dem darunter befindlichen Trottoir[4]) oder öffentlichen Wege angebracht werden.

II Sind Vorgärten von mindestens 5 m Tiefe vorhanden, so kann von der Baupolizeibehörde die Herstellung solcher Vorbauten von Grund auf, jedoch höchstens bis 2,50 m über die Baulinie hinaus gestattet werden[5]).

III Erfolgt die Herstellung nicht von Stein oder Metall und stehen die Gebäude nicht frei und entfernt von der Straße, so müssen wenigstens die Unterschicht und das Geländer feuersicher gemacht werden.

1. In Märkten mit nicht geschlossener Bauweise und auf dem Lande kann von den Bestimmungen Dispensation erteilt werden. § 55. Die in § 38 bezeichneten Vorbauten sind an sich nicht genehmigungspflichtig; doch kann gem. § 8 durch ortspolizeiliche Vorschrift angeordnet werden, daß in Städten baupolizeiliche Genehmigung zu erwirken oder daß der Ortspolizeibehörde zur Wahrung bestehender Vorschriften binnen bestimmter Frist vor dem Beginn dieser Anlagen Anzeige zu erstatten ist. Vgl. § 8 BO.

2. Vgl. die Anm. 1 zu § 1 über die Baulinien. Bezüglich der Fälle, in denen ein Vortreten (Vorspringen oder Ausladen) einzelner Gebäudeteile über die Baulinie oder das Zurückrücken von solchen hinter die Baulinie beabsichtigt ist, vgl. ME. v. 14. Juli 1902 Nr. 11 966 in Anm. 10 zu § 1. Insbesondere ist hervorzuheben, daß es bei Altanen, Balkonen, Galerien, Gesimsen, Verdachungen, Fensterbänken usw. weniger auf die Einhaltung der Baulinie als vielmehr auf die Rücksichtnahme auf die Sicherheit des Verkehrs, auf den erforderlichen Lichtzutritt und auf die ästhetische Erscheinung ankommt. Von der hinsichtlich der Altanen, Balkonen und Galerien getroffenen allgemeinen Regelung in § 38 können Abweichungen selbstverständlich nur im Wege der Dispensation erfolgen. Bezüglich der anderen Ausladungen ist das Ermessen der Baupolizeibehörde im einzelnen Fall unter Beachtung der vorbezeichneten Rücksichten entscheidend. Überdies kann hierüber durch ober- oder ortspolizeiliche Vorschriften nähere Regelung getroffen werden.

Bezüglich der Vorsprünge, welche bis zum Erdboden reichen, wie Sockel, Resuliten, Erker, Lisenen vgl. § 1 Anm. 10. Das Zurücktreten einzelner Bauteile hinter die Baulinie ist seitens der Baupolizeibehörde nicht zu beanstanden, jedoch ist bei Bauten im geschlossenen Bausystem im Anschluß an die Nachbargebäude die Baulinie wieder einzuhalten. Auch in Bezug auf das Zurücktreten von Bauteilen hinter die Baulinie können ober- oder ortspolizeiliche Vorschriften erlassen werden.

3. Bei ungleich breiten Straßen hat die Berechnung nach Maßgabe des § 25 Abs. I letzten Satz offenbar auch dem Wortlaut nach auf § 38 Abs. I Anwendung zu finden. Es ist also die mittlere Breite zwischen den beiden nächsten Querstraßen ausschlaggebend. ME. v. 5. Aug. 1904 Nr. 16 913.

4. Diese Bestimmung bezweckt eine Gefährdung des Verkehrs fernzuhalten. Hieraus folgt, daß durch eine der Bestimmung zuwiderlaufende Bauführung nicht nur ein gesetzwidriger, sondern auch ein das öffentliche Interesse beeinträchtigender und deshalb gefahrdrohender Zustand geschaffen wird.

Eine Dispensation in diesem Fall dürfte auch nach § 65 Abs. II nicht angängig sein. Vgl. auch ObstLG. 8 S. 32 MABl. 1907 S. 544.

5. Vgl. § 1 Anm. 1.

§ 39.[1])

I Gallerien und Gänge, welche sonst nicht zugängliche Wohnräume unter sich oder mit der Stiege, oder welche zwei Gebäude miteinander verbinden[2]), müssen, wenn sie nicht von unten auf massiv fundiert sind, aus unverbrennlichem Material ausgeführt werden.

II Andere Gallerien und Gänge müssen von unten mit Lattenverputz, und wenn sie unbedeckt sind, mit feuersicherem Boden und Geländer, wenn sie aber gedeckt sind, mit einer feuersicheren Eindeckung versehen sein, die mindestens 0,05 m unter dem Dachgesimse anzubringen ist.

III Bei Gebäuden von nicht mehr als Einem Stockwerk über dem Erdgeschoß ist die Herstellung aus Holz gestattet, jedoch die etwaige Eindeckung feuersicher herzustellen.

1. In Märkten mit nicht geschlossener Bauweise und auf dem Lande ist Dispens zulässig. § 55. Galerien und Gänge sind an sich nicht genehmigungspflichtig. Doch kann nach § 8 BO. durch ortspolizeiliche Vorschrift baupolizeiliche Genehmigung vorgeschrieben werden.

2. Ein aus der Bedachung heraustretender Verbindungsgang ist ein vortretender Bauteil, ebensogut wie ein Balkon oder eine Galerie. Die geringe Länge des Bauwerkes ist unerheblich. Aus dem Wortlaute des § 39 ergibt sich, daß eine Verbindung zweier Gebäude derart, daß auf dieser Verbindung Personen von einem Gebäude zum andern gehen können, als ein Gang anzusehen ist. Eine solche Verbindung kann nicht als geringfügiges Bauwerk im Sinne des § 6 II a BO. angesehen werden. Vgl. ObstLG. 14 S. 155.

12. Bauten mit Feuerstätten.

§ 40.*)

I Bauten mit Feuerstätten[1]) sind vorbehaltlich der §§ 41 und 42[2]) mit massiven Umfassungen von Stein oder Eisen[3]) auszuführen[4]) und, wenn sie mit anderen Gebäuden zusammenhängend gebaut[5]) werden sollen, von diesen durch Brandmauern zu trennen[5]).

II Das Letztere hat auch dann zu geschehen, wenn ein bestehendes Gebäude in mehrere selbständige Anwesen abgeteilt wird.

III[6]) Bei Reihenhäusern[7]), die mit Einschluß des Dachgeschosses nicht mehr als 2 bewohnbare Obergeschosse haben oder die nur Kleinwohnungen[6]) im Sinne des § 62 Abs. VI Ziff. 2 enthalten,

*) Bezüglich der Errichtung von baulichen Anlagen in der Nähe von Munitionsaufbewahrungsräumen vgl. § 12 Anm. 4.

kann die Baupolizeibehörde die Herstellung von Brandmauern innerhalb eines Abstandes[8]) von 25 m erlassen, doch müssen die einzelnen Gebäude durch Mauern getrennt sein, die bis zur Dachfläche reichen. Bei Kleinhausbauten (§ 14 Abs. III)[6]) kann der Abstand der Brandmauern bis auf 40 m vergrößert werden; die einzelnen Gebäude sind jedoch durch Mauern zu trennen, die in einer durchgehenden Stärke von mindestens 0,12 m bis zur Dachfläche reichen.

IV Stallungen oder Lagerplätze für Futter und dergleichen, welche in Gebäuden mit Feuerstätten angebracht werden, müssen von den daneben befindlichen Wohnräumen durch Mauern[9]) getrennt sein.

1. Ist in einem Bau (Gebäude) als Ganzem, gleichgültig in welchem Teil, eine Feuerstätte oder wird eine solche erst errichtet, so hat der Bau den Vorschriften des § 40 Abs. I zu entsprechen. Auch Hauptreparaturen oder Hauptänderungen gehören hieher. Zur Feuerstätte sind alle Teile der gesamten Feuerungsanlage, also die Kamine und die zur Aufnahme der Feuerung dienenden Vorrichtungen wie Öfen und Herde zu rechnen. Als Feuerungsanlagen sind auch Gasöfen und Gasherde, nicht aber die Heizkörper von Warmwasseranlagen und Heißluftanlagen und elektrische Heizkörper zu betrachten. S. auch § 6 Anm. 9.

2. Eine weitere Ausnahme sieht § 56 für das Hochgebirge ꝛc. vor.

3. Als massiv im Sinne des § 40 gilt die sog. Löschbauweise ME. v. 6. Mai 1921 Nr. 4071 b 7. Der Gußbeton muß jedoch nach Zusammensetzung und Mischverhältnis den Anforderungen des § 13 Abs. I entsprechen; hierüber hat die Baupolizeibehörde in Zweifelsfällen zu entscheiden. Dasselbe gilt von der Bauweise des technischen Büros H. Fechner in Charlottenburg, sog. Fechnerwand. ME. v. 7. Mai 1920 Nr. 4071 b 25. — Als massiv gilt ferner die Tauberwand-Bauweise der Steinwerke H. Krebs in Weida, Thüringen, da sie eine besondere Bauweise darstellt, kann die Baupolizeibehörde nach § 15 Abs. V BO. von sich aus Abweichungen von den vorgeschriebenen Mauerstärken bei Nachweis genügender Festigkeit und Tragfähigkeit bewilligen unter Beachtung besonderer Richtlinien. ME. v. 27. Okt. 1921 Nr. 4071 b 32.

Vgl. ferner oberpolizeiliche Vorschriften für die Ausführung von Bauwerken aus Eisenbeton v. 25. März 1918 GVBl. S. 225 und aut. ME. v. 20. Nov. 1919 Nr. 9101 b 63 gleichen Betreffs. Der preußische Minister der öffentlichen Arbeiten hat mit Erlaß v. 3. Juni 1919 Musterbeispiele zu den Bestimmungen für die Ausführung von Bauten aus Eisenbeton herausgegeben, die auch in Bayern, soferne nicht in einzelnen besonders gelagerten Fällen die Anwendung genauerer Rechnungsarten angezeigt erscheint, bei den Staatsbauten und bei der Prüfung von Bauvorlagen durch die Baupolizeibehörde zur Anwendung gebracht werden können.

Im übrigen liegt der Schwerpunkt der Vorschrift des § 40 Abs. 1 darin, daß die auszuführenden Bauten mit Feuerstätten massive Umfassungen aus Stein oder Eisen haben. Durch die Anordnung der Verwendung feuersicheren Materiales soll ein dauernd feuersicherer Zustand geschaffen werden. S. Anm. 5 a. E.

4. Im Hinblick auf die Bestimmung des § 12 BO. betrifft § 40 die Bauausführung und dient der Feuersicherheit und Festigkeit der Bauten. Sowohl Art. 101 PStGB. wie auch § 367 Nr. 15 RStGB. sprechen von „Bauten ausführen“; aber aus der Vergleichung mit sonstigen Vorschriften der BO. ergibt sich, daß es sich bei dem Worte „ausführen“ nicht ein für allemal um einen ein bestimmtes Tun bezeichnenden Ausdruck handelt, sondern er wechselt mit anderen, das gleiche Tun betreffenden Worten. Der Ausdruck „ausführen“ ist daher im bautechnischen, nicht im rechtlichen Sinne des § 367 Ziff. 15 RStGB. aufzufassen, so daß aus dem Wort „ausführen“ des § 40 BO. nicht die rechtlichen Folgen gezogen werden dürfen wie aus dem „ausführen“ im Sinne des § 367 Ziff. 15. Vgl. ObstLG. Bd. 15 S. 30 MABl. 1915 S. 71.

5. Bei den zusammenhängenden Gebäuden muß es sich um zwei selbständige Gebäude handeln. Dies ist nicht der Fall bei Vergrößerungsbauten oder bei Einbauten. Die Zweckbestimmung ist belanglos. Anders verhält es sich bei verschiedenem Besitzverhältnis. — Soweit nicht durch Privatrecht der unmittelbare Anbau ausgeschlossen ist, oder vom Nachbarn ausdrücklich gestattet wird, daß in der Grenzmauer Öffnungen angebracht werden dürfen, obwohl ihm dadurch die Möglichkeit des unmittelbaren Anbaues genommen wird, ist bei geschlossener Bauweise in der Regel jede an der Grenze zu errichtende Umfassung eines Gebäudes mit Feuerstätte als Brandmauer zu behandeln. Im übrigen ist die Frage, ob eine zwischen zwei Gebäuden vorhandene Brandmauer genügt, oder ob neben sie noch eine zweite gesetzt werden muß, von dem Gesichtspunkt aus zu prüfen, ob die für das zuerst gebaute Haus hergestellte Brandmauer auch gegenüber dem später gebauten oder zu erbauenden Hause alle Eigenschaften hat, die nach § 16 BO. erforderlich sind, um eine völlig sichere Trennung der beiden Gebäude herbeizuführen. ME. v. 1. Aug. 1914 Nr. 4054 a 16.

Aus § 40 Abs. I kann nicht entnommen werden, daß regelmäßig jede an der Grenze zu errichtende Umfassungsmauer eines Gebäudes mit Feuerstätte als Brandmauer herzustellen ist, wenn noch ein zweiter Bau in Frage steht. Diese Forderung kann dem Erstbauenden gegenüber nur geltend gemacht werden, wenn bereits feststeht oder mit Sicherheit in absehbarer Zeit ein unmittelbarer Anbau an der Grenze zu erwarten ist. Die bloße Möglichkeit oder sogar die Wahrscheinlichkeit, daß später einmal angebaut wird, genügt nicht. Die Baupolizeibehörde darf bei ihren Anordnungen nur mit festen Tatsachen rechnen. Bei Genehmigung des Planes des Zweitbauenden steht ihr gegenüber dem Erstbauenden immer die Möglichkeit offen, den Bestimmungen des § 40 Geltung zu verschaffen. Vgl. ObstLG. 11 S 232 und 249; 14 S. 302. Die Anschauung, daß jede an der Grenze errichtete Mauer als Brandmauer anzusehen und zu behandeln ist, ist daher rechtsirrig, ebenso auch die Annahme, daß jede Öffnung in einer solchen Mauer bauordnungswidrig wäre und von der Baupolizeibehörde bedingungslos verfügt werden könne. Wenn der Erstbauende die Grenzmauer nicht als Brandmauer aufführt und mit Öffnungen gegen das Nachbargrundstück ohne Verstoß gegen die bau- und feuerpolizeilichen Vorschriften vorsieht, so handelt es sich nicht um einen bauordnungswidrigen Zustand, weil der Besitzer des Nachbargrundstückes in späterer Zeit auf diesem Grundstück einen Bau mit einer Feuerstätte aufführt. Der Anbauende hat vielmehr unter Beobachtung der Vorschriften der BO. sein Gebäude so aufzuführen, daß keine Feuersgefahr für die Nachbaranwesen entstehen kann. Er hat sohin nach § 40 Abs. I eine Brandmauer aufzuführen. — § 16 Ziff. 4 verbietet an sich Öffnungen in Brandmauern. Doch kann im Bedürfnisfall von der Baupolizeibehörde Ausnahme gestattet werden. In diesem Fall sind an den Öffnungen Verschlüsse anzubringen. Bei bereits bestehenden Brandmaueröffnungen können jedoch solche Verschlüsse nur im Falle der Vornahme von Hauptreparaturen oder Hauptänderungen angeordnet werden.

Durch die Anordnung der Verwendung feuersicheren Materials soll ein dauernd feuersicherer Zustand geschaffen werden. Daher steht diese Anordnung so lange unter strafrechtlichem Schutz, bis ihr genügt ist. Die Verjährung der Straftat im Falle des § 40 Abs. I läuft von dem Zeitpunkte an, an dem die Bauten massive Umfassungen von Stein oder Eisen und, soweit Brandmauern in Frage kommen, diese haben oder die verantwortliche Person den bauordnungswidrigen Zustand nicht mehr ändern kann. Bei der Verfehlung gegen Art. 101 Abs. 1 PStGB. in Verbindung mit § 40 Abs. I BO. handelt es sich um einen Zustands-(Dauer-)delikt. ObstLG. 15 S. 30. — Es ist zu beachten, daß die Frage, ob zu einer Bauführung polizeiliche Genehmigung erforderlich ist, die Gesamtheit der in Aussicht genommenen Bauarbeiten ins Auge zu fassen sind. Es darf nicht zwischen den einzelnen Teilen desselben Bauvorhabens unterschieden werden. Wenn also einem Bauwerk entgegen der früheren Absicht eine Feuerstätte eingebaut werden soll, so ist von dem Augenblick an, wo das Bauwerk nicht mehr auf der Grundlage der früher erteilten Genehmigung hergestellt wird, für den Beginn einer veränderten neuen Bauführung eine neue baupolizeiliche Genehmigung notwendig. Andernfalls liegt ein Verstoß gegen § 365 Nr. 15 RStGB. vor. Vgl. Gemeindezeitung 1921 S. 65. Vgl. ferner § 44 Abs. III und § 49, § 16.

6. Abs. III wurde eingefügt durch V. v. 3. Aug. 1910, die den Kleinwohnungsbau erleichternden Bestimmungen durch die V. v. 10. Juli 1918.

7. Reihenhäuser bilden eine für Kleinwohnungen besonders bevorzugte Hausbauform. Es sind dies nach einem einheitlichen Plan angelegte, in eine einheitliche Baugruppe zusammengefaßte mehrere Gebäude, die im Innern voneinander abgeteilt sind, meistens in ihrer Ausstattung ziemlich gleich gehalten und häufig auch mit gemeinschaftlichen Einrichtungen versehen sind.

8. Der Abstand bestimmt sich von Brandmauer zu Brandmauer oder bei freistehenden Häusergruppen von Brandmauer zu Umfassungsmauer.

9. Es genügen also in diesem Falle einfache Mauern, die bis zur Höhe der zu trennenden Mauern zu reichen haben. Bezüglich des Falles, daß Futterräume sich unter Wohnräumen befinden, vgl. § 28.

§ 41.[1])

Ausnahmen von Massivbau sind zulässig:

1. bei kleinen Nebengebäuden bis zu 50 qm Grundfläche und einer Wandhöhe bis zu 6 m; diese dürfen aus ausgemauertem Fachwerk hergestellt werden;

2. bei Kleinhausbauten (§ 14 Abs. III); hier dürfen Erdgeschoß und Obergeschoß in ausgemauertem Fachwerk[2]) auf gemauertem Sockel hergestellt werden; soweit es die klimatischen Verhältnisse erfordern, kann entweder Verputz der Außenseite oder Isolierung der Innenseite oder beides verlangt werden;

3. bei Fabrikgebäuden und bei Gebäuden für Werkstatt- und Arbeitsräume[3]), welche mindestens 10 m von der Nachbargrenze und 5 m von anderen Gebäuden entfernt sind oder an über-

ragende[4]) Brandmauern[5]) angebaut werden; diese Gebäude dürfen, sofern nicht § 47 Anwendung findet, ebenfalls aus ausgemauertem Fachwerk hergestellt werden;

4. bei Gebäuden zu vorübergehenden Schaustellungen und anderen vorübergehenden Zwecken; diese dürfen mit besonderer Genehmigung von Holz, jedoch stets nur in provisorischer Weise errichtet werden[6]). Notstandsbauten für Zwecke der Kleinwohnungen sind hierher zu rechnen.

1. Abgeändert durch V. v. 10. Juli 1918.

2. Laut ME. v. 20. Juli 1923 Nr. 4071 b 7 wird der aus einer Mischung von Holzwolle und Magnesit in Heraklithlösung bestehende und gesetzlich geschützte „Heraklithbaustoff" auf Grund des § 13 Abs. III widerruflich an Stelle der in § 45 Ziff. 1 genannten Fachwerksausmauerung zugelassen. Für tragende Fachwerke ist der Nachweis der Standfestigkeit zu erbringen. Die Wandstärke ohne Mörtelverputz muß bei Ausmauerung von Wohnräumen wenigstens 12 cm betragen, der Verputz ist sorgfältig mit gutem verlängertem Zementmörtel auszuführen.

3. Unter Arbeitsräumen sind auch Waschküchen für häusliche Zwecke zu verstehen. ME. v. 8. April 1891 Nr. 5597.

4. D. h. sie müssen in sinngemäßer Anwendung des § 16 Ziff. 1 Abs. 3 die Dachfläche des Fabrikgebäudes ꝛc. um wenigstens 30 cm überragen.

5. Im Sinne des § 16.

6. Wenn die Genehmigung erlassen ist, ist die Beseitigung des Zustandes vorzunehmen, andernfalls liegt Strafbarkeit vor. Vgl. § 368 Nr. 8 RStGB.

§ 42.

I In Märkten mit nicht geschlossener Bauweise und auf dem Lande brauchen nur die Umfassungswände des Erdgeschosses der Wohngebäude[1]) massiv hergestellt zu werden, während die oberen Stockwerke auch mit Umfassungswänden von ausgemauertem Fach- oder Riegelwerk ausgeführt werden dürfen[2]).

II Überdies kann in Märkten mit nicht geschlossener Bauweise und auf dem Lande nach Umständen gestattet werden[3]), daß die Umfassungswände des Erdgeschosses der Wohngebäude auf gemauertem Sockel von ausgemauertem Fach- oder Riegelwerk, die Umfassungswände der oberen Stockwerke dagegen, insoweit letztere nicht zu Wohnräumen bestimmt sind, in gestücktem und verputztem Fach- oder Riegelwerk oder auch als Blockwände mit oder ohne Verschalung, Verschindelung oder Verschieferung hergestellt werden[4]).

1. Lediglich der Wohngebäude, nicht auch anderen Zwecken dienenden Gebäude; bezüglich der Erleichterungen für gewerbliche Bauten vgl. § 41 und für landwirtschaftliche Gebäude vgl. § 45.

2. Die in Abs. I gewährten Erleichterungen sind unabhängig vom baupolizeilichen Ermessen.

3. Hier greift also das pflichtgemäße Ermessen der Baupolizeibehörde Platz.

4. Die aut. ME. v. 14. Nov. 1894 Nr. 19828 bestimmt, daß zum Ersatz von gestücktem und verputztem Fach- oder Riegelwerk auch Bretterwände mit Schieferverkleidung als gleichwertig zugelassen werden dürfen. Hierüber entscheidet nach pflichtgemäßem Ermessen die Baupolizeibehörde.

§ 43.

I Scheidewände[1]) aus Holz sind in Gebäuden mit Feuerstätten nur insoweit zulässig, als auch die Umfassungswände von Holz aufgeführt werden dürfen[2]).

II Scheidewände, welche keine Tragmauern bilden und an ihren beiden Enden an massive Mauern anstoßen, dann von Feuerstätten und Kaminen mindestens 0,45 m entfernt sind, können aus verputztem Lattenwerke hergestellt werden.

III Abteilungen in Dachräumen[2]), ferner die Umfassungen kleiner verschlagartiger Räume dürfen aus Latten oder Brettern errichtet werden.

1. Vgl. §§ 34, 41 Ziff. 3; 42 Abs. II; 56 Abs. I.

Gem. § 13 Abs. III wurden für unbelastete Scheidewände zugelassen unter anderem: Die von dem Baumeister Chr. Groll aus Koksasche oder Steinkohlenschlacke und Zement hergestellten Steine, ME. v. 18. Mai 1905 MABl. S. 219; die Bimssandzementdielen, System Schelde, ME. v. 9. Aug. 1905 MABl. S. 371; die Noriszementdielen der Gipsdielenfabrik von F. Alt, Nürnberg, ME. v. 19. Jan. 1907 MABl. S. 75. Dazu kommt in widerruflicher Weise die sog. Keßlerwand DRP. Nr. 193144 c ME. v. 5. Sept. 1919 Nr. 4071 b 56; die Schugkowand vorbehaltlich der distriktspolizeilichen Prüfung im Einzelfall, ME. v. 27. Juli 1914 Nr. 4071 b 46; ebenso die Robert Ruff'sche Wand, ME. v. 12. Dez. 1913 Nr. 4071 b 39 und laut ME. v. 9. Febr. 1922 StAnz. Nr. 38 betr. Verwendung von Holzstabgewebe, wonach Fachwerkkonstruktionen, die beiderseits mit verputztem Holzstabgewebe versehen werden, als Scheidewand nach § 43 zugelassen werden.

2. Hierunter sind Wohnungen nicht zu verstehen. Es handelt sich nur um Abteilungen im offenen Speicherraum.

13. Bauten ohne Feuerstätten.

§ 44.

I Bauten ohne Feuerstätten[1]), welche nicht zur Herstellung, Bearbeitung oder Lagerung größerer Quantitäten leicht entzündlichen oder schwer zu löschenden Materials[2]) bestimmt sind, können[3]) mit ausgemauertem Fach- oder Riegelwerk auf gemauertem Sockel hergestellt werden.

II Nach Umständen[4]) sind auch Umfassungen aus gestucktem oder verputztem Fach- oder Riegelwerke auf gemauertem Sockel zulässig.

III Stoßen solche Bauten[5]) an Gebäude mit Feuerstätten, so müssen sie durch Brandmauern[6]) von demselben getrennt werden.

IV Liegen dieselben von anderen Gebäuden mindestens 5 m und von der Nachbargrenze 2,50 m entfernt, so ist deren Herstellung auch mit Holzwänden auf gemauertem Sockel gestattet[7]).

V Die in § 6 Abs. 2 bezeichneten Bauten[8]) dürfen in den betreffenden Ortschaften[9]) ohne Rücksicht auf die Entfernung[10]) aus Holz hergestellt werden.

1. Als Feuerstätten kommen auch Gasöfen und Gasherde, nicht dagegen die Heizkörper von Warmwasser- und Heißluftanlagen und elektrischen Heizkörpern in Frage. Vgl. § 6 Anm. 9.

Bei Abweichung von einem genehmigten Bauplan, nach welchem sich eine landwirtschaftliche Halle oder ein sonstiges Ökonomiegebäude zunächst als Bau ohne Feuerstätte darstellt, mit der Absicht, diesen Bau durch Einbauen z. B. eines Sägewerks mit Kesselhaus und Horizontalgatter einem anderen Zwecke zuzuführen, verliert der früher beabsichtigte Bau seine Eigenschaft als „Bau ohne Feuerstätte", weil es sich nicht mehr um eine Halle mit freiem Innenraum für die Unterbringung von Geräten, Wagen 2c., sondern um ein Gebäude für ein Sägewerk mit Dampfkessel und Kaminanlage handelt, das zur Bearbeitung von Holz, also leicht entzündlichen Materiales bestimmt ist. Wegen der veränderten Bauführung ist der Bau nach §§ 6, 40, 47 BO. genehmigungspflichtig geworden. Vgl. ObstLG. 1920 S. 385 und § 43. Im übrigen ist allgemein anzunehmen, daß durch die Aufstellung einer Lokomobile, eines Backofens, Waschkesselfeuerung usw. einem Ökonomiegebäude die Eigenschaft eines Baues ohne „Feuerstätte" genommen wird. Doch ist laut ME. v. 10. Juni 1908 Nr. 26 435 die Aufstellung eines Benzinmotors nicht als Anlegung eines Baues mit einer Feuerstätte zu betrachten.

2. Im Hinblick auf § 47 Abs. I und IV ist anzunehmen, daß bei Anwendung der Vorschriften der BO. auf landwirtschaftliche Gebäude wie Scheunen, Schupfen usw. § 44 Abs. I und IV sich nicht auf Stroh und Heu 2c. bezieht.

3. Es ist also unabhängig von dem Ermessen der Baupolizeibehörde in das Belieben des Bauherrn gestellt. — Abs. I enthält keine Vorschrift über die Entfernungen von anderen Gebäuden oder von der Nachbargrenze von für Bauten ohne Feuerstätten mit ausgemauertem Fach- oder Riegelwerk auf gemauertem Sockel. Doch ist die Vorschrift des § 49, wonach Winkel und sog. Reihen zwischen den einzelnen Bauten, wo nur immer möglich, vermieden werden müssen, zu beachten. Vgl. § 49 nebst Anmerkungen. — In Märkten mit nicht geschlossener Bauweise und auf dem Lande dürfen Stallungen, Scheunen oder Schupfen, wenn sie an Wohngebäude angebaut werden, aus Holz auf gemauertem Sockel hergestellt werden. Vgl. § 45 Ziff. 1.

4. Im Gegensatz zu Abs. I ist nach Abs. II („nach Umständen") das pflichtgemäße Ermessen der Baupolizeibehörde maßgebend. Laut aut. ME. v. 14. Nov. 1894 Nr. 19 831 und 13. Jan. 1895 Nr. 618 wurde zum Ersatz von gestücktem und verputztem Fachwerk oder Riegelwerk auch Bretterverschalung auf gemauertem Sockel mit Schiefer- oder Blechverkleidung nach dem Ermessen der Baupolizeibehörde zugelassen. Die Frage, ob die in Abs. IV festgelegten Entfernungen auch für gestücktes und verputztes Fach- oder Riegelwerk nach Abs. II verlangt werden müssen, ist bei der Prüfung durch die Baupolizeibehörde zu prüfen. Im allgemeinen dürften diese Entfernungen zu verlangen sein. So auch Englert, 4. Aufl. S. 89.

5. Das Erfordernis, daß eine Brandmauer zu errichten ist, ist nur dann gegeben, wenn der Anbau als selbständiges Gebäude aufzufassen ist und nicht nur als eine Vergrößerung eines schon bestehenden Gebäudes, die mit diesem ein einheitliches Ganzes bildet. Für den Fall, daß ein Gebäude ohne Feuerstätte mit einem anderen Gebäude ohne Feuerstätte zusammenstößt, ist die Errichtung einer Brandmauer nicht erforderlich (Ausnahmen §§ 46—48).

6. Vgl. § 16; § 45 Ziff. 1.

7. Sind diese Entfernungen nicht gegeben, dann sind diese Bauten als Fach- oder Riegelwerk herzustellen. Ausnahmen wieder in § 45 Ziff. 1.

8. Ein Bauwerk kann nicht mehr als offener Schupfen angesehen werden, wenn es seiner wirtschaftlichen Bestimmung nach nicht nur zur Unterbringung von landwirtschaftlichen Geräten oder von Wägen dient, sondern auch zu einem erheblichen Teile zur Aufspeicherung der landwirtschaftlichen Erzeugnisse. Es ist also dann als Scheune anzusehen. — § 44 hat auch nicht offene Schutzdächer im Auge. Vgl. ObstLG. 10 S. 32. Diese bedürfen der baupolizeilichen Genehmigung nicht, gleichviel, ob sie geringfügige Bauwerke für wirtschaftliche Zwecke sind oder nicht. ObstLG. 10 S. 16. — Der in Abs. IV verlangte Abstand ist nur von anderen als den in § 6 Abs. II erwähnten Gebäuden einzuhalten.

9. Die Frage, ob ein Bau auf dem Lande oder in der Stadt in Frage steht, ist je nach Lage des einzelnen Falles zu entscheiden. Das Ortschaftenverzeichnis des statistischen Landesamtes kann als Richtschnur behandelt, aber nicht ohne weiteres als maßgebend bezeichnet werden. Die Entscheidung von Fall zu Fall ist auch notwendig, wenn der Bauplatz zwar noch innerhalb des städtischen Burgfriedens, aber doch von den bewohnten Bauquartieren und den Teilen des Stadtgebietes, die in absehbarer Zeit zu städtischen Bauquartieren werden, entfernt gelegen sind, oft mitten unter Feldern, Wiesen und bei Wäldern, die auch ausschließlich landwirtschaftlichen Zwecken dienen. Bei solchen Grundstücken trifft in der Regel nicht zu, daß sie aus den städtischen Einrichtungen besondere Vorteile ziehen. Die städtische Baupolizei wird auch kein wesentliches Interesse daran haben auch auf die Bautätigkeit an solchen Orten einzuwirken. Es können aus Billigkeitsgründen für Bauten auf solchen Grundstücken nicht die Vorschriften angewendet werden, die für Lebensverhältnisse, Entwicklungs- und Bauverhältnisse der Städte aufgestellt sind. Wenn also die Verwendung eines solchen Grundstückes als Bauplatz für Wohn- und Nebengebäude wegen seiner Lage in bewohnten Teilen des Stadtgebietes überhaupt nicht wahrscheinlich ist, so ist es im Hinblick auf seine gegenwärtige Verwendung für Zwecke der Landwirtschaft nicht als städtisches Grundstück, sondern den auf dem Lande gelegenen Grundstücken gleich zu behandeln. — Ein Stadel ohne Feuerungsanlage z. B. mit nur einem Geschoß und einer Grundfläche von ca. 60 qm, der auch nicht zur Lagerung von feuergefährlichem Material bestimmt ist, würde also nach § 6 Abs. II a BO. weder zur Neuherstellung noch zur Vornahme einer Hauptreparatur oder Hauptänderung einer baupolizeilichen Genehmigung bedürfen. Es wäre aber auch nach § 44 Abs. I, IV, V BO. die Errichtung eines gemauerten Sockels erforderlich. — In Städten dürfen nur die in § 6 Abs. II lit. a, in Märkten und auf dem Lande die in lit. b bezeichneten Bauten aus Holz hergestellt werden.

10. Bezüglich des Verbotes der engen Reihen vgl. § 49.

§ 45.

In Märkten mit nicht geschlossener Bauweise und auf dem Lande treten folgende Erleichterungen ein[1]):

1. Werden an Wohngebäude Stallungen, Scheunen oder Schupfen angebaut[2]), so dürfen diese Anbauten aus Holz auf gemauertem Sockel hergestellt werden.

Erfolgt der Anbau unter einem Winkel, so muß, soweit eine Brandmauer geboten ist[3]), die an dieselbe anstoßende Umfassung der Anbauten im einspringenden Winkel auf die Entfernung von 5 m mindestens mit ausgemauertem Fach- oder Riegelwerk[4]) hergestellt werden.

Eine Brandmauer ist nicht geboten, wenn die Grundfläche[5]) der Anbauten nicht mehr als 200 qm beträgt; in diesem Falle genügt statt der Brandmauer eine Mauer[6]), welche bis zur Höhe der Wohnräume reicht.

Beträgt die Grundfläche der Anbauten über 200 qm, jedoch nicht mehr als 400 qm und stößt an die Brandmauer ein gewölbter Raum an[7]), so ist zu ebener Erde ein feuersicherer Tür- und Fensterverschluß der Brandmaueröffnungen nicht geboten[8]).

2. Wenn Stallungen, Scheunen oder Schupfen nicht an das Wohnhaus angebaut werden und von diesem oder anderen Gebäuden[9]) weniger als 5 m oder von der Nachbargrenze weniger als 2,5 m entfernt sind, so müssen nur diejenigen Teile der Umfassungen, welche die vorgeschriebene Entfernung von 5 m bezw. 2,5 m nicht haben, auf die ganze Höhe des Gebäudes mindestens mit ausgemauertem Fach- oder Riegelwerk[10]) hergestellt werden, und auch dies ist nicht geboten, wenn entweder ein solches Nebengebäude nicht mehr als 200 qm Grundfläche einnimmt[11]), oder wenn an einer der sich gegenüberliegenden Gebäudeseiten eine massive Mauer ohne Holzvorsprung vorhanden und das Gebäude[12]) feuersicher eingedeckt ist.

1. Diese Erleichterungen sind nicht in das Belieben der Baupolizeibehörde gestellt. Weitergehende Erleichterungen gewährt § 56 für das Hochgebirge 2c. Doch wird das Erfordernis der baupolizeilichen Genehmigung durch § 45 nicht berührt. Vgl. ObstLG. Bd. 2 S. 52.

2. Die hier nur für den Anbau an das Wohngebäude des gleichen Besitzers vorgesehene Begünstigung darf nicht auf Anbauten an andere Gebäude erstreckt werden. In diesem Falle sind die Bestimmungen des § 44 Abs. 1, 2, 4 BO. zu beachten. Wenn aber an ein Wohngebäude und Ökonomiegebäude neuerdings eine Scheune, Stallung oder Schupfe angebaut werden soll, trifft § 45 Ziff. 1 zu, soweit diese Wirtschaftsgebäude, in einem Anwesen zusammengebaut, als eine Einheit zu betrachten sind. Ein Anbau liegt nicht vor, wenn die gemeinsame Umfassungsmauer und der einheitliche Dachbau in dem mit massiven Mauern umgebenen Teil des Gesamtgebäudes die Wohnräume und den Stall zu einer Einheit zusammenfassen, die baulich ein Gebäude für sich darstellt. Der Stall ist hier nicht angebaut, sondern eingebaut. Er stellt sich nur als ein Teil des Wohn- und Ökonomiegebäudes dar. — Die Eigenschaft eines Nebengebäudes als „Heuschupfen" richtet sich ausschließlich

nach dessen Bestimmung zur Lagerung von Heu. Seine Größe und bauliche Konstruktion sind gleichgültig. Unter Getreideschupfen werden zur Lagerung von ungedroschenem Getreide und von Stroh dienende, im allgemeinen Sprachgebrauch als „Scheune“ oder „Stadel“ bezeichnete Baulichkeiten verstanden, gleichviel ob sie massiv oder aus Holz hergestellt sind.

Handelt es sich bei einem Gebäude ungeachtet seiner Größe und baulichen Konstruktion um einen „Schupfen“ im Sinne der BO., so fällt er als dichtgeschlossener Schupfen im Gegensatz zu den in § 6 Abs. II b 1 BO. erwähnten, genehmigungsfreien offenen oder mit Lattenwerk geschlossenen Scheunen unter die nach Abs. I genehmigungspflichtigen Nebengebäude. Es ist nur unter der in Abs. II b 2 bestimmten Voraussetzung, daß es außerhalb der Ortschaft gelegen ist, genehmigungsfrei. Vgl. auch ObstLG. München Bd. 6 S. 595. Gem. § 6 Abs. II ist in Märkten und auf dem Lande für offene und nur mit Latten und dergl. geschlossene Schupfen, Holzhütten und Remisen, für gewöhnliche Schweineställe und für sonstige Bauten ohne Feuerungsanlagen mit nur einem Geschosse und höchstens 70 qm Grundfläche im allmeinen baupolizeiliche Genehmigung nicht erforderlich. Vgl. § 6 Abs. II nebst Anmerkungen; diese Bauten dürfen nach § 44 Abs. V ohne Rücksicht auf die Entfernung aus Holz hergestellt werden. Die Erleichterungen des § 45 Ziff. 1 kommen somit für die eben geschilderten Bauten nicht in Frage. Die Bestimmung in § 44 Abs. IV kommt für Bauten nach § 45 Ziff. 1 nicht in Betracht, auch wenn die dort vorgeschriebene Entfernung nicht eingehalten werden kann. — Bezüglich des Verbotes der engen Reihe vgl. § 49.

Beispiel zu Ziff. 1: Es soll in einem Ort mit offener Bauweise an einen mit einem Wohnhaus zusammengebauten Stall eine Remise von 209 qm Grundfläche angebaut werden, wobei nur das Erdgeschoß gegen das Nachbaranwesen zu eine massive Wand erhalten, die übrigen Teile aber aus Holz auf gemauertem Sockel hergestellt werden sollen. Die übrige Grundfläche beträgt 371 qm. Hier können die in § 45 Ziff. 1 vorgesehenen Einrichtungen eintreten, jedoch mit der Maßgabe, daß eine Brandmauer gegen das Wohnhaus zur Ausführung kommt, weil die Fläche des Anbaues 209 qm, die Gesamtgrundfläche der nunmehr zusammenhängenden und zusammen zu nehmenden Anbauten 580 qm beträgt.

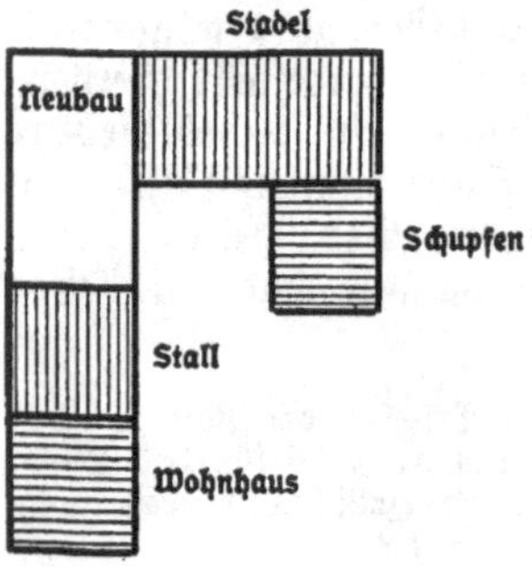

Will oder kann eine Brandmauer nicht ausgeführt werden, dann muß der Neubau gem. § 44 Abs. 1 mit ausgemauertem Fach- oder Riegelwerk auf gemauertem Sockel hergestellt werden; eine Brandmauer ist dann nicht geboten, weil in den Fällen des § 44 ein Zusammenhang der Anbauten nicht stattfindet und weil außerdem der Anbau nicht unmittelbar an das Gebäude mit Feuerstätten, sondern an das feuerstättenlose Stallgebäude anschließt. —

2. Beispiel. In einem Falle, bei dem es sich um einen Verbindungsbau zwischen bereits bestehenden Wirtschaftsgebäuden, die ihrerseits mit dem Wohnhaus zusammengebaut sind, handelt und wobei die Grundfläche der Anbauten 200 qm überschreitet, ist die Sachlage folgende: Dispens wäre nur zulässig, wenn die Anbauten nach den Bestimmungen des § 44 Abs. I BO. mit ausgemauertem Fachwerk auf gemauertem Sockel geplant gewesen wäre; sind sie aber nach den Erleichterungen des § 45 Ziff. 1 in Holz auf gemauertem

Sockel geplant, dann hat die Zusammennehmung aller Anbauten und daher nach § 45 Ziff. 1 Abs. III die Herstellung einer Brandmauer zu erfolgen.

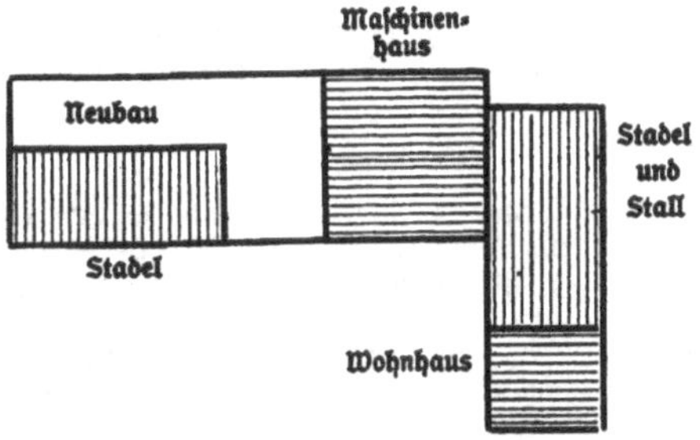

3. S. folgenden Absatz, also wenn die Grundfläche der Anbauten mehr als 200 qm beträgt.

4. Gestücktes Fach- oder Riegelwerk genügt nicht; massives Mauerwerk ist zulässig, kann jedoch von der Baupolizeibehörde nicht vorgeschrieben werden.

5. Die Zweifelsfrage, ob bei Berechnung der Grundfläche der Anbauten nach Art. 45 Ziff. 1 nur die aus Holz auf gemauertem Sockel hergestellten Anbauten in Rechnung zu ziehen sind, oder auch Anbauten aus massivem oder Fachwerk-Mauerwerk, ist laut aut. ME. vom 30. Mai 1923 Nr. 4050 d 10 dahin zu beantworten, daß lediglich die aus Holz auf gemauertem Sockel hergestellten Anbauten in Betracht zu ziehen sind. Hienach ist zur Abscheidung der Holzbauten vom Wohngebäude im Falle des § 45 Ziff. 1 eine Brandmauer nur dann geboten, wenn die Holzanbauten eine Gesamtfläche von 200 qm überschreiten. Ob, falls diese Voraussetzung nicht erfüllt ist, zur Abscheidung der Wohngebäude von anderen mit ihnen zusammenhängend gebauten Gebäuden etwa aus dem Gesichtspunkt des § 40 Abs. I eine Brandmauer notwendig ist, muß der Würdigung im einzelnen Falle überlassen bleiben. — Zweifel können entstehen, wenn an einem Wohngebäude, ohne daß dazwischen eine Brandmauer besteht, ein Bau ohne Feuerstätte bereits angebaut ist oder durch einen weiteren Anbau von Stallungen, Scheunen oder Schupfen die Gesamtfläche der Anbauten (bisherige und neue zusammengenommen) auf mehr als 200 qm gebracht werden. Der Wortlaut der BO. („Anbau an Wohngebäuden") scheint gegen die Zusammenrechnung der Fläche der bisherigen und neuen Anbauten zu sprechen, da der neue Anbau ja in der Regel nicht mehr unmittelbar an das Wohngebäude zu stehen kommen wird. Es muß aber doch die strengere Auslegung erfolgen, da das Übergreifen von Bränden von Wirtschaftsgebäuden auf Wohnräume oder umgekehrt verhütet werden muß. Mit der Vergrößerung der Anbaufläche nehmen auch die Gefahren des Brandes zu. Bei Anwendung der milderen Auffassung würde auch das Gesetz durch zeitliches Auseinanderlegen der von Anfang an geplanten Anbauten in mehrere gesonderte Bauvornahmen umgangen werden können. Es muß daher nachträglich eine Brandmauer verlangt werden, wenn die Anbauten von Stallungen, Scheunen oder Schupfen an ein Wohngebäude zusammengerechnet erst nachträglich die Gesamtfläche von 200 qm überschreiten. So aut. ME. v. 25. Aug. 1922 Nr. 4050 d 27, wie auch ME. v. 28. Febr. 1897 Nr. 4016 und 3. Nov. 1899 Nr. 21 829. Zur Vermeidung von Härten kann in geeigneten Fällen Befreiung von der Vorschrift gewährt werden. Dies ist besonders veranlaßt, wenn z. B. die Futterböden, die in der Regel hauptsächlich die Brandgefahr hervorrufen (Selbstentzündung, nachlässiges Umgehen mit Feuer oder Licht) nicht unmittelbar an das Wohnhaus grenzen, dann ist zweckmäßigerweise die feuersichere Trennungsmauer nur dann zu erlassen, wenn ihre Ausführung auf besondere Schwierigkeiten stößt oder wenn sonstige Gründe ausnahmsweise die Befreiung rechtfertigen, wobei die Verhältnisse des einzelnen Falles im Hinblick auf die Feuersgefahr doch mit gebotenem Wohlwollen zu würdigen sind. ME. v. 1. Aug. 1905 Nr. 11 853.

Beispiele: s. v.

Der Käufer eines Grundstückes hat sich beim Kaufe darüber Klarheit zu verschaffen, welche baupolizeilichen Folgen sich für das zu erwerbende Grundstück aus der vorliegenden Bebauung des Nachbargrundstückes ergeben. Wenn jemand ein Grundstück ohne Belastung mit einem Lichtrecht zugunsten des Nachbargrundstückes verkauft, so kann er sich nachträglich nicht beschweren, wenn ihm die Fenster vom Nachbarn durch eine Brandmauer verbaut werden. ME. v. 27. Febr. 1904 Nr. 2233.

6. Da es sich nur um eine Trennungsmauer handelt, sind Öffnungen in derselben wohl zulässig.

7. Gleichgültig was für ein gewölbter Raum und auf welcher Seite.

8. Dies bedeutet eine Ausnahme von § 16 Ziff. 4 Satz 3.

9. Also z. B. ein Gebäude nach § 6 Abs. II kommt nicht in Frage. dazu § 44 Abs. V.

10. Vgl. § 44 Abs. I. Gestucktes Fach- oder Riegelwerk genügt nicht.

11. Es kann nicht verlangt werden, daß auch solche Nebengebäude, die weniger als 200 qm Grundfläche einnehmen, bis zu einer Entfernung von 2,50 m von der Nachbargrenze mit ausgemauertem Fach- oder Riegelwerk hergestellt werden sollen. ME. v. 18. März 1898 Nr. 4879.

12. Gemäß § 31 ist das neue Gebäude feuersicher einzudecken.

14. Bauten von mehr als gewöhnlicher Ausdehnung und Brandgefahr.

§ 46.[1])

I Bei Neubauten, deren obere Stockwerke zu größeren Versammlungen oder öffentlichen Lustbarkeiten bestimmt sind, müssen die Zugänge zu den Versammlungs- oder Gesellschaftsräumen mit unverbrennlichen Treppen versehen werden.

II Dasselbe kann bei Fabrikgebäuden von mehr als einem Geschosse gefordert werden.

III Die Baupolizeibehörde kann für die in Abs. 1 und 2 bezeichneten Gebäude im Interesse der Gesundheitspflege auch die zur Sicherung einer entsprechenden Ventilation erforderlichen Vorkehrungen anordnen, ohne Rücksicht darauf, ob die fraglichen Lokalitäten sich im Erdgeschoß oder in oberen Stockwerken befinden.

IV Bei derartigen Gebäuden von geringerem Umfange dürfen hölzerne Treppen zugelassen werden, deren Wangen aus Mauerwerk oder anderem unverbrennlichem Materiale bestehen.

V Wohn- und Fabrikgebäude von größerer Ausdehnung müssen auf angemessene Entfernung von der Hauptstiege mit Nebentreppen versehen werden, deren Zahl und Lage die Baupolizeibehörde zu bestimmen hat[2]).

VI Wohngebäude von der im § 26 Abs. 4 als zulässig erklärten Maximalhöhe müssen bis zum Dachboden in massiv gemauerten Stiegenhäusern liegende Treppen von unverbrennlichem Material erhalten.

VII Alle Lokale, welche für größere Versammlungen oder öffentliche Lustbarkeiten bestimmt sind, müssen eine entsprechende Anzahl von Ausgängen erhalten, welche leicht und schnell nach Außen sich öffnen lassen[3]). Von den Ausgängen solcher Räume bis zu den Ausgangstüren aus den Gebäuden ins Freie müssen die Hausfluren, Gänge und Treppen eine angemessene Breite, massive Umfassungen und gewölbte Decken erhalten. Die Anzahl der Ausgänge, sowie die Breite derselben, dann die Breite der Gänge, Hausfluren und Treppen hat in jedem einzelnen Falle die Baupolizeibehörde festzusetzen.

VIII Vorstehende Bestimmungen finden auch auf schon bestehende Lokale und Gebäude Anwendung, welche für die bezeichneten Zwecke eingerichtet werden sollen.

1. Vgl. § 68 Ziff. 8. Hienach ist bei Bauführungen im Sinne des § 46 die Versicherungskammer, Abteilung für Brandversicherung, einzuvernehmen. Außer den in § 46 besonders genannten Wohn- und Fabrikgebäuden gehören zu den Bauten von mehr als gewöhnlicher Ausdehnung und Brandgefahr auch Theater, Lichtspielräume, Konzerthäuser, Versammlungssäle, Tanzsäle usw., ferner auch Kirchen, Schulen, Warenhäuser und größere Geschäftshäuser. Vgl. ME. v. 10. Mai 1897 die Bau- und Feuersicherheit der Theater und sonstigen größeren Versammlungslokale betr. MABl. S. 145. — ME. v. 7. Okt. 1903 die Feuer- und Betriebssicherheit in Waren- und Geschäftshäusern betr. MABl. S. 425. Bezüglich der Errichtung von baulichen Anlagen in der Nähe von Munitionsaufbewahrungsräume vgl. § 12 Anm. 4.

2. Vgl. Anweisung für Waren- und Geschäftshäuser A I 9.

3. Vgl. Anweisung für Waren- und Geschäftshäuser A I 9—12, B I 1.

§ 47.

I Gebäude[1]), welche zur Herstellung, Bearbeitung oder Lagerung größerer Quantitäten leicht entzündlicher oder schwer zu löschenden Materials bestimmt sind, müssen mit massiven[2]) Mauern umgeben und, wenn sie mit anderen Gebäuden zusammenhängend gebaut werden sollen[3]), von diesen durch Backsteinbrandmauern[4]) getrennt werden.

II Es kann aber auch eine allseitig freie Lage bis zu 9 m Entfernung von anderen Gebäuden[5]), die Einwölbung, unverbrennliches[6]) Stiegenwerk, dann ein Verschluß der Brandmaueröffnungen nach § 16 Ziff. 4, ein feuerfester Boden und, wenn solche Gebäude mehr als 400 qm Grundfläche haben, deren Abscheidung durch Backsteinbrandmauern in Einzelräume, wie sie dem Betriebe des Geschäfts und der Konstruktion des Baues angemessen sind, gefordert werden.

III Die durch Brandmauern getrennten Räume dürfen verbunden werden[7]):

a) mittels eines unter Ausschluß aller Holzteile aus Eisen oder Stein und Glas konstruierten Balkones, welcher durch in die Langmauer eingefügte Türen von der in § 16 Ziff. 4 Abs. 4 näher beschriebenen Beschaffenheit zugänglich ist;

b) durch einen an die Brandmauer anstoßenden Einbau, der den mittelbaren Zugang in den abgetrennten Gebäudeteil ermöglicht; dieser Einbau ist aus mindestens 0,25 m starkem Backsteinmauerwerk herzustellen und in allen Stockwerken zu wölben; derselbe darf weder eine Stiege noch Holzteile enthalten und auch nicht zur Lagerung irgendwelcher Stoffe dienen.

Die Türen des Einbaues müssen die in § 16 Ziff. 4 Abs. 4[8]) vorgeschriebene Beschaffenheit erhalten und im rechten Winkel zur Türe in der Brandmauer stehen; etwaige Fenster sind in der Langmauer anzubringen und deren Stärke und Rahmen aus unverbrennlichem[6]) Materiale herzustellen.

Öffnungen zur unmittelbaren Verbindung der zu trennenden Räume sind in der Brandmauer nur insoweit gestattet, als sie zur Führung von Transmissionswellen unumgänglich nötig sind. Solche Öffnungen müssen an beiden Seiten durch Büchsen geschlossen werden, deren Flanschen in die Brandmauer eingeschraubt sind. Zwischen den Büchsen und der Peripherie der Transmissionswelle ist ein Spielraum von höchstens 15 mm zulässig.

IV Vorstehende Bestimmungen finden keine Anwendung auf Stallungen, Scheunen und Schupfen[9]).

1. Ob die in Frage kommenden Gebäude Feuerstätten enthalten oder nicht, ist gleichgültig. — Wie sich aus Abs. IV ergibt, wonach die Bestimmungen des § 47 nicht einmal auf Stallungen, Scheunen und Schupfen Anwendung finden, hat § 47 offene Schutzdächer nicht im Auge. Vgl. ObstLG. 10 S. 92.

§ 16 Ziff. 1 Abs. III sieht für solche Gebäude vor, daß die Brandmauern in den in § 16 Abs. I angegebenen Stärken 0,30 m über die Dachfläche geführt werden müssen. — § 16 Ziff. 4 Satz 2 verbietet die Anbringung von Öffnungen in den Brandmauern. — Vgl. ferner § 68 Ziff. 8, wonach die Versicherungskammer, Abteilung für Brandversicherung mit ihren Erinnerungen zu hören ist, wenn nicht schon die Zustimmung dieser Behörde vom Gesuchsteller selbst beigebracht wird. — Vgl. auch ME. v. 7. Okt. 1903 die Feuer- und Betriebssicherheit in Waren- und Geschäftshäusern betr. MABl. S. 425; V. v. 14. Dez. 1913 GVBl. S. 919 über Herstellung, Aufbewahrung und Verwendung von Azetylen sowie über Lagerung von Kalziumkarbid. — Durch ME. v. 14. Juni 1910 Nr. 4035/16 MABl. S. 396 Erbauung von Dampfsägewerken betr. wird die Baupolizeibehörde ausdrücklich darauf hingewiesen, daß die Baupläne für Dampfsägewerke besonders sorgfältig zu prüfen und veranlaßtenfalls der Versicherungskammer zur Äußerung mitzuteilen sind. Bei Dispensgesuchen ist darauf Bedacht zu nehmen, daß, wenn von einzelnen Bestimmungen der BO. abgesehen werden will, in anderer Weise für tunlichste Feuersicherheit zu sorgen ist.

2. D. h. aus Stein oder Eisen, Eisenfachwerkbau.

3. Wenn auch zunächst § 47 von Neubauten spricht, so steht außer allem Zweifel, daß die Baupolizeibehörde auf Grund des § 12 Abs. I auch zur Verhütung eines Brandes die Errichtung einer Brandmauer anordnen kann, wenn an einem Bau im Sinne des § 47 angebaut werden will. So auch Englert, 4. Aufl. S. 99 Anm. 4. — Wegen des Einflusses der engen Reihe vgl. § 49.

4. Die Kalksandsteine des oberbayerischen Hartsteinwerkes Fürstenfeldbruck (früher Reginasteinwerk Emmering) sind zwar gem. § 13 Abs. III als Ersatz widerruflich zugelassen; aber als Ersatz für Backsteine in Gebäuden mit erhöhter Brandgefahr dürfen sie nicht verwendet werden. ME. v. 17. Mai 1919 Nr. 4071 b 12. — Im übrigen vgl. § 13 nebst Anmerkungen.

5. Vgl. Anweisung für Waren- und Geschäftshäuser A I 1.

6. Feuersichere Verkleidung genügt nicht, auch nicht jede f e u e r s i c h e r e Treppe (z. B. aus Eichenholz mit verputzter Unterschicht). Unverbrennlich ist z. B. eine Treppe aus Stein oder Zement.

7. Abs. III findet auf Abs. I und II Anwendung.

8. Nun Satz 3, 4 und 5.

9. Vgl. § 44 und § 45.

§ 48.

Bei Theatern mit Schnürboden und Versenkungen kann gefordert werden[1]):

a) Trennung des Bühnen- und Zuschauer-Raumes durch zwei mindestens 1 m voneinander entfernt stehende, mindestens 1 m starke und ebenso hoch über die Dachfläche reichende Backsteinbrandmauern[2]), die im Proszeniums-Ausschnitte durch Backsteingewölbe oder Eisenkonstruktionsteile verbunden sind; — eine weitere Verbindung beider Räume ist nur nach § 47 Abs. 3 lit a zulässig;

b) die Aufsetzung von Blitzableitern[3]);

c) die Herstellung und Einwölbung von Vorfluren, Treppenräumen, Gängen und Dachaustritten in genügender Menge, ferner die Herstellung und Einwölbung von eigenen Gebäuden oder Räumen für Gasometer und Heizungsanlagen;

d) die Herstellung von Gangböden und Treppen aus unverbrennlichem Materiale[4]);

e) die Verwendung von Gaslicht oder elektrischer Beleuchtung, von Dampf- oder Heißwasserheizung und die Herstellung von eisernen Vorhängen, Ventilationsapparaten und Löschvorrichtungen.

1. Bauführungen im Sinne des § 48 sind gem. § 68 Ziff. 8 BO. der Versicherungskammer, Abteilung für Brandsachen, zur Erinnerungsabgabe zu übermitteln. Vgl. hiezu ME. v. 10. Mai 1897 die Bau- und Feuersicherheit der Theater und sonstigen größeren Versammlungslokale betr. MABl. S. 145 sowie B. v. 15. März 1922 betr. vorbeugenden Brandschutz StAnz. Nr. 64; s. ferner § 12.

2. Als Ersatz für Backsteine in Gebäuden mit erhöhter Brandgefahr dürfen Kalksandsteine nicht verwendet werden. ME. v. 17. Mai 1919 Nr. 4071 b 12.

3. Vgl. MBO. über Blitzschutz für Gebäude v. 22. Mai 1899 MABl. 193; ME. über Blitzableiter v. 6. Juli 1912 MABl. S. 767 und 4. April 1913 MABl. S. 256.

4. Aus Stein oder Eisen.

15. Winkel, Hofräume und Rückgebäude.

§ 49.[1])

I Winkel und sogenannte Reihen (Ehegräben 2c.)[2]) zwischen den einzelnen Bauten[3]) müssen, wo nur immer möglich, vermieden[4]), unter allen Umständen aber so gepflastert werden[5]), daß ein entsprechender Wasserablauf ermöglicht ist[6]).

II Vorrichtungen zur Einleitung des Inhaltes von Abtritten in solche Reihen sind unzulässig und zur Einleitung von Schmutzwasser nur dann erlaubt, wenn eine hinreichende Spülung mit reinem Wasser bewirkt werden kann[7]).

1. Die privatrechtlichen Verhältnisse der engen Reihen sind durch das BGB. geregelt. Auf die §§ 921, 922 BGB. wird besonders verwiesen. Vgl. auch Meisner, Nachbarrecht II. Auflage, 1908 S. 41 ff.; ferner E. Reuter Bl. f. a. Pr. 1902 S. 385 ff. Solange die Grenze subjektiv ungewiß ist, wird angenommen, daß die in Betracht kommende Fläche den Nachbarn gemeinschaftlich zusteht. Die in § 921 BGB. ausgesprochene Vermutung geht nicht auf ein Miteigentum der Nachbarn, sondern auf ein gemeinsames Benutzungsrech der angrenzenden Nachbarn. Es gilt jeder Angrenzer als Eigentümer bis zur Grenze; Ausnahmen hievon auf Grund der §§ 95 und 912 BGB. Eintragung ins Grundbuch ist nicht nötig. Die gemeinsame Benutzung wird durch § 922 BGB. näher geregelt. § 922 behandelt aber nur die privatrechtlichen Verhältnisse der beteiligten Eigentümer und bezieht sich nicht auf Benutzungsnormen und Benutzungsbeschränkungen, die sich aus dem öffentlichen Rechte ergeben. Im übrigen enthält das BGB. selbst keine Bestimmungen über Grenzabstände oder Lichtrecht. Dagegen sind im bayr. AG. BGB. Bestimmungen enthalten, die im Hinblick auf die Anlage neuer bezw. auf den Schutz vor-

handener Fenster einen bestimmten Abstand vorschreiben, den der Bauherr bei der Errichtung neuer Gebäude von der Nachbargrenze einzuhalten hat.

Auf Art. 62—67 AG. BGB. wird verwiesen. Besondere Einschränkungen können noch auf privatrechtlichen Vereinbarungen zwischen den Nachbarn beruhen. Hievon abgesehen, haben noch die öffentlich-rechtlichen Bestimmungen der BO. Einfluß auf die Bebauung eines Grundstücks. In den §§ 44, 45 schreibt sie für Holzbauten gewisse Abstände vor. Im übrigen jedoch enthält sie keine Maßbestimmungen über den Abstand eines Gebäudes gegenüber Nachbargebäuden oder gegenüber der Nachbargrenze. Es besteht hiefür kein zwingendes Bedürfnis, da die Baupolizeibehörde im Hinblick auf die Bestimmung der §§ 40, 49 BO. die Bebauung der Grundstücke in bestimmter Weise regeln kann.

2. Ein absolutes Verbot der Winkel und engen Reihen ist in § 49 nicht enthalten, weil einerseits in vorhandenen Bauanlagen enge Reihen sehr häufig noch bestehen und andererseits das Entstehen von Winkeln und engen Reihen in schon bebauten Ortsgebieten nicht unter allen Umständen vermieden werden kann. Doch ist vor allem bei neuen Bauanlagen, insbesondere da, wo ein noch unbebautes Grundstück bebaut werden soll, darauf zu drängen, daß Winkel und enge Reihen vermieden werden.

Es ist nach Möglichkeit zu verhüten, Gebäude in spitzer Winkelform so gegenüber zu stellen, daß ein Zustand entsteht, den gerade § 49 durch das Verbot der Winkel und engen Reihen vermieden wissen will. Unter „Winkeln" sind spitze Winkel zu verstehen. — Die BO. selbst enthält auch über den Begriff „Reihe" keine nähere Erläuterung. Im engeren Sinn ist darunter die Bauweise zu verstehen, bei der zwischen den einzelnen Gebäuden schmale Grundstücksstreifen vorhanden sind. Die Entstehung dieser Bauweise ist darauf zurückzuführen, daß auf Grund des früheren Rechts (Land- und Statutarrecht) mit jeder Bauführung ein bestimmter Abstand von der Grenze eingehalten werden mußte, damit dem Nachbarn der Zutritt von Licht und Luft nicht völlig genommen wird. In diese engen Grundstreifen mündet gewöhnlich eine Anzahl von Fenstern, die zu Wohn- und Schlafräumen führen. Da bei diesem Zustand von einer genügenden Belichtung und Lüftung der Räume nicht gesprochen werden kann, ist die Handhabung der Praxis vollkommen gerechtfertigt, wenn jeder in gesundheitlicher und feuerpolizeilicher Hinsicht zu rügender Abstand als eine „Reihe" angesehen wird. Wann ein Abstand zu rügen ist, unterliegt von Fall zu Fall der baupolizeilichen Würdigung. Dabei kann die Baupolizeibehörde bei Bemessung des notwendigen Gebäudeabstandes den örtlichen Verhältnissen soweit Rechnung tragen, als dies nach den gegebenen Umständen, vor allem auch angesichts der in Frage kommenden Gebäudehöhe die notwendige Rücksichtnahme auf die Gesundheit und Feuersicherheit gestattet; jedenfalls aber muß hintangehalten werden, daß durch ein allzu enges Zusammenrücken der Gebäude derartige Mißstände geschaffen werden, deren Beseitigung § 49 anstrebt. ME. v. 22. Dez. 1903 Nr. 15 745. Im Gegensatz zu der allgemeinen BO. enthält die MBO. in den §§ 70 und 71 eingehende Abstandsbestimmungen für die Rückgebäude und die Rückfronten der Vordergebäude, sowie für die Seitenfronten der letzteren, soweit sie mehr als 22 m von der Baulinie entfernt sind. Die sonstigen Abstände sind in § 68 MBO. eingehend geregelt. „Ein Gebäudeabstand von weniger als 3,50 m ist unzulässig, bei Vordergebäuden und Flügelbauten muß derselbe, wenn sich beiderseits Mauern mit Fenstern gegenüberstehen, mindestens 7 m betragen." Hienach wäre also ein Gebäudeabstand von weniger als 3,5 m eine enge Reihe. Diese generelle Regelung mag für größere Städte, in welchen sich die Bauweise nach einheitlichen auf möglichste Höhenausnützung gerichteten Bestrebungen entwickelt hat, entsprechen; sie kann aber nicht für die baulichen Verhältnisse in den kleineren Orten und auf dem Lande in Anwendung kommen, hier würde die schematische Beurteilung der Abstände nach einer einheitlichen Maßvorschrift zu großen Härten und zu unnötig einschneidenden Eingriffen in das Privateigentum führen. Ganz besonders bei den kleinen bäuerlichen Betrieben. A. M. Englert 4. Aufl. S. 102. Zur Vermeidung der unerwünschten Mißstände ist aber bei baupolizeilicher Würdigung des einzelnen Falles nicht nur der Abstand, sondern auch die Höhe der Gebäude zu berücksichtigen. — Die enge Reihe unterbricht die geschlossene Bauweise nicht. Nach Lage der Sache sind vielmehr Gebäude, die lediglich durch eine enge Reihe getrennt werden, als zusammenhängend zu betrachten, weshalb bei Gebäuden mit Feuerstätten gem. § 40 Abs. I und § 44 Abs. III die an enge Reihen angrenzenden Umfassungen als Brandmauern herzustellen sind.

3. Nach dem Wortlaut gilt das Verbot der Winkel und engen Reihen sowohl für Gebäude als auch für andere Bauwerke wie Hofmauern, Einfriedungsmauern usw., weil durch sie der Licht- und Luftzutritt ebenso verhindert werden kann wie durch Umfassungsmauern. S. auch Anm. 4. Winkel und enge Reihen sind, wo nur immer möglich, zu vermeiden. Eine gesetzliche Vorschrift, nach der ein gewisses Verhalten, wo nur immer möglich geboten oder die Herbeiführung eines gewissen Zustandes, wo nur immer möglich zu vermeiden ist, entbehrt wegen ihres unbestimmten Inhaltes der Aufstellung eines bestimmten Tatbestandes. Sie kann daher auch nicht als Strafgesetz oder als ein sog. Blankettstrafgesetz ausfüllende obrigkeitliche Anordnung gelten. Die Bestrafung der Verletzung dieser Anordnung setzt ein auf einer vorsätzlichen oder fahrlässigen Zuwiderhandlung beruhendes Verschulden voraus. Ein solches läßt sich aber nicht mit Sicherheit feststellen, wenn in der obrigkeitlichen Anordnung ausgesprochen ist, daß sie, wo nur immer möglich, Beachtung verlangt. Selbst wenn man also in § 49 Abs. I nicht ausschließlich eine Anweisung an die Baupolizeibehörde erblickt, sondern im Falle der Vornahme eines nicht genehmigungspflichtigen Baues eine an die Adresse des Bauunternehmers gerichtete Vorschrift, so begründet die Nichtbeachtung der Vorschrift durch den Bauunternehmer nicht dessen Strafbarkeit nach § 367 Ziff. 15 RStGB. oder Art. 101 PStGB. Die Vorschrift in § 49 Abs. I enthält kein unbedingtes, unbeschränktes Verbot. Insbesondere gibt sie keine sicheren Anhaltspunkte, unter welchen Umständen die BO. die Entstehung von Winkeln und engen Reihen in der Regel verbieten und unter welchen Voraussetzungen als Ausnahme zulassen will. Im übrigen kann also die Vorschrift nur bei genehmigungspflichtigen Bauten mit strafrechtlichem Zwange durchgeführt werden. Vgl. auch ObstLG. 8 S. 372. — Gegen die nicht genehmigungspflichtigen Bauten kann bezüglich der engen Reihen und Winkel nur auf Grund der feuer- und sicherheits- sowie reinlichkeits- und gesundheitspolizeilichen Vorschriften vorgegangen werden. —

§ 49 Abs. I will tunlichst verhindern, daß durch eine Bauvornahme ein Winkel oder eine Reihe entsteht. Er befaßt sich nicht mit der Angelegenheit der Aufhebung bestehender Winkel oder mit der Frage des Bestehenlassens vorhandener Winkel, in deren Nachbarschaft ein Neubau aufgeführt wird. Doch ist die Beseitigung vorhandener Reihen möglichst anzustreben. Dies wird sich in der Regel nur dadurch erreichen lassen, daß beim ersten Umbau an den in Frage kommenden Gebäuden diese Beseitigung vorbereitet wird. Zu diesem Zweck muß die Umfassungsmauer des ersten Anwesens gegen das Nachbaranwesen als Brandmauer so ausgestaltet werden, daß beim seinerzeitigen Umbau des letzteren ein unmittelbarer Anbau an das erstere möglich ist. Die Umfassungsmauer ist dabei an die Grenze zwischen den beiden Anwesen zu setzen. Für den Fall, daß die Reihe gemeinschaftlich ist, und der Nachbar seine Zustimmung zu einer Abänderung verweigert, ist zweckmäßig der Umbau des ersteren Anwesens nur unter solchen Bedingungen zu genehmigen, die die Überbauung der ganzen Reihe durch den Nachbarn beim seinerzeitigen Umbau des 2. Anwesens ermöglichen (Reuter, Bl. f. a. Pr. 52 S. 385 ff.). Im übrigen ist nicht bloß von bestehenden Gebäuden ein entsprechender Abstand zu wahren. Es soll vielmehr auch nicht in solchem Abstand von der Anwesensgrenze gebaut werden, daß dadurch die Entstehung einer Reihe für den Fall späterer Bebauung des Nachbargrundstückes vorbereitet wird. So ergibt sich, daß im Gebiete der geschlossenen Bauweise bei jeder Bauführung entweder an die Grenze gebaut oder von dieser tunlichst ein solcher Abstand eingehalten werden muß, der bei einem späteren Bau des Nachbarn an die Grenze das Entstehen einer engen Reihe ausgeschlossen ist. Der bezeichnete Grenzabstand kann jedoch für den zuerst Bauenden geringer als üblich ist, bemessen werden, wenn der Nachbar sich hiemit einverstanden erklärt und sich verpflichtet, bei einer allenfallsigen späteren Bauführung den zur Verhinderung einer Reihe erforderlichen großen Grenzabstand auf seinen Grundstück zu übernehmen. In diesem Falle kann auch von der Forderung einer Brandmauer gegen das Nachbargrundstück abgesehen werden. Es besteht dann auch kein Anlaß, überhängendes Gespärre baupolizeilich zu beanstanden. ME. v. 22. Dez. 1903 Nr. 15 795. Die oben erwähnte Verpflichtungserklärung des Nachbarn braucht nicht notariell verbrieft oder ins Grundbuch eingetragen zu werden. Es kann auch nicht eine beschränkt persönliche Dienstbarkeit (§ 1090 BGB.) des Inhaltes, daß der Grundstückseigentümer von dem Nachbargebäude bei Errichtung eines Neubaues einen Mindestabstand einzuhalten verpflichtet ist, begründet werden zugunsten einer Gemeinde. Es fehlt hier das Begriffserfordernis, daß sie einem privatrechtlichen wirtschaftlichen Bedürfnisse dienen muß. Es genügt die Abgabe der Erklärung zu Protokoll der Baupolizeibehörde. ME. v. 5. Aug. 1904 Nr. 16 478. Die Baupolizeibehörde hat auch die Frage zu würdigen, ob nicht trotz entgegenstehender Bedenken in Würdigung besonderer Verhältnisse ein geringerer Gebäudeabstand ausnahmsweise zur Vermeidung unverhältnismäßiger Nachteile zugelassen werden soll.

Ausgeschlossen wäre ein Umbau, selbst wenn eine Reihe schon bestände, wenn auf den beabsichtigten Umbau die schon bestehende Reihe noch erheblich verschlimmert würde. Bei der Würdigung ist die Höhe der in Frage stehenden Gebäude zu berücksichtigen, desgleichen die Belichtung eines Gebäudes auf den übrigen Seiten und ferner die Belichtung des Gebäudeinnern. Eine enge Reihe ist weniger bedenklich auf einer Gebäudeseite, an der nur Fenster für Nebenräume wie Gänge, Treppenhäuser, Bäder, Speisekammer ꝛc. vorhanden sind.

Durch rücksichtslose Ausnützung der nach der BO. zulässigen Bebauungsmöglichkeit könnte die altherkömmliche Bausitte empfindlich gestört und hiedurch der nachbarliche Besitzstand sowie die alte gesunde und schöne Bauweise dauernd geschädigt werden. Es handelt sich hier um die wichtige Voraussetzung eines wirksamen Heimatschutzes für das große Gebiet der Städte- und Ortsbebauung; die für die bereits besiedelten Ortsteile geltende ortsübliche Bauweise und Bausitte ist der Beurteilung eines Baugesuches als örtliche Baunorm zugrunde zu legen. Es erscheint zweckmäßig in zweifelhaften Fällen durch ortspolizeiliche Vorschrift oder durch Baubeschränkung im Sinne des § 2 BO. dies festzusetzen. Vgl. aut. ME. v. 8. Juli 1913 Nr. 4062 a 2. Es ist zu erstreben die offene Bauweise, wo sie ortsüblich ist, aufrecht zu erhalten. Doch ist es fraglich, ob im einzelnen Falle mangels ausdrücklicher Vorschrift auf der offenen Bauweise da zu bestehen ist, wo ihre Durchführung den wirtschaftlichen Bedürfnissen des Bauwerbers widerspricht. Das wäre z. B. der Fall, wenn das Grundstück beschränkt ist und der Bauwerber daher gezwungen ist, seinen Platz so auszunützen, wie es seine wirtschaftlichen Bedürfnisse zwingend verlangen. ME. v. 11. April 1922 Nr. 4064 a 2. Die Rücksichten des Städtebaues fordern im Hinblick auf die bauliche Umgebung der Baustelle dringende Berücksichtigung. ME. v. 26. Aug. 1922 Nr. 4059 a 14.

5. Vgl. Anm. 1 und §§ 921, 922 BGB. Soferne nicht äußere Merkmale darauf hinweisen, daß im Falle des § 921 BGB. die Einrichtung einem der Nachbarn allein gehört, wird erwartet, daß die Eigentümer der Grundstücke zur Benützung der Einrichtung (Zwischenräume, Gruben rc.) gemeinschaftlich berechtigt sind. In diesem Falle sind gem. § 922 BGB. die Unterhaltungskosten von den Nachbarn zu gleichen Teilen zu tragen. Es kann also jeder der Nachbarn verlangen, daß die Pflasterungskosten von jedem zu gleichen Teilen zu tragen sind, da die Pflasterung eine öffentlich-rechtliche Verpflichtung gem. § 49 Abs. I BO. ist.

6. Um den Wasserablauf zu ermöglichen, muß also die Wasserrinne eine entsprechende Neigung aufweisen und möglichst wasserundurchlässig hergestellt sein. Auf Grund des Art. 73 PStGB. können durch ober- und ortspolizeiliche Vorschriften und in Ermangelung von letzteren durch bezirkspolizeiliche Vorschriften nötigenfalls noch weitere Anordnungen zum Schutze gegen die Durchfeuchtung der an die enge Reihe grenzenden Räume getroffen werden. Vgl. auch § 11 und § 16 die V. v. 10. Febr. 1901 die Wohnungsaufsicht betr. Hiernach sollen alle zum Aufenthalt für Menschen dienenden Räume in Bezug auf baulichen Zustand, Trockenheit und Reinlichkeit derart beschaffen sein, daß aus ihrer Benützung gesundheitliche Gefahren nicht entstehen. Die nähere Regelung zur Durchführung dieser Vorschrift hat im Wege ober- oder ortspolizeilicher Vorschriften zu erfolgen.

7. Auf Grund der Art. 73, 93, 94 PStGB. können zur Durchführung der Vorschrift des § 49 BO. weitere Vorschriften erlassen werden.

§ 50.

I Bei allen Wohnhausneubauten müssen Hofräume[1]) vorhanden sein und sollen sowohl die neu anzulegenden, als auch die bereits bestehenden Hofräume in einer den Anforderungen der Feuersicherheit[2]) und Gesundheitspflege entsprechenden Größe, welche in jedem einzelnen Falle nach dem Umfange und der Höhe der Gebäude, jedoch nicht auf weniger als ein Viertel der zur Überbauung bestimmten Fläche[3]) zu bemessen ist, unüberbaut erhalten werden.

II Solche Hofräume dürfen auch nicht durch Bauten, welche nach § 6 Abs. II polizeilicher Genehmigung nicht bedürfen, weiter verkleinert werden[4]).

III Die Überdachung eines Hofraumes mit Glas kann unter besonderen Verhältnissen gestattet werden[5]).

1. Gebäude, die nicht an einer öffentlichen Straße liegen, sind in der Regel als Rückgebäude zu erachten. Ihre Errichtung setzt ebenso wie die Errichtung eines Hauptgebäudes das Vorhandensein eines Hofraumes im Sinne des § 50 voraus. Solche den Anforderungen der Feuersicherheit und Gesundheit entsprechende und in ihrem Bestande gesicherte Hofräume müssen sich nach der ME. v. 19. Okt. 1904 Nr. 21393 vor allen in denjenigen Umfassungsmauern des Rückgebäudes befinden, welche mit Fenstern versehen sind. Ein Anbauen an eine schmale Privatstraße ist also nur dann zulässig, wenn dieselbe von dem betreffenden Bau auf eine seiner Höhe entsprechenden Breite durch Zurückrücken von der Weggrenze gebracht ist. Vgl. § 1 Anm. 4 am Ende. — Unter „Hof" ist ein in der Hauptsache leerer, nicht überbauter oder doch nur teilweise angepflanzter Raum zu verstehen, der in einem bestimmten Größenverhältnis zu der überbauten Fläche steht. Er dient in der Hauptsache wirtschaftlichen Zwecken. Er liegt, wo Rückgebäude oder Nachbargebäude, die an einer anderen Straße liegen, in Frage kommen, in den weitaus meisten Fällen auf der Rückseite des Hauptgebäudes (vgl. § 51). Daß er von mehreren Seiten eingeschlossen ist, entspricht vor allem dem landläufigen Begriff des Hofes, Hofraumes in der Stadt. Eine Fläche von geringer Ausdehnung dagegen wird durch die Bepflanzung mit Bäumen und durch die Anlage einiger Rosenbeete zwischen den nötigen Zugangswegen und Umfassungen zum Garten, ist also nicht als Hof zu behandeln. Vgl. ObstLG., Bd. 13 S. 204.

2. Gem. § 25 BO. muß die Anwendung der Feuerlöschgerätschaften gesichert erscheinen.

3. Wenn auch § 25 Abs. I und § 50 Abs. I bezüglich der Höhe des Rückgebäudes keine nähere Bestimmung enthalten, so erscheint nach ME. v. 15. Nov. 1905 Nr. 21 487, durch welche die Genehmigung zur Bebauung eines Gebäudes auf Grund dieser BO. versagt wurde, die analoge Anwendung der in § 70 Abs. I MBO. aufgestellten Norm, wonach Rückgebäude von Vordergebäuden ꝛc. mindestens soweit entfernt sein müssen, als die mittlere Höhe der in Frage kommenden Gebäude beträgt, auch im Gebiete der allgemeinen BO. gerechtfertigt. — Die Bemessung der Größe des Hofraumes ist nur an die eine zwingende Vorschrift gebunden, daß der Hofraum nicht weniger als 1/4 der zur Überbauung bestimmten Fläche betragen darf. Im übrigen aber ist sie in das Ermessen der Baupolizeibehörde gestellt, die hiebei nur auf die Feuersicherheit und Gesundheitspflege sowie auf den Umfang und die Höhe der den Hofraum umgebenden Gebäude Rücksicht zu nehmen hat. Die Baupolizeibehörden sind daher je nach der Lage des einzelnen Falles frei in der Wahl der maßgebenden Gesichtspunkte, insbesondere auch darin, ob sie etwa nach dem Vorbild des § 70 MBO. für die Hofbreite die mittlere Höhe der umgebenden Gebäude zugrunde legen wollen. Vgl. aut. ME. v. 11. Dez. 1914 Nr. 4049 c 2/1914.

Auf Grund des Art. 101 Abs. II PStGB. können, wenn aus besonderen Gründen ein örtliches Bedürfnis besteht, allgemein verbindliche Grundsätze zum Vollzug des § 50 BO. aufzustellen, ortspolizeiliche Vorschriften erlassen werden.

Maßgebend ist also im allgemeinen die Größe des Baugrundstückes selbst, nicht etwa die Größe des unbebauten Nachbargrundstückes. Doch können unter Umständen bei einer Dispensation diese Verhältnisse berücksichtigt werden. — Im Hinblick auf den Zweck der Vorschrift des § 50 BO. (Rücksicht auf Feuersicherheit und Gesundheitspflege) wurde erkannt, daß diejenige Fläche, über welche sich längs des ersten Stockes des Wohnhauses 3,35 m über der Erdbodensohle ein galerieartig in den Hofraum hinausragender Abortgang hinzieht, als überbaut zu erachten ist. Denn dadurch wird der freie Zutritt von Luft und Licht gehindert, die Feuersgefahr erhöht und die Löschungsarbeit durch die Behinderung der Löschrequisiten erschwert. Vgl.

ObstLG. 4 S. 164. — Weitergehende Beschränkungsmöglichkeit besteht auf Grund des § 2 BO. Wenn ein Hofraum als überbaut und wenn als nicht überbaut anzusehen ist, ist nach Lage des einzelnen Falles zu beurteilen. Als Überbauung im Sinne des § 50 ist nur die Herstellung von massiven Gebäuden über dem Straßen- oder Hofniveau, nicht auch die Unterkellerung eines Anwesens zu verstehen. Wenn eine unterirdische Bauanlage an einer außerhalb des Verkehrs liegenden Stelle des Hofraumes in geringer Höhe über das Niveau des Hofraumes herausragt, und keinen Anlaß zur Belästigung in irgend einer Weise bietet, kann nach Lage des Falles dieser Teil des Hofes als unüberbaut gelten.

4. Wenn auch für die in § 6 Abs. II erwähnten Bauten die Größe des Hofraumes nicht von der Baupolizeibehörde festzusetzen ist, so muß doch immer die Größe nicht weniger als ein Viertel der zur Überbauung bestimmten Fläche bemessen werden.

5. An sich soll eine Überdachung des Hofraumes nicht erfolgen. Wenn eine Überdachung mit Glas zugelassen wird, so verliert die betreffende Hoffläche ihre Eigenschaft als Hofraum nicht und braucht daher bei der Festsetzung der zu überbauenden Fläche nicht in Rechnung gezogen zu werden. Daß die Feuersicherheit und Gesundheitspflege nicht beeinträchtigt werden dürfen, ist bei Erteilung der Erlaubnis zu berücksichtigen.

§ 51.

I Alle Hofräume, in welchen Rückgebäude zur Benützung als Wohnungen, Arbeitslokalitäten, Magazine oder Stallungen sich befinden oder hergestellt werden, müssen eine den Verhältnissen angemessene Zufahrt von der Straße aus haben, welche mindestens 2,30 m Breite und 2,70 m Höhe erreichen muß [1].

II Bei unbewohnten kleineren Rückgebäuden [2] genügt ein äußerer Zugang von 2 m Breite, doch darf die Höhe dieses Zugangs nicht unter 2,70 m betragen.

III Desfallsigen Mängeln bei bestehenden Bauanlagen muß bei Hauptreparaturen oder Hauptänderungen des an die Zufahrt anstoßenden Gebäudeteiles abgeholfen werden [3].

IV Die Baupolizeibehörde kann nach Lage der Verhältnisse gebotene Erleichterungen für Kleinhäuser (§ 14 Abs. III) zulassen [4].

1. Vgl. § 1 Anm. 14. — Die Schaffung einer angemessenen Hofzufahrt ist beim Neubau eines Vordergebäudes wie auch beim Neubau eines Rückgebäudes bei den in § 51 gegebenen Voraussetzungen zu verlangen. Bei bestehenden Anlagen muß bei Hauptreparaturen oder Hauptänderungen des an die Zufahrt anstoßenden Gebäudeteiles allenfallsigen Mängeln abgeholfen werden. Abs. III. S. jedoch Anm. 3. Enthält das Rückgebäude keine selbständigen Wohnungen (also eine Mehrzahl von Wohnräumen), sondern nur einzelne zu den Wohnungen des Vordergebäudes gehörige Zimmer bezw. Nebenräume, dürfte die Voraussetzung des § 51 Abs. I nicht erfüllt sein. Unter Arbeitslokalitäten sind auch einzelne Räume zu verstehen. Küchen und vorübergehend zu Arbeitszwecken benützte Wohnräume fallen wohl nicht unter den Begriff Arbeitslokalitäten. Bei Würdigung der Frage der Angemessenheit der Zufahrt ist zu beachten, daß die Anwendung der Feuerlöschgeräte gesichert erscheinen muß.

über die Frage, ob Vordergebäude, die hinter der Baulinie oder hinter der vorderen Bebauungsgrenze zu stehen kommen, eine Zufahrt haben müssen, enthält die BO. keine Bestimmung. Insbesondere ist weder § 1 Abs. IV noch § 25 hiefür zu verwerten. § 51 aber bezieht sich nur auf Rückgebäude. Diese Frage ist vielmehr ausschließlich aus feuerpolizeilichen Gesichtspunkten zu beurteilen. Für den Fall, daß auf Grund besonderer Verhältnisse eine allgemeine Regelung geboten sein sollte, so wäre auf Grund des Art. 2 Ziff. 14 PStGB. die Erlassung von ortspolizeilichen Vorschriften zu § 368 Ziff. 8 RStGB. ins Auge zu fassen.

2. Dazu gehören zweifellos auch nicht genehmigungspflichtige Bauten, besonders wenn sie auf die Feuersicherheit der Bauanlage von Einfluß sind. Vgl. § 31 Abs. I.

3. Abänderungen der Zufahrt können aber dann nicht angeordnet werden, wenn bei Änderungen im Vordergebäude als Rückgebäude die Zufahrt nicht berührt wird.

4. Neu eingefügt durch V. v. 10. Juli 1918.

16. Abtritte, Dung- und Versitzgruben.

§ 52.

I Für die Anlage, Einrichtung oder Abänderung, sowie für die Entleerung und bauliche Instandhaltung von Abtritten, Dung- und Versitzgruben in Wohngebäuden oder in unmittelbarer Nähe von Wohnungen, Brunnen oder Brunnquellen sind die auf Grund des Art. 73 Abs. 1 des Polizeistrafgesetzbuches erlassenen oder künftig ergehenden Vorschriften maßgebend [1]).

II Dung- und Versitzgruben müssen unter allen Umständen mindestens 1 m von den Umfassungswänden bewohnter Gebäude entfernt hergestellt und erstere überdies so angelegt werden, daß ihr etwaiger Überlauf sich nicht dem Wohnhause nähert.

1. Nach § 8 BO. kann durch ortspolizeiliche Vorschrift angeordnet werden, daß auch zur Herstellung oder wesentlichen Veränderung von Abtritten, Dung- und Versitzgruben polizeiliche Genehmigung zu erwirken oder daß der Ortspolizeibehörde zur Wahrung bestehender Vorschriften binnen bestimmter Frist vor dem Beginne der Ausführung dieser baulichen Anlagen Anzeige zu erstatten ist. — S. § 8 nebst Anmerkungen. — Die BO. selbst enthält noch in den §§ 12, 29, 49 materielle Vorschriften über Abtritte und ihre Bestimmungen sind auch für die Frage maßgebend, in welchen Fällen und unter welchen Voraussetzungen zur Herstellung oder wesentlichen Veränderung von Abtritten die polizeiliche Genehmigung zu erwirken ist. Wenn eine solche zu erwirken ist, so ist nach § 9 BO. die Vorlage von Plänen nötig, bezüglich deren im Falle der Vornahme von Hauptreparaturen und Hauptänderungen § 4 lit. b die nötigen Anordnungen enthält. Der Bauherr hat also bei der Bauvornahme die materiellrechtlichen Bestimmungen der BO. und die nach Maßgabe des Art. 73 Abs. I PStGB. erlassenen Vorschriften einzuhalten, zu der Bauvornahme die polizeiliche Genehmigung zu erwirken und Pläne vorzulegen. Vgl. ObstLG. 11 S. 376. — Die Wiederherstellung eines vollkommen beseitigten Abtrittes ist der Neuherstellung

gleichzuachten. — Die Bestrafung dessen, der einen Abtritt in einem Wohngebäude oder in unmittelbarer Nähe einer Wohnung ohne die nach polizeilicher Vorschrift erforderliche polizeiliche Genehmigung anlegt, wird dadurch nicht ausgeschlossen, daß durch die Anlage der schon früher vorhanden gewesene von einem andern eigenmächtig zerstörte Abtritt in den früheren Zustand wieder hergestellt wird.

Vgl. ObstLG. München 6 S. 421.

Vgl. ferner § 14 der V. v. 10. März 1901 betr. die Wohnungsaufsicht: die Abortanlagen müssen, unbeschadet der auf Grund des Art. 73 Abs. I PStGB. erlassenen Bestimmungen, so eingerichtet sein, daß ihre Benützung ohne Verletzung von Sitten und Anstand erfolgen kann.

17. Besondere Bestimmungen.

a) Für Städte und Märkte mit geschlossener Bauweise[1]).

§ 53.

I An bestehende[2]) oder nach den Baulinienplänen neuanzulegende öffentliche Plätze, Straßen und Wege[3]) sollen in der Regel nur Hauptgebäude gestellt werden; wegen besonderer Verhältnisse können Ausnahmen gestattet werden[4]).

II Bei dem Anstrich der Gebäude ist die Anwendung der reinen Kalkweiße sowie alle grellen Farben untersagt.

III Wettermäntel[5]) von Holz sind nur bei freistehenden[6]) Gebäuden oder an Mauern ohne Fenster- und Türöffnungen zulässig.

IV In Städten von mehr als 20000 Seelen ist bei allen Neubauten und Hauptreparaturen an der Straßenseite den Anforderungen der Ästhetik zu genügen[7]). Dieser Anforderung zuwiderlaufende Pläne sind abzuändern[7]) und festzusetzen, ohne daß jedoch durch die für notwendig erkannten Abänderungen die Kosten der Bauführung wesentlich vermehrt werden dürfen.

1. Über offene und geschlossene Bauweise vgl. § 2 Anm. 3.

2. Vgl. Anm. 3 § 1.

3. Vgl. § 1 Anm. 4.

4) Für die Nebengebäude gibt § 53 Abs. I die Richtpunkte für das baupolizeiliche Ermessen und für die Regel eine ausreichende von der Baulinienfestsetzung unabhängige Handhabe um etwaige Benachteiligungen des Straßenbildes hintanzuhalten. Die in § 6 Abs. II bezeichneten Bauwerke dürfen als Nebengebäude in Städten und in Märkten mit geschlossener Bauweise und mit besonderer Bewilligung der Baupolizeibehörde an die Baulinien gestellt werden. Im übrigen bildet aber die Außerachtlassung der Vorschrift des § 53 Abs. I bei der Instruierung der Baugesuche keine Handhabe für die aufsichtliche Aufhebung des rechtskräftig gewordenen Baubescheides, da eine Aufhebung nur aus erheblichen Gründen des öffentlichen Interesses erfolgen kann. ME. v. 14. März 1919 Nr. 4058 d 1. — S. auch § 1 Anm. 10. Bezüglich des Begriffs „Gebäude" vgl. § 1 Anm. 6.

5. Der Begriff Wettermantel erfordert, daß eine Hauswand vorhanden ist, welche durch eine „Wettermantel" genannte, hölzerne Hülle gegen atmosphärische Einflüsse geschützt werden soll. S. MABl. 1905 S. 557.

6. Über den Begriff freistehend entscheidet das baupolizeiliche Ermessen. Vgl. jedoch §§ 41 und 44 BO.

7. Nach Art. 101 Abs. III PStGB. können im Interesse der Verschönerung weitergehende baupolizeiliche Vorschriften durch Verordnung bezirks- oder ortspolizeiliche Vorschriften getroffen werden. Die hierauf gegründeten Abänderungen des Bauplanes dürfen jedoch die Kosten der Bauführung nicht wesentlich vermehren. — Bezüglich des Heimatschutzes und der heimischen Bauweise vgl. ME. v. 22. Aug. 1923 Nr. 4078 a 70 StAnz. Nr. 194. Die über den Schutz der Baudenkmale und der Pflege der heimischen Bauweise bestehenden Bestimmungen, insbesondere die bezirks- und ortspolizeilichen Bestimmungen, sind zeitgemäß zu ergänzen und unter Berücksichtigung der wirtschaftlichen Verhältnisse und der Forderungen des Heimatschutzes zu vollziehen. Zur sachgemäßen und sachkundigen Beratung können die Bauberatungsstellen, insbesondere die Bauberatungsstelle des Bayr. Landesvereins für Heimatschutz in München, Ludwigstr. 14. Eing. III, Gartenhaus, in Anspruch genommen werden.

Die Abänderung des Bauplanes hat im Einvernehmen mit dem Bauherrn zu geschehen. Polizeilicher Zwang ist möglichst zu vermeiden. ME. v. 31. März 1909 Nr. 6421 und 17. März 1910 Nr. 4035/4. — Mit den Bestimmungen des § 53 wäre es nicht zu vereinbaren, wenn z. B. an gewissen Straßen ebenerdige oder einstöckige Häuser ausgeschlossen oder an der Baulinie bestimmter Straßen nur Gebäude mit einer bestimmten Frontlänge zugelassen werden sollten. So auch Englert, 4. Aufl. § 53 S. 110.

§ 54.

I Die Räume, in welche hölzerne Haupttreppen in Wohngebäuden [1]) zu stehen kommen, müssen mit massiven Mauern von mindestens 0,25 m Stärke umgeben [2]) und von den Speichern nach § 26 Abs. 5 und 6 getrennt [3]), die Treppen aber von unten mit einer verputzten Decke versehen werden.

II Auch die vom obersten Stockwerke zu dem Dachraume führenden Treppen müssen zwischen massiven Mauern von vorbezeichneter Stärke liegen [4]).

III Bei Kleinhausbauten [5]) (§ 14 Abs. 3) kann für Treppenraummauern, an die sich hölzerne Stockwerkstreppen bezw. deren Wangen anlehnen, eine Ziegelmauerstärke von 0,12 m zugelassen werden. Beim Einzelhaus können massive Treppenmauern und Trennung von den Speichern nach § 26 Abs. 5 und 6 erlassen werden; die Herstellung einer verputzten Treppenuntersicht ist nur insoweit notwendig, als die Treppe den Abschluß gegen den Keller bildet.

IV Haupttreppen müssen in jedem Stockwerk mit mindestens Einem leicht zu öffnenden Fenster von gehöriger Größe versehen sein, welches direkt ins Freie geht [6]).

V Diese Vorschriften sind auf bestehende Gebäude, wo es möglich ist[7]), dann anzuwenden, wenn wenigstens ein ganzes Stockwerk eine wesentliche Umgestaltung erhält.

VI Die Baupolizeibehörde kann bei Einfamilienhäusern, die mit Einschluß des Dachgeschosses nicht mehr als zwei bewohnbare Obergeschosse haben, dann bei Miethäusern, die mit Einschluß des Dachgeschosses nur ein bewohnbares Obergeschoß haben, die nach den gegebenen Verhältnissen und mit Rücksicht auf die Sicherheit der Personen tunlichen Erleichterungen gewähren[8]).

1. Bezüglich der Bauten von mehr als gewöhnlicher Ausdehnung und Brandgefahr vgl. §§ 46, 47 Abs. II, 48 Buchst. c und d nebst den Anmerkungen hiezu. S. ferner die ME. v. 7. Okt. 1903 die Feuer- und Betriebssicherheit in Waren- und Geschäftshäusern betr. (MABl. S. 425). Im übrigen bezieht sich die Vorschrift des § 54 lediglich auf solche Treppen, die Räume zugänglich machen, welche zum dauernden Aufenthalt für Menschen bestimmt sind. Dies ist bei Wohngebäuden immer anzunehmen. Es kommt daher auf die Absicht des Baugesuchstellers, einen Raum zum dauernden Aufenthalt für Menschen nicht zu benützen, nicht an.

2. Die Vorschriften der BO. über die Stärke der Mauern und über die Art ihrer Ausführung beruhen auf statischen Erwägungen. Sie bezwecken eine die Sicherheit gewährleistende einwandfreie Bauweise. Da eine durch Anblendung verstärkte Mauer statisch nicht den gleichen Anforderungen wie eine im regelrechten Verbande hergestellte Mauer entspricht, darf die Mauer nicht durch Anblendung die vorgeschriebene Stärke erhalten. Dies ist daher auch in den Fällen des § 54 unzulässig (vgl. ME. v. 15. Juli 1897 Nr. 12 515). — Bezüglich der Treppenumfassungen genügt es, wenn diejenigen Mauern, an die sich die Stockwerkstreppen bezw. deren Wangen unmittelbar anlehnen, in der Stärke von 25 cm aufgeführt werden (vgl. ME. v. 23. Mai 1884 Nr. 5569). Wegen der Kleinhausbauten und Einzelhauses s. Abs. III.

3. Es sind also Fehlböden anzubringen, die nach erfolgtem Verstriche der Fugen 6—8 cm hoch mit reinem, trockenem und unverbrennlichem Material auszufüllen sind.

4. Die Bestimmung in Abs. II ist auf die Schaffung der Feuersicherheit der bewohnten Räume gegründet. Wenn die innerhalb eines als Wohnung voll ausgebauten Dachstockes gelegene, zum darüberliegenden als Dachraum benützten Kehlgebälk führende Treppe nicht feuersicher hergestellt ist, wird sie im Brandfall zur Gefahr für die Dachgeschoßinwohner. Das ist schon der Fall, wenn die Treppe nicht in Fortsetzung der Haupttreppe liegt wegen des Ausschlusses des Rückweges nach unten. Die innerhalb der vollständig zu Wohnzwecken verwendeten Dachräume zum Kehlgebälk führenden Treppen müssen daher dem § 54 Abs. II entsprechen. Die ME. v. 26. Aug. 1913 Nr. 4059 a 8 spricht aus, daß unter oberstem Stockwerk das zu Wohnzwecken ausgebaute Dachgeschoß zu verstehen ist. — Wenn auch die Forderung nach Feuersicherheit nicht übertrieben werden soll, so ist auf einen feuersicheren Abschluß gegen den Dachraum unter allen Umständen zu drängen.

5. Abs. III wurde neu eingefügt durch V. v. 10. Juli 1918.

6. Aus sicherheitlichen und gesundheitlichen Gründen muß bei Treppenhäusern für gute Belichtung und für genügend und leicht vorzunehmende Lüftung gesorgt sein.

7. Die Anwendung dieser Vorschriften hat zu erfolgen, soweit dies technisch möglich ist und wo es ohne verhältnismäßige Kosten und Schwierigkeiten geschehen kann. Vgl. ME. v. 25. Sept. 1891 Nr. 14 847.

8. Die Bedenken gegen Treppenhäuser mit Glasdach mindern sich bei Kleinwohnungsbauten mit geringerer Grundfläche und Geschoßzahl. Die Anordnung einer angebauten Treppe gestattet sicherlich eine bessere Ausnützung der Straßen- bezw. Hofseiten für Wohnräume und kann für den Kleinwohnungsbau besonders in größeren Städten mit erhöhten Bodenpreisen eine wesentliche Erleichterung bieten. Die Sicherheit der Personen ist aber immer aufs genaueste zu berücksichtigen.

b) Für Märkte mit nicht geschlossener Bauweise und für Bauten auf dem Lande, dann im Hochgebirge usw.

§ 55.[1])

In Märkten mit nicht geschlossener Bauweise[2]) und auf dem Lande sind zwar gleichfalls die Rücksichten auf Feuersicherheit, Festigkeit der Bauführung und auf Gesundheit im allgemeinen maßgebend, jedoch kann von den Bestimmungen der §§ 25, 32, 33, 34, 35, 36, 38 und 39 insoweit Umgang genommen werden[3]), als dies mit Rücksicht auf die Baulinie, die Feuersicherheit und Gesundheit nach den örtlichen Verhältnissen von der Baupolizeibehörde für zulässig erachtet wird[4]).

1. Da § 55 im 17. Titel besondere Bestimmungen enthält, kann nach Ermessen der Baupolizeibehörde nicht verlangt werden, daß die Sondervorschriften der §§ 53 und 54 auf Grund des § 55 eingehalten werden; vielmehr kann auf Grund des § 55 lediglich die Beachtung der allgemeinen Vorschriften in den Titeln 1 bis 16 verlangt werden. Es sind nur nach pflichtgemäßem Ermessen der Baupolizeibehörde von einer Reihe von Bestimmungen, die in den genannten Titeln enthalten sind, Erleichterungen möglich. So auch ObstLG. 8 S. 285.

2. Es handelt sich also nur um Märkte mit nicht geschlossener Bauweise, wobei zu bemerken ist, daß ein Markt nur als geschlossen oder als nicht geschlossen gebaut zu betrachten ist.

3. Erleichterungen können also gewährt werden bezüglich der Gebäudehöhe (§ 25), Dachvorsprünge, Dachgesimse und Dachrinnen (§ 32), der Kellerwohnungen (§ 33), Dachwohnungen (§ 34), der äußeren Aufgangsstiegen (§ 35), der Erker (§ 36), der Altanen, Balkone, Galerien und Gänge (§§ 38 und 39).

4. Durch Beschlußfassung der Baupolizeibehörde.

§ 56.

I Im Hochgebirge, im bayerischen Wald, in den mit diesem Walde oder mit dem Böhmerwalde in gleicher Höhenlage befindlichen und denselben klimatischen Verhältnissen unterliegenden Waldbezirken der Oberpfalz, im Fichtel- und Rhöngebirge, im Spessart, Odenwalde und im fränkischen Walde kann gestattet werden, daß Wohn- und Nebengebäude in Dörfern mit nicht geschlossener Bauweise, in Weilern und Einöden auch aus Blockwänden mit oder ohne Verschalung, Verschindelung oder Verschieferung auf gemauertem Sockel ausgeführt werden [1]). Bei Nebengebäuden ohne Feuerstätten kann auch von Blockwänden abgesehen werden [2]).

II In den in Abs. 1 bezeichneten Gegenden kann in Dörfern mit nicht geschlossener Bauweise, dann in Weilern und in Einöden die Verwendung von Holzschindeln zur Eindeckung von Gebäuden von der Baupolizeibehörde unter der Voraussetzung gestattet werden, daß die mit diesem Material einzudeckenden Bauten mindestens 30 m von fremden Gebäuden entfernt sind [3]).

III Die gänzliche oder teilweise Erneuerung einer nicht feuersicheren Eindeckung an bestehenden Gebäuden in den in Abs. 1 bezeichneten Gegenden ist allgemein ohne Unterscheidung der Eigenschaft und der Bauart der Ortschaften und ohne Rücksicht auf das Eindeckungsmaterial sowie auf die Entfernung der Gebäude unter sich zulässig [4]).

IV Unter „Hochgebirge" werden beim Vollzuge vorstehender Bestimmungen alle Gegenden der Alpen und Voralpen sowie des ihnen angeschlossenen gebirgigen Vorlandes verstanden, bei denen die Höhenlage und die klimatischen Verhältnisse in ähnlicher Weise wie in den übrigen in Abs. 1 bemerkten Gegenden gestaltet sind.

1. § 56 enthält eine besondere Vorschrift gegenüber dem § 42, der ohnehin schon Ausnahmen vom Massivbau für Märkte mit nicht geschlossener Bauweise und auf dem Lande vorsieht. — Umfassungen von mit Holz ausgeblocktem Fachwerk sind den Blockwänden gleichzustellen. ME. v. 18. Dez. 1884 Nr. 15 664.

2. Auch hier handelt es sich um eine Abweichung von den an sich für Bauten ohne Feuerstätten geltenden Bestimmungen der §§ 44 und 45. Es sind sonach bei Nebengebäuden ohne Feuerstätten einfache Bretterverschalungen zulässig. Die Erleichterung des § 44 Abs. V für nicht genehmigungspflichtige Bauten gilt auch im Hochgebirge ꝛc. und hängt nicht vom Ermessen der Baupolizeibehörde ab.

3. Ausnahme von § 31.

4. Die sonst einschlägigen Bestimmungen des § 31 Abs. II und III finden in den Fällen des § 56 keine Anwendung. Der Begriff des bestehenden Gebäudes ist nicht mehr gegeben bei Abbruch und Wiederaufbau eines Gebäudes, selbst zum selben Zweck oder an derselben Stelle; diese Unterscheidung ist von Bedeutung wegen der in § 56 Abs. II vorgesehenen Entfernung von fremden Gebäuden. Einbauten und Aufbauten ändern am Begriff des bestehenden Gebäudes nichts, wohl aber nach Lage des Falles der Anbau eines neuen Gebäudes. Auf ein solches neues Gebäude könnte Abs. III keine Anwendung finden.

c) Für Villenbauten (Landhäuser).

§ 57.

Bei freistehenden Villen [1]) darf mit baupolizeilicher Bewilligung ausnahmsweise [2]) von den bestehenden Vorschriften [3]) abgewichen werden, wenn hierdurch keinerlei Gefahr für Nachbargebäude erwächst und die Festigkeit der Bauführung nicht beeinträchtigt wird; die Bestimmungen über Feuerstätten und Kamine müssen aber auch in diesem Falle eingehalten werden [4]).

1. Die Vorschriften des § 57 beziehen sich auf Villenbauten in Städten, Märkten und auf dem Lande. Bezüglich der Möglichkeit hinsichtlich der Bebauungsgrenzen wird auf § 4 verwiesen. Die Frage, ob eine Villa als „freistehend" zu betrachten ist, ist von der Baupolizeibehörde zu würdigen.

2. Die in § 57 vorgesehenen überaus weitgehenden Erleichterungen sind durch baupolizeiliche Bewilligung nur bei genügendem Anlaß zu gewähren, der von der Baupolizeibehörde nach pflichtgemäßem Ermessen zu würdigen ist. Dies ergibt sich daraus, daß nur ausnahmsweise von den bestehenden Vorschriften abgewichen werden darf. Daraus folgt auch, daß bei einer Bauänderung oder Reparatur, die nach §§ 6—8 einer Genehmigung nicht bedarf, bei Abweichungsabsicht um Bewilligung bei der Baupolizeibehörde nachzusuchen ist. Nötigenfalls ist auch ein Plan mit vorzulegen.

3. Nach § 65 II können die Kreisregierungen beim Vorhandensein ganz besonderer Verhältnisse von einzelnen Bestimmungen der BO. dispensieren, also der BO. im allgemeinen. Dem System nach ist § 57 eingeschaltet in den Abschnitt der BO.: „Vorschriften für die Bauführung." Daraus ergibt sich, daß § 57 sich lediglich auf die Vorschriften in diesem Abschnitt bezieht. Von den in Abschnitt I der BO. enthaltenen Vorschriften kann daher nur die Kreisregierung Dispens erteilen. So auch ME. v. 4. Aug. 1894 Nr. 13 964 und 29. Aug. 1896 Nr. 16 486.

4. Durch § 57 ist die Anwendung der sog. „Abel'schen Bauweise" (DRP. Nr. 204 735) ermöglicht. Sollen dabei Feuerungskamine in die Umfassungs- oder Scheidewände eingebaut werden, so müssen die Holzteile dieser Wände von den Kaminmauern durch mindestens 12 cm starkes Mauerwerk getrennt werden. Zwischen Wandverschalungen und Kaminen ist ein Abstand von mindestens 10 cm einzuhalten, wobei der Zwischenraum durch Einstampfen einer unverbrennlichen fugenlosen Masse wie Beton, Mörtel ꝛc. auszufüllen ist. ME. v. 23. Febr. 1911 Nr. 4049 a 3. — Ebenso ist den Baupolizeibehörden anheimgegeben, die Verwendung des Systems „Mack-Haus", das allerdings den nach § 13 zu stellenden Anforderungen nicht gerecht wird, so daß eine allgemeine Zulassung nicht in Frage kommt, ausnahmsweise bei freistehenden Villen im Rahmen des § 57 zu gestatten. Doch sind dabei die im vorletzten Absatz der ME. v. 9. Febr. 1922 Nr. 4701 b 61 StAnz. Nr. 39 bei der Verwendung von Holzstabgeweben gesetzten Bedingungen zu erfüllen. Die Konstruktion des „Mack-Hauses" besteht aus einem regelrechten Fachwerk, das außen und innen mit Gipsdielen verschalt und dann verputzt wird. Der äußere Verputz soll zum Schutz der nicht wetterfesten Gipsdielen als wasserdichter Zementverputz hergestellt werden. ME. v. 15. April 1922 Nr. 4071 b 11. — Laut aut. ME. v. 22. Jan. 1923 Nr. 4105 a 4 können unter der Voraussetzung weiträumiger landhausmäßiger Bebauung und unter dem Vorbehalt, daß keine Gefahr für Nachbar-

gebäude erwächst, die Festigkeit der Bauführung nicht beeinträchtigt wird und die Bestimmungen über Feuerstätten und Kamine eingehalten werden, im Geltungsbereich der BO. Bauweisen, die hinsichtlich Material und Konstruktion den Anforderungen der BO. nicht entsprechen, ausnahmsweise, jedoch ohne Beschränkung der Dauer der Bewilligung auf Grund des § 57 zugelassen werden. Kann dem Bedürfnis nach Anwendung solcher Bauweisen im Rahmen des § 57 im wesentlichen genügt werden, so macht das Ministerium von der Bestimmung des § 13 Abs. III in der Regel keinen Gebrauch.

Nach genannter ME. kommt „die baupolizeiliche Bewilligung auf Grund des § 57 besonders auch für Holzhäuser in Betracht, die dauernd zu Wohnzwecken dienen sollen. Hiebei ist besonders zu beachten, daß § 57 ungeachtet der sonstigen Erleichterungen der Bauweise die Einhaltung der Bestimmungen über Feuerstätten und Kamine fordert. Bei den Holzhäusern, denen zweifellos eine größere Brandgefahr eigen ist als Massivbauten, ist besonderer Nachdruck zu legen auf den einwandfreien Anschluß der Holzteile (Scheidewände, Türstöcke, Balkendecken) an die Kaminmauern und auf die Isolierung der Rauchrohre, wenn die bauordnungsgemäßen Abstände von den Decken und Holzwänden nicht eingehalten werden können. Die Mindestabstände der Zimmeröfen und Herde von Wänden, die Holz unter einem Verputz enthalten (§ 21 Ziff. 2 BO.) sind auch von unverputzten Holzwänden einzuhalten. Die Baupolizeibehörde kann des weiteren den Schutz der Holzwände durch Verputz oder einen Belag aus unverbrennlichem, die Hitzeübertragung hinderndem Material verfügen.

Durch Einrichtung einer Sammelheizung wird zweckmäßig die Anzahl der Feuerstätten verringert. Jedoch ist es nicht angängig, die Verwendung besonderer Herd- oder Ofenkonstruktionen, denen angeblich ein höherer Grad von Feuersicherheit zukommt, vorzuschreiben und in diesem Falle Befreiung von den vorgenannten Bestimmungen zu gewähren, da die dauernde einwandfreie Verwendung solcher Einrichtungen nicht sichergestellt werden kann.

Mit Rücksicht auf die erhöhte Brandgefahr der Holzhäuser ist ihr Abstand von Nachbargebäuden gleicher oder anderer Bauart je nach Grundfläche und Höhenausdehnung mit 15 bis 25 m von Fall zu Fall festzusetzen, der Abstand von der Grundstücksgrenze also auf 7,5 m oder größer zu bemessen."

IV. Zuständigkeit und Verfahren.

§ 58.

I [1]) Die Anträge und Entwürfe wegen Festsetzung oder Abänderung von Baulinien, Höhenlagen oder Baubeschränkungen[2]) (§§ 1, 2) werden von den Distriktsverwaltungsbehörden[3]) vorbehandelt[4]).

II Sie werden beschieden

1. für kreisunmittelbare Städte von den Regierungen, Kammern des Innern, in erster[5]), vom Staatsministerium des Innern in zweiter und letzter Instanz[6]),
2. im übrigen von den Bezirksämtern[7]) in erster, von den Regierungen, Kammern des Innern, in zweiter und letzter Instanz[8]).

III [9]) In der Pfalz steht die Instruktion der bezeichneten Anträge und Projekte für Städte mit mehr als 10000 Einwohnern den Gemeindebehörden zu. Die Bescheidung erfolgt für die vorbezeichneten Städte durch die Kreisregierung, Kammer des Innern. Zu diesem Behufe sind die Akten und Pläne von der Gemeindebehörde mit Gutachten dem Bezirksamte und von diesem mit etwa veranlaßten Erinnerungen der Regierung vorzulegen. Für alle übrigen Gemeinden steht die Instruktion und Bescheidung den Bezirksämtern zu.

1. § 58 behandelt die Frage der Zuständigkeit. Eine verwaltungsrechtliche Zuständigkeit ist in Baupolizeisachen nicht gegeben (s. Art. 8, 10, 11 und 13 Abs. I Ziff. 3 VGG.).

VGH. 2, 183: Die Zuständigkeit des VGH. erstreckt sich nicht auf die letztinstanzielle Entscheidung von Beschwerden wegen Festsetzung neuer oder Abänderung bestehender Baulinien und kann insbesondere nicht auf Art. 8 Ziff. 10 VGG. gestützt werden.

VGH.: 34, 212: Die Versagung einer baupolizeilichen Genehmigung infolge festgestellter Bau- oder Straßenbegrenzungslinien enthält noch keine Zwangsabtretung von Grundeigentum oder Zwangsbelastung mit Dienstbarkeit; Beschwerden über solche Baupolizeibescheide unterliegen deshalb einer verwaltungsrechtlichen Würdigung und Entscheidung auch dann nicht, wenn die Baubeschränkung einem Unternehmen dient, für das eine Zwangsabtretung oder Zwangsbelastung zugelassen ist.

VGH. 27, 145: Zur Beschwerde einer Gemeindeverwaltung gegen baupolizeiliche Aufsichtsbescheide, in denen der Gemeinde die Herstellung eines Baulinienplanes auferlegt wird, hat der VGH. zu prüfen, ob jene Auflage gesetzlich begründet erscheint, nicht aber, ob die angefochtenen Bescheide den Intentionen der BO. oder den Direktiven der obersten Polizeistelle entsprechen.

2. Bezieht sich nur auf beschlußmäßige Baubeschränkungen nach § 2. Für solche durch bezirks- oder ortspolizeiliche Vorschrift sind die Bestimmungen des PStGB. Art. 1 ff. maßgebend.

3. Nun „Bezirksverwaltungsbehörden".

4. D. i. die gesamte Vorbereitung der Sache bis zur Spruchreife. Vgl. § 23 der Vollz.Anw. zum SVG. v. 14. Juni 1919 (GVBl. S. 303).

5. Danach ist Beschlußbehörde in 1. Instanz die Regierung, Kammer des Innern; nur die Vorbehandlung obliegt dem Stadtrat als Bezirksverwaltungsbehörde. Damit ist jedoch nicht ausgeschlossen, daß der Stadtrat zu den Anträgen und Entwürfen beschlußmäßig nach Art. 93, 102 GemO. Stellung nimmt.

6. Das Staatsministerium des Innern ist 2. und letzte Instanz; es kann jedoch auch, ohne als Instanz angerufen zu sein, von Oberaufsichts wegen eingreifen.

7. Nunmehr nach Art. 23 Abs. I Buchst. c SVG. der Bezirksausschuß. Die Vorbehandlung obliegt auch weiterhin dem Bezirksamt (s. § 23 Vollz.Anw. zum SVG.).

8. Außerdem besteht weiterhin das Recht der Aufsichtsbeschwerde zum Staatsministerium des Innern und die Möglichkeit dessen Eingreifens von Oberaufsichts wegen.

9. Abs. III Satz 1—3 ist gegenstandslos. Sämtlichen pfälzischen Städten mit über 10 000 Einwohnern wurde durch die MB. v. 18. Dez. 1919 (GVBl. S. 838) auf Grund des Art. 17 SVG. die Kreisunmittelbarkeit mit Wirkung v. 1. März 1920 an verliehen (ausgenommen bleibt die Stadt St. Ingbert, die nach dem Friedensvertrag zum Saargebiet gehört. Bek. der Regg. der Pfalz v. 13. Febr. 1920 KrABl. S. 86). Es findet somit auf alle pfälzischen Städte über 10 000 Einwohnern die Bestimmung in Abs. II Ziff. 1 Anwendung (vgl. auch Art. 2 des pfälzischen Städteverfassungsgesetzes v. 15. Aug. 1908 mit Art. 17 und 6 SVG.).

§ 59.

I Im Falle des Bedürfnisses [1]) ist die Festsetzung der Baulinie durch die Aufstellung eines Generalbaulinienplanes [2]) vorzubereiten. Dabei finden die §§ 2 [3]) und 3 [4]) entsprechende Anwendung.

II Wo die Baulinie [5]), die Höhenlage [6]) oder die Baubeschränkungen [6]) noch nicht bestimmt sind, hat deren Festsetzung, soweit hiezu überhaupt ein Bedürfnis [7]) besteht (§§ 1, 2) von Amts wegen zu geschehen; die Gemeinde hat die erforderlichen Pläne [8]) und sonstigen Behelfe [9]) einzubringen [10]). Das Gleiche [11]) gilt für die im öffentlichen Interesse gebotenen Baulinienänderungen [12]) und für die Aufstellung von Generalbaulinienplänen [13]).

1. Ob ein Bedürfnis gegeben ist, ist Frage des Einzelfalles. Im allgemeinen wird es dort anzunehmen sein, wo eine rege Bautätigkeit eingesetzt hat oder deren Einsetzen zu erwarten ist und wo, ohne daß die endgültige Festsetzung von Baulinien schon nötig wäre, doch im Hinblick auf die Interessen des Verkehrs, der Gesundheit, der Erhaltung landschaftlicher besonders schutzbedürftiger Punkte usw., eine gewisse grundlegende Regelung der Bautätigkeit angezeigt erscheint. Nicht zulässig ist es, kleine Orte und Ortsteile, in denen eine größere Bautätigkeit nicht zu erwarten ist und auch sonstige öffentliche Interessen nicht zu schützen sind, überfürsorglich mit Baulinienplänen zu überziehen (ME. v. 18. Juli 1905 MABl. S. 317 und ME. v. 3. Aug. 1910 MABl. S. 477).

2. Über Generalbaulinienpläne s. die ME. v. 1. Jan. 1904 (MABl. S. 1); 18. Juli 1905 (MABl. S. 317); 27. März 1907 Nr. 5876 betr. Heimatschutz; 3. Aug. 1910 (MABl. S. 477); 29. Juli 1918 (MABl. S. 259); 12. April 1920 (MABl. S. 138); 12. April 1920 (StAnz. Nr. 88). Ausführliche allgemeine Gesichtspunkte enthält auch die gen. ME. v. 2. Okt. 1912 Nr. 4052 a 35 betr. die Bebauung von Garmisch.

Generalbaulinienpläne sind im einzelnen noch unverbindliche und nur in großen Zügen angelegte Pläne für die Regelung der künftigen Bebauung von Geländeteilen zum Zwecke der Vorbereitung der endgültig festzusetzenden Baulinien und eines einheitlichen Vorgehens in der Festlegung der Hauptverkehrslinien und des Bebauungscharakters (Wohn-, Geschäfts-, Industrieviertel), der Erhaltung und dem Schutze landschaftlicher Schönheiten usw. (s. ME. v. 18. Juli 1905 und 3. Aug. 1910, — Anhang).

Generalbaulinienpläne sind immer nur als die Generalidee zu betrachten, deren einzelne Teile bei der Durchführung noch Veränderungen und Anpassungen unterworfen sein werden. Die wesentlichen Gesichtspunkte der leitenden Generalidee des ursprünglichen Planes müssen jedoch bei der Durchführung erhalten bleiben. Diese werden daher zweckmäßig in einem dem

Plane beigefügten Erläuterungsbericht oder in dem behördlichen Beschluß hervorzuheben sein; ihre Durchführung muß die Baupolizeibehörde mit allen Mitteln anstreben.

Das Verfahren für die Festsetzung von Generalbaulinien ist das gleiche wie das für die endgültigen Baulinien.

Auch den Generalbaulinienplänen kommen bereits Rechtswirkungen zu; s. § 1 Abs. III, § 8 („wo Baulinien in Frage kommen"). — Die Rechtskraftwirkung, die der Aufstellung eines Generalbaulinienplanes ebenso wie der endgültigen Baulinienfestsetzung gegenüber den Beteiligten zukommt, besteht nach der Natur der Generalbaulinie darin, daß die in ihm niedergelegten Grundzüge für die endgültige Baulinienfestsetzung beachtet werden müssen. Eine Beschwerde gegen die Aufstellung eines Generalbaulinienplanes ist daher nur zulässig, soweit sie sich gegen diese Grundzüge richtet; unzulässig also soweit gegen im Generalbaulinienplane vorgesehene Baulinienführung für einzelne Grundstücke gerichtet, da diese nur vorläufig und unverbindlich ist und ein Rechtsschutzbedürfnis noch nicht besteht (ME. v. 7. Mai 1908 Nr. 21 731).

3. Die Festsetzung der Höhenlagen wird bei nicht ebenem Gelände oder bei dessen Lage in oder in der Nähe eines Überschwemmungsgebietes schon bei der Aufstellung eines Generalbaulinienplanes notwendig sein.

Auch die gleichzeitige Aufstellung von Baubeschränkungen zugleich mit dem Generalbaulinienplan kann zweckmäßig und notwendig sein. Generalbaulinienpläne können unter Umständen sogar ihre Wirkung verfehlen, wenn nicht auch gleichzeitig das Bebauungssystem festgelegt wird. Bebauungsschemata sind denkbar hinsichtlich der Verteilung der Baumassen in den Bauquartieren, der Bestimmung der Stockwerkszahl und deren Höhe, der Dachformen, der Firstrichtung, hinsichtlich der Umgebung der Gebäude, deren Bepflanzung usw. Die Praxis hat jedoch gezeigt, daß eine zu große Bedeutung dieser schematischen Regelung der Bebauung nicht beigelegt werden darf. (So ist auch in einer ME. v. 11. Juli 1922 ausgesprochen, daß sich zur Zeit im Hinblick auf die allgemeine wirtschaftliche Lage Maßnahmen zur Festsetzung eines Überbauungssystems bei Eröffnung neuer Stadtviertel verbieten, so wünschenswert deren künstlerisch einheitliche Gestaltung erscheinen mag. Dies gelte auch von dem Streben nach rhythmischem Zusammenschluß der Firste, der in der Regel nur da möglich sei, wo ganze Straßenzüge in einer Hand zum Ausbau gelangen.)

Baulinienpläne und Bauvorschriften müssen stets eine Einheit bilden (ME. v. 30. Juni 1914 Nr. 4078 a 26).

4. Auch § 4 ist, obwohl hier nicht aufgeführt, entsprechend anzuwenden, da nach § 59 II die erforderlichen Pläne und sonstigen Behelfe beizubringen sind.

5. S. § 1 Anm. 1.

6. S. § 2 Anm. 1 und 2.

7. S. Anm. 1 und ME. v. 25. Jan. 1880 (MABl. S. 74; Festsetzung nur soweit Bedürfnis; Beschränkung auf das notwendigste Maß; Bedachtnahme auf schon bestehende Verhältnisse); ME. v. 3. Aug. 1910 (MABl. S. 477, s. Anhang). Vgl. auch § 1 Abs. IV, der den Baupolizeibehörden weitgehende Befugnis gibt, von Baulinien abzusehen.

ME. v. 30. Juni 1911 Nr. 4078 a 26: für alte Orte mit festem Ortskern wird es häufig genügen, die Baufluchten im Stadtinnern als Baulinien gelten zu lassen — Verfahren nach § 59 wird hier meist entbehrt werden können — und nur für solche Stellen, an denen triftige Gründe des Verkehrs oder der Gesundheit eine Änderung verlangen, eine abweichende Baulinie entweder rechtsgültig festzusetzen oder für einen Baufall vorzumerken. Sehr wichtig ist es dabei oft, die Bebauung von ungeeigneten Stellen, so von alten Stadtgräben, Flößufern usw. fernzuhalten.

Für Orte, deren Erweiterung zwar nach dem Stande der Bautätigkeit planlich geregelt werden muß, bei denen aber doch eine gleichmäßig und organisch fortschreitende Besiedlung nicht zu erwarten ist, ist es nicht notwendig, mit erheblichen Kosten einen Gesamtbauplan ausarbeiten zu lassen, der für das ganze Erweiterungsgebiet schon die Einzelheiten festlegt. Hier wird vielmehr häufig ein Generalbaulinienplan im eigentlichen Sinne des Wortes genügen, der im Ortsinnern die notwendigen Verbesserungen vorsieht und im übrigen den alten Bestand erhält, im Außengebiet aber im wesentlichen lediglich die vorhandenen Wege und die für die Zukunft vorzusehenden durchgehenden Wegzüge, Grünstreifen und Grünflächen gegen Überbauung, allzu nahen Anbau und Zaunabsperrung sichert und auf etwaige Aussichtspunkte und Aussichtswege, die durch Pfeile in der Blickrichtung zu kennzeichnen sind, Bedacht nimmt. Für solche Generalbaulinienpläne, in denen häufig die grünen Straßenbegrenzungslinien überwiegen werden, genügt die gleichzeitige Eintragung in die Katasterpläne und in die topographische Karte.

8. S. § 4; wegen der Kosten § 79 Abs. I.

9. Solche sind: Übersichtspläne, Erläuterungen, Grundbesitzverzeichnisse, unter Umständen auch Photographien usw. — Allen Vorlagen, die sich auf Festsetzung, Einhaltung oder Änderung von Baulinien beziehen, ist unter Hervorhebung der wichtigsten Fragen ein Übersichtsplan beizugeben, aus dem die Lage der betr. Straßenzüge im Orte und zu anderen wichtigen Straßenzügen deutlich zu ersehen ist. Soweit veranlaßt, sind die Pläne durch kurze Erläuterungen dieser baulichen und Verkehrsbeziehungen zu ergänzen. ME. v. 21. Mai 1912 Nr. 4058 a 5.

Die Finanzämter sind nicht verpflichtet, die Anfertigung von Katasterauszügen und Grundbesitzerverzeichnissen unentgeltlich für die Gemeinden vorzunehmen. Wohl aber steht den Gemeinden nach Art. 134 Abs. I AG. zum BGB. das Recht zu, von den Katastereinträgen Einsicht zu nehmen und Abschrift zu fordern, die das Finanzamt auf Verlangen zu beglaubigen hat. Soweit allerdings unbeglaubigte Auszüge durch das gemeindliche Personal hergestellt werden, entbehren diese Auszüge des amtlichen Charakters. Für die Erteilung einer beglaubigten oder einfachen Abschrift kann von der Gemeinde Gebührenfreiheit nicht beansprucht werden. ME. v. 13. Febr. 1908 Nr. 2402 und FME. v. 29. Febr. 1908 Nr. 5007.

10. Die Pflicht der Gemeinde zur Beibringung der erforderlichen Pläne und sonstigen Behelfe ist eine durch Art. 101 PStGB. begründete, gesetzliche Verpflichtung im Sinne der Art. 38 GemO., Art. 13 SVG. (vgl. VGH. 27, 145).

11. Bezieht sich nur auf den letzten Halbsatz des vorhergehenden Satzes.

12. ME. v. 30. Juni 1914 Nr. 4078 a 26: für die Frage der Aufhebung alter Baulinienpläne kommt es für solche Orte, in denen Baulinienpläne nach ihrer Entwicklung unerläßlich sind, namentlich darauf an, ob die bestehenden Baulinienpläne für die Gegenwart noch von Belang sind, etwa insoferne entweder Straßenverbreiterungen dort vorgesehen sind und als sich auf Grund solcher Baulinienpläne eintretendenfalls Verbreiterungen der Wege wie auch Verbesserungen des Baulinienplanes selbst leichter durchsetzen lassen als wenn erst völlig neu ein Baulinienplan festgesetzt werden müßte. Frage des Einzelfalles ist es, ob ein solcher Vorteil die Schwäche des Baulinienplanes überwiegt. Zweckmäßig wird hiebei auf dem Plane selbst vermerkt werden, daß der Plan nicht etwa im einzelnen genau eingehalten werden muß, sondern daß er lediglich als Grundlage für die Bebauung im Einzelfall dienen soll.

13. Denkbar sind Anträge auf Aufstellung von Generalbaulinienplänen auch seitens Privater (z. B. Terraingesellschaften). In diesen Fällen haben die Antragsteller die Pläne und Behelfe beizubringen, wenn die Aufstellung des Generalbaulinienplanes vorwiegend im privaten Interesse erfolgt. Ist sie jedoch im öffentlichen Interesse gelegen, so hat trotz des Antrags von dritter Seite die Gemeinde die Pflicht zur Beibringung der Pläne und Behelfe. (Die Worte „im öffentlichen Interesse" beziehen sich auch auf die Aufstellung von Generalbaulinienplänen).

§ 60.

Wer die Abänderung einer Baulinie, einer Höhenlage oder einer Baubeschränkung (§§ 1, 2) beantragt[1], hat die Pläne[2] und die sonstigen Behelfe[3] beizubringen[4].

1. Ist jedoch die Abänderung im öffentlichen Interesse gelegen, so hat nach § 59 AG. II Satz 2 die Gemeinde die Pflicht zur Beibringung der Pläne und Behelfe.

2. S. § 4.

3. S. § 59 Anm. 9.

4. Wegen der Kosten s. § 79 I.

§ 61.

I Vor der Bescheidung der in §§ 59, 60 bezeichneten Anträge und Entwürfe[1]) sind die Pläne[2]) während einer angemessenen[3]) Frist für die Beteiligten[4]) zur Einsichtnahme[5]) aufzulegen[6]). Wer nicht innerhalb[7]) der Auflagefrist Einspruch erhebt, gilt[8]) als zustimmend. Die Auflage ist vorher öffentlich bekanntzugeben[9]) und außerdem den aktenmäßig bekannten Beteiligten durch besondere Zuschrift mitzuteilen[10]). In der öffentlichen Bekanntgabe und in der besonderen Mitteilung ist auf die Folge der Versäumung der Einspruchsfrist hinzuweisen[11]); auch ist darin anzugeben, ob eine Abänderung der Baubeschränkungen beabsichtigt ist[12]).

II Handelt es sich bei derartigen Anträgen und Projekten um Bauanlagen in der Nähe der Gemeindegrenze, so ist auch die beteiligte Nachbargemeinde zu hören[13]).

1. Also für Baulinien, Höhenlagen, Baubeschränkungen und Generalbaulinienpläne.

2. Lediglich die Pläne, nicht auch die sonstigen Verhandlungen. Ein Recht auf Einsicht in die sämtlichen einschlägigen Verhandlungen besteht nicht; die Beteiligten können die Pläne einsehen und Erinnerungen abgeben, dabei auch Abschrift ihrer eigenen protokollarisch abgegebenen Erklärungen verlangen (ME. v. 30. Sept. 1896 Nr. 16 265).

3. Die Angemessenheit bestimmt sich von Fall zu Fall nach billigem Ermessen unter Berücksichtigung der Umstände (Kreis der Beteiligten, Verkehrsverhältnisse usw.).

4. Beteiligte sind diejenigen physischen und juristischen Personen, in deren Rechtskreis durch die Festsetzung der Baulinien, usw. unmittelbar eingegriffen wird, deren Verfügungsrechte über Grundstücke unmittelbar betroffen werden; z. B. Eigentümer, Erbbauberechtigte, Nießbraucher usw. — Die Eintragung als Eigentümer ins Grundbuch ist nicht unter allen Umständen zu verlangen, es kann vielmehr das Vorliegen eines obligatorischen, in gehöriger Form (§ 925 BGB.) abgeschlossenen Vertrags genügen, um jemanden als beteiligt erscheinen zu lassen (ME. v. 19. Juli 1909 Nr. 17 872).

Bei Generalbaulinienplänen wird der Kreis der Beteiligten ein wesentlich engerer sein müssen; denn es ist unmöglich und auch unnötig, hier alle die als beteiligt zu erachten, deren Rechte am Grundstück durch den Generalbaulinienplan berührt werden, zumal dieser ja noch keine endgültige Festsetzung bedeutet. Soweit jedoch Rechte von Grundstückseigentümern schon durch die im Plane oder in den Baubeschränkungen enthaltenen Grundsätze endgültig betroffen sind (z. B. bei Grundstücken, die von der Bebauung völlig ausgeschlossen sind), sind die Eigentümer auch hier schon als beteiligt zu erachten.

Nach ME. v. 6. März 1898 Nr. 4639 sind die Vorschriften des § 68 auch auf Baulinienfestsetzung und -Änderungen sinngemäß anzuwenden. Es sind daher als Vertreter der Beteiligten in den Fällen des § 68 Ziff. 1—7 die dort bezeichneten Stellen und Behörden zu betrachten.

In den Fällen des § 60 ist die Gemeinde beteiligt. — Bei mehreren am Grundstück Berechtigten, bei Miteigentum (Ehegatten) usw. sind sämtliche Berechtigte, Miteigentümer usw. beteiligt.

Über den Kreis der Beteiligten s. auch Art. 20 I des Gesetzes über die Erschließung von Baugelände (GVBl. 1923 S. 276; s. Anhang).

5. Kann auch durch Vertreter erfolgen.

6. Die Auflegung ist Sache der beschließenden Behörde; sie wird jedoch zweckmäßig meist nicht bei ihr, sondern da erfolgen, wo sich die meisten Beteiligten befinden.

7. Der Einspruch muß innerhalb der Frist der Behörde zugegangen sein.

8. praesumptio juris et de jure; durch keinen Gegenbeweis entkräftbare Rechtsvermutung für die Zustimmung. Sie wirkt auch gegen den Besitznachfolger.

9. Für die Bekanntgabe ist entweder Veröffentlichung im Amtsblatt oder die Form der Bekanntgabe zu wählen, die in der Gemeinde der Beteiligten ortsüblich ist. S. MB. v. 26. Juli 1922 über die Form der Verkündung orts- und bezirkspolizeilicher Vorschriften (GVBl. S. 372).

10. Allen Beteiligten; jedoch dürfte es bei mehreren Mitbeteiligten genügen, wenn einer von ihnen mit der Weisung verständigt wird, die anderen Mitbeteiligten in Kenntnis zu setzen. Besondere Zuschrift ist nicht etwa nur schriftliche Mitteilung durch Brief, Karte usw., es genügt vielmehr jeder besondere schriftliche Hinweis auf die Auflage der Pläne; z. B. Verständigung durch Zirkular.

11. Der Hinweis ist unbedingt erforderlich, um die Präklusion des Satzes 2 herbeizuführen.

12. Die Fassung des letzten Halbsatzes ist nicht einwandfrei: Abs. I spricht von allen Fällen der §§ 59 und 60, also auch von denen der Baulinienfestsetzung ohne Festsetzung oder Bestehen von Baubeschränkungen. In den Fällen, in denen Baubeschränkungen gar nicht bestehen, dürfte selbstverständlich eine Angabe gem. letzten Halbsatz nicht nötig sein.

13. Während nach Abs. I die Pläne zur Einsichtnahme aufzulegen sind und den Beteiligten dann freisteht, ihre Erinnerungen abzugeben, schreibt Abs. II ausdrücklich vor, daß die Nachbargemeinde gehört werden muß. — Sie wird auch dann zu hören sein, wenn sich die Baulinien nicht auf ihrem Gebiet erstrecken und wenn ihr Interesse infolge der nahen Führung der Baulinie an der Gemeindegrenze berührt wird, die Baulinie ihre Wirkung also über die Gemeindegrenze hinaus ausübt, was auch bei nicht unmittelbar angrenzenden Gemeinden der Fall sein kann (ME. v. 27. Juli 1910 Nr. 40378). — Vgl. über § 79 II und § 99 MBO. — Weitere Rechte als gehört zu werden, stehen der Nachbargemeinde nicht zu; sie kann gegen die seinerzeitige Festsetzung Beschwerde erheben, wenn sie nicht etwa schon vorher die Aufsichtsbehörde anruft.

§ 62.

I [1]) Die Erledigung von Grundabtretungen zu öffentlichen [2]) Plätzen, Straßen oder Wegen fällt dem Übereinkommen [3]) der Gemeinden mit den Beteiligten [4]) anheim [5]) [6]).

II [7]) Wenn ein Übereinkommen nicht erzielt wird [8]), so können die Gemeinden angehalten werden [9]), die Entwehrung nach Art. I A Ziff. 5 und Buchstabe b mit Art. IV des Zwangsabtretungsgesetzes vom 17. November 1837 in der Fassung des Gesetzes vom 9. Mai 1918 (GVBl. 1918 S. 289) [10]) in Anspruch zu nehmen [11]).

III Bauführungen [12]) in neuen Bauanlagen [13]) dürfen erst dann [14]) bewilligt werden [15]), wenn die Herstellung [16]) des Straßenkörpers für den entsprechenden Teil der Straße von einer Querstraße bis zur nächsten Querstraße [17]) und für die Verbindung mit einer bereits bestehenden Straße gesichert [18]) oder wenigstens Sicherheit [18]) dafür geleistet ist, daß diese Herstellung binnen einer zu bestimmenden Frist erfolge. Ist eine Straße bereits zum Teil mit fertigen Bauten besetzt, ohne daß bisher die Herstellung des Straßenkörpers gesichert worden ist, so hat der Unternehmer von neuen Bauführungen für die Herstellung des Straßenkörpers nur insoweit Sicherheit zu leisten, als die eigenen und die noch unbebauten fremden Grundstücke reichen [19]) [20]).

IV Wurde infolge dieser Auflage der Straßenkörper auf Kosten eines Bauunternehmers [21]) über dessen Bauanlage hinaus längs fremden Grundstücken hergestellt oder gesichert, so darf einem anderen Bauunternehmer ein Neubau auf solchen weiteren Grundstücken nur bewilligt werden, wenn Ersatz für den auf Herstellung [22]) der Straße längs dieser Grundstücke gemachten oder aus der Sicherung der Straßenherstellung erwachsenen, notwendigen Aufwand [23]) geleistet oder durch Kaution gesichert ist. Die gleiche Ersatzpflicht tritt ein, wenn der Straßenkörper auf Kosten der Gemeinde hergestellt worden ist [24]).

V Die Verpflichtung zur Ersatzleistung erstreckt sich jedoch für die nur an einer Straßenseite angrenzenden Eigentümer nicht auf mehr als die Hälfte der für Herstellung[16]) der entsprechenden Straßenstrecke aufgewendeten Kosten. Bei nur einseitig bebaubaren Straßen haben die Anbauenden Ersatz der Straßenherstellungskosten für die ganze Breite der auf sie entfallenden Straßenstrecke zu leisten.

VI Von den Bestimmungen der Abs. III, IV und V kann die Baupolizeibehörde nach Einvernahme der Gemeindebehörde Erleichterungen[25]) gewähren

1. wenn gemäß § 1 Abs. IV von der Festsetzung der Baulinie Umgang genommen wird,
2. bei Gebäuden für Wohnungen, die höchstens 4 Haupträume[26]) mit nicht mehr als 70 qm Gesamtfläche umfassen, gegenseitig vollständig abgeschlossen sind und höchstens zu dreien in jedem Stockwerk auf das nämliche Treppenhaus angewiesen sind.

VII Der Betrag der zu ersetzenden notwendigen[27]) Auslagen wird durch die Baupolizeibehörde auf Grund der vorzulegenden Nachweise festgestellt[28]).

1. a) Abs. I und II in der bisherigen Fassung v. 3. Aug. 1910 bildeten — von einer kleinen textlichen Änderung abgesehen — bereits den § 74 I der allg. BO. v. 30. Juni 1864. Unverändert ging dieser als § 83 I und II in die BO. v. 30. Okt. 1877 über: in der BO. v. 19. Sept. 1881 ist er als § 81, jedoch vermehrt um die Abs. III—V und VII enthalten. Die Revision der BO. v. 1890 ließ ihn unverändert, dagegen vermehrte die Revision der BO. v. 17. Febr. 1901 die Abs. I, III und IV um je 1 Satz. Weitertragende Änderungen brachte die Novelle v. 3. Aug. 1910 durch Einführung der Ersatzpflicht des Späterbauenden (Abs. IV) und der Ersatzpflicht bei nur einseitig bebaubaren Straßen (Abs. V); weiter wurde neu der Abs. VI (Erleichterungen) eingestellt.

Die bedeutendste Änderung schuf die BO. v. 10. Juli 1918 (GVBl. S. 359), indem sie den Abs. II strich und an seine Stelle den jetzigen Abs. II über das Entwehrungsrecht der Gemeinden auf Grund der Abänderung des Zwangsabtretungsgesetzes v. 17. Nov. 1837 durch die Novelle v. 9. Mai 1918 (GVBl. S. 289) setzte.

Außerhalb der BO. gab endlich das Gesetz v. 4. Juli 1923 über die Erschließung von Baugelände (GVBl. S. 273 — s. Anhang) die Möglichkeit der Gewinnung der benötigten Verkehrsflächen auf dem Wege der Umlegung.

b) Abs. I regelt die Frage der Grundabtretung für öffentliche Straßen und Plätze. Da die Baulinienfestsetzung auf die Eigentumsverhältnisse der in den Straßenraum fallenden Flächen ohne Folge ist (vgl. die abweichende Ansicht in O. Vorschts Komm. zur MBO. § 5 Anm. 3 C II S. 39 ff.), ist die Frage der Grundabtretung für öffentliche Straßen usw. — vorbehaltlich der Bestimmungen in Abs. II und der Bestimmungen des Gesetzes über die Erschließung von Baugelände (GVBl. 1923 S. 273 — s. Anhang) — nur auf dem Wege des Übereinkommens zu lösen. Dieser Weg bleibt der einzige in Gemeinden unter 5000 Einwohnern (abgesehen von der im Baugeländeerschließungsgesetz gegebenen Möglichkeit). Die Auferlegung einer Pflicht zur unentgeltlichen Grundabtretung ist nur im Falle der Enteignung bis zu 25 bezw. 40 % und im Falle der Umlegung nach dem Baugeländeerschließungsgesetz bis zu 35 % zulässig.

Für die Fälle, in denen Abs. I zu keinem Ergebnis führt, gibt Abs. II unter gewissen Voraussetzungen die Möglichkeit der Enteignung.

Eine Einschränkung des Abs. I bedeutet Abs. III. In neuen Bauanlagen (Bauquartieren) soll erst dann die Baugenehmigung erteilt werden, wenn die Straßenherstellung gesichert oder für ihre Herstellung Sicherheit geleistet ist.

Über Straßensicherungskosten bei neuen Bauanlagen s. ME. v. 7. Jan. 1924 Nr. 4050 d 17 (StAnz. 10).

Die Abs. IV, V und VII behandeln die Frage des Ersatzes der Herstellungskosten durch den späteren Bauunternehmer an den früheren. Abs. IV gewährt gewisse Erleichterungen, insbesondere im Hinblick auf die Förderung des Kleinwohnungsbaues.

c) Die Beschaffung des im Interesse der Allgemeinheit benötigten öffentlichen Verkehrsraumes auf dem Wege der vertraglichen Überlassung (Abs. I) führt in den meisten Fällen nicht zum Erfolg. Die Verhältnisse erfordern vielfach die Möglichkeit zwangsweisen Eingreifens. Dieser Forderung trug z. B. schon der Entwurf zur Novelle zum Zwangsenteignungsgesetz v. 13. Aug. 1910, der jedoch nicht Gesetz wurde, Rechnung, indem er ein Enteignungsrecht für Orts- und Gemeindestraßen statuierte.

Erst das Zwangsabtretungsgesetz v. 17. Nov. 1837 brachte dem lange bestehenden Bedürfnis Rechnung tragend in der Fassung v. 9. Mai 1918 (GVBl. S. 289) die Zwangsenteignung für öffentliche Straßen und Plätze mit mehr als 5000 Einwohnern. Voraussetzung ist für sie, daß die allgemeinen Bedingungen des Zwangsabtretungsgesetzes erfüllt sind.

Die Neufassung des § 62 Abs. II ist keine ideale Lösung, weil sie die Zwangsenteignung nicht allgemein, sondern nur für gewisse Ortschaften zuläßt, sodann ein langwieriges Verfahren bedingt und endlich den Nachteil hat, daß der Gemeinbedarf an öffentlicher Verkehrsfläche nicht auf Kosten aller aus der Erschließung des Baugeländes Vorteil ziehenden Beteiligten, sondern nur auf Kosten der zufällig von der Abtretung Betroffenen beschafft wird. Es ergab sich das Bedürfnis nach einer diese Nachteile vermeidenden gesetzlichen Regelung. Diese erfolgte nunmehr auch durch das Gesetz v. 4. Juli 1923 über die Erschließung von Baugelände (GVBl. S. 273 — s. Anhang) und die Vollz.Bekm. hiezu v. 14. Sept. 1923 (GVBl. S. 317 — s. Anhang). Das Gesetz ermöglicht die Beschaffung städtebaulich einwandfreien G e m e i n b e d a r f s, d. i. der Bedarf für den notwendigen öffentlichen Verkehrsraum und für die sonstigen aus Gründen des Gemeinwohls von der Bebauung freizuhaltenden Flächen, und geeigneter Bauplätze unter möglichster Umgangnahme von Geldentschädigung auf dem Wege gegenseitigen Austausches (Neueinteilung, Umlegung) und unter anteilsmäßiger Heranziehung aller an der Werterhöhung des Bauterrains beteiligten Grundeigentümer. Das Gesetz soll jedoch nur dann zur Anwendung kommen, wenn und soweit innerhalb eines Baugeländes diese Zwecke im Verfahren zur Festsetzung von Baulinien nicht ausreichend erreicht werden können. Erst wenn sich also im Baulinienverfahren die Beschaffung des nötigen Verkehrsraumes unmöglich erwiesen hat, ist Raum für Anwendung des Gesetzes. Im übrigen muß auf das Gesetz selbst und die Vollz.Bekm. verwiesen werden.

(S. auch die Abhandlung in GemVerwZtg. 1923 S. 649 ff.).

9*

2. Unter öffentlichen Plätzen usw. sind hier nicht die öffentlichen Plätze usw. im Sinne des § 1 Abs. 1 Satz 2, also die tatsächlich öffentlichen zu verstehen, sondern öffentliche Straßen usw. im verwaltungsrechtlichen Sinn, d. s. Einrichtungen, die der Staat oder die Gemeinde dem öffentlichen Verkehr darbieten, die dem allgemeinen Gebrauch offen stehen und dienen, weil sie durch einen ausdrücklichen oder stillschweigenden Akt der zuständigen Verwaltungsbehörde hiezu bestimmt, „gewidmet“ worden sind. Unerläßliche Voraussetzung ist, daß die öffentliche Gewalt, die eine solche Straße usw. ins Leben ruft, das bürgerlich-rechtliche Verfügungsrecht über Grund und Boden hiezu hat (vgl. Art. 38 rrh. GemO.).

Abs. I bezieht sich auf alle öffentlichen Straßen usw., sowohl auf die Anlegung neuer als die Erweiterung oder Regulierung alter.

3. Nach dem Zwangsabtretungsgesetz v. 17. Nov. 1837 war, abgesehen von den Fällen des Art. I A Ziff. 13 ein Enteignungsrecht für Ortsstraßen nicht gegeben. Aber auch jetzt noch ist die Ausübung von Zwang zur Grundabtretung, insbesondere durch baupolizeiliche Mittel, — außer im Falle des Abs. II oder III — unstatthaft und in keiner gesetzlichen Vorschrift begründet. Ungesetzlich wäre es z. B. bei Genehmigung eines Neubaues in einem Fall des Abs. I die Pflicht aufzuerlegen, das vor der Baulinie liegende Gelände — ev. sogar noch kosten- und lastenfrei — an die Gemeinde abzutreten. — Ebenso kann weiter (— außer Abs. II oder III —) eine Gemeinde nicht verlangen, daß ein Grundbesitzer seinen Zaun, der auf seinem Eigentum steht, auf die festgesetzte Baulinie zurücksetzt und den Raum zwischen Baulinie und Besitzgrenze der Gemeinde überläßt (Entsch. RGZiv. Bd. 55, S. 55 und Bl. f. a. Pr. Bd. 58 S. 405). — S. aber auch Art. 46 des Gesetzes über die Erschließung von Baugelände v. 4. Juli 1923 (s. Anhang).

4. S. § 61 Anm. 4 und Art. 20 des Gesetzes über die Erschließung von Baugelände v. 4. Juli 1923 (s. Anhang).

5. Im Falle einer Einigung findet der Eigentumsübergang mit der Auflassung (Einigung) statt (§§ 873, 925 BGB.), da eine Eintragung ins Grundbuch nicht notwendig ist (§ 90 Abs. II GBO.; V. v. 1. Juli 1898 betr. die vom Buchungszwang befreiten Grundstücke, GVBl. S. 377, JMBl. S. 255). Erwirbt die Gemeinde einen Teil eines Grundstückes, so ist dieses auf Antrag aus dem Grundbuch auszuscheiden. Über das Ausbuchungsverfahren s. Dienstanw. f. d. Grundbuchämter v. 27. Febr. 1905 (JMBl. S. 63) § 366 ff. — Die Ausbuchung ist gebührenfrei (Kostengesetz Art. 106 Abs. II).

6. Die Gemeinde kann, falls sie sich weigert, nicht zum Abschluß eines Übereinkommens mit dem Grundeigentümer aufsichtlich gezwungen werden, da ihr auch nach Art. 38 rrh. GemO. keine Pflicht zur Herstellung von Ortsstraßen obliegt. Aufsichtlicher Zwang wäre hier Eingriff in das Selbstverwaltungsrecht der Gemeinde und Auferlegung einer gesetzlich nicht begründeten Verpflichtung.

7. Die Neufassung des Abs. I ist eine Folge der Abänderung des Zwangsabtretungsgesetzes durch die Novelle v. 9. Mai 1918. Durch dieses Gesetz wurde den Gemeinden die Möglichkeit gegeben, zur Anlegung neuer und Abänderung bestehender Ortsstraßen und öffentlicher Plätze innerhalb von Ortschaften mit mehr als 5000 Einwohnern den Weg der Zwangsabtretung zu beschreiten und eine unentgeltliche Abtretung bis zu 25 % (bezw. 40 % nach örtlichen Satzungen) herbeizuführen. Durch die Bestimmung des Abs. II soll erreicht werden, daß die Gemeinden, soweit sie diese Möglichkeit haben, auch von ihr Gebrauch machen und nicht auf dem Umweg des Versagens der Bewilligung zu neuen Bauführungen die unentgeltliche Abtretung des Straßengrundes den Anliegern gegenüber erzwingen.

8. Der Nachweis des erfolglosen Versuchs der Einigung ist Voraussetzung für die Einleitung des Zwangsabtretungsverfahrens.

9. Vgl. Art. I Abs. I Satz 1 des Zwangsabtretungsgesetzes: „Eigentümer können angehalten werden, unbewegliches Eigentum . . . abzutreten." Ein Zwang für den Enteignungsberechtigten, sich des Enteignungsverfahrens zu bedienen, besteht nach diesem Gesetze nicht. Gegenüber in der Literatur bestehenden gegensätzlichen Ansichten über die rechtliche Stellung des Enteignungsberechtigten, ob handelnd namens des Staates oder im einzelnen Namen, bringt die Fassung des § 62 Abs. II BO. „können die Gemeinden angehalten werden, die Entwehrung . . . in Anspruch zu nehmen" klar zum Ausdruck, daß die enteignungsberechtigte Gemeinde als Mandatar des Staates und nicht kraft eigenen Rechtes handelnd betrachtet werden soll. Nicht kraft eigenen Willens, sondern kraft staatlichen Willensaktes erhält sie die entwehrten Rechte.

Der Auftrag an die Gemeinde, die Entwehrung in Anspruch zu nehmen, kann von jeder Aufsichtsbehörde ausgehen. Selbstverständlich kann die Gemeinde auch von sich aus Antrag stellen.

10. Art. I des Gesetzes v. 17. Nov. 1837 die Zwangsabtretung von Grundeigentum für öffentliche Zwecke betr. in der Fassung v. 13. August 1910 und 9. Mai 1918 (GVBl. 1918 S. 289):

Art. I.

Von den besonderen Fällen und Formen, in und unter welchen Zwangsabtretung des Grundeigentums stattfindet.

Eigentümer können angehalten werden, unbewegliches Eigentum für öffentliche, notwendige und gemeinnützige Zwecke abzutreten, oder mit einem Erbbaurecht oder einer Dienstbarkeit beschweren zu lassen. Diese Abtretung kann übrigens nur eintreten

A. zu folgenden Unternehmungen:

1.—4. . . .

5. Anlegung neuer und Änderung bestehender Staatsstraßen und Distriktsstraßen sowie von Ortsstraßen und öffentlichen Plätzen innerhalb von Ortschaften mit mehr als 5000 Einwohnern.

6.—18. . . .

Allein auch in allen diesen Fällen immer nur:

a) nach vorgängiger rechtskräftiger administrativ-richterlicher Entscheidung der betreffenden Kreisregierung, Kammer des Innern, in erster, und des Verwaltungsgerichtshofes — im Falle der Berufung, in zweiter und letzter Instanz, wenn von den beteiligten Eigentümern oder einem derselben bestritten wird, entweder, daß das Unternehmen zu den unter Ziff. 1—18 aufgeführten gehöre, und vom gemeinen Nutzen erfordert werde, oder daß die Abtretung oder Belastung des angesprochenen Eigentums zur zweckmäßigen Verwirklichung desselben notwendig sei, und

b) gegen vorgängige volle Entschädigung. Die Entschädigung ist jedoch für die Abtretung von Grundeigentum zu Ortsstraßen und öffentlichen Plätzen innerhalb der Ortschaften — Buchst. A Ziff. 5 — im Falle der Erschließung neuer Bauanlagen dann ausgeschlossen, wenn für die neue Bauanlage der Baulinienplan und die Bebauungsweise bereits festgesetzt sind und wenn hienach der im Baugelände verbleibende Teil des Grundstückes zu einer selbständigen Bebauung noch geeignet ist und zwar insoweit als die Abtretungsfläche 25 Prozent des Gesamtgrundstückes nicht übersteigt.

Die Gemeinde ist jedoch befugt, durch örtliche Satzung die Pflicht zur unentgeltlichen Abtretung bis zu 40 Prozent der Gesamtgrundfläche zu erhöhen. Die Erlassung und Änderung dieser Satzung unterliegt der aufsichtlichen Genehmigung.

Art. IV.

Wer entwehren kann.

I. Die Entwehrung kann unter den Voraussetzungen des Art. I in Anspruch genommen werden:

1. von öffentlichen Stellen und Behörden,

2. von Gemeinden und von denjenigen Gesellschaften und Privaten, denen von der Regierung unter Bedingungen, welche die Erreichung des Zweckes und seiner Gemeinnützigkeit sichern, die Ausführung einzelner im Art. I aufgezählten Unternehmungen eingeräumt wird.

Abs. II—IV. . . .

11. Voraussetzungen sind:

1. Unmöglichkeit der Erzielung eines Übereinkommens,

2. Benötigung der Grundstücksfläche zu einer öffentlichen Straße usw.,

3. die Straßenanlage muß sich als notwendiges und gemeinnütziges Unternehmen darstellen. Dies erfordert jedoch nicht den Nachweis einer absoluten Notwendigkeit oder eines unabweisbaren Bedürfnisses; es genügt die Gemeinnützigkeit des Unternehmens,

4. Zustimmung des Staatsministeriums des Innern zur Einleitung des Verfahrens (Art. XIV ZwAG.),

5. vorgängige verwaltungsrichterliche Entscheidung,

6. vorgängige Entschädigung, wenn nicht die Ausnahmefälle des Art. I A b Satz 2 und 3 gegeben sind.

(Im übrigen s. Art. I ZwAG. und die Bem. hiezu im Komm. v. Henle; über das Verfahren Art. XIII ff.).

Der Übergang des Eigentums findet mit dem Vollzug der Enteignung (Besitzergreifung nach erfolgter Entschädigungszahlung) statt.

(Zur Frage der Enteignung für Ortsstraßen ohne Entschädigung s. GemVerwZtg. 1923 S. 332, 481 und 550).

12. Unter „Bauführungen" sind hier nur solche Bauvornahmen zu verstehen, die zur neuen Bauanlage, insbesondere aber zu der, herzustellenden Straße, in notwendigem Zusammenhang, in wesentlicher Beziehung stehen (ME. v. 18. Jan. 1906 Nr. 22 923: Die Entfernung des Neubaues von der in Betracht kommenden Straße ist belanglos, da dieser von der zu sichernden Straße aus zugänglich ist und daher zu dieser in wesentlicher Beziehung steht).

So wurde z. B. (ME. v. 2. Juni 1897 Nr. 10 905) bei Errichtung eines Gartenhauses in einer noch nicht eröffneten Bauanlage eine „Bauführung" im Sinne des Abs. III nicht angenommen, weil zur Schaffung eines Zugangs zu einem Gartenhaus die Eröffnung des neuen Straßenzuges nicht erforderlich erschien, sondern ein schon bestehender Feldweg genügte.

Unter „Bauführungen" im Sinne des Abs. III fallen alle neuen Hauptgebäude, in der Regel wohl auch neue Nebengebäude; ebenso Anbauten an der Straßenseite, wenn die zu überbauende Fläche an und für sich groß genug ist, um für ein selbständiges Gebäude in Betracht zu kommen (ME. v. 2. März 1898 Nr. 4282); dagegen nicht ohne weiteres Hauptänderungen und Hauptreparaturen schon bestehender Gebäude (ME. v. 9. Mai 1883 Nr. 5816).

Dagegen gehören bauliche Anlagen im Sinne des § 8 auf keinen Fall hieher (Zäune, Einfriedungen, Keller, Brunnenschachte, Anwesensentwässerungen usw.) (ME. v. 10. Mai 1883 Nr. 6856 und v. 29. Okt. 1908 Nr. 25 729). Nicht hieher gerechnet wurde auch der Wiederaufbau einer vereinzelt stehenden, bis auf die Sockelmauer niedergebrannten Scheune (ME. v. 2. Okt. 1903 Nr. 17 793); jedoch kann der Wiederaufbau insoweit Bedeutung haben, als die Baulinie einzuhalten ist (ME. v. 8. Aug. 1908 Nr. 15 996).

13. Neue Bauanlage im Sinne des Abs. III ist die Schaffung neuer Bauquartiere zugleich mit der Eröffnung neuer Straßen und Plätze oder unter Bebauung einer bestehenden, aber noch unbebauten Straße. Dagegen ist nicht jeder Neubau auf einer bisher unbebauten Fläche eine „neue Bauanlage“. Bei schon bestehenden Bauanlagen ist eine „neue Bauanlage“ nur dann anzunehmen, wenn die vorhandene ältere Bebauung in ihrem bisherigen Charakter durch Regelung und Erweiterung bestehender Wege oder Neuanlage von Straßenzügen völlig geändert wird (ME. v. 18. Jan. 1906 Nr. 22 923).

Wie lange eine Bauanlage als „neu“ zu betrachten ist, ist von Fall zu Fall zu entscheiden. Im allgemeinen wird ein Bauquartier solange neu sein, bis die Bebauung in der Hauptsache durchgeführt ist.

14. Die Herstellung des Straßenkörpers muß vor der Baubewilligung gesichert sein. Die Anwendung des § 62 III ist dann ausgeschlossen, wenn die Baugenehmigung erteilt wurde, ohne die vorherige Sicherung der Straßenherstellung zu verlangen, da sich das Bauvorhaben in diesem Falle nicht mehr als Bauführung in einer neuen Bauanlage darstellt (ME. v. 9. März 1909 Nr. 31 250).

15. Gegen Dispensation (§ 65 II) vom § 62 III bestehen im allgemeinen keine grundsätzlichen Bedenken, da diese Bestimmung, wenn sie auch zunächst nur das Verfahren bei Erteilung einer Baubewilligung betrifft, doch zugleich materiell-rechtliche Wirkungen hat. — Bei der Würdigung der Dispensationsgesuche ist auch zu prüfen, ob die Baupläne den an die Bauführungen im allgemeinen zu stellenden Anforderungen genügen und ob etwa Veranlassung gegeben ist, die Dispensation von der Erfüllung besonderer Bedingungen abhängig zu machen (ME. v. 4. April 1906 Nr. 5018; 26. Okt. 1908 Nr. 23 332 und 1. Mai 1913 Nr. 4064 c 6).

16. Zur Herstellung des Straßenkörpers gehört insbesondere die Bereitstellung, und, soweit der Bauunternehmer nicht ihr Eigentümer ist, der Erwerb der für die Straße benötigten Grundfläche. Da es sich hier um die Anlage öffentlicher Straßen usw. handelt, muß der Gemeinde das Verfügungsrecht über die Straßenfläche übertragen werden. Dabei wird es in den Fällen, in denen dem Bauunternehmer bisher das Eigentum an dem benötigten Teil der Straßenfläche noch nicht zustand, genügen, wenn er den Eigentümer vertraglich dafür bindet, daß dieser das Eigentum unmittelbar auf die Gemeinde überträgt. Nicht genügt dagegen eine lediglich obligatorische Bindung der Grundstückseigentümer, die Führung der Straße auf ihren Grundstücken zu gestatten.

Die Herstellung des Straßenkörpers muß ordnungsgemäß erfolgen. Was zur ordnungsgemäßen Herstellung gehört, ist von Fall zu Fall durch die Baupolizeibehörde zu entscheiden. Die von den Gemeinden gestellten Anforderungen sind in einer Anzahl von Städten in sog. Straßenbaustatuten (— über deren Rechtsnatur s. die gen. ME. v. 30. April 1914 Nr. 4090 a 10 —) niedergelegt, die einen einheitlichen Vollzug erleichtern (s. z. B. die Bekm. des Stadtmagistrats München v. 1. Okt. 1895 und die Bekm. der Lokalbaukommission München v. 1. Okt. 1895, beide betr. die Herstellung neuer

Straßen. Hier ist u. a. gesagt: „Die ordnungsgemäße Herstellung schließt in sich die genaue Einhaltung der Bau- bezw. Vorgartenlinie, die entsprechende Ausscheidung der Fahrbahn und Trottoirflächen, die Einhaltung des festgesetzten Niveaus, die Verwendung des erforderlichen Materials, insbesondere auch der entsprechenden Pflastergattung, sowie die richtige und zweckmäßige Ausführung aller in Betracht kommenden Arbeiten").

Nach örtlichen Verhältnissen kann auch die Pflasterung und Randsteinsetzung und die Herstellung der erforderlichen Überbrückungen zur ordnungsgemäßen Straßenherstellung gehören (ME. v. 3. Jan. 1894 Nr. 21 292); ebenso die Überbrückung eines Grabens (ME. v. 2. Aug. 1911 Nr. 4058 a 26) und die Herstellung ev. Pflasterung des Gehsteigs (Trottoirs), da dieser einen Bestandteil des Straßenkörpers bildet (vgl. Urt. des Obersten Gerichtshofs v. 6. März 1875); dagegen nicht Hausentwässerungen, Wasserleitungen, Alleebaumpflanzungen, Straßenbeleuchtung usw. Die Baubewilligung kann nicht bloß deshalb versagt werden, weil zu letzteren Einrichtungen durch die Gemeinde die Mittel noch nicht bewilligt sind (ME. v. 30. Juli 1896 Nr. 13 370).

Ferner gehören zu den Herstellungskosten des Straßenkörpers da, wo Kanalisation besteht oder in Aussicht genommen ist, jedenfalls die Aufwendungen für die Straßensinkkästen und deren Anschluß an den Kanal, bei Ableitung der Straßenabwässer in Versitzgruben die Kosten der Sinkkästen und deren Verbindung mit den Versitzgruben (ME. v. 5. März 1914 Nr. 4064 b 7). Ob und in welchem Umfange in die Kosten für die Straßenherstellung auch die Kosten für die Entwässerung gerechnet werden können, ist von Fall zu Fall zu entscheiden. In vielen Fällen wird es nicht zu umgehen sein, mit der Straßenherstellung auch die Herstellung der Straßenentwässerung zu verbinden. Das Maß der Einrechnung der Kosten für die Entwässerungsanlage in die Kosten für die Straßenherstellung muß natürlich dem Bedürfnis für Herstellung der Entwässerungsanlage angepaßt sein. Es dürfte nicht zulässig sein, etwa in die Straßenherstellungskosten die Kosten für einen Straßenkanal auch dann einzunehmen, wenn dieser Kanal nach der örtlichen Lage und den sonstigen Umständen voraussichtlich nicht erforderlich wird.

Da in den meisten Fällen zweckmäßig mit der Straßenherstellung auch die des Straßenkanals, der Elektrischen, Gas- und Wasserleitung usw. verbunden wird, wird sich die Herstellung der Straße durch die Gemeinde selbst empfehlen. Verlangt eine Gemeinde, daß der Straßenkörper durch das gemeindliche Bauamt hergestellt wird, so ist dem im Interesse einer ordentlichen Herstellung nicht entgegenzutreten (ME. v. 5. Mai 1896 Nr. 4678).

Streitigkeiten zwischen Gemeinde und Bauunternehmer über Art und Umfang der Straßenherstellung entscheidet die Baupolizeibehörde. Diese Frage bildet einen Inzidentpunkt in der Entscheidung über das Baugesuch (ObstLG. Civils. 1, 129).

Nur die Herstellung, nicht auch die Unterhaltung obliegt dem Bauunternehmer; letztere ist nach Art. 38 (29) GemO. Pflicht der Gemeinde.

Nur die Herstellung derjenigen Straße ist zu sichern, die den ordnungsmäßigen Zugang zu dem Baugrundstück bildet, die also zu der Bauführung in wesentlicher Beziehung steht. Nicht verlangt werden kann z. B. Sicherung einer Straße, die das Baugrundstück im Hintergrund schneidet, von der aber der Bau selbst durch einen noch selbständig zu bebauenden Bauplatz getrennt wird (ME. v. 18. Sept. 1896 Nr. 17 504).

Bei Eckhäusern kann § 62 Abs. III normalerweise auf jede der beiden Straßen Anwendung finden; ein Straßenbaustatut, das dies ausspricht, steht mit dem Gesetz nicht in Widerspruch. Die Praxis allerdings begnügt sich damit — s. ME. v. 26. Juni 1898 Nr. 12 487; v. 28. Juni 1909 Nr. 15 623 und v. 31. Dez. 1909 Nr. 31 809 — bei Eckhäusern nur zu verlangen, daß in den Fällen, in denen die eine der in Frage stehenden Straßen schon vom Bauunternehmer hergestellt ist, die andere Straße nur bis zur Mitte auf die Länge des gesamten Baugrundstücks gesichert wird, und zwar in der Regel ohne Rücksicht darauf, nach welcher Straße die Hauptfront des Gebäudes zu liegen kommt. Damit soll den Eckhäusern nicht ein Privileg gegenüber anderen Häusern geschaffen, sondern es sollen bei ihnen doppelt entstehende Lasten auf ein gewisses Maß zurückgeführt werden. Diese Praxis kann jedoch nur da in Frage kommen, wo ein allenfallsiges Statut nicht andere, weitergehende Verpflichtungen festlegt.

Bei Errichtung eines Gebäudes auf einem Eckgrundstück in der Weise, daß es nur an eine Straßenseite zu liegen kommt, während es von der andern Straße soweit entfernt steht, daß im Zwischenraum noch ein selbständiges Gebäude aufgeführt werden kann, kann die Sicherung der Straßenherstellung nur für die erstere Straße verlangt werden (ME. v. 13. Jan. 1906 Nr. 26 437; s. auch ME. v. 18. Sept. 1896 Nr. 17 804). Wird in einem solchen Falle an der Straße, von der das Gebäude entfernt liegt, ein Zaun errichtet, so kann der Bauherr deswegen nicht zur Bezahlung der Straßenbaukosten oder Sicherungsleistung für dieselben angehalten werden (ME. v. 10. Mai 1883 Nr. 6856 und v. 13. Jan. 1906 Nr. 26 437).

17. Hiedurch wird das Entstehen von Sackgassen vermieden. Vgl. den ausführlichen § 81 I MBO.: „und zwar zur Vermeidung des Entstehens von Sackgassen für den treffenden Teil der Straße von einer Querstraße bis zur nächsten Querstraße . . .“ Nach dem Wortlaut des Abs. III kann nicht verlangt werden, daß die zu eröffnende Straße nach zwei Seiten hin Anschluß an bestehende Straßen haben muß; diese Bestimmung verlangt nur Verbindung mit einer bereits bestehenden Straße. Abs. III will verhindern, daß ein Straßenzug bebaut wird, dessen Herstellung zwar von einer Querstraße bis zur nächsten Querstraße gesichert ist, der aber einer entsprechenden Verbindung mit einer bereits bestehenden Straße entbehrt und damit der Forderung des § 3 BO. widerspricht, wonach neue Bauanlagen mit schon bestehenden gut verbunden werden müssen.

Eine Sackgasse ist nur dann gegeben, wenn sie eine Verbindung mit einer zweiten Straße nicht besitzt und nach der ganzen Art ihrer Anlage sowie nach dem Baulinienplan eine solche Verbindung auch nicht erhalten kann; dagegen nicht schon dann, wenn eine Straße bei der Erschließung einer neuen Bauanlage zunächst noch nicht in eine andere bereits hergestellte Straße einmündet (s. ME. v. 12. Dez. 1913 Nr. 4052 c 2; a. M., v. Borscht MBO. zu § 81 Anm. 7).

18. Über die Art der Sicherstellung entscheidet in der Regel die Vereinbarung zwischen Gemeinde und Bauunternehmer, im Streitfall die Baupolizeibehörde. Als Sicherstellung kommt insbesondere in Betracht Eintragung und Vormerkung nach § 883 BGB. oder — im Falle der Herstellung der Straße durch die Gemeinde — Sicherheitsleistung nach §§ 232 ff. BGB. Bei Bauten des Staates usw. wird die Erklärung, daß die Verpflichtung des § 62 III übernommen wird, genügen.

Die Sicherung ist dann gegeben, wenn die Gemeinde erklärt, die Straße zu übernehmen oder in angemessener Zeit selbst herzustellen (ME. v. 11. Nov. 1894 Nr. 18 710), also nicht schon dann, wenn der Bauunternehmer die Straße selbst hergestellt hat.

über Straßensicherungskosten bei neuen Bauanlagen s. ME. v. 7. Jan. 1924 Nr. 4050 d 17 (StAnz. 10).

19. Nach ME. v. 5. Jan. 1914 Nr. 4050 d 2 haben die Vorlagen im Vollzug des § 62 III den Nachweis über das Verhältnis der für öffentliche Straßen und Plätze in Anspruch genommenen Grundabtretung zum Gesamtbesitz der Beteiligten in Hundertteilen unter Beifügung eines Flächenausscheidungsplanes zu enthalten. Der Flächenberechnung sind die Verhältnisse nach dem ursprünglichen Besitzstande zugrunde zu legen.

20. Der Verwaltungsgerichtshof ist nicht zuständig bei Streitigkeiten über Herstellung von Straßentrottoiren auf Grund polizeilicher Vorschriften (VGH. 2, 530) oder über Herstellung von Ortsstraßenstrecken auf Grund des § 62 III BO., da hier die Sicherung der Straßenherstellung lediglich Voraussetzung der baupolizeilichen Genehmigung bezw. der auf Grund des § 10 BO. abzugebenden Erklärung ist und da die BO. nicht einem bestimmten Subjekte eine rechtliche Verpflichtung zur Straßenherstellung auferlegt. (S. Dyroff, Komm. z. VGG. 5. Aufl. zu Art. 8 Ziff. 34 Anm. 11.)

über „öffentlich-rechtliche Verträge" und die Zuständigkeit der Verwaltungsbehörde s. die gen. ME. v. 30. April 1914 Nr. 4090 a 10).

21. Von wem die Straße hergestellt wurde, ist gleichgültig. (Der entsprechende § 81 II MBO. besagt allerdings: „von der Gemeinde auf Kosten eines Bauunternehmers . . . hergestellt.")

22. Ist eine Straße ordnungsgemäß ausgebaut, so hat spätere Verbesserungen die Gemeinde, nicht der Angrenzer, zu tragen. Wird von der Gemeinde dagegen der Ausbau so vorgenommen, daß sie zunächst einen provisorischen, und erst später einen endgültigen Zustand herstellt, so haben die Bauunternehmer auch für die Kosten dieser Nacharbeit aufzukommen (ME. v. 3. Jan. 1894 Nr. 12 292).

23. S. Abs. VII.

24. Der Rückersatz schon endgültig bezahlter Straßenherstellungskosten kann seitens der Gemeinde nicht gefordert werden, sondern nur dann, wenn die Gemeinde sich den Rückersatz vorbehalten hat (ME. v. 7. April 1906 Nr. 4037).

über die Frage des Rückersatzes von Vorausleistungen Einzelner gem. § 62 Abs. III im Falle einer Umlegung nach dem Gesetze über die Erschließung von Baugelände s. Art. 7 Abs. VIII dieses Gesetzes (s. Anhang) und Vollz.Bekm. zu Art. 7 Ziff. 36 und 37 (s. Anhang).

25. Die Erleichterungen werden sich in der Hauptsache auf die Art und Weise der Straßenherstellung, auf die Sicherheitsleistung und auf die Ersatzpflicht erstrecken. Wegen der Erleichterungen für Kleinwohnungsbauten s. ME. v. 3. Aug. 1910 Ziff. 8 (s. Anhang).

26. Hiezu zählt auch die Küche (ME. v. 3. Aug. 1910).

27. Wird die Notwendigkeit der einzelnen Auslagen bestritten, so entscheidet hierüber ausschließlich die Baupolizeibehörde.

28. Streitigkeiten über auf Grund des § 62 geleistete Kautionen sind öffentlich-rechtlicher Natur; die Verwaltungsbehörden, nicht die Gerichte, sind daher zuständig. Eine verwaltungsrechtliche Zuständigkeit ist jedoch nicht gegeben (vgl. auch § 38 II GemO.).

§ 63.

Sind die Vorlagen den gegebenen Vorschriften nicht entsprechend, oder zeigen sich in denselben Fehler, durch welche eine Änderung der gestellten Anträge bedingt wird, so sind sie den Antragstellern unter genauer Bezeichnung der Mängel oder Fehler zur Berichtigung zurückzugeben.

§ 64.

I Von den ergehenden Bescheiden[1]) ist der betreffenden Gemeinde und den sämtlichen Beteiligten[2]) Kenntnis zu geben[3]).

II Ein Exemplar der genehmigten Baulinienpläne ist in der Gemeinde-Registratur zu bewahren.

1. Bescheide sind Verfügungen, die eine Entscheidung — entweder Zwischen- oder Endentscheidung — im anhängigen Verfahren enthalten.

Baupolizeiliche Bescheide sind reine Verwaltungsverfügungen. Sie können auch in bedingter Form ergehen; gesetzmäßig sind hier alle Bedingungen, die in irgendwelchem Zusammenhang mit der Verfügung stehen (s. Hergt: Polizeibefehle und richterliches Prüfungsrecht, in Bl. f. a. Pr. 62, 378). — S. auch Art. 46 des Gesetzes über die Erschließung von Baugelände (GVBl. 1923 S. 280 — s. Anhang).

Baupolizeiliche Bescheide sind der formellen, dagegen nicht der materiellen Rechtskraft fähig, die formelle Rechtskraft besteht darin, daß der Bescheid nicht mehr mit Beschwerde angefochten werden kann. Von einer materiellen Rechtskraft könnte gesprochen werden, wenn der Inhalt des Bescheides für die Beteiligten und die Behörden bindend wäre (wie dies bei verwaltungsrechtlichen Bescheiden der Fall ist; rechtskräftige verwaltungsrichterliche Aussprüche können nur im Wege der Wiederaufnahme des Verfahrens — Art. 26 VGG. — abgeändert werden). Eine materielle Rechtskraft in diesem Sinne besteht jedoch nicht. Aber auch die formelle Rechtskraft baupolizeilicher Bescheide ist problematisch. Sie tritt ein nach Ablauf der 14-tägigen Beschwerdefrist des § 77 oder mit Verzicht auf die Beschwerde oder mit der Entscheidung in der letzten Instanz. Daneben besteht jedoch auch in Bausachen jederzeit die Möglichkeit der Erhebung der Aufsichtsbeschwerde, die an keine Frist gebunden ist. — Materiell bindet der Bescheid in Bausachen wohl die Beteiligten, nicht aber die Verwaltungsbehörden. Bescheide in Bausachen (auch solche über Festsetzung oder Abänderung von Baulinien) sind rechtlich nicht unabänderlich (VGH. Bd. 34, 214); denn Bausachen sind reine Verwaltungssachen, nur mit der Besonderheit, daß die Beschwerde gegen die Verwaltungsverfügung an eine Frist gebunden ist. Verfügungen in reinen Verwaltungssachen können aber im allgemeinen jederzeit abgeändert oder aufgehoben werden, mag eine Beschwerde eingeräumt, die Frist hiefür abgelaufen sein oder nicht (Seydel, bayr. Staatsrecht 2. Aufl. Bd. II S. 565). Sie haben also keine materielle Rechtskraft. Das RG. vertritt nun (in einem — nicht in einer Bausache ergangenen — Urteil v. 19. Nov. 1921, V 163/21; s. BayZ. 1922 S. 47) allerdings den Standpunkt, daß die Verwaltungsbehörde nicht jederzeit das Recht habe, ihre Verfügungen zurückzunehmen oder abzuändern. Denn obwohl es im allgemeinen in Verwaltungssachen statthaft sei, daß Verfügungen der Behörden, soweit nicht besondere Rechtsbehelfe dagegen gegeben sind oder das Verwaltungsstreitverfahren Platz greift, von ihnen selbst abgeändert werden, so gelte dies dann nicht, wenn die Änderung in wohlerworbene Rechte Dritter eingreife (Entsch. des preuß. OVG. 33, 232). Wollte die Verwaltungsbehörde hier ihre Entscheidung nachträglich wieder ändern, so wäre dadurch eine unerträgliche Rechtsunsicherheit geschaffen. Deshalb müsse den Verwaltungsbehörden das Recht abgesprochen werden, ihre den Beteiligten bekannt gemachten Entscheidungen willkürlich abzuändern. — Diese Ansicht des RG. gilt jedoch nicht für alle Fälle. Wenn es auch sonst anerkannt ist, daß grundsätzlich jene Verfügungen der Verwaltungsbehörden unabänderlich sind, die mit Ermächtigung des Gesetzes subjektive Rechte bestimmter Untertanen begründet haben (s. Fleiner, Institut des deutschen Verw.Rechts 4. Aufl. S. 192), so muß es hievon doch Ausnahmen geben. In den Fällen nämlich, in denen der Beschluß der Behörde z. B. in wichtigen Teilen durch falsche Angaben durch Täuschung der Behörde durch die Beteiligten bestimmt wurde, ist der Beschluß aufhebbar (und zwar ex tunc), gleichgültig ob subjektive Rechte eines Beteiligten oder eines Dritten entstanden sind, es sei denn, daß das Gesetz die Aufhebung ausdrücklich ausgeschlossen hätte. — S. auch die ausdrückliche Bestimmung in § 76 Abs. III.

Die Aufhebung eines formell rechtskräftigen Bescheides soll nur aus erheblichen Gründen des öffentlichen Interesses erfolgen (ME. v. 22. Okt. 1894 Nr. 18258; auch Bl. f. a. Pr. 26, 140).

Soweit Rechtskraft besteht, erstreckt sich deren Wirkung rebus sic stantibus auch auf die Rechtsnachfolger der Beteiligten (Singular- und Universalsukzession). — (S. ObstLG. 8, 321: die Rechtswirkungen der Baulinien, Baubeschränkungen usw. stellen sich als öffentlich-rechtliche Beschränkungen des Eigentums an Grund und Boden dar; und ME. v. 11. März 1921 Nr. 4059 b 2: die Wirksamkeit einer erteilten Baugenehmigung wird durch einen Besitzwechsel nicht berührt; der neue Besitzer tritt in die Rechtsstellung des früheren ein und ist sämtlichen Auflagen unterworfen, die dem Rechtsnachfolger auferlegt waren.)

Das Abhandenkommen eines zu einem Bescheid gehörigen Planes nach dessen Erlassung hat auf die Giltigkeit des Beschlusses keine Wirkung, da der Plan nur zur Erläuterung des Beschlusses dient und der Inhalt auch durch andere Beweismittel als den Plan festgestellt werden kann (ObstLG. 8, 321).

Über die Sicherung baupolizeilicher Bescheide durch vertragsmäßige Vereinbarungen zwischen Gemeinde und Beteiligten s. RG. Zivils. 61, 338 (Unzulässigkeit der Eintragung einer beschränkten persönlichen Dienstbarkeit) und ObstLG. Zivils. 3, 412 (Zulässigkeit von Konventionalstrafen). — ObstLG. Zivils. 6, 60 (Zulässigkeit vertraglicher Verpflichtungen privatrechtlicher Natur). — Zur Sicherstellung des Vollzugs baupolizeilicher Anordnungen öffentlich-rechtlicher Natur kann eine Verpflichtung in notarieller Form nicht gefordert werden; diese sind durch Strafverfolgung und Zwangsvollzug zu sichern (Art. 18, 20, 101, 105 PStGB., § 367 Nr. 15 RStGB.). — (ME. v. 17. Sept. 1893 Nr. 16091: unstatthaft ist, die Ausfertigung der Plangenehmigung vom Abschluß einer notariellen Urkunde abhängig zu machen, in der sich der Käufer verpflichtet, den Hofraum nicht weiter zu verbauen.)

Für die formelle Fassung baupolizeilicher Bescheide bestehen keine Vorschriften; es empfiehlt sich aber auch bei ihnen die herkömmliche Form verwaltungsrechtlicher Bescheide einzuhalten:

a) Entscheidungsformel: 1. Ausspruch zur Sache, 2. Ausspruch über Kostentragung und Gebühren; 3. Beschwerdebelehrung.

b) Entscheidungsgründe.

2. S. § 61 Anm.

3. Wegen der Vorlage wichtigerer Baulinienprojekte an das Staatsministerium des Innern s. ME. v. 18. Juli 1905 am Ende (s. Anhang).

§ 65.

I Die Instruktion und Bescheidung der Gesuche wegen Herstellung von Neubauten[1]) oder Vornahme von Hauptreparaturen[2]) oder Hauptänderungen[2]) an vorhandenen Gebäuden steht den Distriktsverwaltungsbehörden[3]) in erster, den Kreisregierungen, Kammern des Innern, in zweiter und letzter Instanz[4]) zu. In den Städten der Pfalz mit mehr als 10000 Einwohnern steht die Instruktion[5]) der Gesuche den Gemeindebehörden zu. Im Interesse der Beteiligten sind die Verhandlungen tunlichst zu beschleunigen[6])[7]).

II [8])Die Kreisregierungen, Kammern des Innern[9]), können beim Vorhandensein ganz besonderer Verhältnisse[10]) von einzelnen Bestimmungen der Bauordnung dispensieren[11]); hiebei dürfen jedoch weder öffentliche Interessen noch Rechte oder erhebliche Interessen eines Dritten beeinträchtigt werden.

1. S. § 6.

2. S. § 7.

3. Nunmehr „Bezirksverwaltungsbehörde"; in Gemeinden mit vormals magistratischer Verfassung der Stadtrat bezw. Gemeinderat, da Baupolizeisachen sich zur kollegialen Behandlung eignen (Art. 92, 98 GemO.).

4. Daneben besteht noch das Oberaufsichtsrecht des Staatsministeriums des Innern.

5. S. § 58 Anm. 9. — Instruktion und Bescheidung steht in allen Städten der Pfalz mit über 10000 Einwohnern dem Stadtrat zu.

6. S. ME. v. 18. Mai 1922 Nr. 4050 d 19 (StAnz. Nr. 90).

7. Allenfallsiges gewerbepolizeiliches (Gast- und Schankwirtschaft, Privatkrankenanstalten, Theater usw., § 16 ff. RGewO.; § 6 ff. Vollz.-V. GVBl. 1892 S. 62 ff., 1900 S. 1157 ff.; § 68 Ziff. 9 BO.; ME. v. 30. Dez. 1909 betr. Wirtschaftsgewerbe, § 9, MABl. 1910 S. 1 ff.) oder wasserpolizeiliches (§ 51, 106 II, 115 III Vollz.Vorschr. z. WG. v. 3. Dez. 1907 GVBl. S. 876) Verfahren ist mit dem baupolizeilichen zu verbinden.

8. Dispensation: während sich Abs. I nur auf Baugesuche bezieht, bezieht sich Abs. II auf alle materiellen Bestimmungen der BO.; also auch auf die Bestimmungen über Baulinien usw.

9. Zuständig sind seit der V. v. 1. Dez. 1902 (GVBl. S. 729) die Kreisregierungen (früher das Staatsministerium des Innern). Die Kreisregierungen sind allein zuständig für Dispensationen, sowohl von Beschlüssen der Bezirksverwaltungsbehörden als auch von Beschlüssen, die sie selbst, z. B. über Baulinienfestsetzung in unmittelbaren Städten, getroffen haben. Ein Instanzenweg ist nicht gegeben. Das Oberaufsichtsrecht des Staatsministeriums des Innern wird durch § 65 II nicht berührt; jedoch sind die Entscheidungen des Staatsministeriums des Innern nicht als 2. in-

stanz. Entscheidungen gem. § 65 II, sondern lediglich als Aufsichtsentscheidungen zu betrachten (a. M.: Englert, BO. § 65 Anm. 3 c).

Mit ME. v. 7. Nov. 1918 Nr. 4050 d 13; 26. Febr. 1920 Nr. 4050 d 29 und v. 10. Jan. 1923 Nr. 4050 d 1 wurden die Regierungen zu einem vereinfachten Verfahren in Dispenssachen ermächtigt; sie können die Bezirksverwaltungsbehörde ermächtigen, von Bestimmungen der BO. zu dispensieren. Die Ermächtigung gilt zunächst bis Ende 1924; von ihr wurde insbesondere hinsichtlich der §§ 27, 42, 44, 45 und des §§ 19, 25, 50 Gebrauch gemacht. Hiebei ist in den Fällen, in denen Rücksichten auf Feuersicherheit in Frage stehen, die Äußerung der Versicherungskammer, Abteilung für Brandversicherung, einzuholen.

Die Dispensationsbefugnis der Regierung erstreckt sich sowohl auf die Gestattung der Herstellung eines bauordnungswidrigen Zustandes, als auch im Falle der strafbaren Herstellung eines solchen auf die Genehmigung des dauernden Fortbestandes desselben. Dagegen ist zur Genehmigung des zeitweiligen Fortbestandes eines solchen die Regierung nicht zuständig, sondern die Bezirksverwaltungsbehörde. Denn eine zeitweise Belassung eines bauordnungswidrigen Zustandes kann die Baupolizeibehörde selbst gestatten, da ihr unbenommen ist, auf Grund des Art. 105 Abs. I, event. Art. 18 Abs. II PStGB. eine richterliche Ermächtigung zur Beseitigung des bauordnungswidrigen Zustands zu erwirken und von dieser — einer Verjährung nicht unterworfenen — Ermächtigung in jedem beliebigen Zeitpunkte Gebrauch zu machen (gen. ME. v. 21. Juni 1895 Nr. 9460; ME. v. 22. Sept. 1898 Nr. 19 661 und gen. ME. v. 16. Febr. 1902 Nr. 4792). Auch die widerrufliche Belassung eines vorschriftswidrigen Zustands kann die Baupolizeibehörde gestatten (ME. v. 31. Dez. 1901 Nr. 29 093).

10. Hiezu sagt der Kommentar von v. Herrmann in Note 2 zu § 65: „Durch die Aufnahme dieses Absatzes in die BO. von 1881 ist einem diesbezüglichen Wunsche des Landtages entgegengekommen.

Es versteht sich von selbst, daß es nicht in der Absicht der BO. liegen kann, die gegebenen baupolizeilichen Vorschriften durch häufige Dispensationen illusorisch zu machen, vielmehr soll nur beim Vorhandensein ganz besonderer Verhältnisse und selbst unter dieser Voraussetzung nur dann, wenn es ohne Beeinträchtigung, sowohl des öffentlichen Interesses als auch der Rechte oder erheblichen Interessen Dritter geschehen kann, dem K. Staatsministerium des Innern [nun Regierung] die Ermächtigung zur Erteilung von Dispensationen zustehen.

Welcher Art die vorausgesetzten „ganz besonderen Verhältnisse" sein müssen, läßt sich bei der Mannigfaltigkeit der Fälle kaum näher bestimmen; jedenfalls aber hat die BO. nur solche Fälle im Auge, welche auf das betreffende Bauobjekt Bezug haben, nicht auch solche, welche lediglich der Person des Gesuchstellers (wie z. B. die Vermögensverhältnisse und dergl.) entnommen sind. Die Bestimmung in § 65 Abs. 2 hat hauptsächlich den Zweck, in jenen Fällen, in welchen die Anwendung der Bauvorschriften zu unverkennbaren Härten führen würde, im Dispensationswege Abhilfe zu gewähren, soweit dies ohne Schädigung von öffentlichen und Privatinteressen möglich ist."

11. Eine Dispens kann stattfinden: 1. nur von Vorschriften der Bauordnung, also nicht von ober-, bezirks- oder ortspolizeilichen Vorschriften oder besonderen baupolizeilichen Verordnungen (s. ME. v. 15. Mai 1892 Nr. 7905). Von diesen letzteren Vorschriften können nur die Behörden dispensieren, denen die Befugnis hiezu ausdrücklich in der Vorschrift eingeräumt ist (s. z. B. § 29 der oberpolizeilichen Vorschriften v. 21. Aug. 1909 GVBl. S. 655, § 52 der oberpolizeilichen Vorschriften v. 4. Sept. 1905 GVBl. S. 567, beide im Anhang). Fehlt ein solcher Vorbehalt in einer baupolizeilichen Vorschrift, so kann trotzdem die Behörde, die diese Vorschrift erlassen hat, von ihr dispensieren (a. M.: Englert, BO. § 65 Anm. 5a unter Hinweis auf die ME. v. 9. Okt. 1897 Nr. 19545, 13. Mai 1897 Nr. 9717 und 12. Dez. 1900 Nr. 26967). Ist ein solcher Vorbehalt gegeben, so unterliegt die Dispensausübung der Staatsaufsicht; es ist insbesondere bei ortspolizeilichen Vorschriften ein Übermaß von Dispensgewährung, das die Rechtssicherheit gefährdet, zu vermeiden (ME. v. 4. Okt. 1904 Nr. 20476).

Eine Gemeindebehörde kann nicht dadurch, daß sie eine Bestimmung der BO. in ihre ortspolizeilichen Vorschriften aufnimmt, die Dispensbefugnis der Regierung in Bezug auf diese Bestimmung aufheben oder sich selbst die Befugnis beilegen, von dieser Bestimmung zu dispensieren. Beides stände in Widerspruch mit der BO. und ist durch Art. 10 PStGB. verpönt (ME. v. 17. Sept. 1893 Nr. 16091 und v. 9. Juni 1911 Nr. 4054 f 6).

2. Nur von materiellen Vorschriften der BO., nicht von formellen (z. B. nicht von Zuständigkeits- und Verfahrensvorschriften).

3. Nur von unbedingt verbindlichen Bestimmungen der BO. (also von Mußvorschriften, nicht von Soll- oder Kann-Vorschriften). Daher Dispens möglich wohl von § 1 Abs. I, soweit es sich um Neubauten handelt, nicht aber von § 1 Abs. II (zu letzteren s. ME. v. 2. März 1901 Nr. 4236); nicht von § 1 Abs. 4 (ME. v. 10. Juni 1896 Nr. 10247); nicht von § 16 Ziff. 4 (ME. v. 19. Nov. 1894 Nr. 20053) usw.

4. Nicht von Bestimmungen, die ohne nähere Anordnung vorschreiben, daß gewissen Anforderungen der Feuersicherheit, Festigkeit oder Gesundheit zu entsprechen ist (z. B. §§ 5; 13; 17 Ziff. 1; 18 Ziff. 2 usw.). Entspricht in solchen Fällen die Bauführung nach der baupolizeilichen Würdigung diesen Anforderungen, so ist die Genehmigung Sache der Baupolizeibehörde; eine Dispens ist nicht nötig und nicht möglich. Wird dagegen gegen diese Anforderungen verstoßen, so wäre eine Dispens schon durch die Natur der Sache ausgeschlossen, da sie nicht gegen öffentliche Interessen erfolgen könnte (ME. v. 10. Juni 1896 Nr. 10247).

Voraussetzung für eine Dispens ist ferner weder eine rechtskräftige Abweisung eines Gesuches durch die Baupolizeibehörde noch rechtskräftige gerichtliche Bestrafung wegen einer baupolizeilichen Übertretung.

Das Verlangen, daß der Dispens allgemein die rechtskräftige Abweisung eines Baugesuches vorausgehen soll, würde in den Fällen, in denen das Bedürfnis für eine Dispens zweifellos gegeben ist, eine unnötige Verzögerung bedeuten. Es ist deshalb bei derartigen Vorlagen an die Regierung im allgemeinen lediglich zu fordern, daß das Baugesuch vorher in erschöpfender Weise gewürdigt und Art sowie Maß der erbetenen und begutachteten Dispens mit ausdrücklicher Bezugnahme auf die Vorschriften der BO. nach allen Richtungen klargelegt werde. Ob sich zu diesem Zwecke die vorherige förmliche Bescheidung des Gesuches empfiehlt, ist je nach der Rechtslage von Fall zu Fall zu entscheiden (ME. v. 24. Mai 1897 Nr. 10288).

Strafeinschreitung ist in der Regel nur dann veranlaßt, wenn eine absichtliche Zuwiderhandlung des Bauherrn oder Bauführers gegen baupolizeiliche Vorschriften oder Anordnungen vorliegt und Grund zur Annahme besteht, daß der ordnungswidrige Zustand weder freiwillig noch im Dispenswege behoben wird (ME. v. 22. Dez. 1894 Nr. 22364).

Bei der Vorlage von Baudispensgesuchen sind die Punkte, hinsichtlich welcher Dispens erbeten ist, unter Anführung der einschlägigen Paragr. der BO. genau zu bezeichnen (ME. v. 30. Jan. 1900 Nr. 1964). Allenfallsige Beteiligte (auch Amtsarzt, Versicherungskammer usw.), sind vorher zu hören. — Bei Würdigung von Dispensgesuchen ist auch zu prüfen, ob die Baupläne den an die Bauführungen allgemein zu stellenden Anforderungen entsprechen oder ob allenfallsige Bedingungen zu stellen sind (ME. v. 4. April 1906 Nr. 5018).

§ 65 Abs. II ist auch auf Bauführungen des Staates usw. (§ 10 BO.) anzuwenden, da § 10 wohl von der Genehmigungspflicht, nicht aber von den materiell-rechtlichen Bestimmungen der BO. befreit.

§ 66.

I Für die technische Prüfung der Baupläne, sowie für die Überwachung der plan- und vorschriftsgemäßen Bauführung muß bei den Baupolizeibehörden erster Instanz durch Aufstellung befähigter Sachverständiger[1]) gesorgt werden.

II Zur Überwachung der plan- und vorschriftsgemäßen Ausführung haben die Sachverständigen alle genehmigungspflichtigen Neubauten[2]) einschließlich der bedeutenderen Hauptreparaturen und Hauptänderungen nach erfolgter Vollendung zu besichtigen[3]). Bei sonstigen vollendeten Bauführungen[4]) hat eine Besichtigung nur insoweit zu erfolgen, als es gelegentlich anderer Dienstgeschäfte und ohne Verursachung besonderer Kosten tunlich erscheint.

III Die Sachverständigen haben auch während der Bauausführung namentlich bei allen größeren und schwierigeren Bauten, desgleichen bei umfangreicheren mit genehmigungspflichtigen Bauführungen zusammenhängenden Abbruchsarbeiten, je nach Bedürfnis wiederholt, Nachschau zu halten[5]). Bei einfachen Bauführungen auf dem Lande hat diese Nachschau nur insoweit zu erfolgen, als es gelegentlich anderer Dienstgeschäfte und ohne Verursachung besonderer Kosten tunlich erscheint. Die Sachverständigen haben die Sicherheit der Bauführung zu überwachen und die schleunige Abstellung wahrgenommener Zuwiderhandlungen gegen baupolizeiliche Vorschriften oder Anordnungen sowie die Beseitigung der das Leben, die Gesundheit oder die Sittlichkeit gefährdenden Zustände durch Benehmen mit den Bauleitern, nötigenfalls durch Anzeige bei der Baupolizeibehörde, auf kürzestem Wege herbeizuführen[6]).

IV Als Gehilfen der Sachverständigen zur Erfüllung der in Abs. III bezeichneten Aufgaben, soweit dieselben nicht eine höhere technische Vorbildung voraussetzen, sind nach Bedürfnis Bauaufseher aus dem Arbeiterstande aufzustellen. Ein Bedürfnis hiezu ist vorwiegend in Gemeinden mit stärker entwickelter Bautätigkeit als gegeben zu erachten. Über das Bestehen eines Bedürfnisses ist erforderlichenfalls im Instanzenwege zu entscheiden.

V Die Aufstellung der erforderlichen Zahl verlässiger und befähigter Bauaufseher [7]) erfolgt von Amtswegen durch die Baupolizeibehörde, welche bezügliche aus den Kreisen der Arbeitgeber und Arbeiter gemachten Vorschläge entsprechend zu würdigen hat.

VI Die Bauaufseher sind amtlich zu verpflichten und unterstehen in Bezug auf Dienstaufsicht und Disziplin der Baupolizeibehörde, welche deren Dienstverhältnis durch besondere Vorschrift näher zu regeln hat. In der Dienstvorschrift ist den Bauaufsehern für die Dauer ihrer Funktion die Ausübung eines Bauhandwerks zu untersagen und überhaupt Vorsorge zu treffen, daß den Bauaufsehern eine von den Arbeitgebern und Arbeitern unabhängige Stellung gesichert bleibe.

VII [8])In den Städten der Pfalz mit mehr als 10000 Einwohnern steht die Aufstellung der erforderlichen Sachverständigen und Bauaufseher behufs der technischen Prüfung der Pläne bezw. der Überwachung der Bauführung den Gemeindebehörden unter Mitwirkung des Bezirksamtes zu, von welchen Behörden auch die Regelung der Bezüge sowie die Festsetzung, Einhebung und Verwendung der Gebühren zu betätigen ist.

1. Die beamteten Sachverständigen sind Beamte im Sinne des Art. 7 Abs. II BGG. — VGH. 32, 29: Ein zur Kontrolle der Bauführung aufgestellter beamteter Sachverständiger, der in seinem Bericht über die Vornahme der Kontrolle eine eigenmächtig vorgenommene Abweichung von der Baulinie festzustellen unterläßt, verletzt eine Amtspflicht nicht nur gegenüber seiner vorgesetzten Dienstbehörde, sondern auch gegenüber allen an der Baulinie Beteiligten.

Den Amtstechnikern kann die Übernahme von Privatarbeiten gestattet werden, sie dürfen aber die Revision der von ihnen hergestellten Pläne nicht selbst übernehmen (ME. v. 17. Dez. 1908 Nr. 31612).

Über Bauberatungsstellen s. § 9 Anm. 4.

2. S. § 6.

3. Schlußkontrolle; s. auch § 73 I; wegen der Kosten § 78.

4. S. §§ 6—8.

5. Über Nachschau s. ME. v. 27. Nov. 1895 (MABl. S. 618); dazu § 72 III, § 73 I BO.; auch §§ 35 V und 53 a RGewO. — Wegen der Kosten s. § 78 BO. — Über Abbruchsarbeiten s. § 72 Anm. 4.

6. Bestimmungen über Bauarbeiterschutz:

ME. über die Anzeige von Bauunfällen an die Bezirksämter v. 27. Nov. 1895 (MABl. S. 618) und 20. Okt. 1897 (MABl. S. 489),
ME. über Bauunfälle v. 28. Jan. 1901 (MABl. S. 57),
ME. über den Vollzug der Bauaufsicht v. 12. Dez. 1908 (MABl. S. 642),
ME. über Verhütung von Bauunfällen v. 26. Aug. 1909 (MABl. S. 710),
ME. über Bauarbeiterschutz v. 2. Sept. 1921 (StAnz. Nr. 207),
ME. über Hebungs- und Schiebungsarbeiten v. 4. Jan. 1910 (MABl. S. 44),

ME. über Unfallverhütung an Baustellen v. 4. Aug. 1910 (MABl. S. 502),
ME. über Aufrechterhaltung der Ruhe, Ordnung und Sicherheit bei öffentlichen Bauten v. 24. Jan. 1911 (MABl. S. 83),
ME. über Unfallverhütung an Baustellen, Lagerplätzen, Kies-, Lehm- und Sandgruben v. 4. Aug. 1910 (MABl. S. 502),
ME. über die Statistik der Bauunfälle bei Eisenbetonbauten v. 2. April 1914 (MABl. S. 195) und 14. Nov. 1916 (MABl. S. 288),
Oberpolizeiliche Vorschriften zum Schutze der bei Bauten beschäftigten Personen v. 21. Aug. 1909 (GVBl. S. 655),
Oberpolizeiliche Vorschriften zum Schutze der bei Tiefbauten beschäftigten Personen v. 4. Sept. 1905 (GVBl. S. 567); hiezu MB. v. 4. Sept. 1905 (MABl. S. 446),
Oberpolizeiliche Vorschriften über die Beschäftigung von Arbeiterinnen auf Bauten v. 21. Nov. 1908 (GVBl. S. 990); deren § 1 Ziff. 1 ist aufgehoben zuf. § 137 Abs. VII RGewO.; s. ME. v. 20. Febr. 1912 (MABl. S. 322).

Die Unfallverhütungsvorschriften der bayr. Baugewerksberufsgenossenschaft v. 17. Aug. 1901 sind in den Kreisamtsblättern 1904 (für Schwaben und Neuburg 1902) abgedruckt; hiezu ME. v. 13. Dez. 1907 (MABl. S. 574).

Die Unfallverhütungsvorschriften sind strenge zu vollziehen. Die Amtstechniker haben sorgfältige Kontrolle zu üben und Verfehlungen zur Kenntnis der Baupolizeibehörden zu bringen. Verfehlungen sind abzustellen und ev. zu ahnden (ME. v. 21. Febr. 1906 Nr. 21964); dies gilt auch für Bauvornahmen auf dem Lande (ME. v. 3. März 1908 Nr. 6136).

Über die Pflichten der Gewerberäte s. ME. v. 27. Nov. 1895 (MABl. S. 618) und V. v. 7. Febr. 1907 (GVBl. S. 73).

7. Nach ME. v. 3. Aug. 1908 Nr. 6136 sind nur solche Personen aufzustellen, die nach ihren technischen Kenntnissen, praktischen Erfahrungen und sittlichen Eigenschaften Gewähr für ein entschiedenes, verständnisvolles Vorgehen, für ein objektives, Vertrauen erweckendes Verhalten gegenüber Arbeitgebern und -nehmern bieten.

8. Abs. VII ist gegenstandslos; für die Städte der Pfalz mit über 10000 Einwohnern gilt, da alle unmittelbar, Abs. I. — S. § 58 Anm. 9.

§ 67.

I Jeder nach § 9 einzureichende Bauplan [1]) muß mit einem Duplikate versehen und jedes der beiden Exemplare [2]) von dem Bauherrn [3]), den beteiligten Nachbarn [4]) und dem Planfertiger zum Zeichen der Anerkennung unterschrieben sein [5]).

II Die Unterschrift der beteiligten Nachbarn haben auch die im § 10 bezeichneten Entwürfe zu erhalten.

III Die Ortspolizeibehörde hat, soferne sie nicht selbst zur Bescheidung des Baugesuches zuständig ist, die Vollständigkeit und Richtigkeit der auf dem Plane befindlichen Unterschriften der Beteiligten zu bestätigen [6]) und die vom Standpunkte der Ortspolizei etwa veranlaßten Erinnerungen beizufügen.

IV Verweigern die beteiligten Nachbarn die Planunterschrift, so ist solches auf den Plänen zu bemerken [7]).

V Den gegebenen Vorschriften nicht entsprechende oder fehlerhafte Pläne sind zur Ergänzung oder Berichtigung zurückzugeben.

1. S. die Anm. zu § 9. — Über Bauplanverzeichnisse s. ME. v. 22. Dez. 1894 Nr. 22 304.

2. Besteht ein Plan selbst aus mehreren Blättern, so ist jedes Blatt zu unterschreiben.

3. S. Anhang § 367 Nr. 15 RStGB.

4. Nicht alle Nachbarn sind als beteiligt anzusehen, sondern nur diejenigen, deren Grundstücke in baulicher Hinsicht durch das Baugesuch beeinflußt werden. Diese müssen nicht unter allen Umständen Angrenzer sein; es können vielmehr bei engen Straßen die Besitzer gegenüberliegender Grundstücke als beteiligt gelten; diese sind dann auch nach § 77 beschwerdeberechtigt (ME. v. 28. Juli 1889 Nr. 9541). Auch die Eigentümer öffentlicher Straßen sind als beteiligte Nachbarn zu erachten; ist in solchen Fällen eine Stadt oder Gemeinde beteiligt, so sind die Pläne von der betreffenden Vertretung zu unterzeichnen (ME. v. 15. Mai 1896 Nr. 10 553). — Bei Baugesuchen deren Ausführung, wie z. B. bei Reparaturen im Innern von Häusern, keinerlei Einwirkung auf die Nachbargrundstücke haben kann, kann die Unterschrift und Einvernahme der Nachbarn unterbleiben.

5. Die nachbarliche Unterschrift hat nicht die Rechtsnatur eines Vertrags, sondern ist lediglich die Abgabe einer öffentlich-rechtlichen Erklärung. Ihre Zurücknahme muß daher jederzeit als zulässig erachtet werden. Für den Fall der Zurücknahme vor Genehmigung des Bauplanes ist nach Abs. 4 zu verfahren; Zurücknahme nach Genehmigung ist ohne Wirkung. — Die Unterschrift des Nachbarn ist auch für dessen Rechtsnachfolger bindend.

6. Die Gemeinde haftet für die polizeiliche Beglaubigung von Unterschriften durch ihre Beamten (Urt. des RG. v. 15. Mai 1917 in GemVerwBtg. 1917 S. 608).

Die Bestätigungen sind gebührenpflichtig nach Art. 142, 143 Abs. I Ziff. 4, 164 Kostengesetz v. 16. Febr. 1921 mit § 12 Abs. 1 Ziff. 1 der V. v. 28. Dez. 1914 (GVBl. S. 677) betr. Vollzug des Reichsgerichtskostengesetzes und des Kostengesetzes v. 21. Aug. 1914. — S. auch ME. v. 16. Nov. 1883 (MABl. S. 369).

7. Eine Bestimmung, was für den Fall der Unterschriftsverweigerung zu geschehen hat, fehlt. Die MBO. enthält in § 85 die Bestimmung, daß für den Fall der Unterschriftsverweigerung die Nachbarn aufzufordern sind, ihre Erinnerungen bei Meidung der Nichtberücksichtigung binnen einer bestimmten Frist bei der Baupolizeibehörde vorzubringen, dieses Verfahren kann im Bereich der allgemeinen BO. analog angewandt werden.

Sind die Erinnerungen öffentlich-rechtlicher Art, so würdigt sie die Baupolizeibehörde im baupolizeilichen Verfahren; sind sie privatrechtlicher Art, so ist nach § 69 zu verfahren.

Über das Verfahren bei Verweigerung der Unterschrift s. Bl. f. a. Pr. Bd. 39, 204.

§ 68.

Bei folgenden Bauführungen[1]) sind die betreffenden Behörden unter Mitteilung der Pläne mit ihren Erinnerungen[2]) zu hören, wenn nicht die Zustimmung dieser Behörden schon von den Gesuchstellern beigebracht wird:

1. bei Bauten in der Umgebung von Besitzungen der Zivilliste der k. Obersthofmeisterstab, Bauabteilung [3]);
2. bei Bauten in der Umgebung von Privatbesitzungen des Königs das Hofsekretariat [4]);
3. bei Bauten in der Umgebung von Militär-Eigentum und innerhalb eines Festungs-Rayons-Bezirkes die betreffende Kommandantur (vgl. Reichsgesetz vom 21. Dezember 1871, Reichsgesetzbl. S. 459 ff.);
4. bei Bauführungen an Staatsstraßen [5]), öffentlichen Flüssen [5]), Kanälen [6]), oder in der Nähe von Staatsgebäuden [7]) das betreffende Bauamt; an anderweitem zivilärarialischen Eigentum die betreffende Aufsichtsbehörde [8]);
5. bei Bauten an Eisenbahneigentum oder in einer Entfernung von weniger als 60 m vom nächstgelegenen Schienengeleise die einschlägige Eisenbahnbehörde [9]);
6. bei Bauten in der Umgebung von Gebäuden für Zwecke der Wissenschaft oder Kunst und von monumentalen Bauwerken die Aufsichtsbehörde;
7. in den Landesteilen rechts des Rheins bei Bauten [10]) in Waldungen oder weniger als 437,8 m (1500 Fuß bayerisch) von solchen entfernt, das einschlägige k. Forstamt (Art. 47 des Forstgesetzes in der Fassung vom Jahre 1896, Gesetz- und Verordnungsblatt S. 336) [11]); in der Pfalz ist für isolierte Bauführungen in Waldungen oder in einer Entfernung von weniger als 500 m von der Grenze derselben Art. 37 und 38 des revidierten Forst-Strafgesetzes für die Pfalz [12]) in der Fassung vom Jahre 1879 (Gesetz- und Verordnungsblatt S. 1433) maßgebend; die in Art. 37 des Gesetzes vorbehaltene Genehmigung wird durch die Distriktsverwaltungsbehörde nach Einvernahme des einschlägigen Forstamtes erteilt [13]);
8. bei Bauführungen im Sinne der §§ 46, 47 und 48 die Versicherungskammer, Abteilung für Brandversicherung;
9. bei Bauführungen für gewerbliche Zwecke, bei welchen Anordnungen zum Schutze der Arbeiter in Frage kommen können, der Fabriken- und Gewerbe-Inspektor [14]).

II Wenn den Erinnerungen [18]) der voraufgeführten Behörden nicht entsprochen wird, so ist ihnen von dem betreffendem Beschlusse zur Wahrung des Beschwerderechts Kenntnis zu geben.

1. Da die Baulinien den Zweck haben, Bauführungen zu ermöglichen, so ist § 68 und zwar hinsichtlich der in Ziff. 1—7 bezeichneten Bauführungen auch auf Baulinienfestsetzungen und -Änderungen sinngemäß anzuwenden (ME. v. 6. März 1898 Nr. 4639).

2. S. Abs. II.

3. Nunmehr Verwaltung des ehemaligen Krongutes.

4. Derzeit gegenstandslos.

5. Das betr. Straßen- und Flußbauamt. — Wegen des Begriffs der „öffentlichen Flüsse" s. Art. 1 ff. WG.

6. Die betr. Kanalbauinspektionen bezw. das Kanalbauamt für Bayern in München.

7. Das betr. Landbauamt.

8. D. i. die zur Abgabe rechtsverbindlicher Erklärungen befugte Behörde; im Bereich der inneren Verwaltung die Landesfinanzämter München und Würzburg und die Zweigstellen Augsburg, Landshut, Regensburg, Bayreuth, Ansbach, Speyer, jeweils Abteilung für Besitz- und Verkehrssteuern, Zweigstelle für bayrische Angelegenheiten. — S. Bekm. v. 20. April 1920 betr. die Zuständigkeit der Kreisregierungen (GVBl. S. 144) und FinMinBek. v. 14. Juli 1922 (StAnz. Nr. 162).

9. Die Reichseisenbahndirektionen.

10. Nach der Begründung zum Forstgesetz ist hier nur die Herstellung neuer Gebäude, auch in schon bestehenden Ansiedlungen, nicht dagegen die untergeordneter Vergrößerungsarbeiten zu verstehen.

11. Art. 47 des Forstgesetzes: „Wenn in Waldungen oder in einer Nähe derselben von 1500 bayrischen Schuhen (437,8 m), was immer für Gebäude, insbesondere zum Zwecke neuer Ansiedelungen oder zur Errichtung von Ziegelbrennereien, Teeröfen oder anderen feuergefährlichen Anlagen, aufgeführt werden wollen, so ist vor Erteilung der baupolizeilichen Genehmigung das Forstamt mit seiner Erinnerung zu vernehmen."

12. Revidiertes Forststrafgesetz für die Pfalz:

Art. 37: „Keinerlei Gebäude darf isoliert in dem Umfange von Waldungen oder in einer Entfernung von weniger als 500 m von der Grenze derselben ohne vorgängige Genehmigung errichtet werden bei Strafe des Niederreißens. Die Entschließungen auf Gesuche dieser Art sollen innerhalb drei Monaten vom Einlauf derselben an erfolgen, und gegenteiligen Falles die Errichtung gestattet sein. Dergleichen schon bestehende Gebäude unterliegen übrigens der Einreißung nicht; auch können sie ohne Genehmigung repariert, wieder aufgebaut und erweitert werden."

Art. 38: „Niemanden, welcher isolierte Gebäude innerhalb des oben festgesetzten Bereiches gegenwärtig bewohnt oder dem nach vorstehendem Artikel die Errichtung von Gebäuden gestattet werden wird, ist es ohne besondere, von der Kreisregierung zu erholende Ermächtigung erlaubt, in den besagten Gebäuden Werkstätten zum Zurichten oder Verarbeiten von Holz, Holzhöfe oder Magazine zum Holzhandel anzulegen, bei Strafe von fünfundvierzig Mark neben Konfiszierung des Holzes.

Die erteilte Ermächtigung kann, wenn sie zu einer Holzentwendung mißbraucht wird, von der Kreisregierung wieder aufgehoben werden."

13. Eine Zuständigkeit der Verwaltungsgerichte und des VGH. bei Beschwerden Beteiligter in Verfolgung ihrer Erinnerungen ist nicht gegeben, insoweit es sich nicht (wie bei Ziegelbrennereien, Teeröfen usw.) um gewerbliche Anlagen im Sinne des § 16 ff. GewO. handelt. (ME. v. 31. Dez. 1919 Nr. 4050 d 13).

14. Nunmehr die Gewerberäte bei den Kreisregierungen. Ziff. 9 findet auch auf Bauführungen Anwendung, die gewerbliche Küchen zum Gegenstand haben, wenn bei ihnen Anordnungen zum Schutze des Personals in Frage

kommen, wie es bei den Küchen größerer Gasthäuser, Restaurants, Kaffees und dergl. stets der Fall sein wird. Die ständige Beaufsichtigung der gewerblichen Küchen ist Pflicht der Ortspolizeibehörden und der Gewerbeaufsichtsbeamten (ME. v. 4. Juni 190; Nr. 11786 und v. 19. Nov. 1911 Nr. 26479/II).

15. Die Baupolizeibehörden sind an die Erinnerungen nicht gebunden; diese können aber im Beschwerdeweg weiter verfolgt werden, und zwar sowohl im Wege der Beschwerde nach § 77 unter Einhaltung der 14tägigen Frist als auch im Wege der Aufsichtsbeschwerde.

§ 69.

Werden gegen ein baupolizeilich statthaftes Baugesuch Einsprüche aus Privatrechtstiteln erhoben, so haben die Behörden erster Instanz eine gütliche Ausgleichung unter den Beteiligten zu versuchen, bei deren Erfolglosigkeit den baupolizeilichen Bescheid zu erteilen, für Austragung jener Einsprüche aber den Rechtsweg vorzubehalten[1]).

1. Grundsätzlich sind privatrechtliche Einsprüche gegen ein Baugesuch von der Baupolizeibehörde nicht zu berücksichtigen, sondern auf den Rechtsweg zu verweisen.

Sind jedoch Privatrechtstitel und die Verletzung des Privatrechtes liquid, steht also die Berechtigung der privatrechtlichen Ansprüche und deren Verletzung bei Ausführung des vorgelegten Baugesuchs außer Zweifel, so hat die Baupolizeibehörde das Gesuch abzuweisen, da es nicht ihre Aufgabe sein kann, offenbar zwecklose Genehmigungen zu erteilen. Jedoch muß als Grundsatz gelten, daß die Bestimmung über die Nichtberücksichtigung privatrechtlicher Ansprüche durch die Baupolizeibehörden nur dann von einer Ausnahme durchbrochen werden darf, wenn der privatrechtliche Anspruch nicht nur liquid ist, sondern auch auf einem dinglichen Recht (z. B. Eigentum, Lichtrecht) beruht. Es kann nicht Absicht der BO. sein, obligatorischen Rechten, die lediglich eine persönliche Rechtsbeziehung zwischen den Beteiligten schaffen, eine darüber hinausgehende Bedeutung beizumessen, die bis zur völligen Abweisung eines Baugesuches führen kann. Die offenkundig bestehenden zivilrechtlichen Ansprüche müssen sich auf die Zulässigkeit der Bauführung als solcher beziehen. So ist z. B. einem Bauherrn, der auf fremdem Grund gegen den Willen des Grundeigentümers bauen wollte, die Baugenehmigung zu versagen (ME. v. 11. April 1891 Nr. 5692 und v. 19. Juli 1909 Nr. 17272). — Entbehrt der Einspruch der Begründung, so ist der den Einspruch Erhebende zur Begründung aufzufordern. — (S. auch § 13 des in Bayern noch nicht eingeführten Gesetzes über die Sicherung von Bauforderungen v. 1. Juni 1909, RGBl. S. 449.)

§ 70.

[1])Bei allen Baugesuchen, bei welchen es sich um gesundheitspolizeiliche Fragen handelt, ist vor der Sachbescheidung das Gutachten der einschlägigen Medizinalbehörde[2]) einzuholen[3]).

1. Vgl. § 5.

2. In 1. Instanz des Bezirksarztes, in 2. Instanz des Kreismedizinalreferenten bezw. in wichtigen Fällen des Kreismedizinalausschusses.

3. Die Entscheidung der Baupolizeibehörde ist an das amtsärztliche Gutachten nicht gebunden.

§ 71.

I Bei Genehmigung[1]) der Baugesuche sollen die allenfalls veranlaßten besonderen Anordnungen[2]) nicht bloß durch deutliche Einzeichnung in die Pläne, sondern auch durch ausdrückliche Aufnahme in die Ausfertigung der Genehmigung dem Bauunternehmer kundgegeben werden[3]).

II Sind vom Planrevisor auf dem Bauplane Erinnerungen vorgetragen, so kann auf dieselben in der Ausfertigung der Genehmigung Bezug genommen werden.

1. Über baupolizeiliche Bescheide s. § 64 Anm. 1.
Die Genehmigung kann auch widerruflich und zeitlich begrenzt sein; s. § 19 II und § 41 Ziff. 4. — Die widerrufliche Genehmigung ist wegen der später allenfalls zu verlangenden Entfernung des widerruflich genehmigten Bauwerks bedenklich.

2. Baupolizeiliche Vorschriften sind zwar nach Art. 101 I PStGB. ohne besondere Kundgabe verbindlich (OLG. München 9, 356), es steht jedoch nichts im Wege Einzelvorschriften, zumal wenn im Plane dagegen verstoßen wurde, in die Genehmigung aufzunehmen (ObstLG. 4, 150). — Über unzulässige Einzelanordnungen s. ObstLG. 8, 285; 9, 24. — Die Verbindung mit anderen Einzelanordnungen, z. B. gewerbe- oder feuerpolizeilichen, ist zulässig.

3. § 71 ist lediglich instruktionelle Vorschrift, von deren Beachtung weder die Rechtsgültigkeit der „besonderen Anordnungen" noch die Strafbarkeit des Bauunternehmers abhängig gemacht ist. Entscheidend ist, ob dem Bauunternehmer der Inhalt der Anordnungen überhaupt zuverlässig bekannt geworden ist (ObstLG 4, 150; OLG. München 8, 326; 9, 355). Der Bauherr darf erwarten, daß die Anordnungen ihm in geeigneter Weise, wenn auch nicht gerade durch förmliche Aufnahme in den Genehmigungsbeschluß, kundgegeben werden (ObstLG. 11, 232).

§ 72.

I Erst wenn die Bescheidung eines Baugesuches rechtskräftig ist[1]), darf mit den Bauarbeiten, zu denen auch die Herstellung der Baugruben[2]) zu rechnen ist, begonnen werden[3]).

II Von dem Beginn jedes genehmigungspflichtigen Baues und jeder umfangreicheren mit einer genehmigungspflichtigen Bauführung zusammenhängenden Abbrucharbeit[4]) hat der Bauherr[6]) sowohl der Orts- als auch der Distriktspolizeibehörde vorherige Anzeige zu erstatten[5]). Zugleich ist, falls dies nicht bereits mit der Einreichung des Bauplanes geschehen ist, der mit der Bauleitung[6]) betraute Baumeister[6]) oder Bauhandwerker[6]) namhaft zu machen. Dieser hat die Verantwortung durch unterschriftliche Erklärung zu übernehmen[7]).

III Die Baupolizeibehörde kann die als Bauleiter[6]) namhaft gemachte Person beanstanden, wenn diese die für eine sichere Bauführung erforderliche Verlässigkeit[8]) nicht besitzt. Bis zur Behebung des Anstandes kann die Inangriffnahme oder Fortsetzung der Bauarbeiten untersagt werden [3]).

IV Die Ortspolizeibehörde hat unter Zuziehung des Bauherrn [6]) und Bauleiters [6]) für die Aussteckung der Baulinie zu sorgen; wenn besondere Umstände es erfordern, kann die Ortspolizeibehörde auch den in § 66 Abs. I bezeichneten Sachverständigen beiziehen.

1. Rechtskräftig ist der Baubescheid mit Entscheidung der 2. Instanz oder mit Verzicht auf die Beschwerde oder mit Ablauf der Frist des § 77. — Über Rechtskraft s. § 64 Anm. 1. — S. auch § 77 Anm. 1 (ME. v. 23. Juni 1896 Nr. 11 939).

2. Nur soweit die Herstellung von Baugruben der Anfang von Bauarbeiten ist, wird die Genehmigung vorausgesetzt; denn es steht an sich dem Grundeigentümer frei, auf seinem Grund und Boden beliebige Vertiefungen vorzunehmen.

3. Ausnahmen von Abs. 1 sind nicht zulässig (vgl. § 91 der MBO., der Ausnahmen zuläßt). Dispens nach § 65 II ist nicht möglich. — Jede Bauarbeit vor rechtskräftiger Genehmigung des Baugesuches ist unzulässig; die Ortspolizeibehörde ist nicht befugt, vor rechtskräftiger Verbescheidung des Gesuches den Baubeginn zu gestatten; eine gleichwohl erteilte Erlaubnis schützt den Bauunternehmer auch dann nicht vor Strafe, wenn er im guten Glauben ist (OLG. München 7, 181); eine vorläufige Genehmigung durch den Vorstand des zuständigen Stadtrats ist ebenso ausgeschlossen wie eine stillschweigende Genehmigung; ein Irrtum hierüber ist belanglos (ObstLG. 16, 143).

4. S. § 66 III BO.; Art. 105 PStGB.; § 16 der Hochbau-Unfallverhütungsvorschriften (GVBl. 1909 S. 655); §§ 3, 21 der Tiefbau-Unfallverhütungsvorschriften (GVBl. 1905 S. 567).

5. Die Anzeigepflicht ist eingeführt, um die Kontrolle nach § 66 zu ermöglichen. — Über Bauvollendungsanzeigen s. § 73 I. — Baubeginnsanzeige ist auch an die bayr. Baugewerbsberufsgenossenschaft München zu erstatten (ME. Innern v. 20. Jan. 1903 Nr. 29 449 und 30. März 1912 Nr. 94 a 4; ME. Soz. v. 27. Okt. 1919 Nr. 32 a 2). S. ME. v. 21. Okt. 1922 betr. Mitteilung von Baugenehmigungen an die Berufsgenossenschaften (StAnz. Nr. 247). Über Anzeige bei längeren Bauarbeiten s. § 799 RVersO.

Die Unterlassung der Anzeige vom Baubeginn und der Erholung der baupolizeilichen Genehmigung bilden, da jeweils eines besonderen Beschlusses bedürftig, je eine selbständige Straftat im Sinne des § 74 RStGB. (Realkonkurrenz). Wurde durch fahrlässigen Irrtum über die Genehmigungspflicht die Einholung der Genehmigung unterlassen, so liegt nur eine Übertretung nach § 376 Nr. 15 RStGB. vor, dagegen keine nach § 72 BO., Art. 103 PStGB. (ObstLG. 8, 209).

6. Bauherr, Bauunternehmer, Bauleiter, Baumeister, Bauhandwerker:

a) Bauherr: Wer als Bauherr zu erachten ist, darüber enthält weder das RStGB. (§ 367 Nr. 15) noch das PStGB. (Art. 101) noch die BO. (§§ 67, 72) eine nähere Bestimmung. Nach der Rechtsprechung und Rechtslehre ist Bauherr, wer auf seine Rechnung oder Verantwortung eine bauliche Maßnahme veranlaßt, sei es, daß er die bauliche Tätigkeit selbst ausführt, sei es, daß er sie durch andere ausführen läßt. Daß der Bauherr der Eigentümer des Grund und Bodens sei, auf dem gebaut wird, ist keinesfalls erforderlich;

auch ein Mieter, Pächter, Nießbraucher oder Erbbauberechtigter kann Veranlassung haben, auf dem seinem Rechte unterworfenen Grundstücke auf seine eigene Rechnung einen Bau auszuführen, an dem gemieteten oder gepachteten Anwesen eine bauliche Änderung vornehmen zu lassen (ObstLG. 3, 14; 8, 69; 9, 254). — S. auch Bl. f. a. Pr. 48, 51.

Keineswegs ist der Grundbesitzer, auf dessen Grund ein Bauwerk steht, als solcher Bauherr, sondern Bauherr ist nur der Grundbesitzer, welcher den Bau auf seine Rechnung und Verantwortung führt oder führen läßt (ObstLG. 3, 13; 3, 69; 4, 355; Reger, Entsch. 4, 76; Ergänzungsband 2, 74).

Die Verwalter fremden Vermögens, die Bauführungen für den Eigentümer des Vermögens unternehmen, sind in diesem Falle dem Bauherrn im Sinne des § 367 Nr. 15 gleichzuachten (ObstLG. 2, 406). — Da auf dem Gebiete des Strafrechts nur physische Personen strafrechtlich verantwortlich sind, so kann eine Firma, die Eigentümerin eines Anwesens ist, nicht zur Verantwortung gezogen werden; dagegen trifft die Verantwortung diejenige physische Person, welche gegebenenfalls die Firma oder Gesellschaft vertreten und den Auftrag zur Herstellung des Baues gegeben hat (ObstLG. 3, 13).

Derjenige, dem der Bauherr das Eigentum an einem Bau vor seiner Vollendung übertragen hat, ist strafbar nach § 367 Nr. 15 RStGB., wenn er trotz Aufforderung eine Abweichung seines Rechtsvorgängers vom genehmigten Bauplan oder einer mit der Genehmigung verbundenen Anordnung zu beseitigen unterläßt (OLG. München 9, 154).

b) Bauunternehmer sind diejenigen, welche Bauten für eigene Rechnung ausführen, sei es daß sie für andere auf Grund eines Abkommens Bauausführungen übernehmen, sei es daß sie Häuser zum Wiederverkauf bauen (ObstLG. 38, 156). — Bauunternehmer ist eine Person, welche die Ausführung ganzer Bauten, sei es für eigene Rechnung in der Absicht späteren Verkaufs, sei es für Rechnung eines Auftraggebers übernimmt und dabei vorkommende außerhalb ihres besonderen Handwerkszweiges liegende Arbeiten teils durch andere, zu diesem Zwecke herangezogene selbständige Handwerker — Bauschlosser, Bauschreiner, Dachdecker usw. — ausführen läßt, teils eigene gelernte und ungelernte Hilfskräfte verwendet (OLG. Hamburg bei Sörgels Jahrbuch 4, 123).

c) Bauleiter: bei der Frage, ob jemand als Bauleiter zu erachten ist, kommt es auf die tatsächliche Entfaltung einer Tätigkeit an, welche als geistige Urheberschaft die mechanischen Kräfte für die mechanische Gestaltung des Baues als eines Ganzen in Bewegung setzt. Voraussetzung ist nur, daß die Anordnungen des Bauleiters die Ausführung eines Bauwerkes als eines Ganzen unmittelbar und in wesentlichen Beziehungen zum Gegenstand haben (vgl. Goltdamm. Archiv 38, 439). Bauleiter ist ohne Rücksicht darauf, ob er den Bauplan entworfen hat oder nicht, derjenige, nach dessen Anweisung die Errichtung eines Bauwerks erfolgt (vgl. Goltdamm. Archiv 39, 323). Nicht notwendig ist, daß derjenige, welcher in dieser Weise als geistiger Urheber des Bauwerks angesehen wird, vom Bauherrn als Bauleiter eigens aufgestellt ist, oder daß er eine besondere Befugnis, einen besonderen Rechtstitel zu jenen Anordnungen nachweist, welche von den Bauhandwerkern befolgt und ausgeführt werden. Die tatsächliche Leitung genügt (vgl. Goltdamm. Archiv 45, 263; 46, 209; ObstLG. 2, 141).

Es ist unerläßlich, daß im Interesse einer geordneten Bauführung und zur Sicherung der bei Bauten beschäftigten Personen eine einheitliche Aufsicht eines Sachverständigen, der für Einhaltung sämtlicher einschlägigen Vorschriften haftet, aufgestellt wird. Die Bestellung eines geeigneten Bauleiters ist Pflicht des Bauherrn. Der Bauleiter kann sich für den Fall seiner Verhinderung vertreten lassen, er haftet aber alsdann für sorgfältige Auswahl des Vertreters, sowie für gewissenhafte Oberaufsicht und Kontrolle. Nach § 27 der oberpolizeilichen Vorschriften v. 21. Aug. 1909 und § 50 der oberpolizeilichen Vorschriften v. 4. Sept. 1905 (beide s. Anhang) haften neben dem Bauleiter auch die von diesem mit der Überwachung der Bauführung betrauten Aufsichtsorgane, ebenso jene Unternehmer von Nebenbetrieben, welche in selbständiger Weise zur Ausführung der Bauten beitragen und die von letzteren mit der Überwachung speziell betrauten Aufsichtsorgane (ME. v. 14. Febr. 1903 Nr. 554).

Über Bauleitung bei Staatsbauten s. ME. v. 23. April 1907 Nr. 5174.

In VGH. 38, 156 (betr. Untersagung des Geschäftsbetriebes eines Bauunternehmers) ist ausgesprochen:

a) Das Gewerbe des Bauunternehmers und Bauleiters ist ein rechtlich einheitliches Gewerbe. Alles, was jemanden als Bauunternehmer unzuverlässig macht, begründet auch seine Unzuverlässigkeit als Bauleiter und umgekehrt.

b) Die Tatsachen, welche die Unzuverlässigkeit des Gewerbetreibenden in Bezug auf den Gewerbebetrieb als Bauunternehmer und Bauleiter dartun, können sowohl auf dem Gebiete der beruflichen Sachkunde, als auch auf sittlichem oder wirtschaftlichem Gebiete liegen.

c) Insbesondere genügt es auf wirtschaftlichem Gebiete zur Untersagung des Geschäftsbetriebes, wenn der Unternehmer durch sein Verschulden in Vermögensverfall geraten und namentlich dann, wenn er zur Leistung des Offenbarungseides gezwungen worden ist.

Ferner ist das Vorschieben eines Strohmannes und die mangelhafte Führung des Baubuches geeignet, die wirtschaftliche Unzuverlässigkeit eines Baugewerbetreibenden zu erweisen. —

d) Baumeister: Ob jemand als Baumeister zu betrachten ist, entscheidet sich ebenso wie beim Bauleiter nach der Art der tatsächlich entfalteten Tätigkeit (ObstLG. 2, 141). Baumeister ist, wer tatsächlich die Errichtung eines Baues dergestalt leitet, daß nach seinen technischen Anordnungen die Herstellung des Baues durch die Bauhandwerker und Arbeiter erfolgt, ohne daß es darauf anzukommen hat, ob er Gewerbetreibender ist und ob er den Meistertitel führt. — Baumeister im Sinne des § 367 Ziff. 15 RStGB. ist der im § 72 BO. vorgesehene verantwortliche Bauleiter (ObstLG. 2, 141; 8, 69).

e) Bauhandwerker ist ein Gewerbetreibender, der einzelne Bauarbeiten zur Ausführung selbständig übernimmt (ObstLG. 3, 72; 8, 69).

7. Durch diese Bestimmung soll erreicht werden, daß die gesamte Bauführung unter die einheitliche Aufsicht eines Sachverständigen gestellt wird, der in erster Linie für die plan- und bauordnungsgemäße Bauführung und Beachtung der sonstigen Vorschriften haftet. Mangels einer diesbezüglichen Bestimmung kann diese uneingeschränkte primäre Haftung des Bauleiters gegenüber der Baupolizeibehörde auch nicht durch Vertrag auf andere abgewälzt werden (ObstLG. 31, 1).

8. Als Tatsachen, aus denen sich ergibt, daß eine Person wegen Unzuverlässigkeit zur Ausführung oder Leitung eines Baues ungeeignet ist, zu dessen sachgemäßer Ausführung ein höherer Grad praktischer Erfahrung oder technischer Vorbildung erforderlich ist, können auch Handlungen oder Unterlassungen derjenigen in Betracht kommen, die unter der Leitung jener Person mit der Ausführung des Baues betraut sind. — Die Untersagung der Leitung eines solchen Baues durch eine bestimmte Person kann auch während der Ausführung des Baues erfolgen (ObstLG. 31, 1).

9. S. §§ 35 Abs. V, 35 a, 53 a GewO. (s. Anhang).

§ 73.

I Die Orts- und Distriktspolizeibehörden haben die Einhaltung der Baulinien und der Höhenlagen[1]), sodann bei Privatbauten[2]) den Vollzug der baupolizeilichen Vorschriften und Anordnungen sowie der Maßregeln zum Schutze des Lebens, der Gesundheit und der Sittlichkeit zu überwachen[3]). Binnen acht Tagen nach Vollendung jeder genehmigungspflichtigen Bauführung[4]) ist durch den Bauherrn der Ortspolizei- und durch diese der Distriktspolizeibehörde Anzeige zu erstatten[5]), damit die plan- und vorschriftsgemäße Bauführung durch den in § 66 Abs. I bezeichneten Sachverständigen kontrolliert und je nach dem Ergebnisse weitere Verfügung getroffen werden kann. Bei größeren und schwierigeren Bauten kann durch die Baupolizeibehörde eine gleiche Anzeige auch für den Zeitpunkt der Vollendung der Grundmauern und des Dachstuhles angeordnet werden.

II Bei Zuwiderhandlungen, welche nach § 330, § 367 Ziff. 14 und 15 und § 368 Ziff. 3 und 8 des Strafgesetzbuches für das Deutsche Reich, dann nach Art. 73 Abs. I und Art. 101 des Polizeistrafgesetzbuches mit Strafe bedroht sind, steht den Behörden erster Instanz gemäß Art. 20 Abs. I und Art. 105 Abs. II des Polizeistrafgesetzbuches zu, vorbehaltlich der späteren Strafverfolgung soweit nötig die Einstellung der Bauarbeiten und die Beseitigung des ordnungswidrigen Zustandes zu verfügen[6]).

1. Dies gilt auch für Bauführungen des § 10.

2. Dagegen ist bei Bauführungen des § 10 der Vollzug ausschließlich den Aufsichtsbehörden überlassen.

3. S. § 66 Anm. 6.

4. S. §§ 6, 7, 8.

5. Bauvollendungsanzeige. Über deren Bedeutung für die Verjährung s. § 367 Nr. 15 RStGB. Anm. 21.

Unter Bauvollendung im Sinne des § 73 I darf ausschließlich die Fertigstellung des Baues im technischen Sinne, die Vollendung der Bauarbeiten verstanden werden.

6. Die im Abs. II angeführten Gesetzesstellen s. im Anhang (und die Anm. hiezu).

Bei Verstoß gegen baupolizeiliche Bestimmungen und Schaffung eines ordnungswidrigen Zustands sind die Baupolizeibehörden im Regelfall nicht ohne weiteres befugt, von sich aus die Beseitigung dieses Zustands anzuordnen. Es ist vielmehr die Strafverfolgung einzuleiten, im Verlauf deren Durchführung die Polizeibehörde nach Art. 105 Abs. I PStGB. durch das Gericht zu ermächtigen ist, die Beseitigung des ordnungswidrigen Zustands und die sonst erforderlichen Vorkehrungen zu verfügen.

Hievon schafft Abs. II eine Ausnahme: in den Fällen, in denen dies nötig ist, insbesondere bei Gefahr im Verzuge, kann gem. § 73 Abs. II mit Art. 20 Abs. I und 105 Abs. II PStGB. die Baupolizeibehörde vorläufig einschreiten und die einstweilige Einstellung der Bauarbeiten und die Beseitigung des ordnungswidrigen Zustandes verfügen; jedoch nur vorbehaltlich der Strafverfolgung.

Zuständig ist die Bezirkspolizeibehörde gem. § 25 der Zuständigkeitsverordnung v. 4. Jan. 1872 (RegBl. S. 25; Weber 9 S. 258); – s. auch Art. 105 PStGB. Anm. 4.

Die Entscheidung, ob, wann und in welcher Weise die vorläufige Einschreitung erfolgen soll, steht im Ermessen der Polizeibehörde; Grenze für dieses Ermessen ist die Notwendigkeit. Eine Einschreitung darf weder ohne einen die Notwendigkeit rechtfertigenden Grund vorgenommen, noch darf das durch die Notwendigkeit gebotene Maß überschritten werden.

Voraussetzung für das vorläufige Einschreiten ist, daß die Polizeibehörde einer bereits strafbaren Handlung, mindestens aber einem Versuch gegenübersteht und daß das Einschreiten aus einem öffentlichen Interesse notwendig ist. Dabei ist die Abwendung erheblicher Nachteile nicht als alleinige Bedingung der Zulässigkeit einer vorläufigen Einschreitung zu erachten.

Mit Baueinstellung und Strafanzeige ist unnachsichtlich einzuschreiten, wenn die Baukontrolle für Leben, Gesundheit oder Sittlichkeit gefährliche Zustände festgestellt hat und diese nicht unverzüglich abgestellt werden (ME. v. 16. Okt. 1899 MABl. S. 593).

Bedingung des vorläufigen Einschreitens ist der Vorbehalt der späteren Strafverfolgung. Die Einleitung der Strafverfolgung steht nicht im Belieben der Polizeibehörde, sondern sie ist verpflichtet alle Fälle einer vorläufigen Einschreitung der gerichtlichen Bestrafung zuzuführen. (Im Falle einer vorläufigen Einstellung der Bauarbeiten ist die Polizeibehörde verpflichtet, die nach ihrer Ansicht vorliegende baupolizeiliche Übertretung der Staatsanwaltschaft zur Anzeige zu bringen. ME. v. 24. Dez. 1891 Nr. 18 763.)

Unter einer vorläufigen Einschreitung können nur solche Maßregeln verstanden werden, die den Gebrauch polizeilicher Zwangsmittel erfordern.

Erfolgt in dem einer vorläufigen Einstellung folgenden Strafverfahren nicht ein Ausspruch nach Art. 105 Abs. I PStGB., so ist die vorläufig verfügte Maßregel umgehend wieder aufzuheben. War die vorläufige Maßregel nicht gerechtfertigt, so bleibt im Falle eines Freispruchs dem Freigesprochenen der allenfallsige Anspruch auf Schadensersatz vorbehalten (Art. 20 Abs. V PStGB.).

Über die Kosten des vorläufigen Einschreitens entscheidet die Verwaltungsbehörde, nicht das Gericht; sie hat die Kostenpflicht auszusprechen und die Kosten festzusetzen (s. Art. 20 I und 105 II PStGB.); in den Fällen des Art. 20 Abs. IV PStGB. jedoch ist die Kostenpflicht dem Ungehorsamen vom Gericht aufzubürden; im Urteil hat Ausspruch hierüber zu erfolgen (Art. 20 IV PStGB. muß hier, obwohl im § 73 Abs. II BO. nicht ausdrücklich genannt, doch für anwendbar erachtet werden, da Abs. IV nur einen Spezialfall des Abs. I darstellt).

Über vorläufiges Einschreiten s. weiter die Anm. zu Art. 20 Abs. I und 105 Abs. II PStGB. (im Anhang).

Die Fälle des vorläufigen Einschreitens werden jedoch die Ausnahmen zu bilden haben. Soweit ein solches nicht unbedingt erforderlich, ein ordnungswidriger Zustand aber zu beseitigen ist, ist auf Grund der Art. 16, 18, 105 Abs. I PStGB. (s. Anhang) vorzugehen.

In der Regel wird der Bauunternehmer zuerst unter Androhung mit Strafanzeige und unter Fristsetzung zur Beseitigung des bauordnungswidrigen Zustands aufzufordern sein. Ist diese erfolglos oder liegt ein Fall absichtlichen Zuwiderhandelns, in dem weder freiwillige Beseitigung noch nachträgliche Dispens zu erwarten ist, vor, so wird die Baupolizeibehörde mit Strafeinschreitung vorzugehen haben (ME. v. 22. Dez. 1894 Nr. 22 364). Ausnahmsweise kann Strafeinschreitung aber auch sonst bei böswilligem Zuwiderhandeln zum Schutze der Autorität der Behörde geboten sein (ME. v. 6. Sept. 1897 Nr. 17 761). Strafeinschreitung ist unbedingt notwendig, wenn durch Mängel der Bauführung oder durch Nichtbefolgung der vorgeschriebenen Vorsichtsmaßregeln Baunfälle verursacht worden sind.

Strafanzeige und im Falle bereits vorliegender Ermächtigung nach Art. 105 Abs. I PStGB. Beseitigung des ordnungswidrigen Zustands ist nicht mehr veranlaßt, wenn bei eigenmächtiger Bauführung ein entsprechender Plan nachträglich vorgelegt und genehmigt und bei fehlerhafter Bauführung der fehlerhafte Zustand entweder beseitigt oder im Wege der Dispens die Belassung des fehlerhaften Zustands genehmigt wurde.

Bei Veräußerung eines Anwesens nach Herstellung eines bauordnungswidrigen Zustands sind folgende Möglichkeiten für Strafeinschreitung gegeben:

a) Strafverfolgung des früheren Besitzers und Erwirkung der Beseitigungsbefugnis, die der Rechtsnachfolger dulden muß,

b) bei Unmöglichkeit der Strafverfolgung gegen den früheren Besitzer (wegen Verjährung usw.) kann im objektiven Verfahren die Beseitigungsbefugnis erwirkt werden (§ 42 RStGB.; Art. 18, 105 PStGB.),

c) Strafverfolgung des Rechtsnachfolgers, wenn die Belassung des ordnungswidrigen Zustandes selbst eine strafbare Handlung ist (ObstLG. 6, 160, 208; 7, 2; 8, 241; 9, 7).

§ 74.

Die Zulässigkeit des Beziehens neuhergestellter Wohnungen und Wohnungsräume bemißt sich nach den auf Grund des Art. 73 Abs. II des Polizeistrafgesetzbuches erlassenen oder künftig ergehenden Vorschriften [1]).

1. S. § 9 der V. v. 10. Febr. 1901, die Wohnungsaufsicht betr. (GVBl S. 73; s. Anhang) und die Anm. zu Art. 73 Abs. II PStGB. (s. Anhang).

§ 75.

[1]) Werden während der Ausführung eines genehmigten Bauplanes solche Abänderungen beabsichtigt, welche zu ihrer Vornahme einer baupolizeilichen Genehmigung bedürfen würden [2]), wenn sie an dem plangemäß hergestellten Bauwerke vorgenommen werden wollten [3]), so müssen über diese Abweichungen neue Pläne oder Tekturen zu den bisherigen Plänen gefertigt und wie letztere der instanziellen Bescheidung unterstellt werden.

1. § 75 bildet nicht eine Ausnahme von der Regel des § 12 in dem Sinne, daß nur die unter § 75 fallenden Abweichungen strafbar wären. § 75 enthält nur eine Vorschrift über das Verfahren in bestimmten Fällen; er

läßt das Erfordernis der Einholung polizeilicher Erlaubnis in allen Fällen beabsichtigter Abweichung von dem genehmigten Bauplane unberührt (ObstLG. 4, 231; 8, 69).

2. S. §§ 6, 7, 8.

3. Keine strafbare Handlung nach § 367 Nr. 15 RStGB., wenn während der Ausführung eines genehmigten Bauplanes solche Abänderungen ohne baupolizeiliche Genehmigung vorgenommen werden, zu deren Vornahme diese nicht notwendig wäre, wenn sie an dem plangemäß hergestellten Bauwerk vorgenommen werden wollte und die Abweichungen sich nicht als Zuwiderhandlungen gegen etwaige „besondere Anordnungen" darstellen (ObstLG. 2, 341; Urt. des ObstLG. v. 21. Juli 1890 MABl. S. 354; ME. v. 31. Dez. 1907 Nr. 23 371).

Auch wenn die Abänderungen einer Genehmigung nicht unterliegen, ist doch § 12 Abs. I in allen Fällen einzuhalten (ObstLG. 8, 69).

§ 76.

I Die erteilte Baubewilligung wird unwirksam[1]), wenn mit dem Baue nicht binnen 2 Jahren von der Zeit der erteilten Genehmigung an begonnen wird[2]).

II In solchen Fällen[3]) kann, je nach Umständen, entweder eine neue Instruktion und Bescheidung des Gesuches stattfinden oder auch nach Konstatierung des unveränderten Fortbestandes der einschlägigen Verhältnisse die Erneuerung der Baugenehmigung durch die zuständige Behörde auf ein weiteres Jahr ausgesprochen werden.

III Die auf Grund unrichtiger Pläne erteilte Baugenehmigung ist unwirksam und kann zu jeder Zeit zurückgenommen werden[4]).

1. Zugleich mit der Baubewilligung erlischt auch eine allenfallsige Dispens nach § 65 II. — Widerrufliche Genehmigungen erlöschen mit dem Widerruf, zeitlich begrenzte mit dem Zeitablauf. — Besitzwechsel ist ohne Einfluß auf Baubewilligung und etwaige Dispens (ME. v. 12. März 1883 Nr. 1302).

2. Die Frist beginnt mit dem Tage der Rechtskraft des Genehmigungsbeschlusses zu laufen (s. § 72 I). Da nach § 72 I schon die Herstellung von Baugruben zu den Bauarbeiten gehört, so wird durch deren Aushebung der Lauf der Ausschlußfrist unterbrochen. Es kann nun nicht Absicht des Gesetzes sein, daß durch die Vornahme auch unbedeutender Bauarbeiten die Genehmigung für alle Zeiten sicher gestellt sein soll; die Bestimmung ist vielmehr dahin auszulegen, daß unter „begonnen" hier nur ein „Beginn ohne nachfolgende Unterbrechung" verstanden werden kann. Wird also ein Bau begonnen, danach aber wieder — gleich in welchem Stadium — eingestellt, so darf nicht etwa gefolgert werden, daß die Präklusivfrist vom Tage der Einstellung der Bauarbeiten an läuft, sondern es läuft vielmehr hier die Frist rückwirkend vom Tage der Rechtskraft des Genehmigungsbeschlusses an, da in diesem Falle ein Baubeginn im Sinne des Abs. I überhaupt nicht vorgelegen hat.

(Vgl. § 92 I MBO., der die ausdrückliche Bestimmung enthält: „wenn nicht innerhalb eines Jahres, vom Tage der Zustellung derselben an gerechnet, mit dem Bau begonnen, oder wenn die Bauführung ein Jahr lang unterbrochen worden ist.")

3. D. h. also im Falle des Erlöschens der Baugenehmigung durch Ablauf der 2jährigen Frist, ist ein 2faches Verfahren möglich: entweder es findet eine völlig neue Instruktion und Bescheidung des Gesuches statt, oder es wird die Baugenehmigung auf ein weiteres Jahr erneuert. Die Frist von einem weiteren Jahr muß vom Ablauf der erstmaligen Frist an gerechnet werden (a. M. Englert, BO. § 76 Anm. 3); eine andere Auslegung würde der Willkür in der Handhabung des Abs. II Platz geben.

4. Da die Zurücknahme ins pflichtgemäße Ermessen der Baupolizeibehörde gestellt ist, muß diese Zurücknahme erfolgen, wenn auf Grund der unrichtigen Pläne ein bauordnungswidriger Zustand geschaffen worden ist. — Voraussetzung für die Unwirksamkeit ist, daß die Unrichtigkeit der Pläne durch den Gesuchsteller oder den Planfertiger verschuldet ist. — Folge der Unwirksamkeit ist Verbot der Fortführung der Bauarbeiten und Strafanzeige (Art. 101 und 105; ev. auch Art. 18 II PStGB.).

Die Zurücknahme der Genehmigung ist auch n a ch Fertigstellung des Gebäudes zulässig.

§ 77.

I Bei Beschwerdeführungen [1]) in Bausachen muß eine Frist von 14 Tagen bei Vermeidung des Ausschlusses eingehalten werden [2]).

II Das Beschwerderecht steht nicht nur den Bauunternehmern, sondern auch sämtlichen Beteiligten [3]) zu.

1. Über die Zuständigkeit s. §§ 58 und 65. Neben dem Beschwerderecht nach §§ 58, 65, 77 läuft noch das Recht der Aufsichtsbeschwerde. Für diese ist eine Beschwerdefrist nicht gegeben (s. jedoch ME. v. 23. Juni 1896 Nr. 11 939: „Endlich wird bemerkt, daß wenn bei Bescheidungen eines Baugesuches ein beteiligter Nachbar in 2. Instanz unterlegen ist, der Baubeginn erst nach unbenütztem Ablauf der in § 77 I BO. vorgeschriebenen Frist bezw. im Falle rechtzeitig eingelegter Beschwerde erst nach Eintreffen eines abweisenden oberaufsichtlichen Bescheides gestattet werden darf, da uns bei solchem Vorgehen das Oberaufsichtsrecht des Staatsministeriums des Innern genügend gewahrt erscheint.")

Die Frist des Abs. 1 wird in Lauf gesetzt, auch wenn eine B e s ch w e r d e b e l e h r u n g f e h l t. (Die Entsch. des VGH. Bd. 41, S. 72, in der unter Aufgabe des früheren Standpunktes für Verwaltungsrechtssachen ausgesprochen ist, daß beim Mangel einer Beschwerdebelehrung die Rechtsmittelfrist nicht zu laufen beginnt, ist für reine Verwaltungssachen nicht anwendbar, da diese Entscheidung sich auf § 7 I VV. zum VGG. stützt, der eine Beschwerdebelehrung ausdrücklich vorschreibt.) Dagegen darf aus einer u n r i ch t i g e n B e s ch w e r d e b e l e h r u n g den Beteiligten kein Rechtsnachteil entstehen (vgl. VGH. 41, 72: „denn das neuzeitliche Rechtsempfinden ist verletzt, wenn eine falsche oder unzureichende Beschwerdebelehrung, die von der Autorität der Behörde getragen ist, eine Entziehung des Instanzenzuges zur Folge hätte.")

2. Über die Berechnung der Frist s. §§ 187 I, 188 I BGB.; §§ 221, 222 ZPO.

Zur Wahrung der Beschwerdefrist genügt Einlauf der Beschwerde entweder bei der instruierenden Behörde, oder bei der Behörde, die den angefochtenen Bescheid erlassen hat, oder bei der vorgesetzten Behörde der letzteren.

Empfohlen wird jedoch Einreichung der Beschwerde bei der instruierenden Behörde, da diese die vollständigen Akten besitzt. Beschwerden des Stadtrats einer unmittelbaren Stadt gegen von der Regierung, Kammer des Innern in erster Instanz beschlossene Baulinienfestsetzungen müssen innerhalb der 14-tägigen Frist bei der Regierung eingelaufen sein; Beschwerden dritter Personen dagegen sind bei dem die Sache instruierenden Stadtrat einzureichen (ME. v. 20. Januar 1885 Nr. 888).

Die Einreichung der Beschwerde kann formlos geschehen; eine Beschwerdebegründung ist nicht vorgeschrieben.

3. Über „Beteiligte" s. § 61 Anm. 4, § 67 Anm. 4. Beteiligt sind nicht nur die Nachbarn, sondern auch die Gemeindebehörde und die in § 68 aufgeführten Stellen; nicht dagegen die in § 70 genannte Behörde, da diese eine lediglich gutachtliche Tätigkeit ausübt.

Über Legitimation zur Beschwerde und Beschwerderecht der Beteiligten, die in 1. Instanz nicht gehört wurden, s. VGH. 27 S. 79.

§ 78.

I Bezüglich der Gebühren für die Revision der Pläne über Baulinien und Bauführungen sind die Vorschriften der Verordnung vom 26. Juli 1873 (Regierungsblatt S. 1185)[1]) maßgebend. An die Stelle der dort in § 3 Abs. II angeführten Verordnung vom 18. Februar 1872 tritt die Verordnung vom 11. Februar 1875 (Gesetz- und Verordnungsblatt S. 105)[2]).

II Der Anspruch der zur Mitwirkung bei der Aussteckung der Baulinie und zur Kontrolle der Bauführung aufgestellten Sachverständigen, sowie der Bauaufseher auf Tagegelder und Reisekosten bei auswärtigen Dienstgeschäften bemißt sich für die im öffentlichen Dienste angestellten Sachverständigen und die Bauaufseher nach den für dieselben jeweils geltenden Diäten-Regulativen[3]); für die übrigen Sachverständigen haben die Vorschriften der Verordnung vom 11. Februar 1875[2]) analog in Anwendung zu kommen, wobei diese Sachverständigen den in § 6 lit. f dortselbst aufgeführten Beamten und Bediensteten beizuzählen sind.

III Für die Vornahme von Dienstgeschäften am Wohnsitze oder in einer Entfernung von weniger als 3 Kilometer von demselben können die im Abs. II bezeichneten Sachverständigen sowie die Bauaufseher mit Rücksicht auf die Dauer der hierauf verwendeten Zeit eine Gebühr von 1 bis 6 Mark ansprechen, welche von der Baupolizeibehörde festzusetzen ist. Die Festsetzung kann auch im Wege eines Gebühren-Regulatives erfolgen. Eine anderweitige Regelung der gesamten Bezüge der Sachverständigen und Bauaufseher im Wege des Dienstvertrages bleibt vorbehalten.

IV Die amtlichen Ärzte können für Gutachten, welche sie auf Grund des § 70 abgeben, eine Gebühr in der Regel nicht beanspruchen.

V Müssen dieselben behufs der Abgabe des Gutachtens einen Augenschein oder eine Reise vornehmen, so haben sie Anspruch auf Entschädigung für Zeitaufwand und Ersatz der Reisekosten nach Maßgabe der Verordnung vom 20. Dezember 1875, die Vergütung für ärztliche Amtsgeschäfte betreffend (Gesetz- und Verordnungsblatt S. 859)[4]).

VI Die Baupolizeibehörde ist berechtigt, die Ausfertigung der Pläne von der Entrichtung der treffenden Gebühren und Auslagen sowie von der Erlegung eines angemessenen Vorschusses für die Kosten der Baukontrolle abhängig zu machen.

1. Hiezu V. v. 3. Sept. 1920 (GVBl. S. 422); 5. Mai 1922 (GVBl. S. 278); 11. Okt. 1922 (GVBl. S. 627); 9. Juni 1923 (GVBl. S. 209); 14. Aug. 1923 (GVBl. S. 280); 4. Okt. 1923 (GVBl. S. 356).

2. Die V. v. 11. Febr. 1875 ist ersetzt durch die V. v. 17. Juli 1915 (GVBl. S. 563); diese durch die V. v. 20. Mai 1922 (GVBl. S. 297); geändert in §§ 4, 11 durch die Bekm. v. 6. Aug. 1923 (StAnz. 181) und die in der Folge ergangenen zahlreichen abändernden MB. (im StAnz.). — S. weiter Art. 5 des Kostengesetzes v. 16. Febr. 1921 (GVBl. S. 133).

Neugeregelt sind die Gebühren für Prüfung von Bauplänen durch die V. v. 29. Nov. 1923 (GVBl. S. 382). Diese bestimmt unter Aufhebung der V. v. 4. Okt. 1923 (GVBl. S. 356), 5. Mai 1922 (GVBl. S. 278), 11. Okt. 1922 (GVBl. S. 627) und des § 1 Abs. I der V. v. 3. Sept. 1920 (GVBl. S. 422):

„§ 1. Die in § 78 Abs. I der BO. vom $\frac{\text{17. Febr. 1901}}{\text{3. Aug. 1910}}$ / 10. Juli 1918 (GVBl. S. $\frac{87}{403}$ / 359) im Zusammenhalten mit der V. v. 26. Juli 1873 (RegBl. S. 1185) festgesetzten Gebühren für die Prüfung von Plänen über Baulinien und Bauführungen werden auf 50 Goldpfennige festgesetzt.

§ 2. Für die Umrechnung in Papiermark ist der Kurs maßgebend, der am Tage der Vornahme der gebührenpflichtigen Handlung als amtlicher Kassenkurs in der Bayerischen Staatszeitung veröffentlicht ist. Verzögert sich die Zahlung schuldhaft über eine Woche, gerechnet vom Tage der Vornahme der gebührenpflichtigen Handlung, so ist die Zahlung unter Zugrundelegung des zur Zeit der Zahlung geltenden amtlichen Kurses zu leisten, soferne dieser nicht niedriger ist als der Kurs am Tage der Vornahme der gebührenpflichtigen Handlung."

3. Für die Bezirkstechniker sind die jeweiligen Dienstverträge maßgebend. — S. auch MB. v. 16. Juni 1919 betr. Einhebung von Baukontrollgebühren durch die Gemeindebehörden (MABl. S. 118).

4. Die Gebühren für ärztliche Dienstleistungen bei Behörden regeln sich nach den VO. v. 17. Nov. 1902 (GVBl. S. 715); 4. Aug. 1910 (GVBl. S. 415); 14. Aug. 1920 (GVBl. 407); 7. Jan. 1922 (GVBl. S. 2); 3. Aug. 1922 (GVBl. 381); 27. Okt. 1922 (GVBl. 631); 6. Dez. 1922 (GVBl 657); 19. Juli 1923 (StAnz. Nr. 177); 1. Sept. 1923 (StAnz. 203).

§ 79.

I Die Kosten der Anfertigung und Revision der Pläne über Baulinien hat derjenige zu tragen, dem nach gegenwärtiger Verordnung die Vorlage solcher Pläne obliegt[1]). Im übrigen fallen die Kosten des Verfahrens einschließlich der Kosten für die Anfertigung und Revision der Pläne über Bauführungen sowie für die Aussteckung der Baulinie und für die Kontrolle der Bauführung im Sinne der §§ 66 und 73 dem Bauunternehmer zur Last.

II Hinsichtlich der Gebührenpflicht der amtlichen Verhandlungen finden die Bestimmungen des Gesetzes über das Gebührenwesen in der Fassung vom Jahre 1899 (Gesetz- und Verordnungsblatt S. 904)[2]) Anwendung. Hienach besteht eine gesetzliche Gebührenfreiheit im allgemeinen und abgesehen von den Fällen des Art. 3 Ziff. 2 und des Art. 231[3]) des Gebührengesetzes nur für jene Amtshandlungen, welche unabhängig von dem Verschulden einer Partei im öffentlichen Interesse von Amtswegen gepflogen werden (Art. 3 Ziff. 1 a. a. O.).

III Kosten, welche durch unbegründete Einsprüche veranlaßt wurden, können demjenigen zur Last gelegt werden, welcher den Einspruch erhoben hat.

1. S. § 59 II und § 60.

2. Nunmehr Kostengesetz v. 16. Febr. 1921 (GVBl. S. 133) Art. 142, 143 und dessen zahlreiche Abänderungen hinsichtlich der Gebührensätze.

3. Nunmehr Kostengesetz v. 16. Febr. 1921 Art. 3 Ziff. 2 und Art. 170.

4. Nunmehr Kostengesetz v. 16. Febr. 1921 Art. 3 Ziff. 1. — S. weiter Art. 171 I und 143 II Kostengesetz.

V. Schlußbestimmungen.

§ 80.

Aufgehoben sind die Verordnung vom 31. Juli 1890, die Bauordnung betreffend (Gesetz- und Verordnungsblatt S. 531), die Verordnung vom 30. August 1890, die Bauordnung für die Pfalz betreffend (Gesetz- und Verordnungsblatt S. 583), dann Abschnitt I und II der Verordnung vom 21. März 1900, die Abänderung und Ergänzung der Bauordnungen betreffend (Gesetz- und Verordnungsblatt S. 217), ferner alle der gegenwärtigen Verordnung entgegenstehenden oder durch dieselbe ersetzten sonstigen Bestimmungen.

§ 81.

Der Zeitpunkt, von welchem ab der Art. 102 des Polizeistrafgesetzbuchs außer Kraft und der Art. 101 des Polizeistrafgesetzbuchs in der Pfalz in Kraft tritt, wird auf den 1. Mai 1901 festgesetzt. Am gleichen Tage tritt gegenwärtige Verordnung in Wirksamkeit.

§ 82.

In der Pfalz gelten für die Ausführung von Neubauten und Baureparaturen, welche vor dem Inkrafttreten gegenwärtiger Verordnung begonnen worden sind, noch die bisherigen Vorschriften.

München, den 17. Februar 1901.

Luitpold,
Prinz von Bayern,
des Königreichs Bayern Verweser.

Dr. Frhr. v. Feilitzsch.

Auf Allerhöchsten Befehl:
Der General-Sekretär:
Ministerialrat v. Kopplstätter.

Anhang.

I. Auszug aus dem Reichsstrafgesetzbuch.

§ 330.

Wer bei der Leitung[1]) oder Ausführung[2]) eines Baues[3]) wider die allgemein anerkannten Regeln der Baukunst[4]) dergestalt handelt[5]), daß hieraus für andere[6]) Gefahr[7]) entsteht, wird mit Geldstrafe bis zu neunhundert Mark oder mit Gefängnis bis zu Einem Jahre bestraft[8]).

1. Leiter eines Baues ist der, nach dessen Anordnungen in der Gesamtheit technisch die Errichtung eines Baues als Ganzes zu geschehen hat, mag er auch bestimmte Arbeiten in Akkord gegeben haben. Das tatsächliche Verhältnis zum Bau ist entscheidend. Zur Leitung eines Baues gehört namentlich auch die Überwachung der Arbeiter. Die Benutzung von Zwischenorganen steht dem Begriff der Bauleitung nicht entgegen. In der bloßen Ausarbeitung des Planes liegt noch keine Bauleitung. Im übrigen s. § 72 BO. Anm. 6.

2. Die Ausführung eines Baues umfaßt alle Arbeiten, die zur Herstellung eines Baues gehören. Nach der Praxis des RG. gehören zur Bauausführung namentlich: Herstellung des Baugerüstes, Terrainarbeiten, Errichtung der Schutzvorrichtungen für Publikum und Arbeiter; auch die vorbereitenden Erdarbeiten.

Die bloße Planfertigung ist keine Mitwirkung bei der Bauausführung. — Die Bauausführung erfolgt durch die beim Bau unmittelbar beschäftigten Personen, die Bauhandwerker und Bauarbeiter.

3. „Bau" ist das Ergebnis jeder in das Gebiet der Bautätigkeit, des Bauhandwerks, fallenden Tätigkeit, für deren Vornahme allgemein anerkannte Regeln der Baukunst von solcher Bedeutung sind, daß ein Zuwiderhandeln gegen sie mit Gefahr für andere verbunden ist. Gleichgültig ob Hochbau oder Tiefbau. Auch Abbruchsarbeiten gehören hieher; ebenso Hilfsbauten, Gerüste usw.; nicht jedoch für einen Bau angelegte Sandgruben; wohl aber das Ausheben der Baugrube.

4. Der Begriff der „allgemein anerkannten Regeln der Baukunst" ist nicht schon dadurch erfüllt, daß eine Regel bei völliger wissenschaftlicher Erkenntnis sich als richtig und unanfechtbar darstellt, sondern sie muß auch allgemein anerkannt, d. h. durchweg in den Kreisen der betreffender Techniker bekannt und als richtig anerkannt sein (RG. 44, 77; 56, 343). — Hieher zählen auch als Verstöße Unterlassungen, z. B. Nichtbeaufsichtigung der Arbeiter; Unterlassung der Schutzvorrichtungen usw. — Die allgemein anerkannten Regeln der Baukunst sind in der BO. nicht erschöpft.

5. Vorsätzlich wie fahrlässig. — Das Delikt ist vollendet mit dem Eintritt der Gefahr (kein Dauerdelikt). — Die Verjährung beginnt spätestens mit Vollendung des Baues; da wo die strafbare Handlung durch Einzelakte bei Bauherstellung begangen, schon mit dem Zeitpunkt, in dem die Ausführung dieser Einzelteile eine Gefahr entstehen ließ.

6. Gefahr für andere ist hier gleich „Gefahr für Leben und Gesundheit anderer"; Gefährdung von Eigentum erfüllt den Tatbestand nicht. Wer die gefährdete Person ist, ist gleichgültig (z. B. auch die Bauhandwerker).

7. Die Gefahr muß gegenwärtig sein; zukünftige Gefahr genügt nicht. Nicht erforderlich Gefahr durch Einsturz usw.; es genügt auch Gefährdung in hygienischer Beziehung (z. B. Veranlassung von Schwammbildung in Neubauten usw.

8. Idealkonkurrenz mit §§ 222, 230 RStGB. möglich.

§ 367.

I Mit Geldstrafe bis zu einhundertfünfzig Mark oder mit Haft wird bestraft:

12. wer[1]) auf öffentlichen[2]) Straßen, Wegen oder Plätzen, auf Höfen, in Häusern und überhaupt an Orten, an welchen Menschen verkehren[3]), Brunnen, Keller, Gruben, Öffnungen oder Abhänge[4]) dergestalt unverdeckt oder unverwahrt läßt, daß daraus Gefahr für andere entstehen kann[5]);

13. wer[6]) trotz der polizeilichen Aufforderung[7]) es unterläßt[8]), Gebäude[9]), welche dem Einsturz drohen[10]), auszubessern oder niederzureißen[11]);

14. [12])wer Bauten[13]) oder Ausbesserungen von Gebäuden, Brunnen, Brücken, Schleusen oder anderen Bauwerken[13]) vornimmt, ohne die von der Polizei angeordneten[14]) oder sonst erforderlichen Sicherungsmaßregeln[15]) zu treffen;

15. wer[16] als Bauherr[17]), Baumeister[17]) oder Bauhandwerker[17]) einen Bau[13]) oder eine Ausbesserung, wozu die polizeiliche Genehmigung erforderlich ist[18]), ohne diese Genehmigung oder mit eigenmächtiger Abweichung von dem durch die Behörde genehmigten Bauplane[19]) ausführt oder ausführen läßt[20])[21]).

1. Strafbar nicht nur der Eigentümer, sondern jeder, der tatsächlich über die gefahrdrohende Stelle als Inhaber oder Verwalter verfügt. Haftung des Eigentümers kann wegfallen, wenn er die Verwaltung auf eine andere Person überträgt.

2. S. § 1 BO. Anm. 4.

3. Orte, an denen Menschen verkehren, sind nicht notwendig „öffentliche", sondern solche, an denen Menschen „zu verkehren pflegen".

4. Hierunter fallen auch Gräben, geländerlose Brücken usw.

5. Die Möglichkeit einer Gefahr genügt; ebenso Fahrlässigkeit als Verschulden.

6. D. i. jeder Verfügungsberechtigte, nicht nur der Eigentümer oder Verwalter. Die polizeiliche Aufforderung ist an den zu richten, der privatrechtlich verfügungsberechtigt ist (ObstLG. 7, 348).

7. Das Gebot tritt erst in Kraft, nachdem die polizeiliche Aufforderung — gleich in welcher Form — ergangen ist (ObstLG. 2, 298).

Die Entscheidung, ob ein Gebäude den Einsturz droht, ob die Voraussetzungen für eine polizeiliche Aufforderung nach Ziff. 13 vorliegen, steht allein den Bezirkspolizeibehörden zu (§ 11 der Zuständigkeitsverordnung v. 4. Jan. 1872 RegBl. S. 25) und bindet den Richter, soweit sie nicht auf einer Verkennung gesetzlicher Vorschriften beruht; der Richter hat kein Nachprüfungsrecht (so ObstLG. 2, 298; 4, 412; 8, 162; 11, 101; 16, 106; MABl. 1894 S. 436; a. M. Olshausen b zu § 367 Ziff. 13; Frank XIV zu § 367; Binding, Lehrb. 2 S. 106/107).

8. Fahrlässigkeit genügt.

9. „Gebäude" sind hier auch Mauern (OLG. München 1, 271). § 367 Ziff. 13 findet auf Staatsgebäude (§ 10 BO.) keine Anwendung.

10. Ursache der Einsturzgefahr gleichgültig (z. B. Baufälligkeit einer Stützmauer infolge Tieferlegung einer Straße (ME. v.. 14. Sept. 1908 Nr. 21 444).

11. Bezüglich Beseitigungsbefugnis s. Art. 105 PStGB.

12. Täter ist, wer den Bau vornimmt, d. i. hier nicht nur der Bauführer oder Bauleiter, sondern insbesondere auch der Bauherr als solcher (so ständige Rechtsprechung der Zivilsenate des RG. und Olshausen b zu § 367 Ziff. 14; a. M. Frank § 367 XV).

13. S. § 330 Anm. 3.

14. Zuständig Bezirkspolizeibehörde (§ 12 der Zust.V. v. 4. Jan. 1872 RegBl. S. 25). — Kein Prüfungsrecht des Strafrichters, ob die erlassene Anordnung sachlich gerechtfertigt war.

15. Gegen Gefahren jeglicher Art, gleich ob für Personen oder Sachen. Über Unfallverhütungsvorschriften s. § 66 BO. Anm. 6.

16. Die in Ziff. 15 genannten Personen sind nebeneinander verantwortlich; eine Übertragung der ausschließlichen Verantwortlichkeit des einen auf den andern ist unstatthaft; ein Wechsel hinsichtlich der Verantwortlichkeit dieser Personen kann stattfinden; der Neueintretende ist dann verantwortlich für Abweichungen nach der Übernahme sowie für Nichtbeseitigung früherer Abweisungen (OLG. München 9, 154; Olshausen Anm. c zu 367, 15).

17. Begriff des Bauherrn, Baumeisters, Bauhandwerkers s. § 72 BO. Anm. 6.

18. Unter „polizeiliche Genehmigung" im Sinne der Ziff. 15 ist nur eine baupolizeiliche Genehmigung zu verstehen, wie in § 6 BO. vorgesehen, nicht eine polizeiliche Genehmigung überhaupt. Wann eine baupolizeiliche Genehmigung einzuholen ist, bestimmt die BO. (ObstLG. 14, 89).

Bei Würdigung der Frage, ob zur Vornahme einer Bauführung polizeiliche Genehmigung erforderlich ist, ist die Gesamtheit der in Aussicht genommenen Bauarbeiten ins Auge zu fassen und nicht zwischen den einzelnen Teilen eines und desselben Bauvorhabens zu unterscheiden (ObstLG. 4, 365; 12, 346; 20, 385).

Genehmigungspflicht muß jedenfalls dann angenommen werden, wenn der genehmigungspflichtige Bau und die — ihrer Art nach und an sich nicht genehmigungspflichtige — bauliche Anlage bautechnisch dergestalt miteinander verbunden werden sollen, daß von einem selbständigen Entstehen oder

Bestehen des Baues oder der baulichen Anlage bautechnisch nicht gesprochen werden kann (ObstLG. 12, 346).

Soweit baupolizeiliche Genehmigung nicht erforderlich, fällt ordnungswidriges Bauen nur unter Art. 101 I PStGB.

Der Bauunternehmer, dessen Bauplan unter der Bedingung genehmigt wurde, daß er vor Baubeginn sein vor der Baulinie liegendes Gelände kosten- und lastenfrei an die Gemeinde abzutreten hat, ist nicht strafbar nach § 367, Ziff. 15, wenn er ohne Erfüllung dieser Auflage baut (ObstLG. 17, 16).

Wer bei einem Neubau von dem genehmigten Bauplane abweichend Kellerräume zu Wohnzwecken einrichtet, macht sich nicht notwendig nach § 367 Nr. 15 strafbar.

Irrtümliche Belehrung über Genehmigungspflicht durch den Amtstechniker schützt nicht vor Strafe.

19. Nicht jede Abweichung vom genehmigten Bauplan ist eigenmächtig und strafbar; Voraussetzung hiefür ist vielmehr, daß es sich um eine Abänderung handelt, zu der nach dem maßgebenden Landesrecht eine baupolizeiliche Genehmigung überhaupt erforderlich ist (ObstLG. 2, 341; 12, 346; 15, 70).

Für die Bestrafung einer eigenmächtigen Abweichung ist der Umstand ohne Bedeutung, daß es sich lediglich um die Wiederherstellung einer böswillig beschädigten oder zerstörten Anlage handelt (ObstLG. 3, 69).

Auch der Umstand, daß bei der eigenmächtigen Abweichung im übrigen die baupolizeilichen Vorschriften eingehalten werden, schließt die Strafbarkeit nicht aus (ObstLG. 1, 252; OLG. München 5, 235; 6, 421).

Ohne Genehmigung baut auch der, der vor der Genehmigung zu bauen anfängt (OLG. München 7, 181).

Eigenmächtige Abweichung ist auch jede Nichtbefolgung der dem Plane beigefügten besonderen Anordnungen, selbst wenn die Anordnung nicht gerechtfertigt war (ObstLG. 3, 131; 5, 107; OLG. München 3, 398; 4, 404; 5, 216; 6, 171, 253, 675; 8, 326); dies gilt auch von den dem Plane beigefügten Bemerkungen des Planrevisors. — Strafbarkeit besteht selbst dann, wenn die Ausführung der Anordnungen unmöglich ist (ObstLG. 5, 107).

Keine Strafbarkeit nach Ziff. 15, wenn während der Ausführung eines genehmigten Planes solche Änderungen ohne Genehmigung vorgenommen werden, zu deren Vornahme Genehmigung nicht erforderlich wäre, wenn sie an dem planmäßig hergestellten Bauwerke vorgenommen werden wollten und die Abweichungen sich nicht als Zuwiderhandlungen gegen besondere Anordnungen darstellen (ObstLG. 2, 341; 17, 57).

20. Als Verschulden genügt Fahrlässigkeit; Rechtsirrtum über die Genehmigungspflicht ist ohne Bedeutung (ObstLG. 2, 48; 4, 150; 12, 333; 20, 251).

Der Tatbestand der Ziff. 15 ist gegeben, wenn vorsätzlich oder fahrlässig ohne Genehmigung mit dem Bau begonnen oder vom genehmigten Plan abgewichen wurde. Besteht die Abweichung in der Nichtausführung planmäßiger Bedingungen, so ist der Tatbestand erst mit Vollendung des Baues, und wenn zur Erfüllung der Bedingungen eine Frist bestimmt war, mit fruchtlosem Fristablauf gegeben. Ob mit dem Plan verbundene Bedingungen und Anordnungen gesetzlich begründet sind, hat der Strafrichter zu prüfen; dagegen nicht, ob diese Anordnungen sonst gerechtfertigt sind (ObstLG. 14, 70; OLG. München 1, 365; 2, 51; MABl. 1883 S. 373).

21. Verjährung: Die Verjährung der Übertretungen aus § 367 Nr. 15 RStGB. beginnt mit dem Abschluß der Ausführung des

Baues. Ebenso die der Übertretungen aus Art. 101 PStGB., soferne bei diesen das wesentliche, die Bestrafung begründende Merkmal in der Tatsache der Ausführung des Baues für sich allein und ohne Rücksicht auf deren polizeiwidrige Beschaffenheit liegt; liegt es in dem Herstellen oder Behaupten eines bauordnungswidrigen Zustandes, so beginnen sie — ohne Rücksicht auf etwaige gefahrdrohende Folgen des Zustandes — zu verjähren, wenn der Zustand beseitigt ist, oder die verantwortliche Person ihm nicht mehr abhelfen kann; ein Fall der letzteren Art liegt vor bei einer Verfehlung gegen Art. 101 PStGB. mit § 40 I BO. (ObstLG. 15, 30 und MABl. 1915 S. 71; dort auch ausführliche Rechtsprechung und Literatur zitiert).

In der Frage der Vollendung eines Baues hat sich die Rechtsprechung des ObstLG. geändert. Während bisher (ObstLG. 1, 252; 4, 282; 5, 261; 9, 4) die Vollendung mit der nach § 73 I BO. zu erstattenden Bauvollendungsanzeige angenommen wurde, steht das ObstLG. nunmehr auf dem Standpunkt, daß die Verjährung der Strafverfolgung nicht von der Erstattung der Bauvollendungsanzeige abhängig ist, sondern mit der Fertigstellung des Baues beginnt (s. die ausführliche Entscheidung ObstLG. 17, 81).

Die Frage des Beginns der Verjährung bei Schaffung eines gefahrdrohenden gesetzwidrigen Zustands ist bestritten (s. ObstLG. 2 S. 3, 231, 244; 3 S. 131, 219; 4 S. 282; 5 S. 107; 7 S. 360; 8 S. 33; 10 S. 222).

Richtig dürfte sein: bei Übertretungen nach § 367 Ziff. 15 StGB., der die eigenmächtige Ausführung unter Strafe stellt, beginnt die Verjährung mit der Ausführung, gleichgültig, ob ein gefahrdrohender Zustand geschaffen wurde oder nicht. Dagegen dauert bei Übertretungen nach Art. 101 PStGB., der das fehlerhafte Bauen unter Strafe stellt, die Übertretung so lange fort, als der fehlerhafte Zustand besteht (S. auch RG. 37, 78).

Wegen Beseitigung eines bauordnungswidrigen Zustandes s. Art. 18 II, 105 I PStGB. und § 73 II BO.

§ 368.

Mit Geldstrafe bis zu sechzig Mark oder mit Haft bis zu vierzehn Tagen wird bestraft:

3. wer ohne polizeiliche Erlaubnis [1]) eine neue Feuerstätte [2]) errichtet oder eine bereits vorhandene an einen anderen Ort verlegt;

4. wer [3]) es unterläßt, dafür zu sorgen, daß die Feuerstätten [2]) in seinem Hause in baulichem und brandsicherem [4]) Zustande unterhalten [5]), oder daß die Schornsteine zur rechten Zeit gereinigt werden [5]);

8. wer die polizeilich vorgeschriebenen Feuerlöschgerätschaften überhaupt nicht oder nicht in brauchbarem Zustande hält oder andere feuerpolizeiliche Anordnungen [6]) nicht befolgt [7]).

1. S. § 7 Ziff. 3 BO.

2. „Feuerstätte" sind alle Teile der gesamten Feuerungsanlage, also nicht nur die Kamine, sondern auch die zur Aufnahme der Feuerung dienenden Vorrichtungen, wie Öfen, Herde usw. (ObstLG. 21, 314 und die dort angegebenen Stellen).

3. Strafbar ist nur der Hauseigentümer; nicht der Mieter oder sonst Verfügungsberechtigte.

4. Vgl. §§ 17 ff. BO. — Auch ObstLG. 5, 76.

5. Die Verjährung beginnt mit dem Augenblicke, da der Zustand der Feuerstätte in baulicher oder brandsicherer Beziehung genügt, bezw. der Schornstein gereinigt ist (Frank, RStGB. § 368, IV). — Der Eigentümer eines Hauses, der eine feuergefährliche Rauchrohranlage schon bei Erwerb des Hauses übernommen hat, ist nicht verantwortlich nach Art. 101 PStGB. und § 368 Nr. 8 RStGB., wohl aber nach § 368 Nr. 4 RStGB. (ObstLG. 6, 100). — S. auch V. über die Kaminkehrer v. 26. März 1903 (GVBl. S. 115).

6. Unter „Anordnungen" sind hier in erster Linie allgemeine Anordnungen (Art. 2 Ziff. 14 PStGB.) zu verstehen; soweit jedoch auf Grund dieser allgemeinen Anordnungen individuelle Anordnungen im Einzelfall getroffen werden können, ist auch deren Nichtbefolgung nach Ziff. 8 strafbar (ObstLG. 1, 421; 5, 202; 397; 8, 285).

7. Fahrlässigkeit genügt (ObstLG. 5, 202).

§ 369.

I Mit Geldstrafe bis zu einhundert Mark oder mit Haft bis zu vier Wochen werden bestraft:

3. Gewerbetreibende¹), welche in Feuer arbeiten, wenn sie die Vorschriften nicht befolgen²), welche von der Polizeibehörde wegen Anlegung und Verwahrung ihrer Feuerstätten, sowie wegen der Art und der Zeit, sich des Feuers zu bedienen, erlassen sind³).

1. Täter können nur Gewerbetreibende sein, welche in Feuer arbeiten; einschließlich der gesetzlichen Vertreter des Betriebsherrn.

2. Fahrlässigkeit genügt.

3. Blankettgesetz: die Erlassung der polizeilichen Vorschriften kann gem. Art. 2 Ziff. 16 PStGB. geschehen.

II. Auszug aus dem bayer. Polizeistrafgesetzbuch

in der Fassung der Gesetze v. 22. Juni 1900 und 6. Juli 1908.

Art. 2.

In bezug auf die Zuständigkeit zur Erlassung der in Art. 1 bezeichneten allgemeinen Vorschriften für die im Strafgesetzbuche für das Deutsche Reich behandelten Materien wird bestimmt:

6. die nach § 366 Ziff. 10 zulässigen Polizeiverordnungen zur Erhaltung der Sicherheit, Bequemlichkeit, Reinlichkeit und Ruhe auf den öffentlichen Wegen, Straßen und Plätzen werden durch ober-, distrikts- oder ortspolizeiliche Vorschriften erlassen;

11. inwieweit in dem Falle des § 367 Ziff. 15 für die Führung oder Ausbesserung eines Baues polizeiliche Genehmigung erforderlich ist, wird durch Verordnung bestimmt;

14. in bezug auf § 368 Ziff. 8 werden die Anordnungen über die polizeilich vorgeschriebenen Feuerlöschgerätschaften, sowie

die Feuerlöschordnungen durch distrikts- oder ortspolizeiliche Vorschriften, sonstige feuerpolizeiliche Anordnungen durch Verordnung oder ortspolizeiliche Vorschrift erlassen;

16. die in § 369 Ziff. 3 vorgesehenen Vorschriften über die Anlegung und Verwahrung der Feuerstätten von Gewerbetreibenden, welche in Feuer arbeiten, sowie über die Art und Zeit, sich des Feuers zu bedienen, können durch Verordnung, ober- oder ortspolizeiliche Vorschriften erlassen werden.

Art. 16.

Unterläßt jemand innerhalb der dafür bestimmten Zeit dasjenige zu tun, was ihm auf Grund eines wegen einer Übertretung ergangenen rechtskräftigen Strafurteils durch die zuständige Polizeibehörde auferlegt worden ist[1]), so ist letztere befugt, diese Handlung auf Kosten des Ungehorsamen[2]) vornehmen zu lassen und, vorbehaltlich seiner Verpflichtung zum Ersatze des etwa verursachten Schadens, den von ihr festgestellten Kostenaufwand nach den gesetzlichen Bestimmungen über Beitreibung von Untersuchungskosten, in der Pfalz auf dem Wege des administrativen Zwangsvollzugs, von demselben zu erheben.

1. Wiederholte Bestrafung wegen der gleichen strafbaren Handlung nicht möglich; dafür Erzwingung nach Art. 16. — Die Polizeibehörden haben für Ausführung ihrer Anordnungen eine angemessene Frist zu bestimmen. — Als Strafurteil gilt auch ein Strafbefehl (VGH. 11, 195). — Verfügungen nach Art. 16 sind rein polizeiliche Maßnahmen, keine Verwaltungsrechtssachen oder Verwaltungsstreitsachen.

2. Ist die Beitreibung der Kosten unmöglich (z. B. wegen Mittellosigkeit des Verurteilten), so sind die Kosten auf die Staatskasse (unter Umständen auch auf die Kasse der beteiligten Gemeinden) zu übernehmen; die Übernahme ist durch die Polizeibehörde beschlußmäßig anzuordnen. Wegen der Zwangsbeitreibung s. Art. 6 AG. ZPO. und KO. v. 26. Juni 1899 (GVBl. S. 401).

Art. 18.

I Ist in den Fällen, in welchen nach dem gegenwärtigen Gesetzbuche die Einziehung einzelner Sachen oder die Schließung einer Anstalt zulässig ist, die Verfolgung oder Verurteilung einer bestimmten Person nicht ausführbar, so können die bezeichneten Maßnahmen von dem Richter selbständig erkannt werden[1]).

II Unter denselben Voraussetzungen kann der Richter selbständig aussprechen, daß die Polizeibehörde berechtigt ist, die in den Art. 73 Abs. III, 105 Abs. I und 130 Abs. IV vorgesehenen Verfügungen zu erlassen[2]).

1. Für die Fälle, in denen Strafverfolgung und Verurteilung einer Person (subjektives Verfahren) aus gleich welchen Gründen ausgeschlossen ist

(Tod des Täters, Unzurechnungsfähigkeit, Unbekanntheit oder Abwesenheit des Täters, Amnestie, mangelnder Antrag, Verjährung usw.), gibt Art. 18 die Möglichkeit der Beseitigung eines ordnungswidrigen Zustandes (objektives Verfahren). Aus welchen Gründen das subjektive Verfahren unmöglich ist, ist gleichgültig (ObstLG. 2, 56); ebenso ist ohne Belang, seit wann der ordnungswidrige Zustand besteht und ob eine Aufforderung zur Beseitigung erging (OLG. 5, 192). Auch bei Freispruch wegen mangelnden subjektiven Verschuldens ist Verfahren nach Art. 18 möglich (OLG. München 1, 500).

2. Verfahren: S. §§ 477 ff. StPO.; deren Anwendbarkeit auf Art. 18 durch konstante Rechtsprechung anerkannt.

Art. 20.

I In Fällen, welche mit Strafe gesetzlich bedroht sind, ist die zuständige Polizeibehörde, vorbehaltlich der späteren Strafverfolgung, soweit nötig, zur vorläufigen Einschreitung befugt [1]).

IV Unterläßt jemand, dasjenige zu tun, was ihm unter Strafe gesetzlich zu tun geboten ist, so steht der Polizeibehörde die Befugnis zu, diese Handlung statt seiner vorläufig vornehmen zu lassen. Der dadurch verursachte Kostenaufwand kann jedoch von dem Ungehorsamen nur auf Grund eines richterlichen Urteils zwangsweise beigetrieben werden [2]).

V War die vorläufig getroffene Maßregel nicht gerechtfertigt, so bleibt dem Freigesprochenen der allenfallsige Anspruch auf Schadensersatz vorbehalten [3]).

1. S. § 73 VO. Anm. 6.

2. Kosten: S. Art. 16 Anm. 2.

3. Nicht in allen Fällen einer Freisprechung besteht Anspruch auf Schadensersatz, sondern nur dann, wenn die vorläufige Maßregel nicht gerechtfertigt war. — Wegen Vorentscheidung gegen einen Beamten s. Dyroff VGG. Art. 7 Abs. II mit Anm. und Bl. f. adm. Pr. 33 S. 103.

Art. 22b.

I [1]) An Geld bis zu hundertfünfzig Mark oder mit Haft wird bestraft, wer den durch Verordnung oder oberpolizeiliche Vorschriften erlassenen Bestimmungen über Ausgrabungen und Funde von prähistorischen oder historisch merkwürdigen Gegenständen zuwiderhandelt.

II Gleicher Strafe unterliegt, wer den ober-, distrikts- oder ortspolizeilichen Vorschriften zuwiderhandelt, die zum Schutze einheimischer Tier- und Pflanzenarten gegen Ausrottung oder zum Schutze von Orts- und Landschaftsbildern [2]) gegen verunstaltende Reklame erlassen sind [3]).

III In den Fällen des Abs. 2 finden die Vorschriften der Art. 105, 18 Abs. 2 entsprechende Anwendung [3]).

1. Art. 22 b ist Blankettgesetz; unzulässig, das Blankett eines Strafgesetzes, das die Bezeichnung der ver- oder gebotenen Handlung nicht enthält, durch eine polizeiliche Anordnung in der Weise auszufüllen, daß die Nichtbefolgung sofort Strafe nach sich zieht. Es darf vielmehr erst dann, wenn den von der polizeilichen Anordnung Betroffenen, die Möglichkeit der Geltendmachung sachlicher und rechtlicher Bedenken gegeben war und hierüber entschieden ist, bei weiterem Ungehorsam die Strafverfolgung eingeleitet werden.

2. Über die hiezu ergangenen Bestimmungen s. Handbuch der inneren Verwaltung von Krais-Brettreich-Henle; Abschnitt 5: Natur- und Denkmalpflege. (Achte und neunte Lieferung S. 685 ff.)

3. Durch polizeiliche Vorschrift darf die Änderung oder Beseitigung verunstaltender Reklame nicht mit der Folge angeordnet werden, daß bei Nichtausführung des Auftrags sofort Strafverfolgung eintritt, sondern es muß vorher entschieden werden, ob die Reklamevorrichtung das Orts- oder Landschaftsbild verunstaltet hat (ObstLG. 11, 327). Zur Entscheidung dieser letzteren Frage sind die Verwaltungsbehörden, nicht die Gerichte zuständig. Die Beseitigungsbefugnis darf vom Gericht erst ausgesprochen werden, wenn vorher in einer einer Beschwerde zugänglichen Feststellung der zuständigen Verwaltungsbehörde festgestellt wurde, daß die Reklamevorrichtung das Landschaftsbild verunstaltet (ObstLG. 2, 107; 9, 254; 12, 107 und MB. v. 11. Juli 1911, MABl. S. 463).

Die Strafverfolgung eines Gewerbetreibenden, der unerlaubter Weise auf Bestellung eine Reklametafel angebracht hat, beginnt mit der Vollendung der Arbeit zu verjähren. Spätestens in diesem Zeitpunkt beginnt die Verjährung gegen einen Angestellten des Bestellers, der dessen Auftrag zur Herstellung der Tafel weisungsgemäß dem Gewerbetreibenden übermittelt hat (ObstLG. 15, 17).

Art. 73.

I Wer den Verordnungen, ober- oder ortspolizeilichen Vorschriften [1]) oder in Ermangelung der letzteren den distriktspolizeilichen Anordnungen [2]) über Anlage, Einrichtung oder Abänderung, sowie über Entleerung oder bauliche Instandhaltung [3]) von Abtritten, Dung- und Versitzgruben [4]) in Wohngebäuden oder in unmittelbarer Nähe von Wohnungen [5]), Brunnen oder Brunnquellen zuwiderhandelt, wird an Geld bis zu fünfzehn Talern gestraft.

II Gleicher Strafe unterliegt, wer den Verordnungen, ober- oder ortspolizeilichen Vorschriften zuwiderhandelt, welche aus Rücksichten auf die Gesundheit oder Sittlichkeit über das Beziehen neuhergestellter Wohnungen [5]) oder Wohnungsräume, über die Beschaffenheit und die Belegung von Wohnungen oder Wohnungsräumen und über die polizeiliche Beaufsichtigung des Wohnungswesens erlassen sind.

III In den Fällen des Absatzes I und II hat der Richter zu erkennen, daß die Polizeibehörde berechtigt ist, die Beseitigung des vorschriftswidrigen Zustandes, beziehungsweise die Räumung der vorschriftswidrigen Wohnung, zu verfügen[6]).

IV Die nach Maßgabe des gegenwärtigen Artikels erkannten Geldstrafen fließen zu zwei Dritteilen in die Armenkasse des Ortes der Übertretung.

1. S. BO. §§ 8, 29, 49, 52 Abs. II; über den Erlaß ortspolizeilicher Vorschriften ME. v. 22. März 1870 Nr. 2253 (Weber, Sammlung 8, 508); Urt. d. ObstLG. v. 29. März 1900 (MABl. S. 245).

Die Polizeivorschriften nach Art. 73 können auch auf bereits bestehende Anlagen erstreckt werden (MABl. 1876, 96; 1885, 314; 1892, 486; ObstLG. 5, 215 (auch MABl. 1916 S. 3); 6, 2; 15, 191).

2. Anordnungen sind allgemein, d. h. innerhalb ihres Geltungsbereiches für jedermann verbindliche Vorschriften im Sinne des Art. 1 Abs. I PStGB. (ObstLG. 1, 50 und MABl. 1900 S. 245); die zuständige Behörde kann jedoch durch diese allgemeinen Anordnungen zu solchen für den Einzelfall ermächtigt werden (ObstLG. 5, 215).

3. Wiederherstellung einer beseitigten Anlage ist Neuherstellung (ObstLG. 6, 421). Die Verbindung bestehender Abtritte mit öffentlichen Abzugskanälen kann verboten werden; es sind jedoch Vorschriften möglich, die die Verbindung vorschreiben (MABl. 1916 S. 3).

4. Dunggrube ist jeder für dauernde Lagerung von Dünger bestimmte Platz; eine Vertiefung des Erdbodens erfordert der Begriff der Dunggrube nicht (ObstLG. 12, 260).

5. „Wohnung" ist hier im weiteren Sinne zu verstehen; hieher gehören nicht nur die von Menschen bewohnten Räume und Gebäudeteile, sondern auch die sonst von ihnen benützten, von den eigentlichen Wohnungen abgetrennten Arbeitsräume und Werkstätten. Das Beziehen von Arbeitsräumen besteht in dem Verbringen der Arbeitsgeräte in diese Räume und in dem mit der Absicht und dem Zwecke, zur Verrichtung der Arbeit darin zu verbleiben, betätigten Verweilen (ObstLG. 5, 464).

Strafbar ist unter Umständen auch der die Wohnung beziehende Mieter (ObstLG. 7, 13): das „Beziehen" erfordert, daß die Benützung der Wohnung von einer gewissen Dauer ist; es genügt, wenn die Benützung eine vorübergehende ist und ungewiß ist, wann sie endigt.

S. § 9 Abs. I der V. v. 10. Febr. 1901 die Wohnungsaufsicht betr. (s. Anhang).

6. Hiezu s. Art. 105 Abs. I, Art. 18 Abs. II und Art. 20 Abs. I PStGB.

Art. 101.

I [1]) An Geld bis zu einhundertfünfzig Mark oder mit Haft werden Bauherrn[2]), Baumeister[2]) und Bauhandwerker[2]) gestraft, wenn sie den baupolizeilichen Vorschriften[3]) zuwiderhandeln[4]).

II Baupolizeiliche Vorschriften[3]) können in bezug auf Festsetzung und Einhaltung der Bau- und Vorgartenlinien, dann zum Zwecke der Feuersicherheit und Festigkeit der Bauführung, sowie der Gesundheit durch Verordnung, ober- oder ortspolizeiliche Vorschrift erlassen werden.

III Im Interesse der Verschönerung können baupolizeiliche Vorschriften [5]) durch Verordnung, distrikts- oder ortspolizeiliche Vorschrift getroffen werden. Die hierauf gegründeten Abänderungen des Bauplanes dürfen jedoch die Kosten der Bauführung nicht wesentlich vermehren [6]).

1. Verhältnis des Art. 101 zu Art. 73 s. ObstLG. 7, 2; zu § 330 RStGB. s. ObstLG. 8, 298.

2. S. § 72 BO. Anm. 6.

3. Auf Grund des Art. 101 können nur baupolizeiliche Vorschriften erlassen werden, d. h. solche Polizeivorschriften, die eine Bauvornahme, eine Bauausführung zum Gegenstand haben. Baupolizeiliche Vorschriften im Sinne des Art. 101 sind nicht besondere Anordnungen für einzelne Personen und für bestimmte Fälle, sondern allgemein verbindliche Vorschriften, soferne sie eine Bauführung im Sinne der BO betreffen (ObstLG. 13, 163; 14, 301). — S auch § 7 BO. Anm. 21

Art. 101 gibt der Polizeibehörde nicht die Ermächtigung, die Änderung eines bestehenden Bauwerkes anzuordnen (ObstLG. 9, 175; 13, 7 und 163; 15, 188); die Ermächtigung zu einem Verbot, einen Benzinmotor aufzustellen und in Betrieb zu setzen, kann weder aus § 2 BO. noch aus Art. 101 entnommen werden (ObstLG. 13, 163); eine baupolizeiliche Vorschrift im Sinne des Art. 101 ist die vorläufige Einstellungsverfügung auf Grund des § 73 BO. nicht (ObstLG. 14, 154). Vorschriften nach Art. 101 können sich weder auf den Abbruch von Gebäuden beziehen noch können sie Bebauungsverbote aussprechen (ObstLG 13, 7 und 163; 14, 70 und 302; 17, 16); sie haben allgemeinen Charakter, dürfen nicht zu einer Verhinderung baulicher Anlagen führen und können nur Bestimmungen für Bauherrn, Baumeister und Bauhandwerker enthalten (ObstLG. 10, 363; 14, 155).

4. Für die Strafbarkeit genügt jedes Verschulden, also auch Fahrlässigkeit (ObstLG. 2, 48; Reger 27, 233); das Bewußtsein der Rechtswidrigkeit ist zum Tatbestand des Art. 101 nicht erforderlich.

Wegen der Verjährung s § 367 Ziff. 15 Anm. 21.

Solange ein ordnungswidriger Zustand fortbesteht, dauert die Übertretung fort und kann die Verjährung nicht beginnen (ObstLG. 2, 3 und 238 und 244; 8, 32).

Soweit es sich um genehmigungspflichtige Bauten handelt, kann zwischen Art. 101 Abs. I und § 367 Ziff. 15 RStGB. Gesetzeskonkurrenz bestehen; bei nicht genehmigungspflichtigen Bauten kommt Art. 101 allein zur Anwendung.

Wegen der Beseitigung des ordnungswidrigen Zustandes s. Art. 105

5. S. Anm. 3. — Baupolizeiliche Vorschriften im Sinne des Abs. III sind solche, die in Beziehung auf eine Bauvornahme getroffen werden, das Gebäude und seine wesentlichen Bestandteile, seine äußere Gestaltung, seine Umfassungsmauern und seine Bedachung treffen. Baupolizeiliche Auflagen, die im Interesse der Verschönerung gemacht werden, können sich daher bei den Umfassungsmauern auf die Fassade, das zu ihrer Herstellung verwendete Material, ihren Verputz, Anstrich usw. erstrecken (ObstLG. 11, 386; 14, 70 —, auch MABl. 1914, 203). Bebauungsverbote können auf Abs. III nicht gegründet werden (ObstLG. 13, 7). Das Verbot der Beseitigung von Figuren, Wirtsschildern und anderen Hauszieraten ohne baupolizeiliche Genehmigung findet in Art. 101 keine Stütze (ObstLG. 11, 340). Dem Bauherrn kann nicht auf Grund des Abs. III die Auflage gemacht werden, an seinem Bau bewegliche Beiwerke z. B. Figuren, Fensterläden usw. anzubringen (ObstLG. 11, 386).

6. Die Vermehrung darf keine unverhältnismäßige sein und jedenfalls nicht derart, daß das Bauen dadurch verhindert oder wesentlich erschwert oder die Wohnung verteuert wird.

Art. 103.

Baumeister und Bauhandwerker, welche die durch ortspolizeiliche Vorschriften festgesetzten besonderen Verpflichtungen ihres Berufes über Anzeige [1]) unternommener Bauten und Bauarbeiten vernachlässigen, unterliegen einer Geldstrafe bis zu fünfundvierzig Mark.

1. S. § 73 Abs. I BO. und § 144 RGewO.

Art. 104.

I Obrigkeitlich aufgestellte Sachverständige, welche die ihnen obliegende Untersuchung eines Baues mit Gefahr für Personen oder fremdes Eigentum fahrlässigerweise versäumen [1]), werden, insoferne nicht disziplinäre Ahndung stattfindet, an Geld bis zu neunzig Mark gestraft.

II Gleicher Strafe unterliegen andere Sachverständige, welche nach übernommenem obrigkeitlichem Auftrage die Untersuchung eines Baues mit Gefahr für Personen oder fremdes Eigentum fahrlässigerweise versäumen.

1. §§ 66 und 73 BO.; § 144 RGewO.

Art. 105.

I In den Fällen des § 367 Ziff. 13—15 und § 368 Ziff. 3 und 4 des Strafgesetzbuchs für das Deutsche Reich und der Art. 101 [und 102] des gegenwärtigen Gesetzes [1]) hat [2]) der Richter im Strafurteile [3]) auszusprechen, daß die Polizeibehörde [4]) berechtigt ist, die Beseitigung des ordnungswidrigen Zustandes [5]) anzuordnen und zu diesem Zwecke die Sicherstellung, Abänderung, den gänzlichen oder teilweisen Abbruch des betreffenden Bauwerkes oder der betreffenden Vorrichtung zu verfügen [6]).

II Besteht Gefahr auf dem Verzuge, so ist die Polizeibehörde berechtigt, die im vorstehenden Absatze bezeichneten Maßregeln, vorbehaltlich der Strafverfolgung, sofort vorzukehren [6]).

1. Der Ausspruch nach Art. 105 ist keine Nebenstrafe; trifft daher eine der hier genannten Strafbestimmungen mit einer schwereren rechtlich zusammen, so kann trotzdem Ausspruch nach Art. 105 erfolgen (ObstLG. 2, 406; 16, 60); neben § 147 Abs. 4 GewO. entfällt jedoch Art. 105 (ObstLG. 6; 13, 270).

2. Der Richter ist verpflichtet die diesbezügliche Berechtigung der Polizeibehörde auszusprechen; die Berechtigung muß im Strafurteil ausgesprochen werden; über die Art der Beseitigung ist nichts zu bestimmen (ObstLG. 3, 313). Der richterliche Ausspruch muß erfolgen, gleich ob der ordnungswidrige Zustand bei Erlaß des Ausspruches noch besteht oder nicht (OLG. München 5, 76 und 192; ObstLG. 2, 304; 3, 15; 18, 85). Hierzu s. §§ 89, 92 der Dienstanweisung für die Amtsanwälte v. 29. Nov. 1913 (JMABl. S. 419). Ist bei Erlaß des Strafbescheides Ausspruch nach Art. 105 nicht erfolgt, so kann die Beseitigungsbefugnis nicht nachträglich in gesondertem Verfahren, weder nach Art. 105 noch nach Art. 18 ausgesprochen werden (OLG. München 3, 12 und 199; MABl. 1884, 215). Niederschlagung eines Strafverfahrens durch Amnestieerlaß schließt Ausspruch nach Art. 105 nicht aus (ObstLG. 19, 7).

Der Verwaltungsgerichtshof ist nicht zuständig zur Entscheidung über Beschwerden gegen Beschlüsse der Regierung, welche die Beseitigung eines ordnungswidrigen Zustands und die einstweilige Aufbringung der Kosten hiefür zum Gegenstand haben; er hat nicht zu prüfen, ob eine vorläufige Maßregel statthaft oder gerechtfertigt ist, wohl aber kann er prüfen, ob nach Aktenlage die getroffene Verfügung der Behörde als vorläufige Maßregel aufgefaßt war oder nicht (VGH. 1, 219; 11, 56); es steht ihm nicht zu, die unteren Verwaltungsbehörden zur Erlassung vorsorglicher Maßnahmen anzuhalten (VGH. 12, 423) und auch nicht, die einstweilige Einstellung des Vollzugs zu verfügen (VGH. 18, 235).

Der richterliche Ausspruch nach Art. 105 I wird nicht dadurch hinfällig, daß von 2 Angeklagten, die wegen desselben Baues verurteilt waren, nur der eine das Urteil rechtskräftig werden läßt, während der andere auf Rechtsmitteleinlegung hin freigesprochen wird (ObstLG. 3, 219).

Wegen des Ausspruchs im objektiven Verfahren s. Art. 18 PStGB.

3. Ausspruch im Strafbefehlsverfahren ist unzulässig (s. § 447 RStPO.; OLG. München 3, 15).

4. Zuständig ist die Bezirkspolizeibehörde (§ 25 der Zuständigk.V. v. 4. Jan. 1872; RegBl. S. 25; Weber 9 S. 258). Die Zuständigk.V. bestimmt nur, welche Polizeibehörde die im Urteil ausgesprochene Beseitigungsbefugnis nach außen geltend zu machen hat; sie verleiht jedoch keine weitergehenden Zuständigkeiten. Die Bezirkspolizeibehörde hat daher in allen Fällen zu prüfen, ob sie zur Genehmigung eines Baugesuches im Falle dessen rechtzeitiger Stellung zuständig gewesen oder ob Dispens der Regierung nötig gewesen wäre. Handelt es sich um eigenmächtige Bauführungen (wäre also die Bezirkspolizeibehörde bei nachgesuchter Genehmigung zu deren Erteilung zuständig gewesen), so kann die Bezirkspolizeibehörde nachträglich die Genehmigung erteilen; handelt es sich um fehlerhafte Bauführung, so kann nachträgliche Dispens der Regierung nachgesucht werden.

Wird nachträgliche Genehmigung oder Dispens nicht nachgesucht oder nicht erteilt, so steht es nicht im Belieben der Polizeibehörde, vom Vollzug der — einer Verjährung nicht unterliegenden — Beseitigungsbefugnis dauernd abzusehen, sie ist vielmehr verpflichtet, diese auszuführen. Vorübergehend kann sie jedoch den ordnungswidrigen Zustand gestatten und für die Beseitigung eine Frist oder Bedingungen setzen (s. Rietel-Sutner, PStGB. Art. 105 Anm. 4 a. — ME. v. 21. Juni 1895 Nr. 9460 und 22. Sept. 1898 Nr. 19 661; Bl. f. a. Pr. 34, 30).

Über die Kosten der Beseitigung kann Ausspruch im Urteil nicht erfolgen; die Aufbürdung der Beseitigungskosten auf den Hauseigentümer oder sonstwie Beteiligte ist Sache der Polizeibehörde (ObstLG. 16, 60).

Sicherstellung der Beseitigungsbefugnis durch Eintragung ins Grundbuch unzulässig (ObstLG. Zivils. 3, 129).

Im übrigen s. auch Koch: Die Beseitigungsbefugnis nach dem bayerischen Polizeistrafrecht in Bl. f. a. Pr. Bd. 68/1918 S. 13ff.

5. „Ordnungswidrig" ist sowohl ein durch eigenmächtige, d. h. ohne erforderliche Genehmigung erfolgte Bauführung, als auch ein durch fehlerhafte, d. h. gegen materielle Bauvorschriften verstoßende Bauführung herbeigeführter Zustand (ObstLG. 1, 252; 2, 52 und 203; 4, 365; 8, 240; 18, 86). — Ordnungswidriger Zustand wird auch geschaffen durch Nichtbefolgung besonderer Anordnungen (ObstLG. 3, 131). Nicht erforderlich ist, daß der Zustand gefahrdrohend ist (ObstLG. 1, 253; 2, 55; 3, 131; 4, 365). — Ordnungswidrig ist ein Zustand nur insoweit, als er ohne erforderliche Genehmigung hergestellt oder geändert wurde. Darüber hinaus darf auch nicht die Polizeibehörde zur Beseitigung des Zustandes ermächtigt werden (ObstLG. 18, 86).

6. S. § 73 BO. Anm. 6.

III. Auszug aus der Reichsgewerbeordnung.

§ 35.

V Der Betrieb des Gewerbes als Bauunternehmer und Bauleiter sowie der Betrieb einzelner Zweige des Baugewerbes ist zu untersagen, wenn Tatsachen vorliegen, welche die Unzuverlässigkeit des Gewerbetreibenden in bezug auf diesen Gewerbebetrieb dartun. Der Untersagung muß nach näherer Bestimmung der Landes Zentralbehörde die Anhörung von Sachverständigen vorangehen, welche zur Abgabe von Gutachten dieser Art nach Bedarf im voraus von der höheren Verwaltungsbehörde ernannt sind. Soweit es sich um die Begutachtung für handwerksmäßige Gewerbebetriebe handelt, erfolgt die Ernennung nach Anhörung der Handwerkskammer (§ 103) des Bezirkes.

VI Ist die Untersagung erfolgt, so kann die Landes-Zentralbehörde oder eine andere von ihr zu bestimmende Behörde die Wiederaufnahme des Gewerbebetriebs gestatten, sofern seit der Untersagung mindestens ein Jahr verflossen ist.

VII Personen, welche die in diesem Paragraphen bezeichneten Gewerbe beginnen, haben bei Eröffnung ihres Gewerbebetriebs der zuständigen Behörde hiervon Anzeige zu machen.

§ 35a.

I Mangel an theoretischer Vorbildung kann als eine Tatsache im Sinne des § 35 Abs. 5 gegenüber Bauunternehmern, Bauleitern oder Personen, die einzelne Zweige des Baugewerbes betreiben, nicht geltend gemacht werden, wenn sie das Zeugnis über die Ablegung einer Prüfung für den höheren oder mittleren bautechnischen Staatsdienst oder das Prüfungs- oder Reifezeugnis einer staatlichen oder von der zuständigen Landesbehörde gleichgestellten baugewerblichen Fachschule besitzen oder wenn sie Diplomingenieure sind.

II Mangel an theoretischer oder praktischer Vorbildung kann als eine Tatsache im Sinne des § 35 Abs. 5 nicht geltend gemacht werden gegenüber Bauunternehmern und Bauleitern, wenn sie gemäß § 133 die Meisterprüfung im Maurer-, Zimmerer- oder Steinmetzgewerbe bestanden haben, sowie gegenüber Personen, die einzelne Zweige des Baugewerbes betreiben, wenn sie gemäß § 133 die Meisterprüfung in dem von ihnen ausgeübten Gewerbe bestanden haben.

III Die Landes-Zentralbehörden sind befugt, zu bestimmen, welche Prüfungen und Zeugnisse den im Abs. 1 bezeichneten gleichzustellen sind.

§ 53a.

I Die unteren Verwaltungsbehörden können bei solchen Bauten, zu deren sachgemäßer Ausführung nach dem Ermessen der Behörde ein höherer Grad praktischer Erfahrung oder technischer Vorbildung erforderlich ist, im Einzelfall die Ausführung oder Leitung des Baues durch bestimmte Personen untersagen, wenn Tatsachen vorliegen, aus denen sich ergibt, daß diese Personen wegen Unzuverlässigkeit zur Ausführung oder Leitung des beabsichtigten Baues ungeeignet sind.

II Landesrechtliche Vorschriften, welche den Baupolizeibehörden weitergehende Befugnisse einräumen, bleiben unberührt.

IV. Auszug

1. aus dem Bürgerlichen Gesetzbuch.

§ 93.

Bestandteile einer Sache, die voneinander nicht getrennt werden können, ohne daß der eine oder der andere zerstört oder in seinem Wesen verändert wird (wesentliche Bestandteile), können nicht Gegenstand besonderer Rechte sein.

§ 94.

Zu den wesentlichen Bestandteilen eines Grundstücks gehören die mit dem Grund und Boden fest verbundenen Sachen, insbesondere Gebäude, sowie die Erzeugnisse des Grundstücks, solange sie mit dem Boden zusammenhängen. Samen wird mit dem Aussäen, eine Pflanze wird mit dem Einpflanzen wesentlicher Bestandteil des Grundstücks.

Zu den wesentlichen Bestandteilen eines Gebäudes gehören die zur Herstellung des Gebäudes eingefügten Sachen.

§ 95.

Zu den Bestandteilen eines Grundstücks gehören solche Sachen nicht, die nur zu einem vorübergehenden Zwecke mit dem Grund und Boden verbunden sind. Das gleiche gilt von einem Gebäude oder anderen Werke, das in Ausübung eines Rechtes an einem fremden Grundstücke von dem Berechtigten mit dem Grundstücke verbunden worden ist.

Sachen, die nur zu einem vorübergehenden Zwecke in ein Gebäude eingefügt sind, gehören nicht zu den Bestandteilen des Gebäudes.

§ 226.

Die Ausübung eines Rechtes ist unzulässig, wenn sie nur den Zweck haben kann, einem anderen Schaden zuzufügen.

§ 823.

Wer vorsätzlich oder fahrlässig das Leben, den Körper, die Gesundheit, die Freiheit, das Eigentum oder ein sonstiges Recht eines anderen widerrechtlich verletzt, ist dem anderen zum Ersatze des daraus entstehenden Schadens verpflichtet.

Die gleiche Verpflichtung trifft denjenigen, welcher gegen ein den Schutz eines anderen bezweckendes Gesetz verstößt. Ist nach dem Inhalte des Gesetzes ein Verstoß gegen dieses auch ohne Verschulden möglich, so tritt die Ersatzpflicht nur im Falle des Verschuldens ein.

§ 836.

Wird durch den Einsturz eines Gebäudes oder eines anderen mit einem Grundstücke verbundenen Werkes oder durch die Ablösung von Teilen des Gebäudes oder des Werkes ein Mensch getötet, der Körper oder die Gesundheit eines Menschen verletzt oder eine Sache beschädigt, so ist der Besitzer des Grundstücks, sofern der Einsturz oder die Ablösung die Folge fehlerhafter Errichtung oder mangelhafter Unterhaltung ist, verpflichtet, dem Verletzten den daraus entstehenden Schaden zu ersetzen. Die Ersatzpflicht tritt nicht ein, wenn der Besitzer zum Zwecke der Abwendung der Gefahr die im Verkehr erforderliche Sorgfalt beobachtet hat.

Ein früherer Besitzer des Grundstücks ist für den Schaden verantwortlich, wenn der Einsturz oder die Ablösung innerhalb eines Jahres nach der Beendigung seines Besitzes eintritt, es sei denn, daß er während seines Besitzes die im Verkehr erforderliche Sorgfalt beobachtet hat oder ein späterer Besitzer durch Beobachtung dieser Sorgfalt die Gefahr hätte abwenden können.

Besitzer im Sinne dieser Vorschriften ist der Eigenbesitzer.

§ 837.

Besitzt jemand auf einem fremden Grundstück in Ausübung eines Rechtes ein Gebäude oder ein anderes Werk, so trifft ihn an Stelle des Besitzers des Grundstücks die im § 836 bestimmte Verantwortlichkeit.

§ 838.

Wer die Unterhaltung eines Gebäudes oder eines mit einem Grundstücke verbundenen Werkes für den Besitzer übernimmt oder das Gebäude oder das Werk vermöge eines ihm zustehenden Nutzungsrechts zu unterhalten hat, ist für den durch den Einsturz oder die Ablösung von Teilen verursachten Schaden in gleicher Weise verantwortlich wie der Besitzer.

§ 903.

Der Eigentümer einer Sache kann, soweit nicht das Gesetz oder Rechte dritter entgegenstehen, mit der Sache nach Belieben verfahren und andere von jeder Einwirkung ausschließen.

§ 904.

Der Eigentümer einer Sache ist nicht berechtigt, die Einwirkung eines anderen auf die Sache zu verbieten, wenn die Einwirkung zur Abwendung einer gegenwärtigen Gefahr notwendig und der drohende Schaden gegenüber dem aus der Einwirkung dem Eigentümer entstehenden Schaden unverhältnismäßig groß ist. Der Eigentümer kann Ersatz des ihm entstehenden Schadens verlangen.

§ 905.

Das Recht des Eigentümers eines Grundstücks erstreckt sich auch auf den Raum über der Oberfläche und auf den Erdkörper unter der Oberfläche. Der Eigentümer kann jedoch Einwirkungen nicht verbieten, die in solcher Höhe oder Tiefe vorgenommen werden, daß er an der Ausschließung kein Interesse hat.

§ 906.

Der Eigentümer eines Grundstücks kann die Zuführung von Gasen, Dämpfen, Gerüchen, Rauch, Ruß, Wärme, Geräusch, Erschütterungen und ähnliche von einem anderen Grundstück ausgehende Einwirkungen insoweit nicht verbieten, als die Einwirkung die Benutzung seines Grundstücks nicht oder nur unwesentlich beeinträchtigt oder durch eine Benutzung des anderen Grundstücks herbeigeführt wird, die nach den örtlichen Verhältnissen bei Grundstücken dieser Lage gewöhnlich ist. Die Zuführung durch eine besondere Leitung ist unzulässig.

§ 907.

Der Eigentümer eines Grundstücks kann verlangen, daß auf den Nachbargrundstücken nicht Anlagen hergestellt oder gehalten werden, von denen mit Sicherheit vorauszusehen ist, daß ihr Bestand oder ihre Benutzung eine unzulässige Einwirkung auf sein Grundstück zur Folge hat. Genügt eine Anlage den landesgesetzlichen Vorschriften, die einen bestimmten Abstand von der Grenze oder sonstige Schutzmaßregeln vorschreiben, so kann die Beseitigung der Anlage erst verlangt werden, wenn die unzulässige Einwirkung tatsächlich hervortritt.

Bäume und Sträucher gehören nicht zu den Anlagen im Sinne dieser Vorschriften.

§ 908.

Droht einem Grundstücke die Gefahr, daß es durch den Einsturz eines Gebäudes oder eines anderen Werkes, das mit einem Nachbargrundstücke verbunden ist, oder durch die Ablösung von Teilen des Gebäudes oder des Werkes beschädigt wird, so kann der Eigentümer von demjenigen, welcher nach dem § 836 Abs. 1 oder den §§ 837, 838 für den eintretenden Schaden verantwortlich sein würde, verlangen, daß er die zur Abwendung der Gefahr erforderliche Vorkehrung trifft.

§ 909.

Ein Grundstück darf nicht in der Weise vertieft werden, daß der Boden des Nachbargrundstücks die erforderliche Stütze verliert, es sei denn, daß für eine genügende anderweitige Befestigung gesorgt ist.

§ 912.

Hat der Eigentümer eines Grundstücks bei der Errichtung eines Gebäudes über die Grenze gebaut, ohne daß ihm Vorsatz oder grobe Fahrlässigkeit zur Last fällt, so hat der Nachbar den Überbau zu dulden, es sei denn, daß er vor oder sofort nach der Grenzüberschreitung Widerspruch erhoben hat.

Der Nachbar ist durch eine Geldrente zu entschädigen. Für die Höhe der Rente ist die Zeit der Grenzüberschreitung maßgebend.

§ 913.

Die Rente für den Überbau ist dem jeweiligen Eigentümer des Nachbargrundstücks von dem jeweiligen Eigentümer des anderen Grundstücks zu entrichten.

Die Rente ist jährlich im voraus zu entrichten.

§ 914.

Das Recht auf die Rente geht allen Rechten an dem belasteten Grundstück, auch den älteren, vor. Es erlischt mit der Beseitigung des Überbaues.

Das Recht wird nicht in das Grundbuch eingetragen. Zum Verzicht auf das Recht sowie zur Feststellung der Höhe der Rente durch Vertrag ist die Eintragung erforderlich.

Im übrigen finden die Vorschriften Anwendung, die für eine zugunsten des jeweiligen Eigentümers eines Grundstücks bestehende Reallast gelten.

§ 915.

Der Rentenberechtigte kann jederzeit verlangen, daß der Rentenpflichtige ihm gegen Übertragung des Eigentums an dem überbauten Teile des Grundstücks den Wert ersetzt, den dieser Teil zur Zeit der Grenzüberschreitung gehabt hat. Macht er von dieser Befugnis Gebrauch, so bestimmen sich die Rechte und Verpflichtungen beider Teile nach den Vorschriften über den Kauf.

Für die Zeit bis zur Übertragung des Eigentums ist die Rente fortzuentrichten.

§ 916.

Wird durch den Überbau ein Erbbaurecht oder eine Dienstbarkeit an dem Nachbargrundstücke beeinträchtigt, so finden zugunsten des Berechtigten die Vorschriften der §§ 912 bis 914 entsprechende Anwendung.

§ 917.

Fehlt einem Grundstücke die zur ordnungsmäßigen Benutzung notwendige Verbindung mit einem öffentlichen Wege, so kann der Eigentümer von den Nachbarn verlangen, daß sie bis zur Hebung des Mangels die Benutzung ihrer Grundstücke zur Herstellung der erforderlichen Verbindung dulden. Die Richtung des Notwegs und der Umfang des Benutzungsrechts werden erforderlichen Falles durch Urteil bestimmt.

Die Nachbarn, über deren Grundstücke der Notweg führt, sind durch eine Geldrente zu entschädigen. Die Vorschriften des § 912 Abs. 2 Satz 2 und der §§ 913, 914, 916 finden entsprechende Anwendung.

§ 918.

Die Verpflichtung zur Duldung des Notwegs tritt nicht ein, wenn die bisherige Verbindung des Grundstücks mit dem öffentlichen Wege durch eine willkürliche Handlung des Eigentümers aufgehoben wird.

Wird infolge der Veräußerung eines Teiles des Grundstücks der veräußerte oder der zurückbehaltene Teil von der Verbindung mit dem öffentlichen Wege abgeschnitten, so hat der Eigentümer desjenigen Teiles, über welchen die Verbindung bisher stattgefunden hat, den Notweg zu dulden. Der Veräußerung eines Teiles steht die Veräußerung eines von mehreren demselben Eigentümer gehörenden Grundstücken gleich.

§ 921.

Werden zwei Grundstücke durch einen Zwischenraum, Rain, Winkel, einen Graben, eine Mauer, Hecke, Planke oder eine andere Einrichtung, die zum Vorteile beider Grundstücke dient, von einander geschieden, so wird vermutet, daß die Eigentümer der Grundstücke zur Benutzung der Einrichtung gemeinschaftlich berechtigt seien, sofern nicht äußere Merkmale darauf hinweisen, daß die Einrichtung einem der Nachbarn allein gehört.

§ 922.

Sind die Nachbarn zur Benutzung einer der im § 921 bezeichneten Einrichtungen gemeinschaftlich berechtigt, so kann jeder sie zu dem Zwecke, der sich aus ihrer Beschaffenheit ergibt, insoweit benutzen, als nicht die Mitbenutzung des anderen beeinträchtigt wird. Die Unterhaltungskosten sind von den Nachbarn zu gleichen Teilen zu tragen. Solange einer der Nachbarn an dem Fortbestande der Einrichtung ein Interesse hat, darf sie nicht ohne seine Zustimmung beseitigt oder geändert werden. Im übrigen bestimmt sich das Rechtsverhältnis zwischen den Nachbarn nach den Vorschriften über die Gemeinschaft.

§ 946.

Wird eine bewegliche Sache mit einem Grundstücke dergestalt verbunden, daß sie wesentlicher Bestandteil des Grundstücks wird, so erstreckt sich das Eigentum an dem Grundstück auf diese Sache.

§ 951.

Wer infolge der Vorschriften der §§ 946 bis 950 einen Rechtsverlust erleidet, kann von demjenigen, zu dessen Gunsten die Rechtsänderung eintritt, Vergütung in Geld nach den Vorschriften über die Herausgabe einer ungerechtfertigten Bereicherung fordern. Die Wiederherstellung des früheren Zustandes kann nicht verlangt werden.

Die Vorschriften über die Verpflichtung zum Schadensersatze wegen unerlaubter Handlungen sowie die Vorschriften über den Ersatz von Verwendungen und über das Recht zur Wegnahme einer Einrichtung bleiben unberührt. In den Fällen der §§ 946, 947 ist die Wegnahme nach den für das Wegnahmerecht des Besitzers gegenüber dem Eigentümer geltenden Vorschriften auch dann zulässig, wenn die Verbindung nicht von dem Besitzer der Hauptsache bewirkt worden ist.

§ 1004.

Wird das Eigentum in anderer Weise als durch Entziehung oder Vorenthaltung des Besitzes beeinträchtigt, so kann der Eigentümer von dem Störer die Beseitigung der Beeinträchtigung verlangen. Sind weitere Beeinträchtigungen zu besorgen, so kann der Eigentümer auf Unterlassung klagen.

Der Anspruch ist ausgeschlossen, wenn der Eigentümer zur Duldung verpflichtet ist.

§ 1018.

Ein Grundstück kann zugunsten des jeweiligen Eigentümers eines anderen Grundstücks in der Weise belastet werden, daß dieser das Grundstück in einzelnen Beziehungen benutzen darf oder daß auf dem Grundstücke gewisse Handlungen nicht vorgenommen werden dürfen oder daß die Ausübung eines Rechtes ausgeschlossen ist, das sich aus dem Eigentum an dem belasteten Grundstücke dem anderen Grundstücke gegenüber ergibt (Grunddienstbarkeit).

§ 1019.

Eine Grunddienstbarkeit kann nur in einer Belastung bestehen, die für die Benutzung des Grundstücks des Berechtigten Vorteil bietet. Über das sich hieraus ergebende Maß hinaus kann der Inhalt der Dienstbarkeit nicht erstreckt werden.

§ 1020.

Bei der Ausübung einer Grunddienstbarkeit hat der Berechtigte das Interesse des Eigentümers des belasteten Grundstücks tunlichst zu schonen. Hält er zur Ausübung der Dienstbarkeit auf dem belasteten Grundstück eine

Anlage, so hat er sie in ordnungsmäßigem Zustande zu erhalten, soweit das Interesse des Eigentümers es erfordert.

§ 1021.

Gehört zur Ausübung einer Grunddienstbarkeit eine Anlage auf dem belasteten Grundstücke, so kann bestimmt werden, daß der Eigentümer dieses Grundstücks die Anlage zu unterhalten hat, soweit das Interesse des Berechtigten es erfordert. Steht dem Eigentümer das Recht zur Mitbenutzung der Anlage zu, so kann bestimmt werden, daß der Berechtigte die Anlage zu unterhalten hat, soweit es für das Benutzungsrecht des Eigentümers erforderlich ist.

Auf eine solche Unterhaltungspflicht finden die Vorschriften über die Reallasten entsprechende Anwendung.

§ 1022.

Besteht die Grunddienstbarkeit in dem Rechte, auf einer baulichen Anlage des belasteten Grundstücks eine bauliche Anlage zu halten, so hat, wenn nicht ein anderes bestimmt ist, der Eigentümer des belasteten Grundstücks seine Anlage zu unterhalten, soweit das Interesse des Berechtigten es erfordert. Die Vorschrift des § 1021 Abs. 2 gilt auch für diese Unterhaltungspflicht.

§ 1030.

Eine Sache kann in der Weise belastet werden, daß derjenige, zu dessen Gunsten die Belastung erfolgt, berechtigt ist, die Nutzungen der Sache zu ziehen (Nießbrauch).

Der Nießbrauch kann durch den Ausschluß einzelner Nutzungen beschränkt werden.

§ 1090.

Ein Grundstück kann in der Weise belastet werden, daß derjenige, zu dessen Gunsten die Belastung erfolgt, berechtigt ist, das Grundstück in einzelnen Beziehungen zu benutzen, oder daß ihm eine sonstige Befugnis zusteht, die den Inhalt einer Grunddienstbarkeit bilden kann (beschränkte persönliche Dienstbarkeit).

Die Vorschriften der §§ 1020 bis 1024, 1026 bis 1029, 1061 finden entsprechende Anwendung.

2. EG. BGB.

Art. 111.

Unberührt bleiben die landesgesetzlichen Vorschriften, welche im öffentlichen Interesse das Eigentum in Ansehung tatsächlicher Verfügungen beschränken.

Art. 124.

Unberührt bleiben die landesgesetzlichen Vorschriften, welche das Eigentum an Grundstücken zugunsten der Nachbarn noch anderen als den im Bürgerlichen Gesetzbuche bestimmten Beschränkungen unterwerfen. Dies gilt insbesondere auch von den Vorschriften, nach welchen Anlagen sowie Bäume und Sträucher nur in einem bestimmten Abstande von der Grenze gehalten werden dürfen.

3. AG. BGB.

Art. 62.

Sind Fenster weniger als 0,60 m von der Grenze eines Nachbargrundstücks entfernt, das mit Gebäuden versehen ist, oder als Hofraum oder Hausgarten dient, so müssen sie auf Verlangen des Eigentümers dieses Grundstücks so eingerichtet werden, daß bis zur Höhe von 1,80 m über dem hinter ihnen befindlichen Boden weder das Öffnen noch das Durchblicken möglich ist. Die Entfernung wird von dem Fuße der Wand, in der sich das Fenster befindet, unterhalb der zunächst an der Grenze befindlichen Außenkante der Fensteröffnung ab gemessen.

Den Fenstern stehen Lichtöffnungen jeder Art gleich.

Art. 63.

Balkone, Erker, Galerien und ähnliche Anlagen, die weniger als 0,60 m von der Grenze eines Nachbargrundstücks abstehen, das mit Gebäuden versehen ist oder als Hofraum oder Hausgarten dient, müssen auf der dem Nachbargrundstücke zugekehrten Seite auf Verlangen des Nachbars mit einem der Vorschrift des Art. 62 entsprechenden Abschlusse versehen werden. Der Abstand wird bei vorspringenden Anlagen von dem zunächst an der Grenze befindlichen Vorsprung ab, bei anderen Anlagen nach Art. 62 Abs. 1 Satz 2 gemessen.

Art. 64.

Die Vorschriften der Art. 62, 63 kommen auch gegenüber einem Grundstücke, das einer öffentlichen Eisenbahnanlage dient, zur Anwendung. Die Fenster und anderen Lichtöffnungen sowie der Abschluß der im Art. 63 bezeichneten Anlagen dürfen jedoch so eingerichtet werden, daß sie das Durchblicken gestatten.

Art. 65.

Für Fenster, andere Lichtöffnungen und Anlagen der im Artikel 63 bezeichneten Art, die sich an der Baulinie befinden, gelten die Vorschriften der Art. 62 bis 64 nicht.

Art. 66.

Für die zur Zeit des Inkrafttretens des Bürgerlichen Gesetzbuchs bestehenden Lichtöffnungen, Fenster, Balkone, Erker und ähnlichen Anlagen bleiben die bisherigen Vorschriften in Geltung, soweit sie eine geringere Beschränkung bestimmen als die Artikel 62 bis 65.

Art. 67.

Hat der Eigentümer eines Gebäudes vor dem Inkrafttreten des Bürgerlichen Gesetzbuchs nach den Vorschriften des Preußischen Landrechts durch Zeitablauf das Recht erlangt, daß zum Schutze seiner Fenster vor Verdunkelung mit Anlagen auf einem Nachbargrundstück ein bestimmter Abstand eingehalten werden muß, so gilt dieses Recht als Grunddienstbarkeit.

Das gleiche gilt, wenn der Eigentümer eines Gebäudes vor dem Inkrafttreten des Bürgerlichen Gesetzbuchs nach den Vorschriften des Pfälzischen Rechtes durch Zeitablauf das Recht erlangt hat, Fenster, andere Lichtöffnungen oder Anlagen der im Art. 63 bezeichneten Art zu halten, die den gesetzlichen Vorschriften nicht entsprechen.

Art. 68.

Werden zwei Grundstücke durch eine Mauer geschieden, zu deren Benutzung die Eigentümer der Grundstücke gemeinschaftlich berechtigt sind, so kann der Eigentümer des einen Grundstücks dem Eigentümer des anderen Grundstücks nicht verbieten, die Mauer ihrer ganzen Dicke nach zu erhöhen, wenn ihm nachgewiesen wird, daß durch die Erhöhung die Mauer nicht gefährdet wird.

Der Eigentümer des Grundstücks, von dem aus die Erhöhung erfolgt ist, kann dem Eigentümer des anderen Grundstücks die Benützung des Aufbaus verbieten, bis ihm für die Hälfte oder, wenn nur ein Teil des Aufbaues benutzt werden soll, für den entsprechenden Teil der Baukosten Ersatz geleistet wird. Ist der Bauwert geringer als der Betrag der Baukosten, so bestimmt sich der zu ersetzende Betrag nach dem Bauwerte. Die Ersatzleistung kann auch durch Hinterlegung oder durch Aufrechnung erfolgen. Solange das Verbietungsrecht besteht, hat der Berechtigte den Mehraufwand zu tragen, den die Unterhaltung der Mauer infolge der Erhöhung verursacht.

Wird die Mauer zum Zwecke der Erhöhung verstärkt, so ist die Verstärkung auf dem Grundstück anzubringen, dessen Eigentümer die Erhöhung unternimmt. Der nach Abs. 2 von dem Eigentümer des anderen Grundstücks zu ersetzende Betrag erhöht sich um den entsprechenden Teil des Wertes der zu der Verstärkung verwendeten Grundfläche. Verlangt der Eigentümer des Grundstücks, auf dem die Verstärkung angebracht worden ist, die Ersatzleistung, so ist er verpflichtet, dem Eigentümer des anderen Grundstücks das Eigentum an der zu der Mauer verwendeten Grundfläche seines Grundstücks soweit zu übertragen, daß die neue Grenzlinie durch die Mitte der verstärkten Mauer geht; die Vorschriften über den Kauf finden Anwendung.

Art. 69.

Ist eine Mauer der im Art. 68 Abs. 1 bezeichneten Art vor dem Inkrafttreten des Bürgerlichen Gesetzbuchs von dem Eigentümer des einen Grundstücks erhöht worden, so finden, soweit nach den bisherigen Vorschriften für die Benützung des Aufbaus seitens des Eigentümers des anderen Grundstücks ein Teil der Kosten zu ersetzen oder eine sonstige Vergütung zu leisten ist, die Vorschriften des Artikel 68 Abs. 2, 3 Anwendung, es sei denn, daß die Vergütung schon vor dem Inkrafttreten des Bürgerlichen Gesetzbuchs fällig geworden ist.

Art. 70.

Hat zur Zeit des Inkrafttretens des Bürgerlichen Gesetzbuchs der Eigentümer eines Grundstücks auf Grund eines ihm nach den bisherigen Vorschriften gegenüber dem Eigentümer eines Nachbargrundstücks zustehenden Zwangsrechts eine Mauer, durch welche die Grundstücke geschieden werden, zu gemeinschaftlicher Benutzung zu errichten begonnen, so bleiben diese Vorschriften für das Recht und die Pflicht zur Herstellung der Mauer maßgebend.

Ist eine Mauer, durch welche zwei Grundstücke geschieden werden, von dem Eigentümer des einen Grundstücks auf Grund eines ihm nach den bisherigen Vorschriften gegenüber dem Eigentümer des anderen Grundstücks zustehenden Zwangsrechts zu gemeinschaftlicher Benutzung hergestellt worden, so finden an Stelle der bisherigen Vorschriften, nach welchen im Falle der Benutzung der Mauer seitens des Eigentümers des anderen Grundstücks ein Teil der Kosten zu ersetzen ist, die Vorschriften des Art. 68 Abs. 2, 3 entsprechende Anwendung, es sei denn, daß der Ersatzanspruch schon vor dem Inkrafttreten des Bürgerlichen Gesetzbuchs fällig geworden ist.

V. Gesetz über die Sicherung der Bauforderungen.

Vom 1. Juni 1909 (GVBl. S. 449).

§ 4.

Bei Neubauten ist der Bauleiter verpflichtet, an leicht sichtbarer Stelle einen Anschlag anzubringen, welcher den Stand, den Familiennamen und wenigstens einen ausgeschriebenen Vornamen sowie den Wohnort des Eigentümers, und, falls dieser die Herstellung des Gebäudes oder eines einzelnen Teiles des Gebäudes einem Unternehmer übertragen hat, des Unternehmers in deutlich lesbarer und unverwischbarer Schrift enthalten muß. Wird der Bau von einer Firma als Eigentümer oder Unternehmer ausgeführt, so ist diese und deren Niederlassungsort anzugeben.

VI. Gesetz über die Erschließung von Baugelände.

Vom 4 Juli 1923 (GVBl. S. 273).

Der Landtag des Freistaates Bayern hat das folgende Gesetz beschlossen:

I. Abschnitt.

Allgemeine Bestimmungen.

Art. 1.

I Bei der Erschließung von Baugelände sind im Generalbaulinienplan und im Baulinienplane die erforderlichen Flächen für den Gemeinbedarf festzulegen. Der Gemeinbedarf umfaßt den Bedarf für den notwendigen öffentlichen Verkehrsraum und für die sonstigen aus Gründen des Gemeinwohls von der Bebauung freizuhaltenden Flächen.

II Soweit die hiernach erforderliche Fläche nicht bereits im Eigentume der Gemeinde steht, geht sie zu Lasten der Gesamtheit der beteiligten Grundeigentümer nach näherer Bestimmung in Art. 2 und 7 ins Eigentum der Gemeinde über.

III Die Bebauungsweise des zu erschließenden Baugeländes ist nach Bedarf durch Bebauungsvorschriften zu regeln.

Die Neueinteilung.

Art. 2.

I Ergibt sich bei der Erschließung von Baugelände innerhalb eines Umlegungsgebiets (Art. 15, Abs. I), daß der Gemeinbedarf oder zweckmäßige Bauplätze im Verfahren zur Festsetzung von Baulinien nicht ausreichend sichergestellt werden können, so können die Grundstücke innerhalb des Umlegungsgebiets nach den Bestimmungen dieses Gesetzes gegen den Willen der Grundeigentümer in Anspruch genommen und durch Änderung der Grenzen neueingeteilt werden (Neueinteilung).

II Eine Neueinteilung kann unter der gleichen Voraussetzung auch sonst stattfinden, wenn die angemessene Bebauung eines Geländes durch Lage, Form, Flächeninhalt der Grundstücke oder in anderer Weise verhindert oder unverhältnismäßig erschwert wird.

Voraussetzungen der Neueinteilung.

Art. 3.

I Die Neueinteilung nach Art. 2 setzt voraus,

1. daß sie dem Gemeinwohle dient,
2. daß für das Baugelände die Baulinien und nach Bedarf die Bebauungsweise bereits festgesetzt sind oder wenigstens ein von der Baupolizeibehörde geprüfter, technisch einwandfreier und allen städtebaulichen Forderungen entsprechender Baulinienplan mit den etwaigen Bebauungsvorschlägen vorliegt,
3. daß mindestens die Hälfte der beteiligten Grundeigentümer, denen zugleich mindestens die Hälfte der beteiligten Grundfläche gehört, der Neueinteilung zustimmt.

II Die Zustimmung mitbeteiligter Grundeigentümer ist nicht erforderlich, wenn das Gemeinwohl die Neueinteilung dringend fordert.

Art. 4.

I Eine Neueinteilung nach Art. 2 wird nur eingeleitet, wenn sie von der Gemeinde oder von beteiligten Grundeigentümern beantragt wird.

II Wenn das Gemeinwohl die Neueinteilung dringend fordert, kann die

Aufsichtsbehörde der Gemeinde zur Stellung des Antrags und Durchführung der Neueinteilung eine angemessene Frist setzen, nach deren fruchtlosem Ablauf aber die Neueinteilung an Stelle der Gemeinde selbst beantragen und durchführen. Art. 39 Abs. II findet auch in diesem Falle Anwendung.

Beteiligung.

Art. 5.

I Beteiligt im Sinne des Art. 3 Abs. I Ziff. 3 sind die Eigentümer der in das Unternehmen einbezogenen Grundstücke. Bei herrenlosen Grundstücken gilt der Staat als beteiligt.

II Steht das Eigentum an einem Grundstücke mehreren Personen nach Bruchteilen zu, so haben sie einen gemeinsamen Vertreter zu bestellen. Dabei entscheidet die Mehrheit der Bruchteile, die ein oder mehrere Eigentümer auf sich vereinigen. Bei Gleichheit entscheidet das Los. Ein gemeinsamer Vertreter ist auch zu bestellen, wenn ein Grundstück im Miteigentume zur gesamten Hand steht, soweit das Gesamthandsverhältnis nicht im ehelichen Güterrechte begründet ist. Wird innerhalb einer bestimmten Frist ein Vertreter nicht bestellt, so wird er von Amts wegen von der Baupolizeibehörde ernannt.

III Besteht über das Eigentum an einem Grundstück ein Rechtsstreit und können sich die Streitsteile über die Beteiligung nicht einigen, so gilt vorbehaltlich einer anderen einstweiligen Anordnung des Gerichts bis zur rechtskräftigen Entscheidung der Besitzer als beteiligt. Ist auch der Besitz streitig, so hat die Baupolizeibehörde für die Dauer des Rechtsstreits von Amts wegen einen Vertreter zu bestimmen. Sind die Grenzen mehrerer Grundstücke streitig, so gelten für die Beteiligung die allgemeinen Vorschriften (Abs. I). Die streitigen Flächen werden für die im Verfahren notwendigen Berechnungen und für die Kostenaufbringung gleichmäßig zwischen den Beteiligten geteilt. Die Forderung eines Rückersatzes von Kosten nach beendetem Rechtsstreite wird dadurch nicht berührt.

II Die Bestimmungen des Bürgerlichen Gesetzbuchs, nach denen eine Erklärung zu ihrer Wirksamkeit der Zustimmung anderer Personen bedarf, kommen im Vollzuge dieses Gesetzes nicht zur Anwendung. § 2113 des Bürgerlichen Gesetzbuchs findet bei Unternehmen nach diesem Gesetz auf Verfügungen der Vorerben keine Anwendung.

Besondere Fälle.

Art. 6.

I Einzelne im Umlegungsgebiet (Art. 15 Abs. I) gelegene besonders wertvolle Grundstücke, die bebaut sind oder in besonderer Weise, z. B. als hochwertige Gärtnereien oder Baumschulen benützt werden und deren Wert einen Ausgleich durch andere Grundstücke wesentlich erschweren würde, können von dem Unternehmen ganz oder teilweise ausgeschlossen werden.

II Im Eigentume des Reiches oder des Landes stehende Grundstücke müssen auf Verlangen der zuständigen Behörde von dem Unternehmen ausgeschlossen werden.

II. Abschnitt. Grundsätze der Neueinteilung.

Art. 7.

I Die zu einem Unternehmen nach Art. 2 zusammengeschlossenen Grundstücke und Grundstücksteile und die im Umlegungsgebiete gelegenen öffentlichen Straßen, Wege und Plätze werden in eine Masse vereinigt.

II Aus dieser Masse wird das nach dem Baulinienplane für den künftigen Gemeinbedarf (Art. 1 Abs. I) bestimmte Gelände ausgeschieden und der Gemeinde überwiesen.

III Die verbleibende Restmasse wird unter die einzelnen Grundeigentümer, die Grundstücke in die Masse eingelegt haben, nach dem Verhältnisse der von ihnen eingelegten Flächen, nach dem Gesichtspunkte bestmöglicher baulicher Verwertung und nach Zweckmäßigkeit und Billigkeit aufgeteilt. Hierbei sollen die Grundstücke möglichst in gleicher Lage wie die eingelegten Grundstücke dem Eigentümer zugewiesen werden; bebaute Grundstücke sind in der Regel vorbehaltlich der erforderlichen anderweitigen Begrenzung dem bisherigen Eigentümer wieder zuzuteilen.

IV Nicht zu vermeidende und anderweit nicht abzufindende Unterschiede bei der Flächenzuteilung sind in Geld anzurechnen.

V Sind die in das Unternehmen einbezogenen Grundstücke desselben Eigentümers verschieden belastet, so sind die an ihrer Stelle tretenden Grundstücke beim Fehlen einer anderweitigen Übereinkunft, soweit es zur Wahrung der auf sie übergehenden Rechte erforderlich ist, nach den verschiedenen Belastungen auszuscheiden; Verfügungsbeschränkungen stehen den Belastungen gleich. Das gleiche hat auf Antrag zu geschehen, wenn infolge besonderer Rechtsverhältnisse die Ausscheidung einzelner Grundstücke angezeigt ist.

VI Die Gemeinde kann bis zu 35 vom Hundert der Fläche des in die Masse eingelegten fremden Grundeigentums unentgeltlich und lastenfrei für den Gemeinbedarf in Anspruch nehmen. In diesem Umfange geht dann die von der Gemeinde für den Gemeinbedarf in Anspruch genommene fremde Fläche unentgeltlich und lastenfrei in das Eigentum der Gemeinde über. Wenn die dem einzelnen Eigentümer nach Abs. III neu zuzuteilende Fläche um mehr als 35 vom Hundert kleiner ist als die von ihm ursprünglich eingelegte Fläche, so hat die Gemeinde dem Eigentümer den Unterschied voll zu entschädigen.

VII Durch örtliche Satzung kann der in Abs. VI festgesetzte Hundertsatz ermäßigt werden.

VIII Die für die in Abs. I erwähnten öffentlichen Straßen, Wege und Plätze früher nachweisbar geleisteten unentgeltlichen Grundabtretungen und die zur Erwerbung von Flächen hierfür nachweisbar geleisteten Zahlungen sind bei der Neuzuteilung entsprechend anzurechnen.

Kleinstücke.

Art. 8.

Grundstücke, deren Flächeninhalt so gering ist, daß sie nur durch ein zur Bebauung ungeeignetes Grundstück ersetzt werden könnten (Kleinstücke), sind zur Aufteilung in die Masse einzulegen. Der Wert dieser Grundstücke ist, soweit anderweitiger Ausgleich nicht möglich ist, durch Geld zu entschädigen.

Besondere Geldentschädigungen.

Art. 9.

Neben der Zuweisung von Grundstücken und soweit hierdurch ein vollständiger Ausgleich nicht erzielt werden kann, ist mit Geld zu entschädigen:

1. der Entzug von Gebäuden und deren Bestandteilen oder Zubehör,
2. der Verlust des dem eingelegten Grundstück infolge besonderer natürlicher Eigenschaften oder der darauf gemachten Verwendungen zukommenden Mehrwerts,
3. der Verlust des auf die Benutzung der Gebäude oder die besondere Beschaffenheit oder Benutzung des Grundstücks begründeten

Gewerbes (Fabriken, Handelsgärtnereien, Baumschulen, Ton- oder Lehmgruben und dergl.).

Art. 10.

Soweit im übrigen bei Durchführung des Gesetzes im Einzelfalle nachweisbar ein unverhältnismäßiger Schaden verbleibt, ist der Eigentümer in Geld zu entschädigen.

Ermittlung der Entschädigung.

Art. 11.

I Die Ermittlung der Entschädigungsbeträge (Art. 7 Abs. IV, Abs. VI Satz 3, Abs. VIII, Art. 8, 9 und 10) soll alle tatsächlichen und rechtlichen Verhältnisse berücksichtigen, die den Wert der Grundstücke beeinflussen.

II Die infolge der Neueinteilung eintretende Wertsteigerung bleibt für das zu entschädigende Grundstück außer Betracht.

Rechte am Grundstück.

Art. 12.

I Beteiligten, deren Rechte am Grundstück infolge der Neueinteilung erlöschen oder verändert werden, ist der Schaden, den sie durch die Neueinteilung erleiden, besonders zu ersetzen, soweit der Ersatz nicht in den sonst im Verfahren gewährten Entschädigungen inbegriffen ist. Zieht ein Grundeigentümer aus dem Erlöschen oder der Beeinträchtigung des Rechtes am Grundstücke Vorteil, so kann diese Entschädigung ihm in Geld bis zur Höhe dieses Vorteils auferlegt werden; er hat die Entschädigung an die Gemeinde abzuführen.

II Abs. I gilt auch für die Mieter und Pächter (Art. 20 Abs. I Ziff. 2), deren Rechte nach Art. 38 Abs. III erlöschen.

Umlegungsbeitrag.

Art. 13.

I Die nach Art. 7 Abs. VI Satz 3 zu gewährende Entschädigung fällt der Gemeinde endgültig zur Last.

II Die Geldentschädigungen nach Art. 7 Abs. IV, VIII, Art. 8, 9, 10, 12 Abs. I Satz I und Abs. II hat die Gemeinde vorschußweise für die Gesamtheit der beteiligten Grundeigentümer zu leisten. Vom Gesamtbetrage dieser Entschädigungen werden die nach Art. 12 Abs. I Satz 2 abzuführenden Beträge abgezogen. Den Rest hebt die Gemeinde von den Grundeigentümern nach einem billigen Maßstab ein, der Flächeninhalt, Lage oder Wert des zugeteilten Grundstücks und die aus der Neueinteilung für den einzelnen sich ergebenden Vorteile berücksichtigt (Umlegungsbeitrag).

III Gegen den Umlegungsbeitrag werden die von der Gemeinde dem Eigentümer nach Art. 7 Abs. IV, VIII, Art. 8, 9, 10 vorschußweise zu vergütenden Beträge aufgerechnet, soweit nicht die nach Art. 42 daran begründeten Rechte Dritter entgegenstehen.

Art. 14.

I Der Umlegungsbeitrag ist dem Eigentümer auf Antrag bis zum Verkauf oder bis zur Bebauung des Grundstücks gegen eine angemessene Verzinsung zu stunden.

II Die Gemeinde ist bis zum Ablaufe von drei Monaten nach dem Eigentumsübergang (Art. 37 Abs. II) berechtigt, für den Umlegungsbeitrag sowie für den ihr nach Art. 12 Abs. I Satz 2 zu ersetzenden Betrag die Eintragung einer Sicherungshypothek auf dem Grundstücke zu verlangen. Die

Hypothek wird im Vorrange vor den auf dem Grundstücke zur Zeit des Eigentumsüberganges (Art. 37 Abs. II) lastenden Reallasten, Hypotheken, Grundschulden und Rentenschulden eingetragen. Die Hypothek erlischt mit der Forderung; der § 1163 Abs. I Satz 2 des Bürgerlichen Gesetzbuchs findet keine Anwendung.

III Der Umlegungsbeitrag kann von der Gemeinde nach den Vorschriften über die Erhebung und Beitreibung öffentlicher Abgaben beigetrieben werden.

III. Abschnitt. Verfahren.

Antrag.

Art. 15.

I Der Antrag auf eine Neueinteilung nach Art. 2 ist bei der Baupolizeibehörde unter Darlegung der Verhältnisse anzubringen. Mit dem Antrage sind vorzulegen: Der Baulinienplan mit den etwaigen Bebauungsvorschriften, ein Lageplan, ein Verzeichnis der Grundstücke und Grundstücksteile, die neu eingeteilt werden sollen (Umlegungsgebiet). Der Antrag ist, wenn er nicht von der Gemeinde selbst ausgeht, durch ihre Vermittlung anzubringen.

II Liegt das Umlegungsgebiet in den Bezirken verschiedener Bezirksverwaltungsbehörden, so ist die Baupolizeibehörde zuständig, in deren Bezirk die größere Fläche liegt.

Art. 16.

I Nach Eingang des Antrags und bis zur endgültigen Erledigung des Verfahrens kann die Baupolizeibehörde die Errichtung von Bauten in dem für die Neueinteilung in Aussicht genommenen Gebiet untersagen, wenn durch die Errichtung von Bauten die zweckmäßige Neueinteilung vereitelt oder wesentlich erschwert würde. Die Untersagung begründet keinen Anspruch auf Entschädigung.

II Baulinienplan und Bebauungsvorschriften sind im Zusammenhange mit der Neueinteilung zu würdigen. Sie sollen bis zu der in Art. 34 Abs. I vorgesehenen Vorlage rechtskräftig genehmigt sein.

Vorprüfung.

Art. 17.

I Die Baupolizeibehörde legt die Verhandlungen mit ihrem Gutachten der Regierung, Kammer des Innern, vor. Haben die Grundeigentümer den Antrag gestellt, so erholt die Baupolizeibehörde vorher noch eine Äußerung der Gemeinde.

II Die Regierung, Kammer des Innern, prüft, ob die Voraussetzungen der Art. 2 und 3 Abs. I Ziff. 1, 2, Abs. II erfüllt sind. Ist dies der Fall, so bestimmt sie den Umfang des Umlegungsgebiets und verfügt die Einleitung des Umlegungsverfahrens. Sind die Voraussetzungen nicht erfüllt, so ist der Antrag abzulehnen.

III Gegen die Entscheidung der Regierung ist Beschwerde zum Staatsministerium des Innern zulässig. Die Frist für Einlegung der Beschwerde beträgt vierzehn Tage; sie beginnt mit der Zustellung der Entscheidung.

Vorentwurf.

Art. 18.

I Ist die Einleitung des Umlegungsverfahrens verfügt (Art. 17 Abs. II), so stellt die Gemeinde erforderlichenfalls unter Beiziehung eines im Städtebau erfahrenen Bausachverständigen, dann unter Mitwirkung des zuständigen Messungsamts und der sonst beteiligten Behörden einen Vorentwurf für die Neueinteilung auf. Wenn der Antrag von Grundeigentümern gestellt ist, können die Unterlagen auch von den Antragstellern bei der Gemeinde eingereicht werden.

II Die Gemeinde hat den beteiligten Eigentümern Gelegenheit zur Wahrung ihrer Belange zu geben.

III Nach Abschluß dieser Vorarbeiten legt die Gemeinde die Verhandlungen der Baupolizeibehörde vor.

Erste Tagfahrt.

Art. 19.

I Die Baupolizeibehörde stellt die Beteiligten fest und lädt sie zur ersten Tagfahrt ein.

II Zur Tagfahrt sind ein Bausachverständiger — in der Regel der Verfertiger des Vorentwurfes (Art. 18 Abs. I) — und ein Sachverständiger für Bewertung der Grundstücke beizuziehen. Diese beiden Sachverständigen werden von der Baupolizeibehörde ernannt und vor Beginn ihrer Tätigkeit auf unparteiische Geschäftsführung durch Handgelübde verpflichtet.

III Das zuständige Messungsamt ist zur Tagfahrt einzuladen.

Beteiligte.

Art. 20.

I Beteiligte im Sinne der Art. 19 Abs. I sind außer der Gemeinde und den Eigentümern

1. diejenigen, für die ein Recht im Grundbuch eingetragen oder durch Vormerkung gesichert ist,
2. diejenigen, denen sonst ein Recht an einem neu einzuteilenden Grundstück oder an einem das Grundstück belastenden Rechte zusteht, die Mieter und Pächter, denen das Grundstück auf Grund des Miet- oder Pachtvertrags überlassen ist, und im Falle der Zwangsversteigerung oder Zwangsverwaltung der betreibende Gläubiger,
3. soferne einzelne Grundstücke des Umlegungsgebiets zu anderen Gemeinden gehören, auch diese Gemeinden.

II Beteiligte, deren Recht im Grundbuche nicht eingetragen ist, haben auf Verlangen der Gemeinde, eines anderen Beteiligten oder der Baupolizeibehörde ihr Recht glaubhaft zu machen.

III Ist gegen die Richtigkeit des Grundbuchs ein Widerspruch eingetragen oder ist ein Rechtsstreit über ein Recht, das die Beiziehung zum Verfahren begründen würde, anhängig, so gelten auch derjenige, zu dessen Gunsten der Widerspruch eingetragen ist, und im Falle des Rechtsstreits beide Parteien als Beteiligte.

Art. 21.

I Die Ladung zur ersten Tagfahrt (Art. 19) ist öffentlich bekanntzumachen und außerdem der Gemeinde und den beteiligten Eigentümern, Erbbauberechtigten und Nießbrauchberechtigten, deren Aufenthaltsort bekannt und innerhalb des Deutschen Reiches gelegen ist, oder ihren Vertretern schriftlich gegen Nachweis zuzustellen. Ist ein Widerspruch gegen die Richtigkeit des Grundbuchs bei einem der im Satz 1 bezeichneten Beteiligten eingetragen, so ist auch derjenige, zu dessen Gunsten der Widerspruch eingetragen ist, zur Tagfahrt zu laden.

II Der Vorentwurf (Art. 18) muß mit seinen Beilagen von der öffentlichen Bekanntmachung der Ladung an bis zur Tagfahrt in der Gemeinde zur kostenlosen Einsicht der Beteiligten öffentlich aufliegen. In der Ladung ist hierauf sowie auf Art. 22 Abs. III und Art. 24 Abs. I hinzuweisen. Zwischen der Ladung und der Tagfahrt soll eine Frist von mindestens vierzehn Tagen liegen.

Art. 22.

I In der Tagfahrt ist die Neueinteilung darzulegen; über Einwendungen ist, soweit tunlich, zu verhandeln.

II Über die Durchführung der Neueinteilung, ihren Umfang (Umlegungsgebiet) und ihre wesentlichen Grundzüge ist im Wege der Abstimmung Beschluß zu fassen. Für die Beschlußfassung sind die in Art. 3 Abs. I Ziff. 3 festgesetzten Stimmverhältnisse maßgebend.

III Wer in der Tagfahrt nicht erscheint oder nicht abstimmt, gilt als zustimmend.

IV Zustimmende Erklärungen sind unwiderruflich; sie binden auch den Rechtsnachfolger.

Art. 23.

Wird die Durchführung der Neueinteilung beschlossen, so ist alsbald der Umlegungsausschuß zu bilden (Art. 27).

Einwendungen.

Art. 24.

I Einwendungen gegen die Neueinteilung müssen bei Meidung des Ausschlusses in der Tagfahrt geltend gemacht werden. Dies gilt auch, soweit ein Beteiligter gegen vorgesehene Entschädigungen Einwendungen erhebt oder eine nicht vorgesehene Entschädigung in Anspruch nimmt.

II Die erhobenen Einwendungen müssen in der Niederschrift über die Tagfahrt aufgenommen werden. Sie sind dem Umlegungsausschusse zum Versuche gütlicher Beilegung mitzuteilen.

Nachfrist.

Art. 25.

Erbringen Beteiligte, die bei der ersten Tagfahrt weder erschienen noch vertreten waren, den Nachweis, daß sie ohne ihr Verschulden von der Tagfahrt keine Kenntnis erhielten oder am Erscheinen bei der Tagfahrt durch ein Naturereignis oder durch andere unabwendbare Zufälle verhindert waren, so können sie innerhalb vierzehn Tagen nach der Tagfahrt noch Einwendungen bei der Baupolizeibehörde erheben.

Verständigung des Grundbuchamts.

Art. 26.

I Ist die Durchführung der Neueinteilung beschlossen, so übersendet die Gemeinde dem Grundbuchamt ein Verzeichnis der hiervon betroffenen Grundstücke. Ist im Grundbuchblatte für ein solches Grundstück die Anordnung der Zwangsversteigerung oder Zwangsverwaltung eingetragen, so gibt das Grundbuchamt dem Vollstreckungsgerichte von der Einleitung des Neueinteilungsverfahrens Kenntnis.

II Das Grundbuchamt gibt der Gemeinde alle Eintragungen, die von der Übersendung des Verzeichnisses an im Grundbuchblatte für ein darin aufgeführtes Grundstück erfolgen, von Amts wegen bekannt.

Der Umlegungsausschuß.

Art. 27.

I Der Umlegungsausschuß besteht aus einem Beamten der Baupolizeibehörde als Vorsitzenden, einem höheren Beamten des zuständigen Messungsamts, einem Vertreter der Gemeinde, den in Art. 19 Abs. II bezeichneten beiden Sachverständigen und je nach dem Umfange des Umlegungsgebiets zwei bis fünf Vertretern der beteiligten Grundeigentümer. Die Zahl der in den Umlegungsausschuß zu wählenden Vertreter der Grundeigentümer sowie ihrer Ersatzmänner ist durch einfache Mehrheit der Abstimmenden zu bestimmen. Die zustimmenden und widersprechenden Grundeigentümer wählen ihre Vertreter und die erforderliche Zahl von Ersatzmännern in getrennten Wahlgängen mit einfacher Stimmenmehrheit. Der dem Unternehmen widersprechenden Minderheit steht die Wahl eines Vertreters und eines Ersatzmannes zu.

II Der Umlegungsausschuß bleibt bis zur Beendigung der Neueinteilung in Tätigkeit. Er kann sich eine Geschäftsordnung geben.

Art. 28.

I Die durch die Wahl bestellten Mitglieder des Umlegungsausschusses werden vor Beginn ihrer Tätigkeit von dem Vorsitzenden auf unparteiische Geschäftsführung durch Handgelübde verpflichtet.

II Der Umlegungsausschuß wird von dem Vorsitzenden einberufen. Er beschließt mit Stimmenmehrheit; bei Stimmengleichheit gibt die Stimme des Vorsitzenden den Ausschlag.

III Der Vorsitzende oder das vom Umlegungsausschusse bestellte Ausschußmitglied hat die Beschlüsse auszuführen, den Verkehr mit den Behörden zu führen und den Umlegungsausschuß zu vertreten.

Art. 29.

Der Umlegungsausschuß oder das von ihm bestellte Ausschußmitglied hat als Geschäftsführer des Unternehmens die gemeinschaftlichen Angelegenheiten der beteiligten Eigentümer gerichtlich und außergerichtlich wahrzunehmen.

Umlegungsplan.

Art. 30.

I Der Umlegungsausschuß oder das von ihm bestellte Ausschußmitglied betreibt und überwacht die Neueinteilung. Er stellt im Benehmen mit der Gemeinde, dem Verfertiger des Vorentwurfes, dem zuständigen Messungsamt und den sonst beteiligten Behörden den endgültigen Entwurf für die Neueinteilung mit den erforderlichen Ausführungsbestimmungen (Umlegungsplan) auf.

II Den Beteiligten ist Gelegenheit zur Einsichtnahme in den Umlegungsplan und zur Erhebung etwaiger Einwendungen zu geben. Der Umlegungsausschuß kann die vorläufige Absteckung der Neueinteilung verfügen.

III Der Umlegungsausschuß hat über die noch vorliegenden Einwendungen mit den Beteiligten zu verhandeln, sowie die erforderlichen Wertsermittlungen, die Verhandlungen mit den Behörden und die etwa notwendig werdende Umgestaltung der vorgelegten Pläne und sonstigen Unterlagen des Umlegungsplans durchzuführen.

Art. 31.

Die gewählten Mitglieder des Umlegungsausschusses und die beigezogenen Sachverständigen erhalten als Ersatz für Zeitversäumnis, Reisekosten und sonstige Auslagen eine angemessene Vergütung. Sie wird von der Baupolizeibehörde nach ortsüblichen Sätzen festgesetzt. Gegen die Festsetzung ist binnen vierzehn Tagen von der Zustellung der Festsetzungsverfügung ab Beschwerde zur Regierung, Kammer des Innern, zulässig; diese entscheidet endgültig.

Zweite Tagfahrt.

Art. 32.

I Sind die Verhandlungen soweit abgeschlossen, daß die vorgeschlagene Neueinteilung an der Hand des Umlegungsplans abgesteckt werden kann, so ist eine zweite Tagfahrt abzuhalten.

II Die Ladung zur Tagfahrt ist öffentlich bekanntzumachen und außerdem der Gemeinde und den beteiligten Eigentümern, Erbbauberechtigten und Nießbrauchberechtigten sowie den sonstigen Beteiligten oder ihren Vertretern schriftlich gegen Nachweis zuzustellen. Der Umlegungsplan muß mit seinen Beilagen von der öffentlichen Bekanntmachung der Ladung an bis zur Tagfahrt in der Gemeinde zur kostenlosen Einsicht der Beteiligten öffentlich aufliegen. In der Ladung ist hierauf sowie auf die Vorschrift des Abs. IV hinzuweisen. Zwischen der Ladung und der Tagfahrt soll eine Frist von mindestens vierzehn Tagen liegen.

III In der Tagfahrt ist die Neueinteilung den Beteiligten tunlichst an Ort und Stelle durch den Umlegungsausschuß gegen Nachweis in der Niederschrift zu eröffnen. Im Anschlusse hieran ist mit den noch widersprechenden Beteiligten zu verhandeln und auf Erzielung einer gütlichen Einigung hinzuwirken. Soweit Geldentschädigungen in Frage kommen, hat der Umlegungsausschuß deren Höhe vorläufig festzusetzen und die Festsetzung den Entschädigungsberechtigten und den Entschädigungspflichtigen nachweislich zuzustellen.

IV Neue Einwendungen, die sich auf die nach der ersten Tagfahrt vorgenommenen Änderungen des Entwurfes stützen, müssen bei Meidung des Ausschlusses in der zweiten Tagfahrt geltend gemacht werden. Art. 25 gilt entsprechend.

Art. 33.

Die in der zweiten Tagfahrt abgegebenen Erklärungen sind in der Niederschrift aufzunehmen; zustimmende Erklärungen sind unwiderruflich; sie binden auch den Rechtsnachfolger.

Entscheidung der Regierung, Kammer des Innern.

Art. 34.

I Gelingt es nicht, die gegen den Umlegungsplan erhobenen Einwendungen beizulegen, dann erholt der Umlegungsausschuß die Schlußäußerung der Gemeinde und der Baupolizeibehörde. Diese legt die gesamten Verhandlungen der Regierung, Kammer des Innern, vor.

II Die Regierung entscheidet im verwaltungsrechtlichen Verfahren über den Umlegungsplan und die noch nicht behobenen Einwendungen. Die Entscheidung lautet auf Genehmigung oder auf Ablehnung des Umlegungsplans; die auf Genehmigung lautende Entscheidung kann nach rechtlichem Gehör der Beteiligten auch den Umlegungsplan entsprechend abändern. Die Entscheidung hat einen Ausspruch über die Kosten zu enthalten (Art. 44). Geldentschädigungen sind dieser Entscheidung entrückt.

III Die auf Genehmigung lautende Entscheidung hat die aus dem Gesetze sich ergebenden Zwangsfolgen auszusprechen.

IV Die Entscheidung ist der Gemeinde, den Eigentümern, Erbbauberechtigten und Nießbrauchberechtigten sowie den sonstigen Beteiligten, die gegen das Unternehmen oder die Art seiner Ausführung rechtzeitig Einwendungen erhoben haben, in schriftlicher Ausfertigung zuzustellen. Es genügt, dem einzelnen Beteiligten den ihn betreffenden Teil der Entscheidung zuzustellen.

Beschwerde an den Verwaltungsgerichtshof.

Art. 35.

I Gegen die Entscheidung der Regierung, Kammer des Innern, ist Beschwerde an den Verwaltungsgerichtshof zulässig.

II Die Frist für Einlegung der Beschwerde beträgt vierzehn Tage; sie beginnt mit der Zustellung der Entscheidung.

Umlegungsübersicht.

Art. 36.

I Sind die Einwendungen im Laufe des Verfahrens durch gütliche Einigung oder rechtskräftigen Bescheid (Art. 34, 35) erledigt, so stellt das zuständige Messungsamt im Benehmen mit dem Umlegungsausschusse die für die Eintragungen im Grundbuch und für die Katasterumschreibungen erforderlichen Unterlagen her (Umlegungsübersicht).

II Die Umlegungsübersicht ist der Regierung, Kammer des Innern, vorzulegen, die sie nach erfolgter vermessungs- und katastertechnischer Prüfung durch die zuständige Prüfungsstelle für vollziehbar erklärt und jedem beteiligten Eigentümer einen mit dieser Erklärung versehenen Auszug aus der Umlegungsübersicht zustellt. Dieser Auszug tritt an Stelle einer Erwerbsurkunde hinsichtlich des zugeteilten Grundbesitzes und aller damit in Verbindung stehenden Rechte und Verpflichtungen. Der Auszug wird erst zugestellt, wenn der Beteiligte die ihm auferlegte Entschädigung geleistet hat.

Art. 37.

I In der Vollziehbarerklärung ist der Tag, an dem sich der Eigentumsübergang und die sonstigen im Umlegungsplane vorgesehenen Rechtsänderungen entsprechend der Umlegungsübersicht vollziehen, zu bestimmen.

II Das Eigentum geht an diesem Tage kraft Gesetzes und mit Wirksamkeit gegen Dritte über.

III Der Eigentumsübergang, der durch die Neueinteilung eintritt, ist von staatlichen und gemeindlichen Besitzveränderungsabgaben frei.

Rechte anderer Personen.

Art. 38.

I Mit dem Eigentumsübergang (Art. 37) treten die neuzugeteilten Grundstücke an die Stelle der dafür abgetretenen Grundstücke und erhalten in rechtlicher Beziehung alle Eigenschaften der abgetretenen Grundstücke, soweit dieses Gesetz nicht anders bestimmt.

II Erbbaurechte und dingliche Vorkaufsrechte, soweit sie nicht zugunsten von Personen des öffentlichen Rechtes und von gemeinnützigen Bau- und Siedlungsgesellschaften bestehen, ferner Dienstbarkeiten und Reallasten sowie zugunsten solcher Rechte eingetragene Vormerkungen und Widersprüche erlöschen, es sei denn, daß in der Umlegungsübersicht ein anderes enthalten ist.

III Mietverhältnisse und Pachtverhältnisse, auf Grund deren das eingelegte Grundstück dem Mieter oder Pächter überlassen war, erlöschen, es sei denn, daß der Gegenstand dem Vermieter oder Verpächter ungeschmälert verbleibt oder daß die Umlegungsübersicht ein anderes bestimmt.

IV Das Gelände für den Gemeinbedarf geht lastenfrei auf die Gemeinde über. Hinsichtlich der Lasten treten an seine Stelle die Grundstücke, die seinem bisherigen Eigentümer im Verfahren zugewiesen werden, ferner die Geldentschädigungen, die ihm zur Wertausgleichung gewährt werden, endlich sein etwaiger Anteil an dem Geldersatze, der für den Gemeinbedarf zu leisten ist (Art. 42). In der Umlegungsübersicht können andere Bestimmungen getroffen werden.

V Die auf Kleinstücken (Art. 8) lastenden Rechte erlöschen, wenn nicht in der Umlegungsübersicht anders bestimmt ist.

VI In der Umlegungsübersicht können bleibende Rechte entsprechend der neuen Lage geändert, neue Dienstbarkeiten vorgesehen werden.

Rechtsweg.

Art. 39.

I Wegen der Höhe der in Art. 7 Abs. IV, Abs. VI Satz 3, Abs. VIII, Art. 8, 9, 10, 12 Abs. I Satz 1, Abs. II bezeichneten Ansprüche auf Entschädigung in Geld steht den Beteiligten der Rechtsweg offen.

II Die Klage ist spätestens binnen zwei Monaten nach Eintritt der Rechtskraft der Entscheidung über den Umlegungsplan (Art. 34) zu erheben und von den Beteiligten gegen die Gemeinde, von der Gemeinde gegen den Beteiligten zu richten.

III Diese Vorschriften gelten entsprechend im Falle des Art. 12 Abs. I Satz 2.

IV Die Ausführung des Unternehmens wird durch die Beschreitung des Rechtswegs nicht aufgehalten.

V Erhöhen sich die den Eigentümern zu gewährenden Geldentschädigungen infolge des Ausganges eines Rechtsstreits, so ist der Mehrbetrag durch den Umlegungsausschuß auf die Eigentümer nachträglich zu verteilen. Ermäßigen sich die Geldentschädigungen, so ist der Minderbetrag den Eigentümern im Verhältnis ihrer Beiträge gutzurechnen oder zu erstatten.

Dringendes Gemeinwohl.

Art. 40.

Die vorstehenden Bestimmungen (Art. 15 bis 39) finden sinngemäße Anwendung auf das Verfahren nach Art. 4 Abs. II.

Grundsteuer.

Art. 41.

Die zur Überbauung mit Wohn- und Nebengebäuden bestimmten Grundflächen des Umlegungsgebiets sowie die Hofräume und Hausgärten in diesem Gebiete werden in die Klasse der besten Grundstücke der Ortsflur eingereiht.

Gerichtliche Hinterlegung, Verteilungsverfahren.

Art. 42.

I Die auf Grund des Art. 7 Abs. IV, VI Satz 3, dann der Art. 8, 9, 10 zu leistenden Geldentschädigungen haften, wenn das eingelegte Grundstück mit Rechten Dritter belastet ist, diesen. Die Entschädigung an den Eigentümer kann mit Wirkung gegen den Berechtigten erst bezahlt werden, wenn die Gemeinde oder der Eigentümer vorher dem Berechtigten Mitteilung gemacht hat und seit dem Empfange der Mitteilung ein Monat verstrichen ist. Der Berechtigte kann bis zum Ablaufe der Frist gegenüber der Gemeinde der Zahlung widersprechen. Erhebt ein Berechtigter rechtzeitig Widerspruch gegen die Zahlung der Entschädigung an den Eigentümer, so kann dieser und jeder Berechtigte die Eröffnung eines Verteilungsverfahrens nach den für die Verteilung des Erlöses im Falle der Zwangsversteigerung geltenden Vorschriften verlangen. Die Geldentschädigungen sind in diesem Falle von der Gemeinde (Art. 13) gerichtlich zu hinterlegen.

II Abs. I findet keine Anwendung auf Geldentschädigungen, die unter dem Betrage von 300 ℳ liegen.

III Die vorstehenden Vorschriften gelten entsprechend, wenn im Falle des Art. 12 Abs. I Satz 1 das Recht eines Beteiligten, das infolge der Neueinteilung erlischt oder geändert wird, mit einem Rechte belastet ist.

Eintragungen im Grundbuche.

Art. 43.

Die Regierung, Kammer des Innern, hat das Grundbuchamt unter Mitteilung der Umlegungsübersicht oder eines beglaubigten Auszugs um die erforderlichen Eintragungen in das Grundbuch zu ersuchen und hierbei den Tag des Eigentumsüberganges anzugeben. Bei Eintragungen, von denen Hypotheken, Grundschulden oder Rentenschulden betroffen werden, finden die §§ 42 bis 44 der Grundbuchordnung keine Anwendung. Das Grundbuchamt hat den Besitzer des Hypotheken-, Grundschuld- oder Rentenschuldbriefs zur Vorlegung anzuhalten und nach den §§ 62 Abs. 1, 70 Abs. 1 der Grundbuchordnung zu verfahren.

IV. Abschnitt. Schlußbestimmungen.

Kosten des Verfahrens.

Art. 44.

I Die Kosten des Verfahrens sind von den beteiligten Eigentümern nach Verhältnis der Fläche der zugeteilten Grundstücke zu tragen. Die Verbindlichkeit zum Tragen der Kosten geht mit Einschluß von Zahlungsrückständen auf den Besitznachfolger über. Die Gemeinde ist berechtigt, auf diese Kosten Vorschüsse einzuheben.

II Im Falle der Ablehnung (Art. 17 Abs. II, 34 Abs. II) oder der Nichtweiterverfolgung des Unternehmens haben die Antragsteller die Kosten des Verfahrens zu tragen.

III Kosten, die durch ungerechtfertigte Einwendungen veranlaßt werden, können denen auferlegt werden, welche die Einwendungen erhoben haben.

IV Die Kosten werden durch die Gemeinde nach den Vorschriften über die Erhebung und Beitreibung öffentlicher Abgaben eingezogen.

V Das Verfahren bei der Einleitung und Durchführung der Neueinteilung, das Verfahren der ersten Rechtsstufe, Eintragungen im Grundbuche, die Erteilung von Grundbuchauszügen, endlich Bestätigungen auf den Hypothek-, Grundschuld- und Rentenschuldbriefen, soweit diese Tätigkeit durch die Neueinteilung veranlaßt ist, sind gebühren- und stempelfrei.

Schutzvorschriften.

Art. 45.

Wer Absteckungsvorrichtungen oder andere Merkmale, die zur Vorbereitung oder zur Ausführung einer Neueinteilung angebracht wurden, beschädigt oder unbefugt vom Platz entfernt, wird an Geld bis zu 300,000 ℳ oder mit Haft bestraft, soferne nicht nach anderen gesetzlichen Vorschriften eine schwerere Strafe verwirkt ist.

Besondere Fälle.

Art. 46.

I Auch außerhalb des Umlegungsverfahrens kann die Baupolizeibehörde zur Gewinnung zweckmäßiger Bauplätze die Erteilung der Baugenehmigung davon abhängig machen, daß der Bauherr kleinere zum Abschlusse der eigenen oder einer benachbarten Baustelle erforderliche, selbständig nicht bebaubare Grundflächen gegen Entschädigung erwirbt oder abtritt. Dies gilt auch, wenn nach dem Baulinienplane bisherige Wegteile in das Gebiet des Baulandes fallen.

II Die Gemeinden sind berechtigt, durch ortspolizeiliche Vorschriften anzuordnen, daß Veränderungen der Erdoberfläche, insbesondere die Anlegung von Kies-, Sand-, Kalk-, Lehm-, Ton- und Mergelgruben sowie von Schlacken- und Müllbergen, durch welche die Aufschließung von Baugelände erschwert werden kann, der Genehmigung durch die Baupolizeibehörde bedürfen. Zuwiderhandlungen gegen solche ortspolizeiliche Vorschriften werden an Geld bis zu 300,000 ℳ oder mit Haft bestraft. Art. 105 des Polizeistrafgesetzbuchs findet sinngemäße Anwendung.

Art. 47.

Einen Antrag auf freiwillige Neueinteilung, der durch öffentliche Ausschreibung und durch Auflage bei der Baupolizeibehörde zur Kenntnis der Beteiligten gebracht ist und die Zustimmung der Gemeinde und der Baupolizeibehörde gefunden hat, kann die Regierung, Kammer des Innern, nach Maßgabe und mit den Wirkungen der Art. 36, 37, 38, 42, 43 für vollziehbar erklären, wenn die Voraussetzungen der Art. 2, 3 Abs. I Ziff. 1, 2 gegeben sind und sämtliche an der Neueinteilung Beteiligten (Art. 20) schriftlich zustimmen.

Art. 48.

Findet eine Neueinteilung infolge Einwirkung höherer Gewalt statt, so gelten die Änderungen im Grundbesitze nicht als Änderungen im Sinne des Art. 39 Abs. 3 des Brandversicherungsgesetzes.

Art. 49.

I Der Vollzug dieses Gesetzes durch die Behörden der inneren Verwaltung unterliegt der Oberaufsicht der Staatsministerien des Innern, der Justiz und der Finanzen.

II Diese erlassen die Vorschriften zum Vollzuge dieses Gesetzes.

Art. 50.

Dieses Gesetz wird als dringend bezeichnet. Das Gesamtministerium bestimmt den Tag, an dem das Gesetz in Kraft tritt.

VII. Bekanntmachung zum Vollzuge des Gesetzes über die Erschließung von Baugelände.

Vom 14. September 1923 (GVBl. S. 317).

Die Staatsministerien der Justiz, des Innern und der Finanzen erlassen auf Grund des Art. 49 des Gesetzes vom 4. Juli 1923 über die Erschließung von Baugelände (GVBl. S. 273) nachstehende Vollzugsvorschriften:

Zu Art. 1.

1. Das Gesetz soll die Möglichkeit geben, bei der Erschließung von Baugelände den Forderungen des Gemeinwohles Rechnung zu tragen und durch Schaffung zweckmäßiger Bauplätze die Bebauung zu erleichtern. Es verfolgt deshalb zwei Zwecke:

a) die Sicherstellung der für den Gemeinbedarf erforderlichen Flächen unter Verteilung der hieraus erwachsenden Lasten auf die Gesamtheit der beteiligten Grundbesitzer,

b) die Gewinnung zweckmäßiger Bauplätze durch eine entsprechende Neueinteilung der Grundstücke.

2. Das Gesetz soll nur zur Anwendung kommen, wenn und soweit innerhalb eines Baugeländes diese Zwecke im Verfahren zur Festsetzung von Baulinien nicht ausreichend erreicht werden können. Es ist deshalb bei der Erschließung von Baugelände in erster Linie stets zu versuchen, im Verfahren zur Festsetzung von Baulinien die erforderlichen Flächen für den Gemeinbedarf und eine zweckmäßige Bebauungsmöglichkeit der beteiligten Grundstücke herbeizuführen. Erst wenn sich dies im Baulinienverfahren als unmöglich erwiesen hat, ist Raum für die Anwendung des Gesetzes. Aber auch dann empfiehlt es sich, die erforderliche Neueinteilung möglichst auf freiwilligem Wege zur Durchführung zu bringen, wie dies Art. 47 des Gesetzes vorsieht.

3. Das Gesetz bezeichnet als Gemeinbedarf den Bedarf für den notwendigen öffentlichen Verkehrsraum und für die sonstigen aus Gründen des Gemeinwohles von der Bebauung freizuhaltenden Flächen. Es verzichtet darauf, den Gemeinbedarf im einzelnen aufzuführen, um den Vollzug nicht unnötig zu beschränken.

4. Der notwendige öffentliche Verkehrsraum umfaßt jedenfalls die öffentlichen Straßen, Wege, Fußwege, Radfahrwege, Promenadewege und Verkehrsplätze einschließlich der sogenannten Inseln und etwaiger Fahrzeughalteplätze.

5. Die sonstigen aus Gründen des Gemeinwohles von der Bebauung freizuhaltenden Flächen bezeichnet das Gesetz nicht im einzelnen. Es will damit den Gemeinden freie Hand lassen und sie nur insoweit beschränken, als ihr pflichtgemäßes Ermessen durch Gründe des Gemeinwohles begrenzt ist. Es fallen jedenfalls hierunter: Grünplätze, Baum- und gärtnerische Anlagen, Parkanlagen, Sport- und Spielplätze mit ihren notwendigen Anlagen, öffentliche Brunnenanlagen, Schutzgebiete für Naturschönheiten und hervorragende Naturgebilde, Aussichtspunkte, Uferstreifen an Seen und Flüssen und dergleichen, allenfalls auch Flächen für öffentliche Bedürfnisanstalten.

6. Dagegen fallen nicht unter den Begriff Gemeinbedarf die Flächen für private Industriebahnen und das für Industrie und Handel erforderliche Gelände, weil es sich hier um Anlagen handelt, die nur mittelbar dem Gemeinwohl dienen. Dies schließt natürlich nicht aus, daß die Flächen für derartige Anlagen im Generalbaulinienplan und in den Baulinienplänen vorgesehen werden. Die Anwendung des vorliegenden Gesetzes auf solche Anlagen ist jedoch nicht zugelassen. Wenn die Gemeinden einen Einfluß auf die Sicherstellung der Flächen für diese Anlagen gewinnen wollen, so könnte dies lediglich durch eine entsprechende Erweiterung der Bestimmungen des Gesetzes über die Zwangsabtretung vom 17. November 1837 geschehen.

7. Ebenso wenig fallen unter den Gemeinbedarf Bauplätze für öffentliche Zwecke.

8. Es ist Pflicht der Gemeinden, sich bei der Bereitstellung des Gemeinbedarfs die notwendige Beschränkung aufzuerlegen. Das Gesetz hat die Absicht Baugelände zu erschließen, also das Bauen zu erleichtern. Mit dieser Absicht des Gesetzes wäre es nicht zu vereinen, wenn eine Gemeinde durch übermäßige Inanspruchnahme von Flächen für den Gemeinbedarf das Bauen verteuern und dadurch gerade das Gegenteil von dem herbeiführen würde, was das Gesetz bezweckt. Insbesondere hat das Bestreben, den Forderungen des Verkehrs durch Anlage breiter Straßen entgegenzukommen, vielfach zu Übertreibungen geführt, die als abwegig bezeichnet werden müssen. Die Erfahrung hat gelehrt, daß selbst ein sehr erheblicher Verkehr — genügende polizeiliche Regelung vorausgesetzt — sich auf verhältnismäßig schmalen Straßenzügen ungehindert abspielen kann und daß nur in besonders wichtigen Fällen (Durchgangsstraßen mit starkem Kraftwagenverkehr usw.) breitere Stra-

benzüge geboten sind. Im übrigen werden die Gemeinden schon im Hinblick darauf, daß der Gemeinbedarf und insonderheit der Verkehrsraum ihnen auch erhebliche finanzielle Lasten für seine Unterhaltung bringt, gezwungen sein, sich möglichste Beschränkung in der Bereitstellung des Gemeinbedarfs aufzuerlegen.

9. Schließlich unterliegt die Frage der Bereitstellung der Flächen für den Verkehrsraum der Würdigung der Aufsichtsbehörden (Art. 17 Abs. II des Gesetzes), die ihrerseits Recht und Pflicht haben übertriebenen Forderungen der Gemeinden entgegenzutreten und dadurch die Absicht des Gesetzes, die Bautätigkeit zu erleichtern, nach Möglichkeit zu sichern.

10. Wegen der Aufstellung von Generalbaulinienplänen wird auf § 59 Abs. I der allgemeinen Bauordnung und auf die Ministerialentschließungen vom 18. Juli 1905 und 3. August 1910 (MABl. S. 317 und 477) hingewiesen.

11. Art. 1 Abs. III des Gesetzes stellt sich als eine Ergänzung des § 2 Abs. II der allgemeinen Bauordnung dar.

Zu Art. 2.

1 Hier wird ausdrücklich ausgesprochen, daß das Gesetz erst dann Anwendung finden soll, wenn seine Zwecke sich nicht im gewöhnlichen Verfahren zur Festsetzung von Baulinien ausreichend erreichen lassen.

2. Das Gesetz findet jeweils nur auf ein bestimmt begrenztes Gelände Anwendung, das als Umlegungsgebiet bezeichnet wird (siehe Art. 15 Abs. I). Die Neueinteilung kann, wenn die in Art. 3 aufgeführten Voraussetzungen gegeben sind, gegen den Willen der Grundeigentümer, also zwangsweise, durchgeführt werden. Ein Zwang ist nach zwei Richtungen zulässig: es kann jeder Beteiligte zur Abtretung des ihn treffenden Anteils an der Fläche des Gemeinbedarfs gezwungen werden und es kann jeder Beteiligte gezwungen werden, seinen Besitz so auszugleichen, daß sämtliche Grundstücke des Umlegungsgebiets zweckmäßig bebaut werden können, wodurch die Bebauungsfähigkeit des gesamten Gebiets ermöglicht und die Schaffung von Wohnungen erleichtert wird.

3. Die zwangsweise Neueinteilung kann durchgeführt werden, wenn es gilt, die Flächen für den Gemeinbedarf unter gleichmäßiger Heranziehung aller Beteiligten sicherzustellen, dann, wenn es gilt zweckmäßige Bauplätze zu schaffen, insbesondere dann, wenn die angemessene Bebauung eines Geländes durch Raum, Form, Flächeninhalt der Grundstücke oder in anderer Weise verhindert oder unverhältnismäßig erschwert wird, es können aber auch, und das wird die Regel sein, mit der Neueinteilung beide Zwecke des Gesetzes gleichzeitig durchgeführt werden. Insbesondere wird die Sicherstellung der Flächen für den Gemeinbedarf unter gleichmäßiger Heranziehung aller Beteiligten in der Regel nicht ohne gleichzeitige Neueinteilung der übrigen beteiligten Grundstücke möglich sein. Abs II gibt die Möglichkeit, auch gegen die sog. Neidstreifen vorzugehen.

Zu Art. 3.

1 Hier sind die Voraussetzungen der Neueinteilung aufgeführt. Unter Neueinteilung ist hier die zwangsweise Neueinteilung zu verstehen (Art. 2).

2. Um diesen Zwang zu rechtfertigen, muß die Neueinteilung dem Gemeinwohl dienen. Ein Unternehmen dient dem Gemeinwohl, wenn seine Ziele und Zwecke sich über die Belange der Privaten hinaus erheben und Aufgaben berühren, deren Erfüllung dem Staate oder anderen Gemeinwesen zur Förderung des Volkswohles obliegt. Zu prüfen sind hierbei die Belange des Verkehrs, der wirtschaftlichen Entwicklung, der Wohnungsfürsorge, der

Gesundheit, der Feuersicherheit, der Schönheit der Landschaft und des Städtebildes.

3. Eine weitere Voraussetzung der zwangsweisen Neueinteilung ist, daß mindestens die Hälfte der beteiligten Grundeigentümer, denen zugleich mindestens die Hälfte der beteiligten Grundfläche gehört, der Neueinteilung zustimmt. Eine Neueinteilung kann also im allgemeinen nicht gegen den Willen einer beachtenswerten Minderheit durchgeführt werden. Dies ist nur zulässig, wenn das Gemeinwohl die Neueinteilung dringend fordert. Die Voraussetzung, daß ein Unternehmen vom Gemeinwohl dringend gefordert wird, liegt dann vor, wenn dem Unternehmen eine so hervorragende Wichtigkeit beizumessen ist, daß seine Unterlassung dem Volkswohl abträglich wäre. Es ist hier in erster Linie an Rücksichten der öffentlichen Gesundheit, des Verkehrs, der dringenden Wohnungsbeschaffung, der Feuersicherheit und dergl. gedacht.

4. Eine allgemeine Voraussetzung der Neueinteilung ist ferner, daß für das Baugelände die Baulinien und nach Bedarf die Bebauungsweise bereits festgesetzt sind oder wenigstens ein von der Baupolizeibehörde geprüfter, technisch einwandfreier und allen städtebaulichen Forderungen entsprechender Baulinienplan mit den etwaigen Bebauungsvorschlägen vorliegt.

5. In vielen Gemeinden lassen die Baulinienpläne viel zu wünschen übrig. Das frühere Bestreben, für jede Gemeinde um jeden Preis einen Baulinienplan aufzustellen, hat im Zusammenhang mit veralteten Anschauungen und bei Zuziehung ungeeigneter Kräfte vielfach Baulinienpläne gezeitigt, die den neuzeitlichen Anforderungen in keiner Weise entsprechen und auch wirtschaftlich abzulehnen sind. Zur Lösung der mit der Erschließung von Baugelände verbundenen Aufgaben müssen geschulte Architekten und wo notwendig auch Tiefbauingenieure beigezogen werden, die auf dem Gebiete des Städtebaues die unerläßlichen Kenntnisse und Erfahrungen besitzen und imstande sind, die oft schwierigen, meist auch auf wirtschaftlichem Gebiete liegenden Fragen richtig und einwandfrei zu lösen. Die Erfahrung hat übrigens gezeigt, daß der im Städtebau erfahrene Architekt auch die wirtschaftlichen Interessen in durchaus einwandfreier Weise berücksichtigen kann und daß sich bei gutem Willen stets eine den städtebaulichen und den wirtschaftlichen Verhältnissen Rechnung tragende Lösung finden läßt.

6. Mit Genugtuung darf festgestellt werden, daß eine große Zahl von Gemeinden auf diesem Gebiete schon vorbildlich vorgegangen ist. Immerhin wird, ehe an eine Neueinteilung herangetreten wird, stets zu prüfen sein, ob etwa bereits vorliegende Baulinienpläne den neuzeitlichen Anforderungen entsprechen. Vielfach werden die Zwecke des Gesetzes schon durch eine entsprechende Änderung veralteter Baulinienpläne erreicht werden können.

Zu Art. 4.

1. Eine Neueinteilung kann auch von einzelnen Grundbesitzern beantragt werden. Zur Einleitung des Verfahrens ist also eine bestimmte Mehrheit nicht verlangt.

2. Denkbar ist, daß obwohl das Gemeinwohl ein Unternehmen dringend fordert, weder die Gemeinde noch die beteiligten Eigentümer einen Antrag einbringen. In diesem Falle würde das öffentliche Interesse schweren Schaden leiden. Es ist deshalb vorgesehen, daß die Aufsichtsbehörde in solchen Fällen nach fruchtlosem Anhalten der Gemeinde den Antrag selbst stellt und durchführt.

3. Da dies nur für den Fall vorgesehen ist, daß das Gemeinwohl die Neueinteilung dringend fordert, ergibt sich von selbst, daß dann auch ein In-

teresse der Gemeinde an der Durchführung des Unternehmens besteht. Ist der Wille der Gemeinde nicht auf die Durchführung gerichtet und auch in dieser Richtung nicht zu beeinflussen, dann muß der Wille der Aufsichtsbehörde den Willen der Gemeinde ersetzen und die Aufsichtsbehörde an Stelle der Gemeinde die sonst der Gemeinde obliegende Aufgabe erfüllen. Da die Angelegenheit gleichwohl eine Angelegenheit der Gemeinde bleibt, sind etwaige Ansprüche aus dem Verfahren auf Geldentschädigung gegen die Gemeinde zu richten. Um Zweifel hierüber auszuschließen, ist deshalb ausdrücklich auf die Bestimmung in Art. 39 Abs. II hingewiesen, wonach die Rechtsansprüche auf Geldentschädigung gegen die Gemeinde zu richten sind.

Zu Art. 5.

1. Die Vorschriften lehnen sich im allgemeinen an die verwandten Vorschriften des neuen Flurbereinigungsgesetzes vom 5. August 1922 (GVBl. S. 433) an (siehe dessen Art. 4 bis 7). Beteiligt sind die Eigentümer der in das Unternehmen einbezogenen Grundstücke. Es wird auf die Begründung zu Art. 4 bis 7 des Entwurfs des Flurbereinigungsgesetzes (Drucksachen des Bayerischen Landtags II. Tagung 1921/22 Beilage 2291) und auf die Ausführungsvorschriften zum Flurbereinigungsgesetz vom 9. Februar 1923 (GVBl. S. 33 ff. insbes. S. 44 ff.) verwiesen.

2. Nach Art. 5 Abs. IV des Gesetzes kommen die Bestimmungen des Bürgerlichen Gesetzbuchs, nach denen eine Erklärung zu ihrer Wirksamkeit der Zustimmung anderer Personen bedarf, im Vollzuge des Gesetzes nicht zur Anwendung. Dagegen ist zum Schutze der Minderjährigen und schutzbedürftigen Volljährigen und zum Schutze der Körperschaften, Stiftungen und Anstalten des öffentlichen Rechts oder der unter der Verwaltung einer öffentlichen Behörde stehenden Stiftungen die nach den bestehenden Vorschriften erforderliche Genehmigung der Erklärungen des gesetzlichen Vertreters, Vormunds, Pflegers oder Nachlaßpflegers durch das Vormundschafts- oder Nachlaßgericht, den Gegenvormund, Beistand oder Familienrat sowie die Genehmigung der Erklärungen des gesetzlichen Vertreters der Körperschaft, Stiftung oder Anstalt durch die Aufsichtsbehörde (im Gegensatz zu Art. 7 Abs. II und III des Flurbereinigungsgesetzes) nicht entbehrlich.

Zu Art. 6.

1. Unter Umständen ist es zweckmäßig, besonders wertvolle Grundstücke von vornherein nicht in das Unternehmen einzubeziehen, um das Unternehmen nicht mit unverhältnismäßig hohen Gegenleistungen zu beschweren.

2. Im Eigentum des Reichs oder der Länder stehende Grundstücke müssen auf Verlangen der zuständigen Behörde von dem Unternehmen ausgeschlossen werden. Diese Bestimmung soll die Möglichkeit zur Wahrung allgemeiner Belange geben. Die Wahrung dieser Belange ist notwendig, weil die besonderen Aufgaben des Reichs und des Staates nicht selten über den örtlich begrenzten Interessenkreis einer Gemeinde hinausgehen. Die Ausnahme rechtfertigt sich durch die besondere Stellung, die diese Körperschaften im öffentlichen Leben einnehmen und die sie auch in Angelegenheiten, in denen sie wie private Wirtschaftssubjekte am allgemeinen Rechtsverkehr teilnehmen, als Träger öffentlicher Interessen erscheinen läßt. Von der Ausnahmebestimmung soll jedoch nur, soweit die öffentlichen Belange es erheischen, Gebrauch gemacht werden; insbesondere soll die Bestimmung keine Handhabe bieten, um eine gesunde bauliche Entwicklung auch nur in einzelnen Gemeinden zu hemmen.

3. Bezüglich der Einbeziehung von Staatsstraßen wird auf die Ausführungen zu Art. 7 verwiesen.

4. Als zuständige Behörde kommt im Regelfall die mit der Verwaltung des Grundstücks beauftragte Behörde in Betracht; bei Grundstücken des Staates entscheidet im Zweifel das zuständige Staatsministerium im Einvernehmen mit dem Staatsministerium der Finanzen.

Zu Art. 7.

1. Art. 7 behandelt die wichtigsten Grundsätze der Neueinteilung.

2. Bei der Erschließung von Baugelände ergeben sich in der Regel drei schwierige Aufgaben: Die Bereitstellung ausreichender Flächen für den Gemeinbedarf (Art. 1 Abs. I), eine möglichst wirtschaftliche Ausnützung des Baugeländes für Bauplätze und die anteilmäßige Heranziehung aller aus der Erschließung Vorteil ziehender Beteiligten zu den Lasten der Erschließung von Baugelände.

3. Das Gesetz vom 9. Mai 1918 (GVBl. S. 289) hat für Staats- und Bezirksstraßen sowie für Ortsstraßen und öffentliche Plätze innerhalb von Ortschaften mit mehr als 5000 Einwohnern die Zwangsenteignung zugelassen und für Ortsstraßen und öffentliche Plätze innerhalb solcher Ortschaften sogar unter gewissen Voraussetzungen eine unentgeltliche Abtretung von Grundeigentum vorgesehen; das gleiche Gesetz und die Reichsverordnung vom 9. Dezember 1919 (RGBl. S. 1968) haben zur Erschließung von Baugelände und zur Verbesserung der Wohnungsverhältnisse für gewisse Bevölkerungskreise unter gewissen Voraussetzungen die Zwangsenteignung zugelassen.

4. Durch diese gesetzlichen Maßnahmen sind wohl die beiden ersten Schwierigkeiten, freilich nur in gewissem Umfange überwunden, ein befriedigender Zustand ist jedoch nicht geschaffen. Die Zwangsenteignung, soweit sie überhaupt nunmehr zulässig ist, erweist sich als eine verhältnismäßig noch rohe Maßnahme. Sie ermöglicht wohl an bestimmten Stellen Grundeigentum auch gegen den Willen der Eigentümer für den Gemeinbedarf und für die Bebauung zu erwerben, sie ermöglicht aber nicht einen Ausgleich unter sämtlichen beteiligten Grundbesitzern herbeizuführen. Wer gerade seinen Besitz im Zuge einer Staats- oder Bezirksstraße, einer Ortsstraße oder eines öffentlichen Platzes hat, der muß seinen Grund und Boden, in gewissen Fällen noch dazu zu einem nicht unerheblichen Teile unentgeltlich abtreten, selbst wenn er für sich Vorteile aus der Maßnahme nicht hat. Dagegen kann in nächster Nähe ein Grundeigentümer den größten Vorteil aus der Straße oder dem Platze haben, ohne daß man ihn nach der bisherigen Gesetzgebung zu irgendwelchen Opfern heranziehen kann. Ähnlich ist es mit der Zwangsenteignung für Gewinnung von Bauland im Rahmen des erwähnten Gesetzes und mit der Reichsverordnung.

5. Dieser Zustand ist vom Standpunkte der Gerechtigkeit und Billigkeit durchaus unbefriedigend. Das Gesetz hat es sich deshalb zur Aufgabe gemacht die bestehende Lücke auszufüllen und stellt sich dar als eine Ergänzung und ein Ausbau der bisherigen Gesetzgebung in der Richtung eines billigen Ausgleiches der bestehenden Interessengegensätze. Diesen Ausgleich sucht es in den wichtigen und grundlegenden Vorschriften des Art. 7 herbeizuführen.

6. Ein Rechtsanspruch auf Teilnahme an dem Unternehmen soll — wie auch in den Gesetzen anderer Länder — den Eigentümern nicht eingeräumt werden. Sind einzelne Grundstücke in offenbar unbilliger Weise nicht in das Unternehmen einbezogen, so wird die Regierung, Kammer des Innern, zu prüfen haben, ob und in welchem Maße hierbei das öffentliche Interesse verletzt ist und allenfalls die Einleitung des Verfahrens ablehnen (Art. 17 Abs. II).

7. Zum Verständnisse des Art. 7 muß man sich vor Augen halten, daß es wohl öffentliche Aufgabe der Gemeinden ist für Straßen und Plätze

zu sorgen, daß aber diese Einrichtungen gleichzeitig Baugelände erschließen und bei richtiger Anlage bisher bebauungsunfähiges Gelände bebauungsfähig machen, damit also ganz wesentlich private Belange fördern. Die Neueinteilung der einzelnen Baugrundstücke für sich allein ist sogar eine in erster Linie die privaten Belange berührende Maßnahme.

8. Aus dieser Erwägung ergibt sich eine festumschriebene Stellung: auf der einen Seite die Gemeinde als derzeitige und künftige Eigentümerin des Geländes für den Gemeinbedarf, auf der anderen Seite die Grundeigentümer, in der Hauptsache wohl als Besitzer von Baugelände, dann aber wohl auch als Besitzer öffentlicher Wege und unter ihnen allenfalls auch die Gemeinde selbst, gewissermaßen als Privatrechtssubjekt, nämlich soweit sie als Besitzerin von Baugelände beteiligt ist. Diese Stellung muß bei der Auslegung des Art. 7 wie des ganzen Gesetzes stets beachtet werden. Es versteht sich von selbst, daß die Gemeinde, soweit sie nur als Besitzerin von Baugelände in Frage kommt, gegenüber den sonstigen Eigentümern eine Sonderstellung nicht einnimmt und daß die übrigen Grundeigentümer, soweit sie Eigentümer von öffentlichen Wegen sind, in Ansehung dieser den sonstigen Eigentümern gleichzustellen sind.

9. Hat die Gemeinde in das Umlegungsgebiet Bauflächen eingelegt, so werden diese Flächen ebenso behandelt wie die Grundflächen anderer beteiligter Eigentümer. Es wird also ihre Fläche um den Anteil gekürzt, der sich durch die Ausscheidung des Gemeinbedarfs errechnet. Die um diesen Anteil gekürzte Fläche wird der Gemeinde wieder überwiesen.

10. Hat die Gemeinde Verkehrs- usw. Flächen eingelegt, dann ist zu unterscheiden:

a) die Verkehrs- usw. Flächen bleiben auch nach dem Umlegungsplane Bestandteile des Gemeinbedarfs, dann fallen sie ohne weiteres als solche wieder an die Gemeinde zurück (Art. 7 Abs. II);

b) die Verkehrs- usw. Flächen werden ganz oder teilweise entbehrlich, dann fallen die entbehrlich gewordenen Flächen in die Restmasse. Sie werden ebenso wie die übrigen zur Restmasse gehörigen Grundstücke behandelt und mit einer um den Anteil für den Gemeinbedarf gekürzten Fläche dem bisherigen Eigentümer, also der Gemeinde zugewiesen. Die nicht entbehrlich gewordenen Flächen kommen im Gemeinbedarfe wieder zum Vorschein und werden mit diesem der Gemeinde überwiesen (Art. 7 Abs. III und II).

11. Die zu einem Unternehmen nach Art. 2 zusammengeschlossenen Grundstücke und Grundstücksteile einschließlich der im Umlegungsgebiet gelegenen offentlichen Straßen, Wege und Plätze (Plätze hier im weiteren Sinne zu verstehen) werden in eine Masse vereinigt.

12. Diese Masse wird gebildet, um

1. eine rechnerische Grundlage für die anteilmäßige Heranziehung der Gesamtheit der aus dem Unternehmen Vorteil ziehenden Eigentümer zu den Lasten des Gemeinbedarfes zu gewinnen,
2. eine an die bisherigen Grundstückgrenzen nicht mehr gebundene Neueinteilung des Umlegungsgebietes in geeignete Bauplätze zu ermöglichen,

und dadurch den Zweck des Gesetzes zu erfüllen. Die Bildung der Masse ist also unerläßlich und eine der wichtigsten Maßnahmen des Gesetzes.

13. Zur Masse gehören außer dem eigentlichen Baugelände auch die bisherigen öffentlichen Straßen, Wege und Plätze. Diese Flächen werden vielfach bereits im Eigentume der Gemeinde stehen. Bei Staats- und Bezirksstraßen werden meist Staat und Bezirk Eigentümer der Straßenfläche

sein. Da der Gemeinbedarf in das Eigentum der Gemeinde übergeht (Art. 7 Abs. VI), können sich bezüglich der von den Staats- und Bezirksstraßen abzutrennenden oder diesen zuzuteilenden Flächen Mißlichkeiten ergeben, die zweckmäßig im Wege besonderer Verhandlungen zwischen Staat und Bezirk einerseits und der Gemeinde anderseits bereinigt werden. Soweit Staatsstraßen in Betracht kommen, bietet übrigens Art. 6 Abs. II die Möglichkeit, entweder die Fläche von der Einbeziehung in das Unternehmen auszuschließen oder für den Fall der Einbeziehung eine den staatlichen Interessen entsprechende Regelung der künftigen Eigentumsverhältnisse an der Straßenfläche auszubedingen.

14. Wo ausnahmsweise bisherige Wegflächen im Eigentume Privater stehen, was bei Erschließung von Bauneuland häufig der Fall sein kann, werden sie wie die übrigen Einlagen der Grundeigentümer behandelt.

15. Nicht zur Masse gehören, auch wenn sie räumlich innerhalb der Grenzen des Umlegungsgebietes liegen, diejenigen Grundstücke, die gemäß Art. 6 des Gesetzes in das Unternehmen nicht einbezogen worden sind.

16. Aus der Masse wird zunächst das nach dem Baulinienplane für den künftigen Gemeinbedarf (Art. 1 Abs. I) bestimmte Gelände ausgeschieden. Es umfaßt:

1. Flächen aus den Grundstücken, die die Grundeigentümer eingelegt haben (Abs. I Halbsatz 1),
2. Bestandteile der früheren öffentlichen Straßen, Wege und Plätze (Abs. I Halbsatz 2), die
   a) entweder bereits Eigentum der Gemeinde sind oder
   b) im Eigentum anderer Beteiligter stehen.

17. Das gesamte für den Gemeinbedarf ausgeschiedene Gelände wird der Gemeinde zu Eigentum überwiesen. Diese hat sich mit den etwa außer ihr in Betracht kommenden Wegunterhaltungspflichtigen (vergl. Staats- oder Bezirksstraßen usw.) auseinanderzusetzen.

18. Durch diese Ausscheidung der Fläche des Gemeinbedarfes aus der Gesamtmasse wird diese zu Lasten der Gesamtheit gekürzt und die von den beteiligten Grundeigentümern eingelegte Gesamtfläche um die von ihnen für den Gemeinbedarf in Anspruch genommene Fläche zu Lasten aller gemindert.

19. Hierbei ist es gleichgültig, ob die Grundstücke des einzelnen Eigentümers nach dem Baulinienplan ganz, nur zum Teil oder überhaupt nicht in die Fläche des Gemeinbedarfes hineinragen oder fallen. Gerade hierin liegt ein Hauptfortschritt des Gesetzes gegenüber der bisherigen Gesetzgebung, weil hierdurch nicht nur der räumlich am Gemeinbedarf beteiligte Grundeigentümer sondern jeder in das Unternehmen einbezogene und daraus Vorteil ziehende Eigentümer (und zwar ohne Rücksicht darauf, ob seine Fläche tatsächlich für den Gemeinbedarf in Anspruch genommen wird oder nicht) zu den gemeinsamen Lasten herangezogen wird.

20. Der Abzug der Flächen für den Gemeinbedarf (die Kürzungen) und die Zuteilung der Ersatzgrundstücke erfolgen im Verhältnis des Flächeninhalts der eingelegten Grundstücke und Grundstücksteile, nicht nach deren Wert, weil die Feststellung des Wertes mit zu großen Schwierigkeiten verbunden wäre, ohne daß dadurch nach den anderwärts gewonnenen Erfahrungen eine gerechtere Sachbehandlung verbürgt wäre. Die Starrheit des Flächenmaßstabes wird übrigens noch dadurch gemildert, daß bei der Neuzuteilung auch der Gesichtspunkt bestmöglicher baulicher Verwertung gelten und im übrigen nach Zweckmäßigkeit und Billigkeit verfahren werden soll. Der Abzug vollzieht sich bei dem gewählten Verfahren zwangsläufig im Verhältnis

des Flächeninhalts der eingelegten Grundstücke. Die im Umlegungsgebiet gelegenen öffentlichen Straßen, Wege und Plätze bleiben, soweit sie nach Ausweis des Baulinienplanes zur Befriedigung des Gemeinbedarfs herangezogen werden, bei der Feststellung des Flächeninhalts der eingelegten Grundstücke und Grundstücksteile außer Betracht; hingegen zählen die künftig für den Gemeinbedarf entbehrlich werdenden Verkehrsflächen bei der Feststellung des Flächeninhalts mit.

21. Im allgemeinen sollen die Ersatzgrundstücke möglichst in gleicher Lage wie die eingelegten Grundstücke dem Eigentümer zugewiesen werden. Für bebaute Grundstücke duldet diese Regel nur dann eine Ausnahme, wenn der Besitzer selbst die Wiederzuteilung seines Grundstückes nicht wünscht.

22. In welchem Umfange die Gemeinde bei der Aufstellung des Baulinienplanes für ein neuzuerschließendes Baugelände Flächen für den Gemeinbedarf in Anspruch nehmen will, ist ihrem durch die Rücksicht auf den notwendigen öffentlichen Bedarf und das öffentliche Interesse beschränkten pflichtgemäßen Ermessen überlassen (vgl. die Ausführungen zu Art. 1). Diese Frage wird vom Gesichtspunkte des Gemeinwohles aus im Vorverfahren durch die Regierung geprüft (Art. 17). Insbesondere ist die Gemeinde hierbei nicht an den in Abs. VI festgesetzten oder durch örtliche Satzung (Abs. VII) abweichend vom Gesetze bestimmten Hundertsatz gebunden. Diesem kommt für die Bemessung der Fläche für den Gemeinbedarf keine Bedeutung zu. Ist der bisherige Bestand an öffentlichen Straßen, Wegen und Plätzen für die künftigen Bedürfnisse des Gemeinbedarfs wesentlich zu gering, so kann die Gemeinde aus der Masse auch mehr, als dieser Hundertsatz ausmacht, für den Gemeinbedarf in Anspruch nehmen, immer natürlich in den oben angedeuteten Grenzen (Rücksicht auf den notwendigen öffentlichen Bedarf und das Gemeinwohl). Die Gemeinde muß nur dann den darüber hinausgehenden Bedarf voll entschädigen (Abs. VI Satz 3). Grundstücke, die im Baulinienplan nicht für den Gemeinbedarf ausgeschieden sind, dürfen jedoch zur Befriedigung des Gemeinbedarfs nicht in Anspruch genommen werden.

23. Die für den Gemeinbedarf benötigte Fläche kann bis zu 35 vom Hundert der eingelegten fremden Fläche von der Gemeinde unentgeltlich und lastenfrei in Anspruch genommen werden; diese Bestimmung rechtfertigt sich daraus, daß die beteiligten Grundstücke durch die Neueinteilung erheblich im Werte gesteigert werden. Weitergehende Abtretungen hat die Gemeinde aus eigenen Mitteln voll zu entschädigen. Sie kann diese Entschädigung sowohl in Geld als in Grundstücken leisten. Um die Geldentschädigungen auf das geringst mögliche Maß zurückzuführen, empfiehlt sich die Ausgleichung in Grundstücken. Diese Ausgleichung kann mit Zustimmung der beteiligten Grundeigentümer auch durch geeignete Grundstücke außerhalb des Umlegungsgebietes erfolgen. Die Gemeinde darf die Entschädigungen nicht auf die Gesamtheit der Grundeigentümer abwälzen. Dies würde eine Umgehung des Gesetzes bedeuten, das eine Heranziehung der Grundbesitzer über 35 vom Hundert ihrer Fläche nicht zuläßt.

24. Größe, Lage, Entwicklungsmöglichkeit, wirtschaftliche Verhältnisse und Bedürfnisse der Gemeinwesen sind örtlich verschieden. Es ist deshalb in Abs. VII den Gemeinden vorbehalten, das Maß der für den Gemeinbedarf unentgeltlich und lastenfrei abzutretenden Fläche durch örtliche Satzung zu ermäßigen. Aufsichtlicher Genehmigung bedarf eine solche Satzung nicht. Eine Erhöhung des Satzes auf über 35 vom Hundert ist nicht zugelassen.

25. Es ist Sache der Gemeinde zu prüfen, ob sie nach den örtlichen Verhältnissen auch mit einem geringeren Höchstmaß auskommen kann. Sie wird hierbei aus Gründen des Gemeinwohles (Erleichterung des Bauens) wie im

eigenen Interesse sich die notwendigen Beschränkungen auferlegen. Da es den Gemeinden überlassen ist den Hundertsatz zu ermäßigen, ist es auch möglich innerhalb derselben Gemeinde für die verschiedenen Baugebiete den Höchstsatz verschieden abzustufen. Dies wird dann zweckmäßig und notwendig sein, wenn in der Besiedelungsweise erhebliche Verschiedenheiten bestehen, die einen derartigen Unterschied in der Belastung der Grundeigentümer rechtfertigen, z. B. vornehme Wohn- und Villenviertel im einen, einfache Kleinsiedelungen oder gemeinnützige Bau- und Siedlungsunternehmungen im anderen Baugebiet.

26. Unterläßt eine Gemeinde durch örtliche Satzung den im Gesetze vorgesehenen Hundertsatz zu ermäßigen, so gilt an sich der im Gesetze festgelegte Höchstsatz. Die Gemeinde kann aber dann ebenso wie allgemein innerhalb des von ihr festgesetzten Höchstsatzes auch im einzelnen Baugebiet auf die Ausnützung des vollen Höchstsatzes verzichten, je nachdem ihr die Zwecke der Bauaufschließung eine geringere Inanspruchnahme der Grundbesitzer zweckmäßig erscheinen lassen oder nicht. Insbesondere wird bei gemeinnützigen Bau- und Siedlungsunternehmungen und überall da, wo es gilt den Preis für den einzelnen Bauplatz oder für das ganze Baugebiet im Interesse des Gemeinwohles nicht zu sehr zu beschweren, dann in einfachen ländlichen Verhältnissen eine Herabsetzung des Hundertsatzes oder ein Verzicht auf die im Gesetze vorbehaltenen Rechte angebracht und geboten sein.

27. Das Gesetz vom 9. Mai 1918 setzt für die unentgeltliche zwangsweise Abtretung von Grund und Boden für Ortsstraßen und Plätze innerhalb von Gemeinden mit mehr als 5000 Einwohnern als untere Grenze 25 vom Hundert fest. Es wird deshalb schon im Hinblick darauf, jedenfalls für Gemeinden mit mehr als 5000 Einwohnern, nicht rätlich sein, in der Satzung unter diesen Hundertsatz herabzugehen. Der Gemeinde bleibt ja immer noch in Fällen, wo dies angebracht ist, der Verzicht auf die sich aus der Satzung ergebenden Rechte.

28. Übrigens wird sich der Hundertsatz der unentgeltlich und lastenfrei für den Gemeinbedarf an die Gemeinde abzutretenden Flächen in der Regel für jedes Umlegungsgebiet je nach Lage des Falles anders berechnen. Es kommen hier das Maß der Fläche für den Gemeinbedarf überhaupt, die Größe des bereits vorhandenen und wieder verwertbaren Verkehrsraumes, die Größe des Umlegungsgebietes u. a. in Betracht.

29. Bei Art. 7 Abs. VI muß unterschieden werden

a) die Abtretung für den Gemeinbedarf überhaupt,

b) das Maß der unentgeltlichen lastenfreien Abtretung für den Gemeinbedarf,

c) die Berechnung der Ersatzfläche des einzelnen Einlegers und der Fall der Entschädigung.

30. Die Gemeinde kann an sich selbst nichts abtreten. Sie scheidet also mit ihrem Eigentum aus der Abtretungspflicht aus. Dies gilt hauptsächlich für den Fall, daß die Gemeinde Straßen-, Weg- oder Platzflächen in die Masse eingelegt hat (Abs. I).

31. Hat sie Bauflächen eingelegt, so steht sie in Ansehung dieser den übrigen Einlegern gleich, d. h. diese ihre Fläche wird der Berechnung der Masse zwar mit zugrunde gelegt, die unentgeltliche und lastenfreie Abtretung des Hundertsatzes der Fläche entfällt jedoch, weil die Gemeinde bereits Eigentümern ist.

32. Die Abtretung für den Gemeinbedarf kann sohin nur von fremden Grundeigentümern in Anspruch genommen werden.

33. Da bis zu 35 vom Hundert der Fläche des in die Masse eingelegten fremden Eigentums unentgeltlich und lastenfrei für den Gemeindebedarf abgetreten werden müssen, sind um eben diese 35 vom Hundert weniger aus der Restmasse zu verteilen. Zur Herbeiführung der gleichmäßigen Belastung der beteiligten Eigentümer müssen deshalb die Flächen, die jeder einzelne eingelegt hat, um den gleichen Hundertsatz gekürzt werden, so daß die zuzuteilenden Ersatzgrundstücke um dieses Flächenmaß kleiner werden als die eingelegten Grundstücke.

34. Bleiben die zugewiesenen Ersatzgrundstücke hinter diesem Maße noch zurück, ist also der gesetzliche Höchstsatz überschritten, so muß die Gemeinde den Unterschied voll entschädigen.

35. Hierbei muß man sich stets vor Augen halten, daß die Gemeinde gemäß Abs. VII den Höchstsatz des Gesetzes durch örtliche Satzung jederzeit herabsetzen kann. Dann tritt ihre Pflicht zur Entschädigung entsprechend eher ein.

36. Die Frage, ob Vorausleistungen Einzelner nach den §§ 62/81 der beiden Bauordnungen bei einer durch eine Baulinienänderung erfolgenden Verlegung der Straße seitens der Gemeinde zurückzuerstatten sind, bemißt sich nach den aus diesen Bestimmungen sich ergebenden Rechtsverhältnissen.

37. Auf diese ist jedoch das Neueinteilungsverfahren insoferne von Einfluß, als bei diesem Verfahren der Gemeinde Grundflächen zugewiesen werden können, für die sie bereits Entschädigung erhalten hat oder ein Beteiligter für die Beschaffung von Straßengrund in Anspruch genommen werden kann, für den er schon z. B. als Erst-Bauender Beiträge geleistet hat. Das Gesetz bestimmt daher in Abs. VIII, daß die für die eingelegten öffentlichen Straßen, Plätze usw. früher nachweisbar geleisteten unentgeltlichen Grundabtretungen oder die Zahlungen hierfür zu berücksichtigen sind. Dies kann bei der Neuzuteilung durch entsprechende Berücksichtigung beim Flächenmaße, bei der Lage und Form des neuzuzuteilenden Grundstückes oder durch Zuweisung anderer Vorteile oder schließlich, falls auf diesen Wegen ein Ausgleich nicht möglich ist, in Geld geschehen. Vorausleistungen, die ihre Entschädigung gefunden haben, sei es im Enteignungsverfahren oder nach freier Vereinbarung mit der Gemeinde, scheiden hierbei aus. Dagegen sind unentgeltliche Leistungen für das Straßengelände dem, der sie gemacht hat, seinem Besitznachfolger dann wenn er nachweist, daß er diesen Betrag im Kaufpreise mitbezahlt hat, gutzurechnen.

Zu Art. 8.

1. Ob ein Grundstück zur Bebauung ungeeignet ist, ist von Fall zu Fall zu entscheiden. Für diese Entscheidung kommen die für das aufzuschließende Gelände bestehenden Bebauungsvorschriften in Betracht.

2. Auch die Besitzer von Kleinstücken sind zu der in Art. 7 Abs. VI festgesetzten Abtretung verpflichtet, da das Gesetz zu ihren Gunsten eine Ausnahme nicht enthält. Werden in die Masse eingelegte Grundstücke nach Art. 8 aufgeteilt, dann sind ihre ehemaligen Besitzer von weiteren Leistungen zum Unternehmen selbstverständlich befreit.

3. Maßgebend für die Beurteilung der Frage, ob ein Grundstück wegen seiner geringen Fläche zur Bebauung ungeeignet ist, ist der Zeitpunkt der Einleitung der Neueinteilung. Ein Grundstück kann bereits bei der Einleitung der Neueinteilung die Eigenschaft eines Kleinstücks besitzen, es kann aber auch erst durch die in Art. 7 vorgeschriebene Kürzung zu einem solchen werden. In beiden Fällen findet Art. 8 Anwendung.

4. Die in die Masse eingelegten Kleinstücke werden, soweit anderweitiger Ausgleich nicht möglich ist, nach ihrem Werte durch Geld entschädigt.

5. Die Eigentümer der Kleinstücke sind im allgemeinen im Umlegungsverfahren wie andere Beteiligte zu behandeln. Sie haben jedoch keinen Rechtsanspruch auf Zuweisung einer Grundfläche. Die Anwendung des Art. 8 entfällt, wenn das Kleinstück mit anderen bebauten oder mit solchen unüberbauten Grundstücken desselben Eigentümers zusammengelegt werden kann, die bebauungsfähig sind oder durch die Zusammenlegung bebauungsfähig werden, vorausgesetzt, daß nicht die verschiedene Belastung die Zusammenlegung ausschließt.

6. Es ist auch möglich, im Verfahren die Flächen mehrerer Kleinstücke zu gemeinsamem Eigentum zusammenzulegen, wenn die Gesamtfläche der Kleinstücke dadurch bebauungsfähig wird. Die nähere rechtliche Regelung hat in solchen Fällen im Umlegungsplan zu erfolgen.

Zu Art. 9.

1 Die Zuweisung von Ersatzgrundstücken im Verhältnisse zur Fläche der eingelegten Grundstücke wird dann keinen ausreichenden Ausgleich schaffen, wenn die Eigentümer der eingelegten Grundstücke gleichzeitig besondere damit verbundene Werte aufgeben müssen, so insbesonders auf den eingelegten Grundstücken befindliche Gebäude, dann Werte, die sich aus besonderen natürlichen Eigenschaften oder Verwendungen des eingelegten Grundstückes ergeben, endlich Werte, die sich aus dem auf Benutzung des Gebäudes oder die besondere Beschaffenheit oder Benutzung des Grundstückes begründeten Gewerbe ergeben.

2. Dieser Mehrwert soll, wenn möglich durch Zuweisung von Grund und Boden ersetzt werden. Selbstverständlich muß bei Bemessung der Entschädigung ein Mehrwert, der erst durch die Neueinteilung bedingt wird, außer Betracht bleiben (Art. 11 Abs. II).

Zu Art. 10.

In der Regel wird der Eigentümer durch die auf Grund des Art. 7 erfolgten Zuweisungen von Grund und Boden und durch die auf Grund des Gesetzes gewährten Geldentschädigungen für das eingelegte Grundstück völligen Ausgleich erhalten. Denkbar ist indessen, daß der Gesamtwert dessen, was der Eigentümer infolge der Neueinteilung und im Verfahren erhält, im einzelnen Falle ausnahmsweise gleichwohl seinen Nachteil nicht ausgleicht, so daß nachweisbar ein unverhältnismäßiger Schaden verbleibt. Um das Recht des Eigentümers auf volle Entschädigung entsprechend den verfassungsrechtlichen Grundsätzen nach jeder Richtung zu gewährleisten, gibt das Gesetz ganz allgemein dem Eigentümer für einen derartigen Ausnahmefall das Recht auf restlose Entschädigung in Geld.

Zu Art. 11.

Für die Ermittlung der Entschädigungsbeträge werden zweckmäßig im allgemeinen die Grundsätze entsprechende Anwendung finden, die für die Bemessung der Entschädigung nach dem Zwangsabtretungsgesetz (Art. V ff.) maßgebend sind. Wenn ein zu entschädigendes Grundstück erst durch die Neueinteilung erhöhten Wert gewinnt, so bleibt dieser Mehrwert billigerweise für die Entschädigung außer Betracht, da für sie nur der ursprüngliche Wert des Grundstücks maßgebend sein kann. Für die Bemessung der nach Art. 7 Abs. IV zu leistenden Geldentschädigungen sollen in der Regel Einheitssätze vereinbart werden.

Zu Art. 12.

1. Art 12 des Gesetzes behandelt die Entschädigung derjenigen Beteiligten, die Rechte an den Grundstücken des Umlegungsgebiets besitzen.

2. Die Neueinteilung der Grundstücke kann nach der Natur der Sache nicht ohne Einfluß auf die an den Grundstücken bestehenden Rechte sein. Ob und inwieweit derartige Rechte erlöschen oder verändert werden, behandelt Art. 38 des Gesetzes. Soweit die Berechtigten hierdurch Schaden leiden, sollen sie Anspruch auf Entschädigung haben.

3. Dieser Schaden kann im Verfahren, allenfalls auch durch Zuteilung von freigewordenem Grund und Boden oder auf andere Weise abgefunden werden. Wo dies nicht möglich ist, bleibt nur die Entschädigung in Geld.

4. Soweit Schaden nicht entsteht, z. B. wenn infolge der Neueinteilung eine Dienstbarkeit gegenstandslos wird, kommt eine Entschädigung natürlich nicht mehr in Frage. Als Abfindung kommen insbesondere auch die Vorteile in Betracht, die sich aus der Neueinteilung auch für die Berechtigten ergeben. Vielfach wird der neue Eigentümer durch das Erlöschen oder die Veränderung eines Rechtes am Grundstück, für das nach Abs. I Satz 1 Entschädigung gezahlt werden muß, einen Vorteil erlangen. In diesem Falle soll dem begünstigten Eigentümer diese Entschädigung in Geld bis zur Höhe dieses Vorteiles auferlegt werden können, da er sonst anderen beteiligten Grundbesitzern gegenüber im Vorteil wäre. Gegen diese Heranziehung zu einer besonderen Leistung steht dem Eigentümer nach Art. 39 des Gesetzes der Rechtsweg offen. Die Gemeinde, an die der Eigentümer die Entschädigung abzuführen hat, hat auf die Auferlegung einer derartigen Leistung auf den begünstigten Eigentümer keinen Rechtsanspruch. Die Auferlegung steht vielmehr im freien Ermessen des Umlegungsausschusses.

5. Abs. II spricht ausdrücklich aus, daß Abs. I auch für die Mieter und Pächter gilt, deren Rechte nach Art. 38 Abs. III des Gesetzes erlöschen. Hier ist der Hinweis notwendig, daß nach Art. 20 Abs. I Ziff. 2 des Gesetzes nur diejenigen Mieter und Pächter als beteiligt gelten, denen das Grundstück auf Grund eines Miet- oder Pachtvertrages überlassen ist. Mieter und Pächter, denen das Grundstück noch nicht überlassen ist, haben keinen selbständigen Entschädigungsanspruch. Sie können ihre etwaigen Rechte lediglich dem Vermieter oder Verpächter gegenüber geltend machen, der seinerseits allenfalls auf Grund der Art. 10 und 11 Abs. I des Gesetzes Schadloshaltung versuchen kann.

Zu Art. 13.

1. Schuldnerin und Forderungsberechtigte der fälligen Geldentschädigungen ist zunächst die Gemeinde. Endgültig Schuldnerin bleibt sie nur hinsichtlich der Entschädigungen nach Art. 7 Abs. VI Satz 3. Die übrigen Geldentschädigungen hat die Gemeinde nur vorschußweise zu leisten.

2. Die bei der Neueinteilung sich ergebende Wertsteigerung des Umlegungsgebietes ist erfahrungsgemäß sehr erheblich und kommt ausschließlich den Eigentümern der eingelegten Grundstücke zugute, so daß es nur billig ist, wenn ihnen die durch die Neueinteilung erforderlich werdenden Aufwendungen, soweit sie der Gemeinde nicht endgültig zur Last fallen, überbürdet werden. Vor der Austeilung auf die Eigentümer sind hierbei die nach Art. 12 Abs. I Satz 2 der Gemeinde zuzuführenden Leistungen in Abzug zu bringen.

3. Der Verteilungsmaßstab soll der Billigkeit entsprechen; er wird sich nach Flächeninhalt, Lage oder Wert des zugeteilten Grundstücks und nach dem aus der Neueinteilung sich für das einzelne Grundstück ergebenden Vorteil bemessen. Für die Bemessung des Wertes kommt nur der Wert des Grundstückes *vor* der Neueinteilung in Betracht.

4. Es ist Aufgabe des Umlegungsausschusses, die allgemeinen Grundsätze für den Verteilungsmaßstab aufzustellen.

5. Zur Vereinfachung des Verfahrens sind auf diese Leistungen der Eigentümer jene Entschädigungen anzurechnen, die ihnen von der Gemeinde kraft gesetzlicher Bestimmung zu gewähren sind.

Zu Art. 14.

1 Abs. I soll den Eigentümer davor schützen, daß er den von ihm an die Gemeinde zu zahlenden Umlegungsbeitrag zu ungelegener Zeit zahlen muß. Dem Eigentümer ist daher ein Recht auf Stundung eingeräumt, bis er das Grundstück verkauft oder bebaut.

2. Die Stundung hat gegen angemessene Verzinsung zu erfolgen. Die Höhe des Zinssatzes wird mangels einer gütlichen Einigung der Gemeinde und des Schuldners von der Kreisregierung, Kammer des Innern, festgesetzt. Zweckmäßig wird eine Änderung des Zinssatzes je nach der wirtschaftlichen Entwicklung vorbehalten.

3. Abs. II sichert die Gemeinde für den Eingang des Umlegungsbeitrages, indem er ihr die Befugnis gibt, die Eintragung einer Sicherungshypothek im Vorrang vor den Reallasten, Hypotheken, Grundschulden und Rentenschulden des Grundstücks zu verlangen. Die Gemeinde kann das Verlangen noch während des Umlegungsverfahrens stellen; dann wird die Hypothek in der Umlegungsübersicht (Art. 36) berücksichtigt und auf Grund derselben eingetragen. Die Gemeinde kann das Verlangen aber auch nach der Neueinteilung stellen, dann wird die Hypothek auf Grund des Ersuchens der Gemeinde eingetragen (§ 39 Grundbuchordnung). Mit Rücksicht auf den Grundkredit ist die Befugnis der Gemeinde zeitlich befristet, die Sicherungshypothek muß binnen drei Monaten nach der Neueinteilung beantragt werden. Dadurch wird ein mittelbarer Zwang auf Eintragung ausgeübt.

4. Abs. II Satz 2, der seine reichsrechtliche Grundlage in Art. 113 des Einführungsgesetzes zum Bürgerlichen Gesetzbuche hat, findet seine Rechtfertigung darin, daß die durch die Neueinteilung eintretende Wertsteigerung auch den auf dem Grundstücke lastenden Reallasten, Hypotheken, Grundschulden und Rentenschulden zugute kommt. Es wäre nahegelegen, den Umlegungsbeitrag für eine öffentliche Last des Grundstückes zu erklären. Das Gesetz hat jedoch die Form der Sicherungshypothek gewählt, weil die Haftung des Grundstückes für öffentliche Lasten nach Art. 122 des Ausführungsgesetzes zum Bürgerlichen Gesetzbuche nach zwei Jahren erlischt, bei der Gewährung der Stundung (Abs. I) also auf die zeitliche Beschränkung der dinglichen Haftung Rücksicht genommen werden müßte.

5. Eine weitere Sicherung der Gemeinde liegt darin, daß der Auszug aus dem rechtskräftigen Bescheid erst zugestellt wird, wenn die Schuldigkeit an die Gemeinde entrichtet ist (Art. 36 Abs. II).

6 Der Zusatz zu Abs. II „die Hypothek erlischt mit der Forderung; der § 1163 Abs. 1 Satz 2 des Bürgerlichen Gesetzbuches findet keine Anwendung" ist notwendig, da ohne diese Vorschrift eine Eigentümergrundschuld (§ 1177 Abs. I des Bürgerlichen Gesetzbuches) entstünde. Der Eigentümer könnte dann hierüber zum Nachteile seiner im Range nachgehenden Gläubiger verfügen.

Zu Art. 15.

Die Leitung des Verfahrens obliegt unbeschadet der selbständigen Tätigkeit des Umlegungsausschusses der Baupolizeibehörde. (Art. 15 Abs. I, Art. 16, Art. 17 Abs. I, Art. 18 Abs. III, Art. 19 Abs. I und II, Art. 25, Art. 27, Art. 31, Art. 32 Abs. IV zweiter Satz).

Zu Art. 16.

Wegen des untrennbaren Zusammenhangs der Neueinteilung mit dem Baulinienplan und den Bebauungsvorschriften müssen diese im Zusammenhang mit der Neueinteilung gewürdigt werden. Der rechtskräftig genehmigte Baulinienplan muß mit der Neueinteilung übereinstimmen. Er soll deshalb einschließlich der Bebauungsvorschriften bis zur Entscheidung über die Neueinteilung rechtskräftig genehmigt sein.

Zu Art. 17.

Die Entscheidung der Regierung, Kammer des Innern, erfolgt im Bureauwege. Rechtsfragen sind in diesem Abschnitte des Verfahrens nicht zu entscheiden.

Zu Art. 18.

1. Für jede Neueinteilung ist es von größter Wichtigkeit, daß rechtzeitig ein im Städtebau erfahrener Bausachverständiger beigezogen wird. Das Schwergewicht des Gesetzes liegt auf dem Gebiete des Städtebaues. Wenn der Gemeinde ein im Städtebau erfahrener Bausachverständiger nicht zur Verfügung steht, so muß sie, dies ist die Bedeutung des Wortes „erforderlichenfalls", einen solchen beiziehen. Ihm obliegt die nötige Einwirkung auf den Generalbaulinienplan und den Baulinienplan und auf die Neueinteilung überhaupt. Insbesondere ist es auch seine Aufgabe, die Fragen des Gemeinbedarfs richtig zu lösen und die bauliche Aufteilung in die richtigen Bahnen zu lenken. Erforderlichenfalls muß er sich der Mitwirkung eines Tiefbauingenieurs wegen der Fragen der Kanalisation, der Wasserversorgung usw. versichern. Ebenso ist andauernde Zusammenarbeit mit dem zuständigen Messungsamte (Art. 27) geboten.

Anlage 1. 2. Das Messungsamt erstellt zunächst die Besitzliste nach Musterformblatt Anlage 1 und einen Übersichtsplan.

3. Die Besitzliste wird auf Grund des Katasters angefertigt. Wegflächen und Grundstücksteile, die im Kataster nicht ausgeschieden sind, sind nach dem Katasterplan zu berechnen und zunächst nach dem Muster der Anlage 1 in die Besitzliste einzutragen. Ist die Durchführung der Neueinteilung beschlossen (Art. 22), so tritt an die Stelle des vorläufigen Eintrags der endgültige. Zu diesem Zwecke sind die erforderlichen Messungsverzeichnisse auszuarbeiten und nach erfolgter Prüfung dem zuständigen Grundbuchamt mit dem Antrag auf Eintragung in das Grundbuch zuzuleiten.

4. Sind im Kataster mehrere Personen, z. B. Ehegatten, Geschwister usw. als Miteigentümer vorgetragen, so sind sämtliche Miteigentümer in der Besitzliste aufzuführen. Bei Grundstücken von Stiftungen oder von Beteiligten, die unter Vormundschaft stehen oder anderweitig gesetzlich vertreten werden, sind die Vertreter mit Vor- und Zuname, Stand, Wohnort und Hausnummer vorzutragen. Die Übereinstimmung der Besitzliste mit dem Grundsteuerkataster ist von der zuständigen Katasterumschreibbehörde zu bestätigen. Das Grundbuchamt hat zu prüfen, ob die Angaben der Liste mit den Vorträgen im Grundbuch übereinstimmen und die in der Liste für Band und Seite des Grundbuchs vorgesehenen Spalten auszufüllen. Abweichungen sind im Benehmen mit der Katasterumschreibbehörde zu klären. Für die Herbeiführung der Übereinstimmung von Kataster, Grundbuch und Besitzliste ist Sorge zu tragen.

5. Der Übersichtsplan ist aus Katasterabdrucken zusammenzusetzen. Er muß die Grenzen der Steuergemeindebezirke (rot), der Ortsfluren (blau, Pr.-blau), der Bezirke der politischen Gemeinden, soweit sie sich nicht mit den Grenzen der Steuergemeindebezirke decken (anilinviolett) sowie die Abgrenzung

des Umlegungsgebiets (gelbrot, Mennig), ferner die beteiligten Plannummern und die zugehörigen Haus-(Besitz)Nummern ersehen lassen und ist vom Messungsamt abzuschließen. Im übrigen sind die für die Herstellung nummerierter Katasterpläne maßgebenden Vorschriften zu beachten.

Zu Art. 19.

1. Eine Form für die Verpflichtung der beiden Sachverständigen schreibt das Gesetz nicht vor. Es ist sohin jede Form zulässig.

2. Zuständiges Messungsamt im Sinne des Gesetzes ist das örtlich zuständige staatliche Messungsamt. Liegt das Umlegungsgebiet in den Bezirken verschiedener Messungsämter, so ist dasjenige Messungsamt zuständig, in dessen Bezirk die größere Fläche liegt. Das Staatsministerium der Finanzen kann für besondere Fälle die Zuständigkeit abweichend von dieser Bestimmung regeln.

Zu Art. 20.

Anlage 2.

Zum Zwecke der Feststellung der Beteiligten, soweit sie nicht in der Besitzliste vorgetragen sind, ist ein Lastenverzeichnis nach Musterformblatt Anlage 2 herzustellen. Dem zuständigen Messungsamt obliegt die Ausfüllung der Spalten 1 mit 4 nach Maßgabe der Besitzliste, dem Grundbuchamt die Prüfung dieser Einträge und die Ausfüllung der Spalten 5 und 6. Die Einträge in die übrigen Spalten werden später vollzogen. (Vergl. die Ausführungen zu Art. 30.)

Zu Art. 22.

1. Der Beschlußfassung der Beteiligten nach Art. 22 Abs. II ist das Unternehmen in dem Umfange, wie er durch die Regierung, Kammer des Innern, in der Vorprüfung (Art. 17 Abs. II) bestimmt ist, zu unterstellen. Über die Durchführung dieses Unternehmens sollen sich die Beteiligten schlüssig werden. Ergeben sich bei der Abstimmung hinsichtlich des Umfangs des Unternehmens Abweichungen, so bedarf es einer nochmaligen Vorlage der Verhandlungen an die Regierung, Kammer des Innern, nicht. Anders liegt die Sache, wenn die bei der Abstimmung angeregten Abweichungen so erheblich sind, daß sie sich als ein ganz neues Unternehmen darstellen würden. In diesem Falle wäre das Unternehmen neu einzuleiten. Wird eine Änderung des Umfangs beschlossen, so ist diese im Übersichtsplan mit ultramarinblauer Farbe, in der Besitzliste durch Beigabe eines Anhangs und im Lastenverzeichnis mit blauer Tinte nachzutragen.

2. Die Abstimmung über die Durchführung des Unternehmens hat den Zweck, die grundsätzliche Stellungnahme der beteiligten Grundeigentümer zum Unternehmen festzulegen (Art. 3 Abs. I Ziff. 3, Art. 5). Hiernach sind für die Abstimmung über die Durchführung des Unternehmens (Art. 22 Abs. II) stimmberechtigt nur die beteiligten Grundeigentümer. Die Beteiligung geht aus dem Verzeichnis der Grundstücke und Grundstücksteile (Art. 15 Abs. I) hervor

3. Über die Durchführung der Neueinteilung ist gesondert von den übrigen Verhandlungen Beschluß zu fassen. Die Abstimmung hat an der Hand des Verzeichnisses der Grundstücke und Grundstücksteile (Art. 15 Abs. I) durch Namensaufruf zu erfolgen; die Abstimmung ist durch Unterschrift in einer Abstimmungsliste zu beurkunden. Die Abstimmung darf nicht an Bedingungen und Vorbehalte geknüpft werden. Die Abstimmungsliste bildet eine Anlage der Niederschrift und ist vom Verhandlungsleiter zu führen und abzuschließen.

4. Beteiligte, die erst nach Einleitung der Verhandlungen Eigentümer von Grundstücken innerhalb des Umlegungsgebietes geworden sind oder die aus irgend einem anderen Grunde im Verzeichnis nicht aufgeführt sind, haben ihre Rechte durch Vorlage von Grundbuch- oder Katasterauszügen oder durch

sonstige Behelfe (notarielle oder gerichtliche Urkunden oder Bestätigungen) nachzuweisen.

5. Beteiligte, die zur Tagfahrt zwar erschienen sind, sich jedoch vor der Abstimmung wieder entfernen, dann Beteiligte, die an der Abstimmung nicht teilnehmen oder sie nicht schriftlich vollziehen, sind so zu behandeln, als ob sie nicht erschienen wären. Hierauf ist vor der Abstimmung aufmerksam zu machen. Ferner sind die Beteiligten in der Verhandlung darauf hinzuweisen, daß sie, wenn sie nicht abstimmen, als zustimmend gelten (Art. 22 Abs. III).

6. In der Niederschrift oder in der Abstimmungsliste ist festzustellen, welche Beteiligte weder erschienen noch durch Bevollmächtigte vertreten waren.

7. Das Ergebnis der Abstimmung ist nach dem Besitzstande festzustellen. Dabei ist anzugeben, wieviele beteiligte Grundbesitzer für die Durchführung der Neueinteilung gestimmt haben, wieviele als zustimmend anzusehen sind und wieviele dagegen gestimmt haben, ferner welche beteiligte Gesamtfläche auf die Zustimmenden trifft und ob hiernach die in Art. 3. Abs. I Ziff. 3 festgesetzte Mehrheit gegeben ist.

8. Wird die in Art. 3 Abs. I Ziff. 3 festgesetzte Mehrheit nicht erreicht, so gilt das Unternehmen als beruhend. Die Kosten des Verfahrens fallen in diesem Falle nach Art. 44 Abs. II den Antragstellern zur Last (Fall der Nichtweiterverfolgung des Unternehmens).

9. Ein beteiligter Grundeigentümer kann, wenn er auch nach Art. 22 der Durchführung der Neueinteilung zugestimmt hat, immer noch Einwendungen im einzelnen erheben.

Zu Art. 23.

1. Wenn die Durchführung der Neueinteilung beschlossen worden ist, so bedarf es eines Organs für die weiteren Verhandlungen. Deshalb ist alsbald der Umlegungsausschuß zu bilden. Dies hat regelmäßig unmittelbar im Anschluß an die Abstimmung noch in der Tagfahrt zu geschehen, um eine neuerliche Zusammenrufung der beteiligten Grundbesitzer tunlichst zu vermeiden.

2. Auch zu den Wahlen für die Bildung des Umlegungsausschusses sind nur die beteiligten Grundbesitzer berechtigt.

3. Zur Geschäftsvereinfachung wird es sich empfehlen, darauf hinzuwirken, daß im unmittelbaren Anschluß an die Bildung des Umlegungsausschusses von den an der Abmarkung der Ersatzgrundstücke beteiligten Grundeigentümern zwei oder drei Personen bevollmächtigt werden, sie bei der Abmarkung zu vertreten. Die Vollmacht soll jeden Vertreter berechtigen, für jeden beteiligten Grundeigentümer zu handeln.

Zu Art. 24.

Einwendungen können von allen Beteiligten, also auch von den Rechtsbesitzern und von den beteiligten Nachbargemeinden (Art. 20), erhoben werden. Zweckmäßig wird, soweit dies nach dem Stande des Verfahrens bereits möglich ist, sofort über die Einwendungen verhandelt (Art. 22 Abs. I, Art. 24 Abs. II).

Zu Art. 26.

1. Das Grundbuchamt hat die Grundbuchblätter für die im Verzeichnis aufgeführten, durch das Umlegungsverfahren betroffenen Grundstücke darauf zu prüfen, ob auf ihnen die Anordnung der Zwangsversteigerung oder Zwangsverwaltung eingetragen ist, um bejahendenfalls dem Vollstreckungsgericht die vorgeschriebene Mitteilung zu machen.

2. Da ein Vermerk über die Einleitung des Umlegungsverfahrens nicht eingetragen wird, hat das Grundbuchamt, um imstande zu sein, der Vorschrift

des Art. 26 Abs. II zu genügen und die in der Besitzliste eintretenden Änderungen (s. die Vollzugsvorschrift zu Art. 30) der Gemeinde mitzuteilen, auf eine andere Weise dafür Sorge zu tragen, daß ihm die Einbeziehung eines Grundstücks in das Umlegungsverfahren nicht entgeht. Dies wird ohne besondere Schwierigkeit möglich sein, da die betroffenen Grundstücke regelmäßig in einem Grundbuchbezirk oder in dem gleichen Stadtbezirk gelegen sind und meistens sogar durch fortlaufende Plannummern bezeichnet sein werden.

3. Die der Gemeinde nach Abs. 2 zukommenden Mitteilungen sind an das zuständige Messungsamt weiterzuleiten, das sie zunächst der Besitzliste als Anlagen beizureihen hat.

Zu Art. 27 und 28.

1. Über die Form der bei Bildung des Umlegungsausschusses vorzunehmenden Wahlen enthält das Gesetz keine Vorschriften. Die Beteiligten können daher die Form der Wahl selbst bestimmen. In Ermangelung anderer Bestimmungen ist hierüber einfache Mehrheit entscheidend. Es empfiehlt sich, das Wahlverfahren möglichst einfach zu gestalten, insbesondere die Wahl durch Zuruf zuzulassen. Vorsitzender des Umlegungsausschusses ist ein Beamter der Baupolizeibehörde. Über die Stellvertretung des Vorsitzenden enthält das Gesetz keine Bestimmung. Bei der Wichtigkeit der Sache soll ein Wechsel in der Person des Vorsitzenden überhaupt vermieden werden und der Vorsitz in der Hand des Beamten der Baupolizeibehörde bleiben. Die Bestellung eines Stellvertreters durch den Vorsitzenden soll sich deshalb nur auf einzelne Fälle der Verhinderung beschränken.

2. Der Ausschuß kann sich auch eine Geschäftsordnung geben (Art. 27 Abs. II Satz 2). Es ist also auch die Möglichkeit gegeben, in der Geschäftsordnung Bestimmungen über die Aufstellung eines Stellvertreters des Vorsitzenden im Bedarfsfalle zu geben.

3. Eine Form für die Verpflichtung der durch die Wahl bestellten Mitglieder des Ausschusses schreibt das Gesetz nicht vor. Es ist deshalb jede Form zulässig (vgl. die Ausführungen zu Art. 19). Der Umlegungsausschuß wird von dem Vorsitzenden einberufen. Der Vorsitzende kann aus Zweckmäßigkeitsgründen und wo es sich um beschleunigte Erledigung einzelner Fragen handelt, dieses Recht auf ein anderes Mitglied des Ausschusses übertragen, z. B. in bautechnischen Angelegenheiten auf den Bausachverständigen, in vermessungstechnischen Angelegenheiten auf den höheren Beamten des Messungsamts. Dies kann in der Geschäftsordnung des näheren geregelt werden (Art 27 Abs. II). Das zur Einberufung ermächtigte Mitglied hat den Vorsitzenden rechtzeitig von der Einberufung zu verständigen.

Zu Art. 30.

1. Der Umlegungsplan umfaßt:

1. den Baulinienplan mit den etwaigen Bebauungsvorschriften (Art. 15),
2. den Übersichtsplan und
3. die Besitzliste (V.V. zu Art. 18),
4. das Lastenverzeichnis (V.V. zu Art. 20),
5. ein nach Steuergemeinden und Plannummern geordnetes für die Fortführung eingerichtetes Verzeichnis der im Umlegungsgebiet gelegenen Grundstücke nebst den dazu gehörigen Flächen und Haus- (Besitz) Nummern (Plannummernverzeichnis),
6. ein Verzeichnis (Flächenverzeichnis)
   a) der für die einzelnen Baublöcke, Straßen, öffentlichen Wege und Plätze innerhalb des Umlegungsgebiets berechneten Flächen, die zusammen die Gesamtfläche des Umlegungsgebietes darstellen,
   b) der entbehrlich werdenden und daher in die Verteilungsmasse fallen-

den Verkehrs- usw. Flächen und zwar ausgeschieden nach ihren bisherigen Eigentümern (Gemeinden, Bezirke, Staat usw.),

c) jener Flächen, die zur Befriedigung des Gemeinbedarfs Verkehrswegen des Staates und der Bezirke zuzuteilen sind (bleibender Verkehrsraum),

7. einen Übersichtsplan über die in Aussicht genommene Neueinteilung (Neueinteilungsplan), hergestellt unter Verwendung von Katasterplan- oder Neukartierungsabdrucken,

Anlage 3.

8. eine Forderungs- und Zuteilungsliste nach Musterformblatt Anlage 3,

Anlage 4.

9. eine Zusammenstellung der Kosten der Umlegung (Materialkosten, Arbeiterlöhne usw.),

10. eine Entschädigungsliste nach Musterformblatt Anlage 4.

2. Die zur Aufstellung des Umlegungsplanes erforderlichen Vermessungen und Abmarkungen, ferner die Katasterplanausarbeitungen und Flächenberechnungen sowie die sonstigen vermessungstechnischen Arbeiten sind, soweit diese Bekanntmachung nicht anders bestimmt, nach den Vorschriften der Dienstanweisung für die Messungsämter zu vollziehen. Wird in besonderen Fällen ausnahmsweise eine hiervon abweichende Sachbehandlung notwendig, so hat das Messungsamt die hierfür maßgebenden Gründe bei Vorlage der Ausarbeitungen zur Prüfung kurz darzulegen. Der vom Messungsamt in den Umlegungsausschuß abgeordnete Beamte kann und soll, soweit es im dienstlichen Interesse gelegen und aus wirtschaftlichen Gründen geboten ist, nicht nur als Ausschußmitglied, sondern auch als Vollzugsbeamter des Messungsamts mit der Durchführung des Unternehmens befaßt werden.

3. Bei Aufstellung der Forderungs- und Zuteilungsliste ist mittels Schätzung nach dem Katasterplan zu prüfen, ob nicht die Flächenberechnungen der in der Masse vereinigten Grundstücke mit erheblichen Fehlern behaftet sind. Soweit dies der Fall ist, sind die Flächen auf Grund des Katasterplans neu zu berechnen und hiernach die Gesamtflächen der in Betracht kommenden Besitzstände — also nicht die Flächen der einzelnen Grundstücke — in der Forderungs- und Zuteilungsliste zu berichtigen. Besteht sodann noch Anlaß, auch die Gesamtfläche des Umlegungsgebiets zu berichtigen, so ist die zu behebende Abweichung nach dem Flächenverhältnis auf die Gesamtflächen sämtlicher Besitzstände zu verteilen (Flächenabgleichung). Vergl. das Musterformblatt Anlage 3. Eine der Umlegung vorgängige Vermessung einzelner oder sämtlicher im Umlegungsgebiet gelegener Grundstücke ist nur auf Antrag und Kosten der beteiligten Grundeigentümer vorzunehmen.

4. Fällt das Umlegungsgebiet in zwei oder mehr Gemeindebezirke, so ist schon bei der Ausarbeitung des Neueinteilungsentwurfs auf eine zweckmäßige Regelung der Gemeindebezirksgrenzen Rücksicht zu nehmen. Die bestehenden und in Aussicht zu nehmenden neuen Gemeindebezirksgrenzen sollen im Neueinteilungsplan ersichtlich gemacht werden. Dem vom Umlegungsausschuß zur geeigneten Zeit zu stellenden Antrag auf Abänderung der Gemeindegrenzen ist ein Katasterplan beizugeben, der die bestehenden und die in Aussicht genommenen neuen Gemeindegrenzen sowie die Neueinteilung längs dieser Grenzen ersehen läßt. Die bestehenden Gemeindegrenzen sind hierin durch ein rotes, die neuen durch ein graues Farbenband, die Neueinteilungen durch rote Linien kenntlich zu machen. Die Flächenangaben im Antrage können auf die von einer Gemeinde zur anderen übergehenden Gesamtflächen beschränkt werden.

5. Die Prüfung der messungstechnischen Ausarbeitungen durch die dem zuständigen Messungsamt unmittelbar vorgesetzte Stelle hat, unbeschadet der

Schlußprüfung nach Art. 36 Abs. II abschnittweise zu erfolgen und ist jeweils mit tunlichster Beschleunigung vorzunehmen (vergl. hierzu die Ausführungen zu Art. 36).

6. Die durch die Umlegung veranlaßte Regelung der Rechte an den Grundstücken (Art. 12) ist im Lastenverzeichnis nachzuweisen. Die Regelung erfolgt durch den Umlegungsausschuß im Zusammenwirken mit dem Messungsamt und soweit veranlaßt im Benehmen mit den Beteiligten. Sie umfaßt die bereits bestehenden, die künftig wegfallenden, abzuändernden und neuzuschaffenden Rechte.

7. Von jeder nach der Herstellung der Besitzliste bis zum Abschluß der Neueinteilung im Grundbuch zur Eintragung gelangenden Eigentumsänderung hat das Grundbuchamt die Gemeinde zu benachrichtigen. Einer weiteren Mitteilung nach Art. 26 Abs. II des Gesetzes bedarf es daneben nicht. Erfolgt die Umschreibung im Grundsteuerkataster durch das Finanzamt nicht auf Grund des von dem Grundbuchamt übersendeten Umschreibungsverzeichnisses (§ 20 Abs. 1 der Bekanntmachung des Staatsministeriums der Finanzen vom 23. Februar 1905 über die Fortführung des Grundsteuerkatasters, FinMinBl. S. 39, JMBl. S. 593), so hat das Finanzamt die Gemeinde von der Umschreibung zu benachrichtigen.

8. Befinden sich in der Umlegungsfläche Grundstücke, die nach Art. 6 des Gesetzes von der Neueinteilung ausgeschlossen werden können oder müssen, so ist dies in der Spalte für Bemerkungen der Besitzliste vorzumerken.

Zu Art. 34 und 35.

1. Die Regierung, Kammer des Innern, entscheidet im verwaltungsrechtlichen Verfahren. Dabei hat sie die erhobenen Einwendungen nach allen Richtungen, auch nach den in Art. 3 festgesetzten Voraussetzungen zu würdigen. Das gleiche gilt für den Verwaltungsgerichtshof.

2. Mit Geldentschädigungen hat sich die Regierung überhaupt nicht zu befassen. Sie hat also auch nicht darüber zu entscheiden, ob eine Geldentschädigung, sei es neben der Zuteilung von Grundstücken oder einer sonstigen Abfindung, sei es ohne eine solche zu gewähren ist (vergl. die Vollzugsvorschrift zu Art. 39 Abs. I).

Zu Art. 36.

1. Die Umlegungsübersicht besteht wie das Messungsverzeichnis, aus dem Vortrage, der Flächenberechnung und der Planbeilage. Der Vortrag gründet sich auf den Umlegungsplan, insbesondere auf die Besitzliste und auf die Forderungs- und Zuteilungsliste. Für seine äußere Gestaltung ist das Musterformblatt Anlage 5 maßgebend. Die Flächenberechnungen sind in der Hauptsache jene, die auch zur Anfertigung der Forderungs- und Zuteilungsliste verwendet wurden. Die Herstellung der Planbeilage bemißt sich nach den Vorschriften der Dienstanweisung für die Messungsämter.

Anlage 5.

2. Das Lastenverzeichnis bildet eine Beilage zur Umlegungsübersicht. Sobald die Verhandlungen wegen Regelung der Rechte an den Grundstücken abgeschlossen sind, hat das Messungsamt die endgültige Ausarbeitung und Fertigstellung des Verzeichnisses vorzunehmen.

3. Nach Fertigstellung der Umlegungsübersicht und des Lastenverzeichnisses sind beide Ausarbeitungen durch den Umlegungsausschuß beschlußmäßig anzuerkennen und sodann durch das zuständige Messungsamt abzuschließen. Die abgeschlossene Umlegungsübersicht wird sodann samt Unterlagen (Handrissen, Abmarkungsprotokollen, Flächenberechnungen) und Umlegungsplan der dem Messungsamt unmittelbar vorgesetzten Stelle zur Schlußprüfung — vergl. den vorletzten Absatz der Ausführungen zu Art. 30 — vorgelegt.

4. Diese leitet nach erfolgter Prüfung die Umlegungsübersicht nebst Umlegungsplan an die Regierung, Kammer des Innern, zur Weiterbehandlung nach Art. 36 Abs. II, während die Unterlagen an das Messungsamt hinauszugeben sind. Die Vollziehbarerklärung wird der Umlegungsübersicht am Schlusse beigefügt und im Lastenverzeichnis vorgemerkt. Auszüge aus den Umlegungsübersichten für den Amtsgebrauch werden nicht angefertigt. Nach Vollzug der Katasterumschreibung sind die Übersichten zur Verwahrung an das zuständige Messungsamt abzugeben.

Zu Art. 39.

1. Die Entscheidung über Geldentschädigungen steht der Kreisregierung nicht zu (Art. 34 Abs. II Satz 4 des Gesetzes, vergl. die Vollzugsvorschrift zu Art. 34 und 35). Die Klage im ordentlichen Rechtsweg richtet sich gegen die Festsetzung des Umlegungsausschusses nach Art. 32 Abs. II Satz 3 des Gesetzes. Hat der Umlegungsausschuß in einem Falle, in welchem an sich eine Geldentschädigung in Betracht kommen kann, die Zubilligung einer Geldentschädigung unterlassen, weil nach seiner Ansicht ein Schaden nicht entstanden ist, oder ist die Gemeinde mit einer festgesetzten Geldentschädigung nicht einverstanden, weil sie das Vorliegen eines Schadens bestreitet, so ist auch hierüber im ordentlichen Rechtsweg zu streiten. Entzogen ist dem Gerichte nur die Frage, ob die zu dem Anspruch auf Geldentschädigung Anlaß gebende Maßnahme gerechtfertigt ist. Dagegen ist die Bemessung der Entschädigung ganz in die Hände der Gerichte gelegt. Dazu gehört auch die Entscheidung darüber, inwieweit ein durch Geldentschädigung auszugleichender Schaden entstanden ist.

2. Die Ausführung des Unternehmens wird durch die Beschreitung des Rechtsweges nicht aufgehalten. Diese Bestimmung bezweckt, daß das Unternehmen ohne Rücksicht auf etwaige Rechtsstreite und deren Ausgang ausgeführt werden *kann* (nicht *muß*). Ist zu befürchten, daß ein Rechtsstreit ungünstig ausgeht und daß durch den ungünstigen Ausgang das ganze Unternehmen gefährdet wird, so wird es Sache der Beteiligten sein, die Ausführung vorerst noch zurückzustellen.

Zu Art. 42.

Der im Art. 42 Abs. II genannte Betrag von 300 ℳ wird nach Art. 1 des Gesetzes vom 14. August 1923 zur Änderung des Gesetzes vom 15. Juni 1898, das Unschädlichkeitszeugnis betr. (GVBl. S. 280) durch den jeweils vom Staatsministerium der Justiz festgesetzten Betrag ersetzt.

Zu Art. 43.

1. Das Ersuchen an das Grundbuchamt hat die sämtlichen zur Grundbuchberichtigung erforderlichen Eintragungen und Löschungen (Art. 37, 38) zu enthalten.

2. Von dem Vollzug der Eintragungen der neuen Eigentümer hat das Grundbuchamt das Finanzamt zu verständigen. Einer Eintragung in das Umschreibverzeichnis des Grundbuchamts (§ 579 der Dienstanweisung für die Grundbuchämter) bedarf es nicht.

Zu Art. 46.

Abs. I hat hauptsächlich die sogenannten Neidstreifen, Schikanierzwickel usw. im Auge, deren Beseitigung bisher großen Schwierigkeiten begegnete.

Zu Art. 47.

Die Zustimmung der Beteiligten setzt auch eine Einigung über die Kosten des Verfahrens und des Unternehmens voraus.

München, den 14. September 1923.

Gürtner. Dr. **Schweyer.** J. V. Dr. **v. Deybeck.**

Amtsgericht .... **Anlage 1.**

Finanzamt .... Messungsamt ....

Bezirksamt ....

Baulandumlegung ....

in de...... Steuergemeinde ....

Besitzliste.

Vorschriften für die Herstellung der Besitzliste.

1. Änderungen auf Grund der VB. zu Art. 18 sind mit blauer Tinte nachzutragen.
2. Am Schlusse der Besitzliste sind die nach Besitzständen und Steuergemeinden bereits geordneten Einlagen zunächst nach Steuergemeinden und sodann für das ganze Umlegungsgebiet zusammenzustellen.

Seite . . . . .

Seite des Nachtrags	Plan-Nummer	Benennung und Kulturart	Flächeninhalt nach Hektaren	Flächeninhalt nach Tagwerken	Bonitätsklasse	Grundsteuer-Verhältniszahl	Grundbuch Band	Grundbuch Seite	Bemerkungen
		Hs.-Nr. 1 Forstenhof.	*Gemeinde.*						
		Stgmde. Forstenhof.							
	573	*Forstenhofer Hutung, Weide . . . . .*	*1 361*	*3 99*	*3*	*12 0*	*II*	*104*	
	573 1/2	*Forstenhofer Weg .*	*0 096*	*0 28*	.	. .			der unausgeschiedenen Wegfläche entnommen
	326	*Feldweg ins Hartl .*	*0 113*	*0 33*	.	. .			
		Summe	*1 570*	*4 60*		*12 0*			
		Hs.-Nr. 2 Forstenhof.	*Gebhart Alois und Maria in allg. Gg.*						
		I. Stgmde. Forstenhof.							
	v. 561	*Kreuzacker . . . .*	*0 899*	*2 64*	*6*	*15 8*	*II*	*88*	Katasterfläche = 1.489 = 4.37 × 6 = 26.2
	562	*Stadtwegacker . .*	*0 348*	*1 02*	*5*	*5 1*	*III*	*74*	
	562 1/8	*„ Überstoß*	*0 003*	*0 01*	*5*	*0 1*	*III*	*74*	
			1 250	*3 67*		*21 0*			
		II. Stgmde. Thalhofen.							
	1325	*Die Sonnenläng, Acker*	*0 228*	*0 67*	*7*	*4 7*	*I*	*113*	
	v. 1326	*„ „ „*	*0 031*	*0 09*	*7*	*0 6*	*I*	*113*	Katasterfläche = 0.402 = 1.18 × 7 = 8.2
			0 259	*0 76*		*5 3*			
		Summe	*1 509*	*4 43*		*26 3*			
		Seite 1	*3 079*	*9 03*		*38 3*			

Die Formblätter Anlage 1 bis 5 können vom Landesvermessungsamt München bezogen werden.

Amtsgericht ....
Finanzamt
Bezirksamt ....

Anlage 2.

Messungsamt ....

Baulandumlegung ....
in de...... Steuergemeinde ....

Lastenverzeichnis.

Stand vor der Umlegung.

Sachregister				Grundbuch	
Plan-Nummer	Flächeninhalt Hektaren	Benennung und Kulturart	Band und Seite des Grundbuchs	Abteilung II	Abteilung III
1	2	3	4	5	6
		Hs.-Nr. 1 Forstenhof.		*Gemeinde.*	
		Stgmde. Forstenhof.			
573	*1.361*	*Forstenhofer Hutung, Weide . . . . .*	*II 104*	*Weiderecht für Hs.-Nr. 2, 3, 4, 5 und 6 Forstenhof*	—
573¹/₂	*0.096*	*Forstenhofer Weg . .*	—	—	—
326	*0.113*	*Feldweg ins Hartl . .*	—	—	—
		Hs.-Nr. 2 Forstenhof.		*Gebhart Alois und Maria in allg. Gg.*	
		I. Stgmde. Forstenhof.			
561¹/₂	*0.899*	*Kreuzacker . .*	*II 88*	*Gehrecht zu Gunsten Pl.-Nr. 565*	
562	*0.348*	*Stadtwegacker . . .*	*III 74*	—	*Hypothek*
562¹/₃	*0.003*	*„ , Überstoss*	*III 74*	—	*Hypothek*
		II. Stgmde. Thalhofen.			
1325	*0.228*	*Die Sonnenläng, Acker*	*I 113*	*Fahrtrecht für die Gemde. Forstenhof*	—
1326¹/₄	*0.031*	*„ „ „*	*I 113*	*Fahrtrecht für die Gemde. Forstenhof*	—

Stand nach der Umlegung.

Sachregister			Grundbuch		Bemerkungen
Plan-Nummer	Flächeninhalt Hektaren	Benennung und Kulturart	Abteilung II	Abteilung III	
7	8	9	10	11	12
		Hs.-Nr. 1 Forstenhof.	*Gemeinde.*		
		Stgmde. Forstenhof.			
550	*0.980*	*Spiel- und Turnplatz .*	*Weiderecht erlischt*	—	*ins Grundbuch einzutragen*
561	*0.600*	*Sonnenstrasse*			*ins Grundbuch einzutragen*
574	*0.825*	*Hartlstrasse und Brunnenplatz*			*ins Grundbuch einzutragen*
589	*0.143*	*Querstrasse*			*ins Grundbuch einzutragen*
		Hs.-Nr. 2 Forstenhof.	*Gebhart Alois und Maria in allg. Gg.*		
		Stgmde. Forstenhof.			
551 N	*0.810*	*Baugründe an der Sonnen- u. Hartlstrasse*	*Gehrecht erlischt*		
552 N	*0.244*	*Bauplatz an der Sonnenstrasse*	—	*Hypothek*	*Ersatzgrundstück für Pl.-Nr. 562 u. 568¹/₃*
zur Stgmde.		*Forstenhof gezogen!*	*Fahrtrecht erlischt*		

Amtsgericht ....

Anlage 3.

Finanzamt .... Messungsamt ....

Bezirksamt ....

Baulandumlegung ....

in de...... Steuergemeinde ....

Forderungs- und Zuteilungsliste.

Einlage		Gemeindebedarf (Art. 7) 40 %	Zuteilungssoll	Tatsächliche Zuteilung		Mehrzuteilung	Minderzuteilung	Entschädigungsfläche gemäß Art. 7 Abs. VI S. 3 (s. Spalte 2)	Bemerkungen
Pl.-Nr.	ha	ha	ha	Pl.-Nr.	ha	ha	ha	ha	
1	2	3	4	5	6	7	8	9	10
	Bs.-Nr. 1 Forstenhof.					*Gemeinde*			
	Stgmde. Forstenhof.								
573	*1.361*			*550*	*0.980*				
573 1/2	*9.096*								
326	*0.113*								
	1.570								
Flächenberichtigung	*+ 0.140*								
Flächenabgleichung	*— 0.005*								
Bleibender Verkehrsraum	*— 0.030*								
Summe	*1.675*	*0.670*	*1.005*	*Summe*	*0.980*		*0.025*	*0.084*	
	Bs.-Nr. 2 Forstenhof.			*Gebhart Alois und Maria in allg. Gg.*					
	I. Stgmde. Forstenhof.								
561 1/2	*0.899*			*551 N*	*0.810*				
562	*0.348*			*552 N*	*0.244*				
562 1/2	*0.003*								
	II. Stgmde. Thalhofen.								
1325	*0.228*								
1326 1/4	*0.031*								
	1.509								
Flächenabgleichung	*— 0.005*								
Summe	*1.504*	*0.602*	*0.902*	*Summe*	*1.054*	*0.152*		*0.075*	

Vorschriften für die Herstellung der Forderungs- und Zuteilungsliste.

1. Öffentliche Wege, Straßen und Plätze, soweit sie im Baulinienplan zur Befriedigung des Gemeindebedarfs ausgeschieden wurden, sind in der Forderungs- und Zuteilungsliste bei den in Betracht kommenden Besitzständen als „bleibender Verkehrsraum“ in Abzug zu bringen. Vgl. Spalte 1 und 2.

2. Am Schlusse der Liste oder in einer Beilage hierzu sind zusammenzustellen:
   a) die für die einzelnen Besitzstände in Spalte 4 ausgewiesenen Flächen (Zuteilungssoll),
   b) die in Spalte 3 vorgetragenen Flächen (Gemeinbedarf),
   c) der bleibende Verkehrsraum nach Spalte 2,
   d) die Flächenberichtigungen nach Spalte 2 (+ und —),
   e) die Flächenabgleichungen nach Spalte 2 (+ oder —),
   f) die Einzelsummen a bis e.

Die hiernach sich ergebende Gesamtsumme muß mit der in der Besitzliste festgestellten Gesamtsumme der katastermäßigen Einlagen (Gesamtfläche des Umlegungsgebiets) übereinstimmen.

3. Die Einzelsummen b und c müssen zusammen die Gesamtfläche der aus der Umlegung hervorgehenden öffentlichen Wege und Plätze ergeben.

4. Außerdem sind zusammenzustellen die tatsächlichen Zuteilungen (Spalte 6) nach Steuergemeinden, ferner die Mehrzuteilungen und Minderzuteilungen (Spalte 7 und 8), die gleich groß sein müssen, endlich die Entschädigungsfläche nach Spalte 9.

Anlage 4.

Amtsgericht .... Messungsamt ....

Finanzamt ....

Bezirksamt ....

Baulandumlegung ....

in de...... Steuergemeinde ....

Entschädigungsliste.

Bemerkung.

Soweit der Verlust oder Schaden eines Beteiligten unmittelbar einem anderen Beteiligten zugute kommt (z. B. bei Zuteilung eines Gartens usw. an einen anderen Eigentümer), ohne daß ein sonstiger Ausgleich getroffen ist, ist der andere Beteiligte entschädigungspflichtig.

Geldentschädigungen an die Beteiligten

Hs.-Nr.	Name und Wohnort der Beteiligten	Pl.-Nr.	Anrechnung gemäß Art. 7 Abs. VIII	Entschädigungen gemäß Artikel						
				7 Abs. VI S. 3	7 Abs. IV	8	9	10	12 Abs. I S. 1	12 Abs. II

Geldleistungen der Beteiligten **Abgleichung**

Leistungen gemäß Artikel					Summe der Entschädigungen	Summe der Leistungen	Gesamtentschädigung	Gesamtleistung	Bemerkungen
7 Abs. IV bezw. VI S. 3	9	10	12 Abs. II S. 2	12 Abs. II					

Amtsgericht .... **Anlage 5.**

Finanzamt .... Messungsamt ....

Bezirksamt ______________________

Baulandumlegung ....

in de...... Steuergemeinde ....

Umlegungsübersicht.

Geprüft nach Entschließung ....

vom .... 19............ Nr. ....

In das Grundbuch eingetragen im Monat .... 19............ .... Im Kataster umgeschrieben im Monat .... 19............	Der Vollzug des Plan- und Repertorial-Nachtrags wird bestätigt: Am .... 19............ Messungsamt.

Besitzstand vor der Umlegung.

Pl.-Nr.	Benennung und Kulturart	Flächeninhalt nach Hekt.		Tgw.		Bonitätsklasse	Grundsteuer-Verhältniszahl		Bemerkungen
	Hs.-Nr. 1 Forstenhof.								*Gemeinde*
	Stgmde. Forstenhof.								
573	*Forstenhofer Hutung, Weide* .	1	361	3	99	3	12	0	*nach Kataster*
$573^{1}/$	*Forstenhofer Weg*	0	096	0	28	—	—	—	*nach Kat. u. Mess V. 254/1923*
826	*Feldweg ins Hartl*	0	113	0	33	—	—	—	„
	Summe	1	570	4	60		12	0	
	Hs.-Nr. 2 Forstenhof.								*Gebhart Alois und Maria in allg. Gg.*
	I. Stgmde. Forstenhof.								
$661^{1}/_{2}$	*Kreuzacker*	0	899	2	64	6	15	8	*nach Kat. u. Mess V. 254/1923*
562	*Stadtwegacker*	0	348	1	02	5	5	1	„ „ *Mess Op. 2/1871*
$562^{1}/_{2}$	„ , *Überstoss* . . .	0	003	0	01	5	0	1	„
	II. Stgmde. Thalhofen.								
1325	*Die Sonnenlüng, Acker* . . .	0	228	0	67	7	4	7	*nach Kat.*
$1326^{1}/_{4}$	„ „ „ . . .	0	031	0	09	7	0	6	„ „ *u. Mess V. 256/1923*
	Summe	1	509	4	43		26	3	
	Besitzstand nach der Umlegung.								
550	*Spiel- und Turnplatz*	0	980	2	88	20	57	6	
561	*Sonnenstrasse*	0	600	1	76	—	—	—	
574	*Hartlstrasse und Brunnenplatz*	0	825	2	42	—	—	—	
589	*Querstrasse*	0	143	0	42	—	—	—	
	Summe	2	548	7	48		57	6	
551 N	*Baugründe an der Sonnen- u. Hartlstrasse*	0	810	2	38	20	47	6	
552 N	*Bauplatz an der Sonnenstrasse zur Stgmde. Forstenhof gezogen!*	0	244	0	71	20	14	2	
	Summe	1	054	3	09		61	8	

Vorschriften für die Herstellung der Umlegungsübersicht.

1. Am Schlusse der Umlegungsübersicht sind die Einlagen und Zuteilungen zunächst nach Steuergemeinden und sodann für das gesamte Umlegungsgebiet zusammenzustellen.

2. Änderungen, die sich infolge Berichtigungen und infolge Änderungen der Bezirke der Steuergemeinden ergeben, sind lediglich bei den Gesamtflächen der Steuergemeinden und bei der Gesamtfläche des Umlegungsgebiets auszuweisen.

VIII. Verordnung über die Wohnungsaufsicht.

Vom 10. Februar 1901 (GVBl. S. 73).

Wir finden Uns bewogen, auf Grund des Art. 73 Abs. II und III des Polizeistrafgesetzbuches für das Königreich Bayern vom 26. Dezember 1871 in der Fassung des § 2 des Gesetzes vom 22. Juni 1900 — Gesetzes-Verordnungsblatt 1900 S. 484 — zu verordnen wie folgt:

Bestellung der Wohnungsaufsicht.

§ 1.

In allen Gemeinden des Königreichs ist eine polizeiliche Beaufsichtigung der Wohnungen und Wohnungsräume einzuführen.

Die Wohnungsaufsicht hat im Allgemeinen den Zweck, dem Wohnungswesen fortgesetzt sorgsames Augenmerk zuzuwenden, auf Verbesserung der Wohnungsverhältnisse, namentlich der Minderbemittelten, hinzuwirken, Mißstände zu beseitigen und hienach das Geeignete vorzukehren.

Zuständigkeit.

§ 2.

Die Handhabung der Wohnungsaufsicht obliegt den Ortspolizeibehörden, in München dem Stadtmagistrate bezw. der k. Polizeidirektion und der Lokalbaukommission auf Grund der bestehenden Zuständigkeitsbestimmungen.

Wohnungskommissionen.

§ 3.

Nach Maßgabe des Bedürfnisses sind in größeren Städten, dann in sonstigen Orten mit dichter Bevölkerung eigene Wohnungskommissionen zu bestellen.

Die Zahl der Mitglieder der Wohnungskommission wird durch Beschluß der Gemeindeverwaltung (Magistrat, Gemeindeausschuß, Gemeinderat) bestimmt. Durch dieselbe erfolgt auch die Wahl der Mitglieder und zwar auf die Dauer der Wahlperiode, in magistratischen Gemeinden auf je 6 Jahre. Es wird hiebei auch auf eine Vertretung des ärztlichen Standes Rücksicht zu nehmen sein.

Die Tätigkeit der Mitglieder der Wohnungskommission ist eine ehrenamtliche, wobei jedoch nicht ausgeschlossen ist, daß für besondere Mühewaltung einzelner Mitglieder von der Gemeindevertretung eine Vergütung bestimmt und gewährt wird. Die Mitglieder sind auf gewissenhafte unparteiische Geschäftsführung und Wahrung der Amtsverschwiegenheit handgelübdlich zu verpflichten. Durch die Gemeindeverwaltung ist eine Geschäftsordnung zu erlassen.

Wohnungsinspektoren.

§ 4.

Im Bedürfnisfalle sind der Wohnungskommission eigene durch die Gemeinde aufzustellende Wohnungsinspektoren als Hilfsorgane beizugeben.

Je nach den örtlichen Verhältnissen kann der Dienst eines Wohnungsinspektors einem Gemeindebediensteten neben anderen Verrichtungen übertragen werden.

Die Aufgabe der Wohnungsinspektoren ist durch eine Dienstanweisung zu regeln, welche von der Ortspolizeibehörde nach Einvernahme der Wohnungskommission zu erlassen ist.

Wohnungserhebung (Enquete).

§ 5.

Insoferne es zur Gewinnung eines Überblicks über die Wohnungsverhältnisse geboten erscheint, sind durch die Gemeinde unter Mitwirkung der zur Wohnungsaufsicht berufenen Organe Wohnungserhebungen zu veranstalten. Das Ergebnis dieser Erhebungen bildet die Grundlage für die zur Beseitigung von Mißständen weiter veranlaßten Anordnungen.

Umfang der Wohnungsaufsicht.

§ 6.

Alle Gebäude und Gebäudeteile, welche zum Aufenthalte für Menschen als Wohn-, Schlaf- oder Arbeitsräume dienen, sowie die dazu gehörigen Küchen, Aborte, Zugänge, Keller oder sonstigen Räume unterliegen der polizeilichen Wohnungsaufsicht.

Die den Gewerbeaufsichtsorganen obliegende Kontrolle der Arbeitsräume wird hiedurch nicht berührt.

Ausübung der Wohnungsaufsicht im Allgemeinen.

§ 7.

Den mit Ausübung der Wohnungsaufsicht betrauten Organen ist der Zutritt in die der Aufsicht unterstehenden Räume zu gestatten.

Die Aufsichtsbeamten haben sich beim Betreten fremder Wohnungen anzumelden, sich unaufgefordert über ihre Person und ihren Dienst zu legitimieren und die Wohnungsbesichtigung zu einer Zeit und in einer Weise vorzunehmen, daß hiedurch eine Belästigung der Beteiligten tunlichst ferngehalten wird.

Abstellung von Mißständen.

§ 8.

Werden bei Ausübung der Wohnungsaufsicht Mißstände wahrgenommen, so ist deren Abstellung zunächst im Wege der Belehrung und Mahnung zu versuchen.

Ist die Beseitigung beanstandeter Mißstände auf diese Weise nicht zu erreichen, so haben da, wo besondere Organe mit Ausübung der Wohnungsaufsicht betraut sind, diese an die Ortspolizeibehörde Anzeige zu erstatten.

Die Ortspolizeibehörde hat hinsichtlich der zu ihrer Kenntnis gelangenden Mißstände, soweit dieselben auf vorstehende Weise nicht beseitigt werden können, nach Maßgabe der gesetzlichen Bestimmungen und der vorliegenden besonderen Verhältnisse weitere Verfügung zu treffen.

Müssen althergebrachte Verhältnisse und Zustände aus gesundheitlichen Rücksichten beanstandet werden, so ist deren allmähliche Beseitigung unter Vorsteckung einer entsprechenden Frist ins Auge zu fassen.

Beziehen von Neubauten.

§ 9.

Neuhergestellte Wohnungen und Wohnungsräume dürfen ohne polizeiliche Genehmigung nicht bezogen werden.

Diese Genehmigung ist schriftlich zu erteilen und darf erst erfolgen, wenn die betreffenden Wohnungen oder Wohnungsräume vollständig fertiggestellt und genügend ausgetrocknet sind.

Zuständig zur Erteilung der Genehmigung ist die Ortspolizeibehörde, in München die Lokalbaukommission.

Luft und Licht für Wohnräume.

§ 10.

Alle Räume, welche als Wohn-, Schlaf- oder Arbeitsräume benützt werden, sollen hinreichend Luft und Licht und zwar in der Regel unmittelbar aus dem Freien erhalten.

Ausnahmen können von der Ortspolizeibehörde bei solchen Gebäuden gestattet werden, welche vor Erlaß dieser Vorschriften entstanden sind. Hiebei darf jedoch den etwa früher erlassenen bau- oder gewerbepolizeilichen Anordnungen kein Eintrag geschehen.

Beschaffenheit der zum Aufenthalt für Menschen bestimmten Räume.

§ 11.

Alle zum Aufenthalt für Menschen dienenden Räume sollen in bezug auf baulichen Zustand, Trockenheit und Reinlichkeit derart beschaffen sein, daß aus ihrer Benützung gesundheitliche Gefahren nicht entstehen.

Belegung der Schlafräume.

§ 12.

Schlafräume sollen für die hierin untergebrachten Personen einen genügenden Luftraum enthalten und dürfen nicht in einer Weise belegt werden, welche den Anforderungen der Sittlichkeit zuwiderläuft. In einzelnen Orten ist veranlaßten Falls das Mindestmaß des Luftraumes durch ortspolizeiliche Regelung festzusetzen.

Heizvorrichtungen und Feuerungen.

§ 13.

Die Heizvorrichtungen und Feuerungen müssen so beschaffen sein, daß durch ihren Gebrauch die Gesundheit nicht gefährdet wird.

Aborte.

§ 14.

Die Abortanlagen müssen, unbeschadet der auf Grund des Artikel 73 Absatz I des Polizei-Strafgesetzbuches erlassenen Bestimmungen, so eingerichtet sein, daß ihre Benützung ohne Verletzung von Sitte und Anstand erfolgen kann.

Schlafgängerwesen.

§ 15.

Jedem Schlafgänger ist eine eigene Lagerstätte zur Verfügung zu stellen.

Bei der Unterbringung von Schlafgängern ist die Trennung nach dem Geschlechte durchzuführen; auch für die Zugänge zu den Schlafstellen haben die Rücksichten der Sittlichkeit Beachtung zu finden.

Die an Schlafgängerinnen vergebenen Räume müssen von innen verschließbar, jedenfalls aber mit einem Riegel versehen sein.

Die als Schlafstellen benützten Räume dürfen in bezug auf die Möglichkeit einer Rettung bei Feuersgefahr keinem Bedenken unterliegen.

Ober- und ortspolizeiliche Vorschriften.

§ 16.

Die nähere Regelung der in den §§ 10—15 einschließlich behandelten Verhältnisse wie auch der Erlaß weiterer einschlägiger Anordnungen, so namentlich hinsichtlich der Unterbringung des gewerblichen und häuslichen Dienstpersonals, hat, soweit veranlaßt, im Wege ober- und ortspolizeilicher Vorschriften zu erfolgen.

Auf dem Lande, dann in Märkten und Städten mit ländlichen Verhältnissen können bei Handhabung der Bestimmungen in §§ 10—13 Erleichterungen insoweit gewährt werden, als einerseits die Durchführung einzelner Bestimmungen unverhältnismäßige Schwierigkeiten mit sich bringen würde und andererseits gesundheitliche und sittliche Gefahren nicht zu befürchten sind.

Staatsaufsicht.

§ 17.

Die den Gemeinden vorgesetzten Aufsichtsbehörden haben unter Mitwirkung des Amtsarztes darüber zu wachen, daß den Bestimmungen über die Handhabung der Wohnungsaufsicht überhaupt sowie insbesondere über die Aufstellung von Wohnungskommissionen und Wohnungsinspektoren sowie über die Veranstaltung von Wohnungserhebungen entsprechend Rechnung getragen wird, und haben nötigenfalls im Aufsichtswege das Geeignete anzuordnen.

In Hof-, Staats-, Kultus- und Stiftungsgebäuden wird die Wohnungsaufsicht nach Maßgabe der Bestimmungen gegenwärtiger Verordnung durch die zur Ueberwachung dieser Gebäude zuständigen Organe ausgeübt.

§ 18.

Durch gegenwärtige Verordnung bleiben die einschlägigen Vorschriften des bürgerlichen Rechts, welche bestimmte Anforderungen an Wohn-, Schlaf- oder Arbeitsräume stellen, unberührt.

IX. Verordnung über die Errichtung von Denkmälern.

Vom 27. März 1919 (GVBl. S. 119).

Auf Grund des Artikels 101 Abs. 3 des Polizeistrafgesetzbuchs wird verordnet:

1. Die Errichtung, Wiederherstellung, Instandsetzung, Änderung oder Beseitigung von Denkmälern auf oder an öffentlichen Straßen, Wegen oder Plätzen bedarf der baupolizeilichen Genehmigung.
2. Das gleiche gilt für Denkmäler in Friedhöfen mit Ausnahme der Denkmäler für Einzelgräber oder Familiengrabstätten, dann für Denkmäler, die nicht auf oder an öffentlichen Straßen, Wegen oder Plätzen errichtet sind oder errichtet werden, aber von dort gesehen werden können und geeignet sind, das landschaftliche oder Ortsbild wesentlich zu beeinflussen.
3. Eine Anlage, die im Zusammenhange mit einem Denkmale zur Ausgestaltung seiner Umgebung hergestellt ist oder hergestellt wird, gilt als Bestandteil des Denkmals.

X. Bekanntmachung, Errichtung von Denkmälern betr.

Vom 31. Juli 1920 (KMBl. S. 353).

Die Ministerialbekanntmachung vom 27. März 1919 Nr. 10105 (Bayer. Staatsanzeiger Nr. 83, KMBl. S. 32, MABl. S. 68) wird abgeändert und erhält folgende Fassung:

Zum Vollzuge der Verordnung über die Errichtung von Denkmälern vom 27. März 1919 (GVBl. S. 119) werden folgende Anordnungen erlassen:

1. Denkmäler im Sinne dieser Verordnung sind öffentlich aufgestellte Bildwerke aus Stein, Metall, Holz oder anderen Stoffen, wie Standbilder, Gedenksäulen, Gedenktafeln, Bildstöcke, Wegkreuze, Brunnen, dann zu Denkmalszwecken ausgeführte, der Öffentlichkeit gewidmete Garten- und Parkanlagen oder Heldenhaine, soweit sie umfriedet oder mit einer baulichen Anlage versehen sind, unter Umständen auch öffentlich aufgestellte Naturgebilde aus Stein oder Holz.

2. I Gesuche um Erteilung der baupolizeilichen Genehmigung zur Errichtung, Wiederherstellung, Instandsetzung, Änderung oder Beseitigung eines Denkmals sind an die Bezirkspolizeibehörde, in München an die Lokalbaukommission zu richten.

II Dem Gesuche sind folgende Unterlagen beizugeben:

a) ein Lageplan von der durch die Vorschriften der Bauordnungen verlangten Beschaffenheit;

b) eine zeichnerische Darstellung des Entwurfs im Maßstabe von 1:10, bei größeren Anlagen im Maßstabe von 1:20, mit Angabe des Materials, dann des Urhebers des Entwurfs und der Personen, denen die Ausführung und gegebenenfalls die künstlerische Leitung übertragen werden soll;

c) Lichtbildansichten des Denkmalplatzes, aus denen die Lage des Denkmals von allen Seiten her und seine Wirkung auf das Orts- und Straßenbild ersehen werden kann. In eine der Ansichten wäre das Denkmal in seinen Umrissen einzuzeichnen. Nach Möglichkeit wäre auch am Platze des zu errichtenden Denkmals ein Zweimeterstab in senkrechter Stellung mit abzubilden; die Standorte für die Lichtbildaufnahmen sowie der Punkt, an dem der Maßstab aufgestellt ist, wären im Lageplan anzugeben;

d) ein Modell des Denkmals, wenn ein solches in einer Form angefertigt ist, die seine Versendung ohne besondere Schwierigkeiten ermöglicht;

e) gegebenenfalls eine zeichnerische Darstellung der etwa beabsichtigten Ausgestaltung des Standplatzes in der unmittelbaren Umgebung des Denkmals;

f) Angaben über die Höhe der in Aussicht genommenen Gesamtaufwendungen für das Denkmal.

III Betrifft das Gesuch nur einfache Gedenktafeln an Häusern, Instandsetzungsarbeiten oder geringfügige Änderungen an bestehenden Denkmälern, durch die der Gesamteindruck nicht oder nur unwesentlich geändert wird, so kann die Beibringung der Unterlagen ganz oder zum Teil erlassen werden. Bei größeren Anlagen können noch weitere Unterlagen gefordert werden.

IV Die Entwürfe und Pläne sind nicht gerollt, sondern stets gefaltet einzureichen.

3. I Die Denkmalsentwürfe für kreisunmittelbare Städte sind der Regierung, Kammer des Innern, zur unmittelbaren Weiterleitung an das Staatsministerium für Unterricht und Kultus vorzulegen. Die Weisung des Ministeriums ist für die baupolizeiliche Verbescheidung hinsichtlich der künstlerischen Beurteilung maßgebend.

II Die Denkmalsentwürfe für die einem Bezirksamt unterstellten Gemeinden sind von dem Bezirksamte zunächst dem zuständigen Landbauamte zur Begutachtung zuzuleiten. Das Landbauamt gibt sein Gutachten insbesondere darüber ab, ob der baupolizeilichen Genehmigung vom künstlerischen und technischen Standpunkt aus Bedenken entgegenstehen. Dieses Gutachten dient dem Bezirksamt als Grundlage für die weitere Durchführung des Genehmigungsverfahrens. Bei Denkmalsentwürfen, die vom Bayer. Landesverein für Heimatschutz in München entworfen oder begutachtet sind, entfällt die Begutachtung durch das Landbauamt in künstlerischer Hinsicht.

III Gegen den bezirksamtlichen Beschluß ist Beschwerde zur Regierung, Kammer des Innern, zulässig (Bauordnung § 65). Die Regierung legt die Verhandlungen unmittelbar dem Staatsministerium für Unterricht und Kultus vor; die hierauf ergehende Weisung des Ministeriums ist in bezug auf die künstlerische Würdigung für die Verbescheidung der Beschwerde durch die Regierung maßgebend.

4. Handelt es sich um größere Denkmalsanlagen oder um vorwiegend bildhauerische Arbeiten oder hält das Landbauamt oder das Bezirksamt aus einem sonstigen Grunde die Einholung einer ministeriellen Weisung hinsichtlich der künstlerischen Beurteilung des Entwurfes für angezeigt, so hat das Bezirksamt vor der Beschlußfassung die Verhandlungen der Regierung, Kammer des Innern, zur unmittelbaren Weiterleitung an das Staatsministerium für Unterricht und Kultus vorzulegen. Die hierauf ergehende Weisung des Ministeriums ist für die weitere Durchführung des baupolizeilichen Genehmigungsverfahrens bindend.

5. I Bei dem Staatsministerium für Unterricht und Kultus wird eine Sachverständigenkommission gebildet, der zwei Architekten, zwei Bildhauer und ein Maler sowie die erforderlichen Stellvertreter angehören. Die Kommission wird alle zwei Jahre neu zusammengesetzt.

II Die Kommission prüft die dem Staatsministerium für Unterricht und Kultus gemäß Ziff. 3 Abs. I und III und Ziff. 4 dieser Bekanntmachung vorgelegten Denkmalsentwürfe vom künstlerischen Standpunkt und gibt über sie ihr Gutachten ab.

6. Zur Vereinfachung des Verfahrens und zur Ersparung unnötiger Kosten wird es wesentlich beitragen, wenn von den Unternehmern schon möglichst frühzeitig, vor der Einreichung eines förmlichen Gesuches um baupolizeiliche Genehmigung und vor der endgültigen Wahl des Platzes und des Künstlers sowie vor der Inangriffnahme der künstlerischen Entwurfsarbeiten von dem Vorhaben der Denkmalserrichtung Anzeige erstattet wird. Die Anzeige kann an die zuständige Bezirkspolizeibehörde oder an das zuständige Landbauamt gerichtet werden; die Landbauämter werden den Unternehmern hinsichtlich der künstlerischen Gestaltung des Denkmals beratend zur Seite stehen.

7. Das Verfahren ist in allen Teilen möglichst zu beschleunigen.

München, den 31. Juli 1920.

Dr. **Matt**. Dr. **Schweyer**.

XI. Oberpolizeiliche Vorschriften zum Schutze der bei Bauten beschäftigten Personen.

Vom 21. August 1909 (GVBl. S. 655).

Auf Grund des Art. 101 Abs. I und II des Polizeistrafgesetzbuches für das Königreich Bayern (Gesetz- und Verordnungsblatt 1900 S. 484), dann des § 120e Abs. II der Reichsgewerbeordnung, erlassen die K. Staatsministerien des Königlichen Hauses und des Äußern, dann des Innern die nachstehenden Oberpolizeilichen Vorschriften.

Materialien, Geräte und Maschinen.

§ 1.

Alle bei der Herstellung von Gerüsten und anderen provisorischen Bauvorrichtungen zur Verwendung kommenden Materialien, Geräte und Maschinen müssen sich stets in gutem, vollkommen gebrauchsfähigen Zustande befinden.

Allgemeine Bestimmungen für Gerüste.

§ 2.

I Alle Gerüste, sowohl die stehenden wie die hängenden und die auf sogenannten Auslegern aufgeführten, müssen den fachmännischen Grundsätzen und dem jeweiligen Zweck entsprechend in genügender Festigkeit hergestellt und unterhalten werden.

II Ungleichmäßige und übermäßige Belastung der Gerüste ist verboten.

III Eigenmächtige Änderungen an den Gerüsten, insbesondere das Herausnehmen von Klammern und Hölzern, das Entfernen von Schutzbrettern und Dielen, sind den Arbeitern zu verbieten.

IV Zu Arbeiten auf Gerüsten dürfen Personen, die als Epileptiker oder als mit Schwindel behaftet bekannt sind, ferner Taubstumme nicht verwendet werden.

Gerüstständer.

§ 3.

I Die Gerüstständer müssen in der Erde entsprechend tief eingegraben oder auf Holzunterlagen (Schwellen) sicher und unverrückbar befestigt werden.

Schutz gegen Verschiebungen der Gerüste.

§ 4.

I Die Gerüste sind mit den nötigen Streichstangen zu versehen; diese müssen entsprechend befestigt und bei stärkerer Belastung noch durch untergenagelte Knaggen, Eisenklammern, Steifhölzer oder ähnliche Hilfsmittel unterstützt werden.

II Zur Verhütung von Längen- und Seitenverschiebungen der Gerüste müssen genügend starke Verschwertungen (Diagonalverstrebungen) angebracht werden; insbesondere sind die Gerüstleitern bei verhältnismäßig weit von einander liegenden Gerüstgeschossen fest, nötigenfalls kreuzweise abzusteifen.

Gerüstbelag, Bordbretter, Brustwehren, Lauftreppen.

§ 5.

I Die zum Gerüstbelage verwendeten Bretter müssen eine ihrer Belastung entsprechende Stärke haben, dicht aneinander und so gelegt werden, daß das Aufschnappen oder Ausweichen ausgeschlossen ist. Die Gerüst-(Netz)riegel (Hebel) dürfen nicht zu weit auseinander liegen, müssen entsprechend aufgelagert und genügend stark sein.

II Gerüstgeschosse, auf denen gearbeitet wird, oder die von Arbeitern begangen werden müssen, sind mit Bretterbelag und da, wo sie von den Wänden abstehen, innen und außen mit gehörig befestigten Brustwehren und Bordbrettern zu versehen. Ebenso ist das Gerüstgeschoß, über dem gearbeitet wird, dicht abzudecken und mit Bordbrettern zu umgeben. Die Bordbretter müssen an den Bretterbelag dicht anschließen.

III Leiter- und Stangengerüste für Maler- und Stukkaturarbeiten, sowie Gerüste, die nur zum Zwecke des Abscharrierens von Sandsteinfassaden errichtet sind, bedürfen in den einzelnen Geschossen auf der Innenseite keiner Bordbretter und Brustwehren, wenn der Bretterbelag nicht mehr als 30 cm von der Mauer absteht und wenn außerdem in der Höhe des untersten Geschosses eine breite Schutzvorrichtung das Herabfallen von Gegenständen auf den Erdboden verhindert.

IV Lauftreppen sind mit einem festen Geländer und mit Bordbrettern zu versehen und in einer solchen Breite anzulegen, daß sie das Ausweichen zweier Personen gestatten.

V Aus den Gerüstbrettern, Gerüstlatten und sonstigen zur Verwendung gelangenden Holzteilen müssen vorstehende Nägel entfernt werden.

Patentgerüste.

§ 6.

An allen Patentgerüsten ist eine gut begehbare Steigleiter anzubringen. Der Gerüstbelag muß mindestens 50 cm breit sein.

Hängegerüste.

§ 7.

Die Verwendung von Hängekörben und Hängeflößen ist nur mit besonderer baupolizeilicher Genehmigung und nur für solche Reparaturen zulässig, zu deren Ausführung ein größerer Materialaufwand nicht notwendig ist. Diese Gerüste müssen gegen Absturz genügend versichert und vor der Verwendung auf ihre Tragfähigkeit geprüft werden.

Besondere Schutzgerüste.

§ 8.

I Bei allen Arbeiten, bei denen eine erhebliche Gefahr des Absturzes von Personen oder des Herunterfallens von Bauteilen und Werkzeugen besteht, sind besondere Schutzgerüste anzubringen.

II Sind diese Schutzgerüste lediglich zum Schutze der unterhalb arbeitenden Personen, nicht auch für den Verkehr von Personen bestimmt, so sollen sie so hergestellt werden, daß sie nicht ohne weiteres betreten werden können.

Schutzmaßnahmen bei Dacharbeiten.

§ 9.

I Bei Neubauten ist Sorge zu tragen, daß zur Sicherheit der Dacharbeiter das vorhandene Gerüst des Rohbaues so lange stehen bleibt, bis die Eindeckung des Daches und alle anderen Arbeiten am Dache vollendet sind.

II Beim Neubau von drei- und mehrgeschossigen Gebäuden mit harter Dachung sind Schneefanggitter und bei Dächern, deren Neigung mehr als 30° beträgt, auch Dachhaken in genügender Zahl und in solcher Beschaffenheit anzubringen, daß sie die mit Ausbesserungsarbeiten beschäftigten Arbeiter zu tragen vermögen. Bei Turmdächern, an denen Schneefanggitter nicht angebracht werden können, sind mindestens genügend starke Dachhaken vorzusehen.

III Bei Reparaturen ist zur Sicherung der Dacharbeiten am Fuße des Daches eine Vorrichtung anzubringen, die das Abrutschen von Menschen und Material zu verhindern imstande ist.

IV Zur Ausführung von Arbeiten an steilen Dächern und an anderen gefährlichen Gebäudestellen sind, sofern hiezu nicht genügend sichere Schutzgerüste hergestellt werden können, Sicherheitsgürtel und starke Leinen bereitzustellen. Die Arbeiter sind zum Gebrauche derselben anzuhalten.

V Das Eindecken und Anstreichen von Glasdächern darf nur dann vorgenommen werden, wenn unter denselben in entsprechender Höhe ein mit Brettern abgedecktes Gerüst angebracht ist.

Überhandmauern.

§ 10.

I Das Überhandmauern nach außen ist gestattet, wenn ein tragfähiges, die Arbeiter gegen Absturz sicherndes Schutzgerüst auf der Außenseite vorhanden ist.

II Ohne ein solches Schutzgerüst ist das Überhandmauern nach außen nur gestattet bei Bauten, die nur aus Erdgeschoß und Kniestock bestehen, bei Erbauung von Dampfschornsteinen und da, wo es nicht möglich ist, ein Gerüst aufzustellen; in diesen Fällen ist für die Sicherung der Arbeiter anderweitig Sorge zu tragen.

Leitern.

§ 11.

I Alle bei Arbeiten an Gebäuden verwendeten Leitern müssen den Austritt entsprechend überragen und, auch wenn sie nur zu Maler-, Tüncher- oder ähnlichen Arbeiten dienen sollen, so befestigt werden, daß sie weder unten abrutschen noch oben überschlagen oder ausweichen können.

II Die Sprossen müssen in den Leitern gut befestigt sein und dürfen nicht durch aufgenagelte Holzstücke ersetzt werden.

III Der Transport von Lasten auf Leitern ist nur zulässig, wenn eine anderweite Beförderung nicht möglich ist.

IV Leitern dürfen nicht als Laufgänge oder als Gerüstgeschosse verwendet werden.

Aufbringen des Baumaterials.

§ 12.

Während des Aufbringens (Aufziehens) der Balken oder anderen Baumaterials, während des Verlegens der Tramhölzer und während des Aufstellens des Dachstuhls hat, wenn nicht genügende Vorkehrung zur Sicherung getroffen ist, jede Beschäftigung unter den Arbeitsstellen zu ruhen.

Aufzüge.

§ 13.

I Die Material-Aufzüge sind, soweit dies nach der Konstruktion möglich ist, so zu versichern, daß Unfälle ausgeschlossen werden. Insbesondere müssen sie, soweit möglich, vollständig eingeschalt und, wenn im Innern von Bauten befindlich, von Stockwerk zu Stockwerk abgebolzt werden. Die Getriebe dieser Aufzüge sind mit Doppelhaken und mit Sperrvorrichtungen zu versehen.

II Bei Bauaufzügen mit Maschinenbetrieb sind außerdem folgende Vorkehrungen zu treffen:

1. Die Ein- und Auslade-Öffnungen sind gegen unbefugtes Hineintreten und gegen ein Herausfallen der Ladung entsprechend zu sichern.
2. An den Ladestellen ist eine Tafel anzubringen, welche die größte zulässige Belastung angibt und bei den zur Förderung von Personen nicht

bestimmten Aufzügen die Aufschrift trägt: „Mitfahren von Personen verboten."

3. Werden die Fördergefäße zum Zwecke des Beladens und Entladens betreten, so müssen sie an den Ladestellen selbsttätig derart feststellbar sein, daß der Aufzug von einer anderen Stelle aus nicht in Bewegung gesetzt werden kann.
4. Ist der Aufzug zur Förderung von Personen bestimmt, so muß das Fördergefäß auf Mannshöhe ringsum Wände, eine Decke und eine ausreichende Fangvorrichtung besitzen und darf eine Fahrgeschwindigkeit von 1,5 m in der Sekunde nicht überschritten werden.
5. Alle Triebwerksteile, die Seile und Ketten müssen für die Gesamtförderlast fünffache Sicherheit darbieten und stets in bestem Zustand erhalten werden.
6. Die Aufzüge dürfen nur von Personen aufgestellt und bedient werden, die mit allen Vorrichtungen vollkommen vertraut sind.

Untersuchung der Gerüste und Aufzüge.

§ 14.

Alle Teile der Gerüste, das zu diesen verwendete Bindezeug, dann die Aufzugsvorrichtungen mit ihrem Tauwerk und sonstigem Zubehör müssen in entsprechenden Zwischenräumen sorgfältig untersucht werden.

Beseitigung der Gerüste und Absteifungen.

§ 15.

I Es ist Sorge zu tragen, daß bei dem Abbruch der Gerüste und bei dem Entfernen von Absteifungen Personen unter diesen nicht unnütz verweilen.

II Die zur Herstellung von Betondecken, Gewölben und Bogen angebrachten Gerüste dürfen erst dann entfernt werden, wenn die hergestellten Bauteile genügend erhärtet sind und die Aufnahme des entstehenden Seitendrucks durch genügend feste Widerlager gesichert ist.

Abbrucharbeiten.

§ 16.

I Der Abbruch von Gebäuden oder Gebäudeteilen darf nur unter sachverständiger Leitung und Aufsicht erfolgen. Hiebei sind ausreichende Vorsichtsmaßregeln zum Schutze der Personen gegen herabfallende Gegenstände zu treffen. Ein Umwerfen ganzer Wände oder sonstiger Gebäudeteile ist nur bei besonderen Verhältnissen gestattet. Sprengungen dürfen nur mit Erlaubnis der Distriktspolizeibehörde vorgenommen werden.

II Für die entsprechende Absteifung von Bauwerken, die durch den Abbruch anstoßender Bauteile ihre Stütze verlieren, ist Sorge zu tragen.

III Aus Abbruchholz vorstehende Nägel sind zu entfernen oder umzuschlagen.

IV Bauschutt ist beim Aufschütten und Aufladen zur Vermeidung des Staubens ausreichend zu begießen.

V Steinrutschen müssen während der Benützung bedeckt sein. Es ist Sorge zu tragen, daß die Steine am Ausgange der Rutsche nicht mit der Hand entfernt werden.

Baugruben und Ausschachtungen.

§ 17.

I Baugruben und Gräben müssen eine der Standfestigkeit des Materials entsprechende Böschung erhalten oder gut abgesteift werden.

II Neben vorhandenen Bauwerken ist der Aushub der Baugruben und die Herstellung der Fundamente mit besonderer Vorsicht und nur nach Vornahme der nötigen Absteifungen auszuführen. Das gleiche gilt für das Unterfangen bereits bestehender Fundamentmauern.

III Zur Herstellung und Zurückbauung von Ausschachtungen jeder Art dürfen nur fachmännisch ausgebildete Arbeiter verwendet werden.

Abschluß und Überdeckung der Öffnungen.

§ 18.

I Öffnungen in den Balken-(Träger-)lagen und Gewölbedecken, insbesondere solche für Treppen, Lichtschachte und Aufzüge, ferner Kalkgruben und andere beim Verkehr der Bauarbeiter in Betracht kommende Vertiefungen der Baustelle sind mit hinreichend festem Brustgeländer einzufriedigen oder mit Brettern fest zu überdecken.

II Alle Balken-(Träger-)lagen, auf oder über denen gearbeitet wird, müssen in genügender Breite mit Brettern abgedeckt und gegen Öffnungen durch feste Brustgeländer abgeschlossen werden.

III Öffnungen, unter denen ein Personenverkehr stattfindet, sind mit entsprechend hohen Bordbrettern zu versehen, um das Herabfallen von Gegenständen zu verhindern.

IV Tür- und Fensteröffnungen, die zu nicht gedeckten Räumen oder ins Freie führen und für den Personenverkehr Gefahr bieten, sind entsprechend abzuschließen.

Sandstreuen.

§ 19.

Bei Glatteis und bei Frostwetter müssen die Gerüstbretter, Treppen und Laufbahnen ausreichend mit Sand bestreut werden. Das gleiche muß an den oberen Mauerflächen beim Aufbringen von Balkenlagen, Eisenschienen und dergleichen geschehen.

Abschluß nicht genügend erleuchteter Baustellen.

§ 20.

Nach Eintritt der Dunkelheit ist den Arbeitern das Betreten nicht genügend erleuchteter Rohbauten und das Verweilen in diesen zu untersagen. Auch ist der Zutritt soweit tunlich durch Abschließen der Zugänge zu verhindern.

Vorsichtsmaßregeln beim Einsteigen in Schachte.

§ 21.

I Vor dem Einfahren oder Einsteigen in Brunnenschachte, Abortgruben und Kanäle ist festzustellen, ob dort keine das Leben oder die Gesundheit gefährdende Gase vorhanden sind; sind solche vorhanden, ist für deren Beseitigung zu sorgen.

II Der zuerst einsteigende Arbeiter ist anzuseilen.

Abhaltung von Zugluft.

§ 22.

Die im Innern von Gebäuden, insbesondere von Neubauten, beschäftigten Bauarbeiter sind, soweit es nach Art der Arbeit veranlaßt ist, während der kalten Jahreszeit durch Fenster, Türen oder andere entsprechende Vorrichtungen gegen Luftzug und sonstige schädliche Witterungseinflüsse zu schützen.

Koks- und Kohlenfeuer.

§ 23.

Offene Koks- und Kohlenfeuer dürfen zum Austrocknen und Erwärmen der Räume nicht verwendet werden.

Unterkunftsräume.

§ 24.

I Bei allen Bauten, bei denen mehr als zehn Arbeiter gleichzeitig beschäftigt werden, sollen zur Benützung während der Arbeitspausen entsprechend große, gegen die Unbilden der Witterung allseitig geschützte, genügend belichtete, lüftbare und bei kalter Witterung geheizte Unterkunftsräume mit Holzfußböden und ausreichender Sitzgelegenheit zur Verfügung gestellt werden.

II Die Unterkunftsräume sind entsprechend rein zu halten und dürfen nicht als Lager- oder Aufbewahrungsräume für Baumaterialien benützt werden.

III In den Unterkunftsräumen ist an geeigneter, jedem Arbeiter zugänglicher Stelle unter Verschluß des Paliers oder seines Stellvertreters ein Verbandskasten anzubringen. In diesem ist Verbandzeug in hinreichender Menge und gebrauchsfähigem Zustande bereit zu halten und reinlich aufzubewahren.

IV Bei Bauten der im Abs. I bezeichneten Art kann die Baupolizeibehörde erforderlichen Falles die Bereitstellung von Speisewärme-Einrichtungen für die Arbeiter fordern.

Trinkgelegenheit.

§ 25.

I Auf jeder Baustelle ist zum Genusse geeignetes Wasser nebst den erforderlichen Trinkgefäßen bereit zu stellen.

II Die Verabreichung von Bier oder anderen geistigen Getränken auf der Baustelle während der Arbeitszeit ist zu untersagen.

III Betrunkenen Arbeitern ist das Betreten der Baustelle oder das Fortsetzen der Arbeit auf der Baustelle nicht zu gestatten.

Aborte.

§ 26.

I Bei allen Bauten sind den Arbeitern geeignete, für die Geschlechter getrennte, genügend erhellte, lüftbare, reinlich gehaltene und nach Bedarf desinfizierte Aborte in ausreichender Anzahl zur Verfügung zu stellen.

II Die Verunreinigung der Bauten ist verboten.

Verantwortlichkeit.

§ 27.

Verantwortlich für den Vollzug dieser Vorschriften sind zunächst der mit der Bauleitung betraute Baumeister oder Bauhandwerker, der nach den Vorschriften der Bauordnung die verantwortliche Bauleitung übernommen hat, neben diesem diejenigen auf dem Bau beschäftigten Aufsichtspersonen, denen die Überwachung der Bauausführung von dem Bauleiter besonders übertragen ist, außerdem innerhalb ihres Geschäftskreises jene Unternehmer von Nebenbetrieben, die in selbständiger Weise zur Ausführung der Bauten beitragen, und die von diesen mit der Überwachung besonders betrauten Aufsichtspersonen.

Bekanntgabe der Vorschriften.

§ 28.

Gegenwärtige Vorschriften müssen auf jeder Baustelle, wo mehr als 10 Arbeiter gleichzeitig beschäftigt werden, an einem leicht zugänglichen Orte in Plakatform sichtbar angebracht werden.

Ausnahmen.

§ 29.

Die Baupolizeibehörde kann bei dem Vorhandensein besonderer Verhältnisse, namentlich bei einfacheren Bauten auf dem Lande, von einzelnen Bestimmungen der vorstehenden Vorschriften Ausnahmen zulassen, soweit nicht öffentliche Interessen entgegenstehen. Die Ausfertigung der Zulassung ist auf der Baustelle aufzulegen.

Ortspolizeiliche Vorschriften.

§ 30.

Die Erlassung weitergehender ortspolizeilicher Vorschriften nach Maßgabe des bestehenden Bedürfnisses bleibt vorbehalten.

Aufhebung der älteren Vorschriften.

§ 31.

Die oberpolizeilichen Vorschriften zum Schutze der bei Bauten beschäftigten Personen vom 24. Juli 1904 (Gesetz- und Verordnungsblatt S. 257) werden aufgehoben.

XII. Oberpolizeiliche Vorschriften zum Schutze der bei Tiefbauten beschäftigten Personen.

Vom 4. September 1905 (GVBl. S. 567).

Auf Grund des Art. 101 des Polizeistrafgesetzbuches für das Königreich Bayern vom 26. Dezember 1871 in der durch das Gesetz vom 22. Juni 1900 (Gesetz- und Verordnungsblatt S. 484) geänderten Fassung, dann des § 120 e Abs. II der Reichsgewerbeordnung erlassen die K. Staatsministerien des Königlichen Hauses und des Äußern und des Innern die nachstehenden oberpolizeilichen Vorschriften.

I. Allgemeine Vorschriften.

Ausführung der Bauarbeiten im allgemeinen.

§ 1.

Sämtliche Arbeiten bei Tiefbauten, insbesondere an Gerüsten und anderen provisorischen Bauvorrichtungen, müssen den Rücksichten auf Leben und Gesundheit der Arbeiter entsprechend fest und sicher ausgeführt und durch hiezu befähigte Personen geleitet und beaufsichtigt werden.

Materialien, Geräte, Maschinen. Regelmäßige Untersuchung.

§ 2.

Die bei dem Baubetriebe sowie bei den provisorischen Bauanlagen zur Verwendung kommenden Materialien, Geräte und Maschinen müssen sich stets in gutem, vollkommen gebrauchsfähigem und zweckentsprechendem Zustande befinden und in angemessenen Zwischenräumen sorgfältig untersucht werden.

Arbeiten von besonderer Art oder Gefahr.

§ 3.

Bei Arbeiten, welche besondere Kenntnisse erfordern oder mit besonderer Gefahr verbunden sind, insbesondere bei der Aufstellung und Abtragung von Rüstungen jeder Art, beim Brems- und Seilbahnbetrieb, bei maschinellen Anlagen, beim Schiffahrtsbetrieb, bei Abbruch- und Sprengarbeiten dürfen nur fachkundige, geübte und zuverlässige Personen verwendet werden.

Gebrechliche Personen.

§ 4.

Personen, von denen dem Arbeitgeber bekannt ist, daß sie an körperlichen Gebrechen leiden, dürfen nur bei Arbeiten beschäftigt werden, welche sie ohne Gefahr für sich und andere ausüben können.

Die Zugänge zur Arbeitsstätte.

§ 5.

I Durch Anlage sicherer Zugänge und durch geeignete Vorkehrungen (Treppen, Leitern, Stege usw.) ist dafür zu sorgen, daß die Arbeiter die ihnen auf den Baustellen zugewiesenen Arbeitsplätze ohne Gefahr erreichen und verlassen können.

II Bei Dunkelheit sind während des Betriebes die Arbeitsstellen und deren Zugänge ausreichend zu beleuchten.

III Das Betreten der Baustelle nach Schluß der Arbeit ist zu untersagen und soweit tunlich durch Abschließen der Zugänge zu verhindern.

Abschluß der Öffnungen.

§ 6.

Alle beim Verkehr der Arbeiter in Betracht kommenden Vertiefungen der Baustelle, wie Luken, Fundamentgruben, Schachtlöcher, Kalkgruben, sind sicher einzufriedigen oder sicher zu überdecken.

Rettungsvorkehrungen.

§ 7.

I Zur Ausführung von Arbeiten an besonders ausgesetzten Stellen müssen, soferne hiezu nicht genügend sichere Schutzgerüste hergestellt sind, Sicherheitsgürtel und starke Leinen vorrätig gehalten werden. Die Arbeiter sind zum Gebrauche derselben anzuhalten.

II Bei allen mit der Gefahr des Ertrinkens verbundenen Arbeiten nächst und auf dem Wasser sind Rettungsvorkehrungen (Kähne, Seile, Haken, Rettungsringe oder -Bälle und dergl.) an geeigneter Stelle bereit zu halten.

Schutzbrillen.

§ 8.

Bei Arbeiten, welche die Gefahr der Augenbeschädigung durch Steinsplitter, Funken und dergl. mit sich bringen, sind Schutzbrillen bereit zu halten; die Arbeiter sind zum Gebrauche derselben anzuhalten.

Sandstreuen.

§ 9.

Bei Glatteis und Frostwetter müssen die Gerüstbretter, Treppen und Laufdielen sowie die dem Verkehr dienenden Wege und Steige innerhalb der Baustelle ausreichend mit Sand oder dergl. bestreut werden.

Trinkgelegenheit.

§ 10.

I Auf jeder Baustelle ist zum Genusse geeignetes Wasser nebst den erforderlichen Trinkgefäßen bereit zu stellen.

II Die Verabreichung von Bier und anderen geistigen Getränken auf der Baustelle während der Arbeitszeit ist zu untersagen.

III Betrunkenen Arbeitern ist das Betreten der Baustelle oder das Fortsetzen der Arbeit auf derselben nicht zu gestatten.

Aborte.

§ 11.

Bei allen Bauten sind den Arbeitern geeignete, für die Geschlechter getrennte, genügend erhellte, lüftbare, reinlich gehaltene und nach Bedarf desinfizierte Aborte in ausreichender Zahl zur Verfügung zu stellen.

Unterkunftsräume.

§ 12.

I Bei länger dauernden Betrieben an gleichen oder benachbarten Stellen, bei denen mehr als 10 Arbeiter gleichzeitig beschäftigt werden, sollen zur Benützung während der Arbeitspausen entsprechend große, gegen die Unbilden der Witterung allseitig geschützte, genügend belichtete, lüftbare und bei kalter Witterung geheizte Unterkunftsräume mit Holzfußböden und ausreichender Sitzgelegenheit zur Verfügung gestellt werden.

II Die Unterkunftsräume sind entsprechend rein zu halten und dürfen nicht als Lager- oder Aufbewahrungsräume für Baumaterialien benützt werden.

III In denselben ist an geeigneter, jedem Arbeiter zugänglicher Stelle ein Verbandkasten anzubringen, in welchem Verbandzeug in hinreichender Menge und in gebrauchsfähigem Zustande bereit zu halten und reinlich aufzubewahren ist. Eine Anleitung über die erste Hilfeleistung bei Unglücksfällen ist an leicht zugänglicher Stelle in Plakatform anzubringen.

IV Das Aufsichtspersonal soll für Ausübung der Nothilfe bei Unglücksfällen zuverlässig geschult sein.

V Bei Bauten der in Abs. I bezeichneten Art kann die Distriktspolizeibehörde erforderlichenfalls die Bereitstellung von Speisewärmvorrichtungen fordern.

II. Gerüste, Leitern, Abbrucharbeiten und dergleichen.

Allgemeine Bestimmungen für Gerüste.

§ 13.

I Alle Gerüste müssen den fachmännischen Grundsätzen und dem jeweiligen Zwecke entsprechend in genügender Festigkeit hergestellt und unterhalten werden.

II Ungleichmäßige und übermäßige Belastung der Gerüste ist verboten.

III Eigenmächtige Änderungen an den Gerüsten, insbesondere das Herausnehmen von Klammern und Hölzern, das Entfernen von Schutzbrettern und Dielen, sind den Arbeitern zu verbieten.

Gerüstständer.

§ 14.

Die Gerüstständer müssen in einer der Beanspruchung entsprechenden Weise mittels Holzunterlagen (Schwellen) oder durch Eingrabung oder Einrammung sicher und unverrückbar mit dem Untergrunde verbunden werden.

Schutz gegen Verschiebungen der Gerüste.

§ 15.

I Die Gerüste sind mit den nötigen Streichstangen zu versehen, die entsprechend befestigt und bei stärkerer Belastung noch durch untergenagelte Knaggen, Eisenklammern, Steifhölzer oder ähnliche Hilfsmittel unterstützt werden müssen.

II Zur Verhütung von Längen- und Seitenverschiebungen der Gerüste müssen genügend starke Diagonalverstrebungen angebracht werden.

Gerüstbelag, Bordbretter, Brustwehren, Lauftreppen, Stege.

§ 16.

I Die zum Gerüstbelag verwendeten Hölzer müssen eine ihrer Belastung entsprechende Stärke haben, dicht aneinander und so gelegt werden, daß das Aufschnappen oder Ausweichen derselben ausgeschlossen ist.

II Gerüstgeschosse, auf welchen gearbeitet wird, oder welche von Arbeitern begangen werden müssen, sind mit Bretterbelag und da, wo sie von Wänden abstehen, innen und außen mit gehörig befestigten Brustwehren und Bordbrettern zu versehen. Die Bordbretter müssen an den Bretterbelag dicht anschließen.

III Aus den Gerüstbrettern, Gerüstlatten und sonstigen zur Verwendung gelangenden Holzteilen sind vorstehende Nägel zu entfernen.

IV Lauftreppen und Stege sind mit festen Geländern zu versehen und in einer solchen Breite anzulegen, daß sie das Ausweichen zweier Personen gestatten.

Hängekörbe, Hängeböden.

§ 17.

Die Verwendung von Hängekörben und Hängeböden ist nur mit besonderer distriktspolizeilicher Genehmigung und nur für solche Bauvornahmen zulässig, zu deren Ausführung ein größerer Materialaufwand nicht notwendig ist. Diese Gerüste müssen vor der Verwendung auf ihre Tragfähigkeit geprüft und gegen Absturz genügend versichert werden.

Besondere Schutzgerüste.

§ 18.

I Bei allen Arbeiten, bei denen eine erhebliche Gefahr des Absturzes von Personen oder des Herunterfallens von Bauteilen und Werkzeugen besteht, sind besondere Schutzgerüste anzubringen.

II Sind letztere lediglich zum Schutze der unterhalb arbeitenden Personen, nicht auch für den Verkehr von Personen bestimmt, so sollen sie so hergestellt werden, daß sie nicht ohne weiteres betreten werden können.

Leitern.

§ 19.

I Leitern müssen den Austritt entsprechend überragen und so befestigt werden, daß sie weder unten abrutschen, nach oben überschlagen oder ausweichen können.

II Die Sprossen müssen in denselben gut befestigt sein und dürfen nicht durch aufgenagelte Holzstücke ersetzt werden.

III Der Transport von Lasten auf Leitern ist verboten.

IV Leitern dürfen nicht als Laufgänge oder als Gerüstgeschosse verwendet werden.

Aufstellen und Abbrechen der Gerüste, Aufbringen des Baumaterials.

§ 20.

I Während des Aufstellens der Gerüste und des Aufbringens (Aufziehens) der Gerüsthölzer oder anderer Baumaterialien hat, wenn nicht genügende Vorkehrung zur Sicherheit getroffen ist, jede andere Beschäftigung an den betreffenden Stellen zu ruhen.

II Desgleichen ist Sorge zu tragen, daß bei dem Abbruch der Gerüste und bei dem Entfernen von Absteifungen ein unnützes Verweilen von Arbeitern unter denselben nicht stattfindet.

Abbrucharbeiten.

§ 21.

I Bei Abbrucharbeiten sind ausreichende Vorsichtsmaßregeln zum Schutze der Personen gegen herabfallende Gegenstände zu treffen. Ein Umwerfen ganzer Wände oder sonstiger Bauteile ist nur bei besonderen Verhältnissen gestattet. Sprengungen dürfen nur mit Erlaubnis der Distriktspolizeibehörde vorgenommen werden.

II Für die entsprechende Absteifung von Bauwerken, welche durch den Abbruch anstoßender Bauteile ihre Stütze verlieren, ist Sorge zu tragen.

III Aus Abbruchholz vorstehende Nägel sind zu entfernen oder umzuschlagen.

IV Bauschutt ist beim Aufschütten und Aufladen zur Vermeidung des Staubens ausreichend zu begießen.

III. Erdarbeiten.

Arbeiten an Erd- und Felswänden.

§ 22.

I Es darf nur an Erd- und Felswänden gearbeitet werden, deren Neigung der Standfähigkeit des Materials entspricht. Wo dies nicht der Fall und eine entsprechende Abböschung nicht möglich ist, sind die Wände durch Sicherheit gewährende Absteifungen zu stützen.

II Dies gilt auch für Baugruben und Gräben jeder Art, die nötigenfalls regelrecht auszuschalen und stets am oberen Rande mit Bordbrettern zu versehen sind.

III Das Arbeiten an überhängenden Wänden ist verboten, desgleichen das Unterhöhlen der Wände und das lotrechte Abarbeiten über Brusthöhe.

§ 23.

I Wird eine steile Erd- oder Felswand durch Abkeilen, Sprengen oder in anderer Weise gelöst, so muß im Bereiche der Gefahr während dieser Verrichtung und solange die Absturzfläche nicht von losen, absturzdrohenden Teilen gereinigt ist, die regelmäßige Arbeit ausgesetzt bleiben.

II Außerdem sind solche Wände vor dem Arbeitsbeginn, namentlich bei Regen, Frost oder Tauwetter, auf das Vorhandensein von einsturzdrohenden Teilen zu prüfen und nötigenfalls zu sichern.

Arbeiten neben vorhandenen Bauwerken.

§ 24.

I Neben vorhandenen Bauwerken ist der Aushub der Baugruben, die Lagerung des Aushubmaterials und die Herstellung der Fundamente mit besonderer Vorsicht und nur nach Vornahme der nötigen Absteifungen, veranlaßten Falles stückweise, auszuführen. Das gleiche gilt für das Unterfangen bereits bestehender Fundamentmauern.

II Nach Regengüssen sind die Sicherungen auf ihre Haltbarkeit besonders zu prüfen.

Einfüllen der Baugruben und Gräben.

§ 25.

Beim Zuschütten der Baugruben und Gräben dürfen die Aussteifungen erst dann entfernt werden, wenn sie durch das Einfüllen entbehrlich geworden sind.

Brunnenschachte.

§ 26.

Brunnenschachte müssen bei Grabung in nicht felsigem Boden und einer Tiefe von mehr als 1,5 m ausgeschalt werden. Bei der Aufmauerung darf die Verschalung stets nur soweit entfernt werden, als es durch die Aufmauerung notwendig wird.

Vorsichtsmaßregeln beim Einsteigen in Schachte.

§ 27.

I Vor dem Einfahren und Einsteigen in Brunnenschachte, Abortgruben, Kanäle und andere unterirdische Hohlräume ist festzustellen, ob in denselben keine das Leben oder die Gesundheit gefährdende Gase vorhanden sind; gegebenenfalls ist für die Beseitigung derselben Sorge zu tragen.

II Der zuerst einsteigende Arbeiter ist anzuseilen.

IV. Transport.

Beschaffenheit der Transportbahnen im allgemeinen.

§ 28.

Die Transportbahnen mit allem Zubehör sind stets in gutem, die Tragfähigkeit des Untergrundes und die Fahrgeschwindigkeit berücksichtigenden Zustand zu erhalten und müssen möglichste Sicherheit gegen Ausspringen, Um- und Abstürzen der Wagen gewährleisten.

Das Bahngefälle.

§ 29.

I Die Gefälle der Transportbahnen (Laufdielen, Geleise) sind so zu bemessen, daß die Transportgeräte durch die Hemmvorrichtungen (Bremsen, Fangvorrichtungen) an jeder beliebigen Stelle zum Stehen gebracht werden können.

II Sind die Schienen infolge von Kälte oder Nässe glatt geworden, so müssen sie mit Sand und dergleichen bestreut werden.

Verkehrsvorschriften, Kippwagen, Bremsen.

§ 30.

I Einzeln bewegte Wagen dürfen nur in angemessenen Abständen aufeinander folgen. Jeder derselben muß gebremst werden können.

II Kippwagen müssen mit leicht zu handhabenden, ein selbsttätiges Kippen verhindernden Feststellvorrichtungen versehen sein.

III Geschlossene Züge müssen mit sicheren Kuppelvorrichtungen und einer genügenden Anzahl rasch und sicher wirkender Bremsen versehen sein.

Überlastung der Wagen, Personentransport.

§ 31.

I Die Überlastung der Wagen ist bei allen Bahnen verboten.

II Die Benützung der Transportbahnen zur Beförderung der Arbeiter ist nur bei betriebssicherem Geleise zu gestatten.

Rollbahnstege.

§ 32.

I Bei Rollbahnstegen muß zwischen dem Rollwagen und den Geländern beiderseits genügend Raum für eine Person vorhanden sein.

II Die Rollbahnstege sind in ganzer Breite abzudecken.

Bremsbahnen.

§ 33.

I Bremsbahnen (Bremsberge) müssen mit zuverlässig wirkender Bremse versehen sein. Die Verbindung der Transportgefäße untereinander und mit dem Förderseil oder der Förderkette muß so sicher sein, daß eine selbsttätige Lösung ausgeschlossen ist.

II Das Betreten des Bremsberges während der Fahrt ist zu verbieten.

Seilbahnen.

§ 34.

I Wo die Wagen einer Seilbahn und dergleichen mit der Unterkante 2,50 m oder weniger vom Boden abstehen, ist der Verkehr unter der Bahn durch Geländer von mindestens 1 m Höhe sicher abzuschließen.

II Begangene oder befahrene Wege, über welche Seilbahnen und dergl. hinführen, müssen an den Übergängen durch Schutzdächer oder Schutznetze gesichert werden.

Signalvorrichtungen.

§ 35.

Zwischen der Abgangs- und Endstation müssen bei Brems- und Seilbahnen sowie ähnlichen Anlagen zuverlässig wirkende Signalvorrichtungen, welche gegenseitige Verständigung ermöglichen, vorhanden sein.

V. Arbeiten unter Anwendung von Preßluft.

Altersgrenze der Arbeiter, ärztliche Untersuchung.

§ 36.

I Zur Arbeit in verdichteter Luft dürfen nur durchaus gesunde Personen, welche das 20. Lebensjahr vollendet und das 50. Lebensjahr nicht überschritten haben, zugelassen werden.

II Die Arbeiter müssen vor der erstmaligen Verwendung im Betriebe ärztlich untersucht und gehörig unterwiesen werden. Die Untersuchung ist in angemessenen Zwischenräumen und nach jeder vorausgegangenen Gesundheitsstörung zu wiederholen. Die Verwendung oder Wiederverwendung der Arbeiter darf nur auf Grund ärztlicher Bescheinigung über deren Tauglichkeit erfolgen. Bei Arbeiten unter einem Überdruck von mehr als $1^1/_2$ Atmosphären muß für den Bedarfsfall rasche ärztliche Hilfeleistung bereit gestellt sein.

Arbeitsschichten, Ein- und Ausschleusen.

§ 37.

I Die Arbeitsschichten sind nach Maßgabe der Zunahme des Überdruckes entsprechend abzukürzen.

II Das Ein- und Ausschleusen ist langsam unter allmähliger Ausgleichung des Luftdruckes auszuführen. Beim Ausschleusen muß für je $^1/_{10}$ Atmosphären Druckminderung bei einem Überdruck bis zu $1^1/_2$ Atmosphären ein Zeitraum von mindestens 1 Minute, bei einem Überdruck von mehr als $1^1/_2$ Atmosphären ein Zeitraum von mindestens 2 Minuten verwendet werden.

III Bei jeder Schleuse muß ein gut funktionierender Manometer und Kontrollmanometer vorhanden sein.

Signalvorrichtungen.

§ 38.

Die unter Preßluft arbeitenden Personen müssen durch Signalvorrichtungen in den Stand gesetzt werden, sich jederzeit mit den oberirdischen Betriebsstätten in Verbindung zu setzen.

Schleusenräume.

§ 39.

I Der zum Ein- und Ausschleusen benützte Raum muß eine solche Größe haben, daß auf jede der gleichzeitig durchzuschleusenden Personen mindestens 0,75 cbm Raum entfällt und der Gesamtinhalt desselben mindestens 2,5 cbm umfaßt.

II Wird mit einem Überdruck von mehr als $1^1/_2$ Atmosphären gearbeitet, so muß eine entsprechend eingerichtete Sanitätsschleuse mit Vorkammer und Ruhebett, Telephon und elektrischer Beleuchtungsvorrichtung vorhanden sein.

III Die verbrauchte Luft ist stets rechtzeitig zu erneuern.

Schutz der Schleusen gegen Sonnenwärme.

§ 40.

Die Schleusen sind im Sommer vor der unmittelbaren Einwirkung der Sonne mit Matten oder Stroh zu schützen und durch Begießen mit Wasser zu kühlen.

Beförderung der Materialien.

§ 41.

Alle Materialien und Werkzeuge müssen mittels der Förderkübel in den Caisson verbracht werden. Das Hinunterwerfen durch den Einsteig- oder Förderschacht ist zu verbieten.

Wasser- und Luftdruckproben.

§ 42.

Die Schleusen und Schachtrohre sind vor jeder erstmaligen Inbetriebnahme, ferner nach jeder länger als 12 Monate dauernden Unterbrechung des Gebrauches mit Wasser- oder Luftdruck zu proben. Letzterer muß das Doppelte des Luftdruckes betragen, mit dem die Schleuse arbeiten soll, beziehungsweise bei der ersten Probe einer neuen Schleuse das Doppelte desjenigen Druckes, für welchen sie berechnet wurde.

VI. Baumaschinen.

Einfriedigung, Schutzvorrichtungen.

§ 43.

I Bei allen maschinellen Einrichtungen sind im Verkehrsbereich der Arbeiter die gefahrdrohenden beweglichen Teile, soweit es der Betrieb zuläßt, einzufriedigen oder mit Schutzvorrichtungen zu versehen.

II Besonders gefahrbringende Orte sind durch Warnungstafeln und dergl. kenntlich zu machen oder abzuschließen.

Bedienung von Motoren und Transmissionen.

§ 44.

I Die bei Motoren und Transmissionen beschäftigten Arbeiter sind anzuhalten, anschließende Kleidung zu tragen.

II Personen unter 16 Jahren sind von der Bedienung und Beaufsichtigung von Motoren und Transmissionen auszuschließen.

Hebewerke.

§ 45.

I Hebezeuge aller Art sind mit der Angabe über die größte zulässige Belastung zu versehen; dieselben dürfen niemals über letztere hinaus beansprucht werden. Alle Triebwerksteile, die Seile und Ketten müssen für die Gesamtförderlast mindestens fünffache Sicherheit bieten.

II Das Anhängen der zu hebenden Gegenstände hat in sicherer Weise zu erfolgen.

III Die Beförderung von Personen mittels Hebewerken, die nur für Lastentransport bestimmt sind, ist verboten.

§ 46.

Unter den in einem Hebezug hängenden Lasten darf niemand Stellung nehmen oder Arbeit verrichten; ist dies unumgänglich nötig, so ist die Last vorher abzufangen.

§ 47.

Hebezeuge mit Kurbelantrieb müssen mit Sicherheitskurbeln und mit einer wirksamen Sperrvorrichtung versehen sein, soferne sie nicht selbstsperrend sind. Soll das Hinablassen der Last durch das Eigengewicht geschehen, so muß eine zuverlässige Bremse vorhanden sein.

VII. Schlußbestimmungen.

Anzeigepflicht. Bauleiter.

§ 48.

I Über den Beginn und die voraussichtliche Dauer umfangreicherer Tiefbauten, bei welchen mehr als zehn Arbeiter gleichzeitig beschäftigt werden, hat der Unternehmer der Distriktspolizeibehörde Anzeige zu erstatten. Zugleich ist die mit der Bauleitung betraute Person namhaft zu machen, welche die Verantwortung durch unterschriftliche Erklärung zu übernehmen hat.

II Auf regelmäßig wiederkehrende Tiefbauarbeiten, wie Bach-, Graben-, Kanal-Räumungen, Frühjahrs- und Herbstwegreparaturen und dergl. findet diese Bestimmung keine Anwendung.

Polizeiliche Überwachung der Bauten.

§ 49.

I Die Distriktspolizeibehörde kann die als Bauleiter bestellte Person beanstanden, wenn diese die für eine sichere Bauführung erforderliche Verlässigkeit nicht besitzt. Bis zur Behebung des Anstandes kann die Inangriffnahme oder Fortsetzung der Bauarbeiten untersagt werden.

II Die Distriktspolizeibehörde kann erforderlichenfalls Nachschau bei den Bauten durch geeignete Sachverständige anordnen. Die Kosten dieser Kontrolle hat der Unternehmer zu tragen.

Verantwortlichkeit.

§ 50.

Verantwortlich für den Vollzug gegenwärtiger Vorschriften sind zunächst der Unternehmer oder die von diesem mit der Bauleitung betraute Person, ferner diejenigen bei dem Bau beschäftigten Aufsichtsorgane, denen die Überwachung der Bauausführung von dem Bauleiter besonders übertragen ist, außerdem innerhalb ihres Geschäftskreises jene Unternehmer von Nebenbetrieben, welche in selbständiger Weise zur Ausführung der Bauten mit beitragen und die von diesen mit der Überwachung besonders betrauten Aufsichtsorgane.

Bekanntgabe der Vorschriften.

§ 51

Die Vorschriften müssen auf jeder Baustelle, wo regelmäßig mehr als 10 Arbeiter beschäftigt werden, an einem leicht zugänglichen Orte in Plakatform sichtbar angebracht oder den einzelnen Arbeitern übergeben werden.

Dispensation.

§ 52.

Die Distriktspolizeibehörde kann unter besonderen Verhältnissen, namentlich bei einfacheren Bauten, von einzelnen Bestimmungen der vorstehenden Vorschriften entbinden, soweit nicht öffentliche Interessen entgegenstehen.

Bauführungen der Zivilliste und des Staatsärars.

§ 53.

Für die Bauführungen der Zivilliste und des Staatsärars gelten an Stelle der Zuständigkeitsbestimmungen in den §§ 12, 17, 21, 48, 49 und 52 die jeweils bestehenden besonderen Vorschriften.

Ortspolizeiliche Vorschriften.

§ 54.

Die Erlassung weitergehender ortspolizeilicher Vorschriften nach Maßgabe des bestehenden Bedürfnisses bleibt vorbehalten.

Bergwerksbetrieb.

§ 55.

Gegenwärtige Vorschriften finden keine Anwendung auf die der Aufsicht der Bergbehörden unterstehenden Tiefbauten.

XIII. Bekanntmachung betr. Fabrikschornsteine und andere Turmschornsteine.

Vom 3. September 1921 (StA. Nr. 207).

Staatsministerium des Innern.

An die Regierungen, Kammern des Innern, und die Bezirkspolizeibehörden.

Bis zum Erlaß einheitlicher deutscher Bestimmungen über die Errichtung von Fabrik- und anderen Turmschornsteinen sind in Bayern für die Berechnung, Prüfung und Ausführung solcher Schornsteine die preußischen Bestimmungen gemäß Erlaß des Ministers für öffentliche Arbeiten vom 30. April 1902 (abgedruckt im Zentralblatt der Bauverwaltung 1902 Nr. 49 S. 297) mit nachstehenden Ergänzungen und Abweichungen sinngemäß anzuwenden:

1 Als Winddruck gegen eine zur Windrichtung senkrechte ebene Fläche sind einheitlich 150 Kilogramm für 1 Quadratmeter anzunehmen.

2. Die Druckbeanspruchung des Backsteinmauerwerks darf bei gewöhnlichem **Ziegelmauerwerk in Kalkmörtel 1:3** 7 Kilogramm, bei Mauerwerk aus hartgebrannten Steinen in Kalkzementmörtel, der kein schlechteres Mischungsverhältnis als 1 Raumteil Zement, 2 Raumteile Kalk und 6 Raumteile Sand haben darf, 15 Kilogramm für 1 Quadratzentimeter nicht übersteigen.

Unter hartgebrannten Steinen sind dabei Ziegel zu verstehen, die eine nachgewiesene Druckfestigkeit von mindestens 250 kg/qcm besitzen.

3. Die Wandstärke gemauerter Backsteinkamine soll an der Mündung bei rechteckigem Querschnitt bis zu 1 Meter Lichtweite wenigstens 12 Zentimeter, bei rundem Querschnitt bis zu 1,5 Meter Lichtweite wenigstens 15 Zentimeter betragen.

Bei größeren Lichtweiten sind die angegebenen Wandstärken entsprechend den Maßen der vorhandenen Formsteine zu vergrößern.

Bei der Ausbildung der Kaminköpfe sollen weitausladende Formen vermieden werden. Die untere Wandstärke hat mindestens ein Hundertstel der Schornsteinhöhe zu betragen.

Die äußeren und inneren Ansichtsflächen der aus Backsteinen hergestellten Kaminteile sind zu verputzen oder sorgfältig zu verbanden.

4. Schornsteine, in die dauernd Gas mit höherer Temperatur als 300 Grad Celsius eingeleitet wird, sind mindestens auf ein Drittel ihrer Höhe mit einem Isolierfutter aus Backsteinen oder Eisenbeton zu versehen; bei Temperaturen des Gases über 400 Grad Celsius ist dieses Futter bis nahe an die Mündung des Kamins zu führen und aus Backsteinen herzustellen; bei Temperaturen über 600 Grad muß das Futter aus feuerfesten Steinen hergestellt werden.

Es ist zulässig, und bei Futter von größerer Höhe sogar empfehlenswert, die Futtermauern teleskopartig auf Absätzen des äußeren Kaminmauerwerks aufzusetzen.

5. Die Herstellung von Fabrik- und anderen Turmschornsteinen aus Eisenbeton oder aus Betonformsteinen mit Eisenbewehrung ist gestattet; für solche Kamine gelten mit Ausnahme der Ziff. 3 die gleichen Vorschriften wie für Backsteinkamine; bei der Ausführung solcher Kamine sind außerdem noch die nachstehenden Regeln einzuhalten.

a) Die Berechnung hat nach den oberpolizeilichen Vorschriften für die Ausführung von Bauwerken aus Eisenbeton vom 25. März 1918 (GVBl. S. 225) zu erfolgen, soweit nicht gemäß der oberpolizeilichen Vorschriften vom 13. August 1921 gleichen Betreffs (GVBl. S. 404) nachstehend Sondervorschriften erlassen sind.

b) Die größte Druckspannung des Betons darf an den monolithischen Schornsteinen 40 kg/qcm nicht übersteigen; an den Schornsteinen aus Betonformsteinen mit Eisenbewehrung müssen diese nach 28tägiger Erhärtung eine nachgewiesene Mindestdruckfestigkeit vom 6fachen Betrag der in der statischen Berechnung ermittelten größten Druckspannung besitzen.

c) Die Zugspannungen müssen durch die Eiseneinlagen aufgenommen werden, wobei diese nur mit 1000 kg/qcm beansprucht werden dürfen. Nur die Schraubenverbindungen können mit 1200 kg/qcm Eisenspannung berechnet werden.

Für Abzugs- und Lüftungskamine, die keine heißen oder andere für die Bewehrung schädlichen Gase abführen, gelten die in den oberpolizeilichen Vorschriften vom 25. März 1918 angegebenen Zahlenwerte für die Zugsbeanspruchung des Eisens.

d) Zur Aufnahme der Wärmespannungen und aus sonstigen konstruktiven Rücksichten sind in die wagrechten Fugen der aus Formsteinen gemauerten Kamine, sowie in entsprechenden Abständen auch bei den Monolithen Ringbewehrungen einzulegen, deren Stöße versetzt werden müssen.

e) Auf eine gute Verbindung der senkrechten Bewehrungseisen ist sowohl bei den monolithischen als auch bei den aufgemauerten Eisenbetonschornsteinen besondere Rücksicht zu nehmen. Nach Möglichkeit ist die Anwendung von Schraubenmuffen vorzusehen.

f) Für die Aufmauerung und Ausfüllung von Hohlräumen der zur Verwendung kommenden Betonformsteine ist Zementmörtel im Mischungsverhältnis 1:3 zu verwenden.

g) Aus statischen wie aus architektonischen Gründen sind die Eisenbetonschornsteine mit Anlauf oder äußeren Absätzen aufzuführen.

h) Alle Eiseneinlagen der Eisenbetonschornsteine (monolithischer und aufgemauerter) sollen mindestens 5 Zentimeter stark mit Beton überdeckt sein.

i) Die Wandstärke dieser Eisenbetonschornsteine bis zu 1,5 Meter oberer Lichtweite muß mindestens 12 Zentimeter, bei größerer Lichtweite mindestens 15 Zentimeter an der Mündung betragen. Die Innenseiten oberhalb des Futters sind mit einem Zementspritzwurf zu versehen.

6. Fabrik- und andere Turmschornsteine müssen mit Blitzableitern versehen werden. Bei Eisenbetonschornsteinen dürfen die Eiseneinlagen nicht als Blitzableiter benützt werden.

7. Soweit die vorstehenden Bestimmungen für Fabrik- und andere Turmschornsteine von den Vorschriften der Bau-Ordnungen abweichen, haben die Regierungen bis auf weiteres Befreiung zu erteilen.

München, den 3. September 1921.

J. A.: **Neubert.**

XIV. Ministerial-Entschließung vom 9. Oktober 1903 betr. die Feuer- und Betriebssicherheit in Waren- und Geschäftshäusern.

(MABl. S. 425.)

An die K. Regierungen, Kammer des Innern, Distrikts- und Ortspolizeibehörden, dann die Fabriken- und Gewerbeinspetoren

Die in den letzten Jahren in Warenhäusern und großen Geschäftshäusern vorgekommenen Brandfälle, namentlich jener in Budapest, durch welchen viele Menschenleben dem wütenden Elemente zum Opfer fielen, haben in ernstester Weise die großen Gefahren dargetan, welche bei Bränden in derartigen Gebäuden den Bewohnern derselben, dem dort verkehrenden Publikum und dem daselbst beschäftigten Personale drohen.

Die Fernhaltung und Beseitigung solcher gefahrdrohender Verhältnisse muß mit allen zulässigen und zweckdienlichen Mitteln angestrebt werden.

Es ist deshalb geboten, zum Schutze der in solchen Gebäuden wohnenden und verkehrenden Personen besondere Vorschriften sowohl bezüglich der baulichen Anlage und der gesamten Einrichtung als auch für den Geschäftsbetrieb zu erlassen und dieselben auf die bereits bestehenden wie auf die neu zu errichtenden Warenhäuser und großen Geschäftshäuser zu erstrecken.

Auf Grund des § 368 Ziff. 8 des Reichsstrafgesetzbuches und des Art. 101 Abs. 1 und 2 des Polizeistrafgesetzbuches, ferner zum Schutz der gewerblichen Arbeiter auf Grund der §§ 120a mit d, zum Schutz des kaufmännischen Personals auf Grund des § 139g der Gewerbeordnung enthält die als Anlage angefügte allgemeine Anweisung jene Bestimmungen, welche von den zuständigen Behörden als Schutzmaßnahmen anzuordnen sind.

Hiedurch wird nicht ausgeschlossen, daß je nach den besonderen örtlichen Verhältnissen noch weitergehende Anforderungen, insbesondere bei Neuanlagen, gestellt werden können, während anderseits auch einfacheren Verhältnissen Rechnung getragen werden kann.

Die Distriktspolizeibehörden haben nunmehr die bestehenden Warenhäuser und großen Geschäftshäuser einer genauen Revision zu unterstellen und an der Hand der Anweisung nach Einvernahme von Sachverständigen, insbesondere auch des Feuerwehrkommandos und, wo gewerbliches Personal in Frage kommt, der Gewerbeaufsichtsbeamten, die nötigen Anordnungen ungesäumt zu treffen.

Bei Neuanlagen ist genauestens nach Maßgabe gegenwärtiger Entschließung nach Anhörung der vorbezeichneten Sachverständigen zu verfahren.

Zur Erhaltung der Feuer- und Betriebssicherheit in den Warenhäusern und großen Geschäftshäusern ist ferner eine fortgesetzte Ueberwachung dringend geboten, welche neben den Ortspolizeibehörden, soweit gewerbliches Personal in Betracht kommt, den Gewerbeaufsichtsbeamten obliegt.

Die K. Regierungen, Kammern des Innern, haben für den Vollzug strengstens Sorge zu tragen.

München, den 7. Oktober 1903.

Dr. **Frhr. v. Feilitzsch.**

Allgemeine Anweisung für die Feuer- und Betriebssicherheit in Warenhäusern und großen Geschäftshäusern.

A. Warenhäuser.

I.

Bestimmungen für die bauliche Anlage.

a) Bei Neuanlagen.

1. Für diejenigen Umfassungen der Warenhäuser, welche nicht durch Brandmauern abgeschlossen sind, ist ein Abstand von anderen Gebäuden zu fordern, welcher die gegenseitige Uebertragung eines Brandes möglichst verhindert. Wie weit das in § 47 der Bauordnung bezw. § 53 der Münchener Bauordnung bezeichnete Höchstmaß von 9 m hiefür ausreichend ist, muß der Prüfung in jedem einzelnen Falle überlassen werden; als ein für alle Fälle ausreichendes Maß kann dasselbe nicht erachtet werden. Insbesondere wird der Abstand von anderen Gebäuden bei Einrichtung von Verkaufsräumen in mehreren Obergeschossen entsprechend der zunehmenden Höhe der Verkaufsräume über dem Straßenniveau zu vergrößern sein.

2. Wohnungen, Werkstätten oder andere zum längeren Aufenthalte einer größeren Anzahl von Menschen dienende Räume sind über den Geschäftsräumen nicht zulässig.

3. Der Fußboden des obersten zum Aufenthalte von Menschen dienenden Geschosses darf nur in einer solchen Höhe über dem Straßenniveau sich befinden, daß die Rettung von Personen mittels der vorhandenen Feuerlöschgeräte ermöglicht ist.

4. Das Keller- und Dachgeschoß darf zu Verkaufs- und Ausstellungszwecken nicht benützt werden.

Ob und inwieweit das Dachgeschoß zu anderen geschäftlichen Zwecken Verwendung finden darf, unterliegt besonderer Prüfung und Genehmigung der Behörde.

5. Eiserne Konstruktionsteile (Säulen, Unterzüge, Deckenträger und dergl.) sind glutsicher einzuhüllen. Eine Umhüllung der an den Außenflächen der Gebäude gelegenen Teile ist nicht erforderlich. Jedoch sind Fenstervorbauten oben feuersicher abzudecken und die Trennung der Geschosse an den Außenflächen und Hoffronten behufs Verhinderung der Uebertragung eines Feuers in obere Geschosse durch unverbrennliche starke Gesimse zu betätigen.

6. Alle Decken der Verkaufs- und Ausstellungsräume sind in feuerfester Weise herzustellen. In gleicher Weise ist das Kellergeschoß vom Erdgeschoß zu trennen.

Eine unmittelbare Verbindung des Keller- und Dachgeschosses mit den Innenräumen des Gebäudes ist nur ausnahmsweise zulässig.

7. Auslagefenster sind derart zu konstruieren, daß ihr Sturz 30 cm unter den Deckenabschluß herabreicht und die Umfassungswand auf 1 m Höhe über dem Fenstersturze feuerfest geschlossen wird.

Eine Verminderung dieser Maße ist zulässig, wenn das Auslagefenster gegen den Innenraum feuersicher abgeschlossen wird.

Werden Auslagefenster in das Kellergeschoß hinabgeführt, so sind sie gegen die Kellerräume feuersicher abzuschließen.

8. Auslagekästen, welche als Vorbauten an den Außenflächen angebracht sind, müssen aus unverbrennlichem Materiale hergestellt werden.

9. Die Breite von Ausgängen, Treppenfluren und Treppen ist nach der aus dem Betriebsplan zu entnehmenden Zahl der verkehrenden Personen einschließlich des Betriebspersonals zu bemessen.

Treppen müssen in verschiedenen Richtungen und in solcher Anzahl angebracht werden, daß von jedem Punkte des Gebäudes aus eine solche auf höchstens 25 m Entfernung erreichbar ist. Dieselben müssen in Treppenhäusern untergebracht werden, in ihrer Anlage den Anforderungen der §§ 38, 39, 40 der Münchener Bauordnung genügen und mit einem der Sicherheit entsprechenden Ausgang ins Freie bezw. auf die Straße versehen sein. Alle Verbindungen dieser Treppenhäuser und ihrer Ausgänge mit den Geschäftsräumen sind feuer- und rauchsicher abzuschließen. Die Treppenhäuser sind mit Vorrichtungen zu versehen, welche eine wirksame Entlüftung sicherstellen und vom Erdgeschosse aus bedient werden können.

10. Innere Treppen zur Verbindung der Verkaufs- und Ausstellungsräume unter sich, welche zum Verkehr des Publikums nötig sind, bedürfen keiner Abschlüsse, werden aber bei der Bemessung der nach Ziff. 9 erforderlichen Treppen nicht in Anrechnung gebracht. Über denselben ist eine Entlüftungsvorrichtung herzustellen, die von einer außerhalb der Verkaufsräume gelegenen gesicherten Stelle des Erdgeschosses aus gehandhabt werden kann.

11. Anderweitige Deckendurchbrüche für Nebentreppen, welche zum Verkehre der Angestellten nötig sind, Aufzüge und dergleichen sind feuersicher abzuschließen.

12. Ausgangstüren müssen nach außen aufschlagend und leicht beweglich eingerichtet werden. Kanten- und Schubriegel sind unzulässig; der Verschluß muß von innen leicht zu öffnen sein. Die Türen, welche von den Geschäftsräumen zu den in Ziff. 9 bezeichneten Treppenhäusern führen, werden als feuersicher betrachtet, wenn sie den Vorschriften in Ziff. 1 und 2 der Entschließung des K. Staatsministeriums des Innern vom 20. Dezember 1902 (MABl. S. 681) genügen*).

13. Die Fenster in oberen Geschossen müssen, um Unfällen durch Herabfallen größerer Scheiben vorzubeugen, durch Sprossen angemessen geteilt oder besonders gesichert werden. Etwa ein Drittel der Fenster jedes Arbeitsraumes muß zu öffnende Flügel mit einer freien Oeffnung von mindestens 0,60 : 1,10 m Größe erhalten.

14. Größere Lager- und Packräume müssen von den übrigen Geschäftsräumen feuer- und rauchsicher getrennt sein.

---

*) Vgl. ME. vom 28. 10. 1905 (MABl. S. 515).

Werden solche im Keller untergebracht, so sind sie durch massive Mauern in einzelne Abteilungen zu trennen, deren Grundfläche in der Regel 400 qm nicht überschreiten soll. Öffnungen in diesen Mauern sind feuersicher abzuschließen. Die Treppen dürfen nirgends in unmittelbarer Verbindung mit den übrigen Treppen des Gebäudes stehen und müssen unmittelbar ins Freie ausmünden. Die Zahl dieser Treppen und Ausgänge ist nach Bedarf festzustellen. Für geeignete, tunlichst von außen zu handhabende Entlüftungsvorrichtungen ist Sorge zu tragen, soferne nicht genügend Fenster vorhanden sind.

Werden solche Lager- und Packräume im Dachgeschosse nach Ziff. 4 Abs. 2 genehmigt, so sind auch hier Einzelräume von der Größe, wie im Kellergeschosse vorgeschrieben ist, zu schaffen. Das Holzwerk ist mit einem haltbaren feuersicheren Verputze zu umkleiden. Die Zugänge zu denselben müssen durch die in Ziff. 9 vorgeschriebenen Treppenhäuser erfolgen.

Werden Aufzüge im Gebäudeinnern bis in das Dachgeschoß nach Ziff. 4 Abs. 2 genehmigt, so sind sie innerhalb des letzteren allseitig feuerfest zu umschließen und mit einem allseitig feuerfest umschlossenen Vorraum zu versehen.

15. Die Maschinen- und Heizräume sind durch feuerfeste Wände von den übrigen Kellerräumen zu trennen, etwaige Öffnungen sind feuer- und rauchsicher abzuschließen.

b) Für bestehende Warenhäuser.

16. Vorstehende Bestimmungen gelten auch für bestehende Gebäude. Soweit sich der Erfüllung der Vorschriften in Ziff. 1, 6, 9, 12 und 14 erhebliche Schwierigkeiten entgegenstellen, ist die erforderliche Feuer- und Betriebssicherheit durch anderweitige geeignete Auflagen anzustreben.

An Stelle der Bestimmung in Ziff. 2 tritt folgende Vorschrift:

Wohnungen, Werkstätten oder andere zum längeren Aufenthalte einer größeren Anzahl von Menschen dienende Räume dürfen über den Geschäftsräumen nur dann bestehen, wenn die Trennung von solcher Beschaffenheit ist, daß sie die Übertragung eines Brandes verhindert und wenn außerdem für den Fall eines Brandes in den Geschäftsräumen die Möglichkeit eines sicheren Ausganges mittels einer eigenen Treppe aus den darüber befindlichen Wohnungsräumen und dergleichen gewährleistet ist.

II.

Bestimmungen für den Betrieb.

Für Neuanlagen und bestehende Anlagen.

1. Die Einrichtung einer Zentralheizung ist bei Neuanlagen unbedingt zu fordern.

Heizkörper und Heizröhren der Zentralheizungen sind gegen die Berührung durch besonders leicht entzündliche Gegenstände zu schützen.

Eiserne Öfen müssen mit starken, unverrückbar befestigten Ofenschirmen versehen sein.

Die Rauchrohrleitungen von den Öfen zu den Kaminen müssen möglichst kurz geführt sein; gegebenen Falles sind dieselben geeignet zu umhüllen.

Die Heizöffnungen der Öfen sind gegen das Herausfallen von Brennstoffen möglichst zu versichern; die Aufbewahrung von Heizmaterial in der Nähe der Öfen darf nur in geschlossenen feuersicheren Gefäßen erfolgen.

Petroleum- und Spiritus-Kocher und -Öfen sind verboten.

Gasöfen, Gaskocher und dergleichen sind tunlichst zu vermeiden; event. ist bei ihrer Aufstellung, die nur mit distriktspolizeilicher Genehmigung erfolgen darf, mit besonderer Vorsicht zu verfahren.

2 Petroleumbeleuchtung, Spiritusbeleuchtung und ähnliche Beleuchtungsarten dürfen nicht zugelassen werden; die Benützung von schweren Mineralölen zur Beleuchtung der Geschäftsräume mit Ausnahme der Verkaufs- und Ausstellungsräume ist zulässig, falls eine zentrale Gas- oder elektrische Beleuchtungsanlage nicht vorhanden ist. Stehlampen dürfen in den Geschäftsräumen nicht benützt werden; Hängelampen mit Schutzblechen gegen die Decke sind sicher zu befestigen und von brennbaren Gegenständen geeignet entfernt zu halten.

3. Gasbeleuchtung darf nur dann neu eingerichtet werden, wenn eine zentrale elektrische Beleuchtungsanlage nicht vorhanden ist.

Die Gasmesser sind nicht unter Treppen aufzustellen; die Herstellung besonderer, feuersicher umschlossener und mit Tageslicht hinreichend beleuchteter Räume für die Unterbringung der Gasmesser kann gefordert werden. Die Gasleitung muß auch außerhalb des Gebäudes abstellbar sein.

Ausgeschlossen ist sowohl die Verwendung beweglicher Gasarme als auch von Stehlampen.

Die Beleuchtungskörper sind tunlichst über den Verkehrswegen anzuordnen und müssen gegen die Berührung mit brennbaren Gegenständen entsprechend geschützt werden.

4. Elektrische Beleuchtungsanlagen müssen den vom Verbande Deutscher Elektrotechniker aufgestellten Sicherheitsvorschriften entsprechen und in angemessenen Fristen spezieller fachmännischer Prüfung unterstellt werden.

Alle elektrischen Leitungen, welche äußerlichen Beschädigungen ausgesetzt sind, müssen hiegegen in völlig ausreichender Weise geschützt werden.

Elektrische Beleuchtungskörper sind tunlichst über den Verkehrswegen anzuordnen. Sie dürfen sich nicht in der unmittelbaren Nähe leicht brennbarer Stoffe befinden oder von solchen Stoffen umhüllt werden.

Glühlampen, die sich in der Nähe brennbarer Stoffe befinden oder von brennbaren Stoffen berührt werden können, sind durch eine zweite Glocke oder in ähnlich sicherer Weise (Gitter rc.) zu schützen.

Bogenlampen müssen Vorrichtungen erhalten, die das Herabfallen glühender Kohlenteilchen sicher verhüten.

5. Die Beleuchtung der Auslagen und Schaufenster darf nur von außen oder in der Art erfolgen, daß sich zwischen dem Schaufenster und den Beleuchtungskörpern nebst Leitungen starke genau abschließende Glasscheiben befinden.

Glühlampen mit besonderen Schutzglocken (Gittern) und in Röhren sicher verlegten elektrischen Leitungen innerhalb der Schaufenster sind nur dann zulässig, wenn die letzteren feuersicher gegen den Innenraum abgeschlossen sind.

6. Notbeleuchtung ist an allen zum Ausgange dienenden Türen und Ausgängen einzurichten und bei eintretender Dunkelheit in Betrieb zu setzen. Zur Notbeleuchtung sind Kerzen in Laternen, Rübölampen oder solche elektrische Lampen, welche durch eine besondere Betriebsquelle gespeist werden, zu verwenden. Auf die Notbeleuchtung finden die vorstehenden Sicherheitsvorschriften sinngemäße Anwendung.

7. In allen Verkaufs-, Ausstellungs-, Lager- und Packräumen müssen Gänge von entsprechender Breite bestehen, welche in möglichst gerader Richtung zu den Ausgängen führen und frei von allen Hindernissen gehalten werden müssen. Die Breite und Lage derselben ist in den der baupolizeilichen Genehmigung zugrunde liegenden Plänen einzuzeichnen; für die Bemessung derselben ist die Höchstzahl der zu erwartenden Besucher nebst der Zahl der Angestellten maßgebend.

Treppen, Treppenpodeste, Vestibüle und Korridore sind gleichfalls dauernd von allen Verkehrshindernissen durch Waren und dergl. freizuhalten. Ausschmückungen an und auf Treppen sollen tunlichst vermieden werden; wo solche nötig sind, müssen sie aus feuersicherem Materiale hergestellt werden.

Die Haupt- und Notausgänge sind als solche mit großer Schrift kenntlich zu machen; die nächsten Wege zu ihnen sind, soweit erforderlich, durch Richtungspfeile an den Wänden zu bezeichnen.

An den zu den Ausgängen führenden Verkehrswegen des Erdgeschosses dürfen besonders leicht entzündliche Gegenstände nicht ausgelegt werden.

Ferner dürfen in der Nähe der Ausgänge behufs Erhaltung der vorgeschriebenen Breite Verkaufstische oder sonstige Gegenstände nicht aufgestellt werden.

Vorhänge dürfen an den zu den Treppen und Ausgängen führenden Türen nicht angebracht werden; zur Verhinderung des Zuges sind Windfänge zulässig. Durch die geöffneten Türflügel darf der Verkehr in den Korridoren, Treppenhäusern usw. nicht behindert werden, namentlich dürfen die Treppenhäuser nicht über die freie Treppenlaufbreite hinaus beschränkt werden.

8. Hinter den durchbrochenen Brüstungen der Galerien muß ein 1 bis 2 m breiter Raum von allen Gegenständen freigehalten werden. Leicht brennbare Gegenstände dürfen an den Brüstungen sowie an Säulen und Treppengeländern nicht derart aufgehängt werden, daß dadurch eine Übertragung des Feuers ermöglicht wird.

9 Die Lagerung brennbarer Gegenstände soll nicht höher als 1,5 m unter den Decken erfolgen; bei höherer Lagerung sind behufs Einschränkung eines Feuers an geeigneten Stellen etwa 1 m hohe Schutzstreifen aus unverbrennbarem Materiale unter den Decken anzubringen.

10. Beleuchtungsgegenstände, Kocheinrichtungen und dergl. dürfen nur in besonderen hiezu geeigneten Räumen brennend vorgezeigt werden.

11. Rauchen ist in den Verkaufs-, Ausstellungs-, Lager- und Packräumen verboten. Dies ist durch Anschläge in ausreichender Zahl und Größe mit deutlicher Aufschrift kenntlich zu machen.

12. Leicht verbrennliche Abfälle dürfen in den Geschäftsräumen nicht angehäuft werden und hat ihre Beseitigung jeden Tag noch vor Schluß des Geschäftes zu erfolgen.

Die Lagerung von Feuerwerkskörpern und zur Selbstentzündung neigender Stoffe ist in solchen Räumen verboten.

13. Die Feuerlöscheinrichtungen und die besonderen für einen Brandfall dienenden Angriffs- und Rettungswege sind nach näherer Anordnung auszuführen und dauernd betriebsfähig zu erhalten; auf Verlangen ist eine Feuermelde-Vorrichtung herzustellen. Wird die Herstellung einer solchen nicht verlangt, so sind Hinweise betreffs des nächstgelegenen Feuermelders an geeigneten Stellen anzubringen.

14. Bei größeren Anlagen sind auf Verlangen geeignete Alarm-, Regen- und Brausevorrichtungen herzustellen sowie eine gutgeschulte Feuerwache einzurichten, deren Mannschaftszahl sich nach der Größe des Betriebs richtet, die mindestens aber aus zwei Mann bestehen muß. Die Angestellten müssen über das, was sie beim Ertönen der Alarmvorrichtung im Interesse der Sicherheit zu tun haben, durch eine Instruktion genau unterrichtet gehalten werden. Diese Instruktion ist dem Feuerwehr-Kommando auf Verlangen zur Prüfung mitzuteilen.

15. Es ist Vorsorge zu treffen, daß eine Überfüllung der Verkaufs- und Ausstellungsräume nicht stattfindet. Zu diesem Behufe sind veranlaßtenfalls eigene Kommissäre zur Überwachung abzuordnen.

B. Große Geschäftshäuser.

(Große Betriebe, welche bei ausgedehnten Geschäftsräumen, einem zahlreichen Personal und einem lebhaften bedeutenden Verkehr des Publikums nur einzelne bestimmte Artikel führen [Modewaren-, Weißzeug-, Schuhwaren-, Bekleidungsgeschäfte und dergleichen]).

I.

Bestimmungen für die bauliche Anlage.

1. Bei Neuanlagen gelten die Vorschriften für Warenhäuser unter A I Ziff. 1, 3, 5, 6 Abs. 1, 7 mit 13, 14 mit der Änderung in Abs. 3 und 4, daß die Unterbringung von Lager- und Packräumen sowie die Einrichtung von Aufzügen ohne besondere Genehmigung zulässig ist, daß aber die dort hiefür getroffenen Bestimmungen bei Anlage von Lager- und Packräumen sowie Aufzügen ebenfalls zu beachten sind, dann unter A I Ziff. 15 und 16 Abs. 2.

An Stelle der Vorschrift für Warenhäuser unter A I Ziff. 4 tritt nachfolgende Bestimmung:

„Das Kellergeschoß darf nur mit besonderer Bewilligung zu Verkaufs- und Ausstellungszwecken benützt werden.

Das Dachgeschoß darf zu Verkaufs- und Ausstellungszwecken nicht benützt werden."

2. Bei bestehenden Gebäuden sind nur jene Anforderungen zu stellen, die sich ohne erhebliche Schwierigkeiten und bedeutenden Aufwand durchführen lassen, insoferne nicht durch den bisherigen Zustand besondere Gefahren für das Personal und Publikum sich ergeben.

II.

Bestimmungen für den Betrieb.

1. Bei Neuanlagen gelten die Vorschriften für Warenhäuser unter A II Ziff. 1 mit 14.

2. Bei bestehenden Betrieben sind zu beachten die Vorschriften für Warenhäuser unter A II Ziff. 1 Abs. 2 mit 5, Ziff. 2, 3 Abs. 2 mit 4, Ziff. 4, 6 mit 14.

An Stelle von Ziff. 5 tritt nachfolgende Bestimmung:

„Die Beleuchtung der Auslagen und Schaufenster soll im allgemeinen nur von außen erfolgen. Beleuchtungskörper innerhalb der Auslagen sind nur dann zulässig, wenn die letzteren feuersicher gegen den Innenraum abgeschlossen sind, oder wenn die Beleuchtungskörper gegen jede Möglichkeit einer Berührung mit den ausgelegten Gegenständen vollständig gesichert sind."

3. Auf Lagerhäuser und dergleichen, in welchen größere Mengen leicht entzündlicher Stoffe gelagert sind und in denen ein zahlreiches Personal beschäftigt ist, haben die vorstehenden Bestimmungen unter B sinngemäße Anwendung zu finden.

XV. Ministerial-Entschließung vom 1. Januar 1904 betr. Denkmalspflege (oder Pflege der heimischen Bauweisen).

(MABl. S. 1.)

An die K. Regierungen, Kammer des Innern, die Distriktsverwaltungsbehörden, K. Bauämter und Gemeindebehörden.

Die von dem K. Staatsministerium des Innern gepflogenen Erhebungen haben erfreulicherweise ergeben, daß eine Reihe größerer und kleinerer Gemeinden durch Erlassung ortspolizeilicher Vorschriften auf Grund der Bestimmungen in Art. 101 Abs. 3 des PStrGB. für Erhaltung der aus alter Zeit überkommenen historisch und künstlerisch wertvollen Baudenkmäler, Befestigungsanlagen und dergl. Sorge getragen haben und daß sie diese Gebäude sowohl gegen stilwidrige Änderungen im Innern und am Äußern wie auch gegen unschöne und stilwidrige Umbauung auf benachbartem Bauterrain entsprechend schützen.

Besonders zu begrüßen ist es, daß in einigen dieser Vorschriften der Form und Eindeckung der Dächer, der Notwendigkeit des Mauerverputzes, der Fernhaltung unschöner, das Architektur- und Landschaftsbild störender Reklameschilder und Aufschriften an Gebäuden, Mauern und dergl., dann der Anlage der Vorgärten gebührendes Augenmerk zugewendet ist.

Die K. Regierungen, Kammern des Innern, die Distriktsverwaltungsbehörden und die K. Bauämter werden es sich angelegen sein lassen, dahin zu wirken, daß den bestehenden Vorschriften ein entsprechender Vollzug gesichert bleibt und daß auch an anderen Orten mit monumentalen oder geschichtlich und künstlerisch interessanten Bauten für die Erhaltung und den Schutz dieser Gebäude einschließlich ihres plastischen und malerischen Schmuckes, dann wo reizvolle Stadt-, Straßen- oder Platzbilder vorhanden sind, für deren Erhaltung tunlichst Sorge getragen werde.

Hierauf ist übrigens nicht bloß bei der baupolizeilichen Prüfung der Baupläne Bedacht zu nehmen, sondern auch bei der Festsetzung der Höhenlage und der Baulinien, welch' letztere unter Vermeidung endloser Geradlinigkeit und unter tunlichster Schonung aller den Plätzen und Straßen zum Schmucke gereichenden Gebäude, Anlagen (Bäume) und dergl. anzulegen sind. Hier sei noch darauf hingewiesen, daß die Bau- und Baulinienführung auch auf die umgebende Landschaft Rücksicht nehmen soll.

Ein besonderes Augenmerk ist jenen Orten zuzuwenden, welche sich durch eine charakteristische heimische Bauform auszeichnen. In einer Reihe dieser Orte, namentlich im bayerischen Gebirge, besteht die Gefahr, daß der heimische Baustil durch Erbauung unschöner großstädtischer Miet- und Gasthäuser sowie durch andere Bauten ähnlicher Art mehr und mehr verdrängt oder doch das reizvolle Gesamtbild solcher Orte ganz wesentlich beeinträchtigt werde. Es ist dies um so bedauerlicher, als gerade hier ohne Mehrkosten, ja meist sogar mit geringerem Aufwande der bodenständigen Bauweise Rechnung getragen werden könnte. Dabei ist auch zu erwägen, daß die charakteristische Anlage dieser Orte einen Hauptanziehungsgrund für die Fremden bildet.

Eine charaktervolle, eigenartige Architektur der Wohnhäuser in den einzelnen Orten und Gegenden kann nur bestehen, wenn aus dem örtlichen Bedürfnisse heraus und möglichst mit Verwendung der heimischen Baustoffe gebaut wird. Die örtliche Überlieferung (im Grundriß, Aufbau und Einzelmotiven) muß im Bauen wieder lebendig werden; auf ihrem Grunde sollen die neuen Bedürfnisse der Gegenwart mit Verwendung der neuen technischen

Hilfsmittel befriedigt werden. Nur so wird die außerordentliche Mannigfaltigkeit der Bauweise, welche in den einzelnen Gegenden so reizvoll vor Augen tritt, auch bei Neubauten sich erhalten lassen.

Die K. Regierungen und die Distriktsverwaltungsbehörden werden erwägen, ob und wie weit etwa die Erlassung ortspolizeilicher Vorschriften nach den vorbezeichneten Richtungen angezeigt und die Forderung geboten ist, daß bei Neubauten und Umbauten auf die heimische Bauweise und die Umgebung tunlichst Rücksicht genommen werde. Veranlaßten Falls ist an die betreffenden Gemeindeverwaltungen mit entsprechender Anregung heranzutreten.

Die in der Anlage gegebenen Gesichtspunkte sollen den Behörden bei ihrem weiteren Vorgehen auf Grund des Art. 101 Abs. 3 des PStrGB. zur Richtschnur dienen.

Die Distriktsverwaltungsbehörden haben ein Verzeichnis der in ihrem Bezirke vorhandenen geschichtlich oder architektonisch interessanten Baudenkmäler anzulegen und hiewegen auch mit den K. Landbauämtern ins Benehmen zu treten.

Hiebei wird auf die Ministerial-Bekanntmachung vom 13. Oktober und 10. November 1892, die Inventarisation der Kunstdenkmale Bayerns betreffend, verwiesen (MABl. S. 447 und 525).

Den Verwaltungen der mittelbaren Gemeinden ist, soweit veranlaßt, Auszug aus diesem Verzeichnisse mit entsprechender Anweisung zu übersenden.

Ist eines dieser Baudenkmäler in Gefahr, so sind sofort, event. auf Grund des Art. 159 Ziff. 4 der diesrheinischen und der Art. 91 Ziff. 4 der Pfälzer Gemeindeordnung, die erforderlichen Einleitungen zu treffen und gleichzeitig die K Regierung, Kammer des Innern, sowie das Generalkonservatorium der Kunstdenkmale Bayerns zu benachrichtigen.

Im übrigen ist — namentlich auf dem Lande — darauf hinzuwirken, daß das Verständnis für die Bedeutung solcher Baudenkmäler bei den Gemeindebehörden und in den breiten Schichten der Bevölkerung mehr und mehr geweckt und gefördert werden, denn das allgemeine Interesse der Bevölkerung für solche Werke ist der beste Schutz für deren Erhaltung.

Zu der Einsicht der Gemeindebehörden wird vertraut, daß sie in pietätvoller Würdigung des geschichtlichen, künstlerischen und ethischen Wertes der aus der Vorzeit überkommenen Baudenkmäler, diesen Meisterwerken der Vorfahren ausgiebigen Schutz zuteil werden lassen.

Da den kleineren Städten und den Landgemeinden für die Anfertigung und die Beurteilung einschlägiger Bauprojekte geeignete, künstlerisch geschulte Kräfte zur Zeit in der Regel nicht zur Verfügung stehen, wird denselben empfohlen, sich hiewegen gegebenenfalls an die Kreisgesellschaften des bayerischen Architekten- und Ingenieurvereins oder an den Verein für Volkskunst und Volkskunde, e. V. in München, an letzteren namentlich auch in Fragen der heimischen volkstümlichen Bauweise, unmittelbar oder durch Vermittlung der K. Bezirksämter zu wenden, wo sie, soweit nötig, Rat, Aufschluß und Anregung finden werden. Das erstrebenswerte Ziel dieses Teiles der Heimatpflege soll es aber sein, daß die Baumeister der einzelnen Orte und Gegenden selbst danach trachten, an der möglichsten Erhaltung des örtlichen Gepräges der Architektur unter schonender Rücksichtnahme auf die alten charakteristischen Denkmäler und Bauformen sowie durch passende Eingliederung der Neubauten in den alten Rahmen der Umgebung tatkräftig mitzuarbeiten und der schlichten einfachen Bauweise — namentlich auf dem Lande — wieder zu ihrem Rechte zu verhelfen. Die auf Grund des Art. 101 Abs. 3

des PStrGB. fernerhin ergehenden Vorschriften sind dem K. Staatsministerium des Innern in 4 Exemplaren vorzulegen.

München, den 1. Januar 1904.

Dr. Frhr. von Feilitzsch. Dr. von Wehner.

Anlage.

Richtpunkte für Erlassung ortspolizeilicher Vorschriften nach Art. 101 Abs. 3 des Polizeistrafgesetzbuches.

1. Die alten Befestigungswerke mit ihren Gräben, Stadtmauern, Toren, Türmen und sonstigen Zubehörungen sind tunlichst zu erhalten; für jede bauliche Änderung an denselben ist baupolizeiliche Genehmigung zu fordern.

2. Bauliche Veränderungen im Innern oder am Äußern sonstiger Gebäude von geschichtlicher oder künstlerischer Bedeutung sind der polizeilichen Genehmigung zu unterstellen. Hiebei wäre zu bedingen, daß bei dem Umbau oder bei der Veränderung solcher Bauwerke dem Stile und Charakter derselben Rechnung zu tragen ist.

3. Bei allen Neubauten oder Umbauten in der Nähe der Befestigungswerke oder in der Umgebung von Gebäuden der in Ziff. 2 bezeichneten Art soll gleichfalls dem Charakter dieser Bauwerke tunlichst Rechnung getragen werden. Dabei wäre besonders darauf zu achten, daß der Neubau in den Maßverhältnissen sich passend in das Gesamtbild einfüge und auch im Aufwand der Einzelmotive und Schmuckformen die alte Umgebung nicht beeinträchtige.

Zur Vermeidung von Störungen im Stadtbilde soll ferner die Form und das Eindeckungsmaterial der Dächer beachtet werden.

4. Die Erhaltung schöner Ortsstraßen und Platzbilder ist zunächst bei der Ziehung der Baulinien im Auge zu behalten, wobei natürlich auf die Herrschaft des Lineales verzichtet werden muß. Im übrigen soll bei Neubauten, speziell in den älteren Teilen der Ortschaften, die tunlichste Rücksichtnahme auf die heimische Bauweise, wobei wieder die Form und die Eindeckung der Dächer in Betracht kämen, zur Pflicht gemacht werden.

5. Für sonstige Neubauten, namentlich in neuen Bauanlagen, wird es genügen, wenn im allgemeinen auf die Forderungen der Ästhetik verwiesen wird; auch können Vorschriften über den Verputz des ordinären Rohmauerwerkes und über die zulässige Steilheit der Mansarddächer nur begrüßt werden.

XVI. Ministerial-Entschließung vom 18. Juli 1905 die Herstellung von Baulinien betr.

(MABl. S. 317.)

An die K. Regierungen, Kammer des Innern, die Distriktsverwaltungs- und Gemeindebehörden.

Nach § 3 der Bauordnung vom 17. Februar 1901 sollen Straßen und Wege bei der Festsetzung neuer und bei der Abänderung bestehender Baulinien in einer der Sicherheit und Bequemlichkeit des Verkehrs entsprechenden Breite und, soweit es tunlich ist, gerade angelegt werden. Die Bauordnung geht ganz allgemein von dem Grundsatze aus, daß bei der Festsetzung der Baulinien die Anforderungen des Verkehrs, die Bedingungen gesunden Wohnens und gleichzeitig auch schönheitliche Gesichtspunkte zu berücksichtigen sind, sie überläßt es im übrigen dem Vollzuge, die betreffenden Aufgaben jeweils aus den örtlichen Bedürfnissen und den gegebenen Verhältnissen zu lösen. Die Straßenbreite und die Straßenführung sollen also von Fall zu Fall bestimmt werden, wie es die Vielgestaltigkeit des öffentlichen Verkehrs, des Wohnungsbedürfnisses und der industriellen Entwicklung fordert.

Die Erfahrung zeigt aber, daß bei dem Vollzuge dieser Vorschriften der Schwerpunkt regelmäßig auf die „tunlichste Geradeleitung" der Straßen gelegt und diese vielfach ohne Rücksichtnahme auf die bestehenden Verhältnisse überall da gefordert wird, wo nicht die Natur der Herrschaft des Lineals ein Ende setzt. Eine solche Sachbehandlung entspricht keineswegs den Absichten der Bauordnung, ist durchaus unwirtschaftlich und führt zu unnötigen und insoferne unverantwortlichen Eingriffen in fremdes Eigentum.

Der schablonenhaften Anlage schnurgerader, gleich breiter Normalstraßen mit dem ausnahmslosen Rechteckschema und den zur Mode gewordenen langweiligen Abschrägungen der Straßenecken wird häufig ganz zwecklos fremder Grund und Boden unter unnötiger, manchmal nur geringfügiger Anschneidung gutgebauter Häuser geopfert. Auch wird des öfteren vergessen, daß die Baulinien nicht bloß Straßenfluchtlinien sondern auch Gebäudefluchtlinien sind und daher der Bebauungsfähigkeit der angrenzenden Grundstücke sowie einer praktischen und auch einer gefälligen Bauführung tunlichst Rechnung tragen sollen.

Die Beteiligten werden sich solcher Eingriffe in ihr Eigentum mangels der erforderlichen Sachkenntnis häufig erst dann bewußt, wenn ihnen bei der Bauführung aus der seinerzeit nicht beanstandeten Baulinienfestsetzung Schwierigkeiten entstehen, also in einem Zeitpunkte, in welchen Abänderungen meist nicht mehr tunlich sind. Kurz es werden so den Gemeinden und den Anwesensbesitzern vielfach Kosten verursacht, die bei einiger Überlegung erspart bleiben könnten.

Daß durch derartige verfehlte Maßnahmen auch schöne Orts- und Straßenbilder ohne Not gewaltsam zerstört, reizvolle Landschaftsbilder beeinträchtigt und den Orten mit entwickelter Bautätigkeit nicht selten ein unsagbar ödes Gepräge aufgedrückt wird, lehrt die Erfahrung.

Es ist daher geboten, die Gemeinden und diejenigen Behörden, welche mit der Instruktion und Genehmigung von Baulinienplänen betraut sind, nachdrücklichst darauf hinzuweisen, welch hervorragende wirtschaftliche und auch schönheitliche Bedeutung der Baulinienführung zukommt und wie an einer wohlbedachten und weitschauenden Anlage dieser Pläne die öffentliche Wohlfahrt in hohem Maße interessiert ist. Hiebei ist auf die unendliche Vielgestaltigkeit der Bedürfnisse hinzuweisen, welche unbedingt fordert, daß mit dem hergebrachten geometrischen Schematismus der Straßenanlegung gründlich gebrochen wird und möglichste Freiheit im einzelnen waltet, daß gebührende Rücksicht genommen wird auf die Grundbesitz- und Grenzverhältnisse, die Gestaltung und Verwertung der Baublöcke, auf die wachsenden Bedürfnisse gesunden Wohnens, die Erleichterung des Erwerbslebens, die Entwicklung der Industrie, auf den Verkehr und dessen voraussichtliche, künftige Gestaltung namentlich bei Straßenkreuzungen, Brückenköpfen, Bahnhofplätzen und dergl. Es ist weiter zu achten auf die natürliche Beschaffenheit des Geländes, die umgebende Landschaft, charakteristische Höhenunterschiede, Wasserläufe, Baumbestände, auf Klima, Winde, Besonnung, Fernblicke, Perspektiven, auf Schonung reizvoller Straßenzüge und Plätze, die Geschlossenheit der Straßen- und Platzbilder, auf ortsübliche Bau- und Wohnweise, monumentale oder sonst interessante Gebäude, auf künftige Bedürfnisse an öffentlichen Gebäuden, Anlagen, grünen Erholungsstätten, Kinderspielplätzen mit Ruhebänken, Brunnen und dergl.

Es ist auch angezeigt, in den Baulinienplänen diejenigen Baulichkeiten, Ausblicke und dergl., welche bei den Bauführungen berücksichtigt und geschont werden sollen, zu vermerken.

Werden alle bei der Baulinienfestsetzung in Betracht zu ziehenden Bedürfnisse sorgfältig beachtet, so ergibt sich von selbst, daß krumme Straßen, Brechungen und Unregelmäßigkeiten der Baulinien überall da zuzulassen sind, wo das örtliche Bedürfnis und die wünschenswerte Abwechslung im Städtebild hiefür sprechen, daß auch schmale Straßen für besondere Zwecke, wie für ruhige Wohnviertel mit niedrigen Wohnhäusern ihre Vorzüge haben, daß man an Stelle der bisher üblichen wenigen Normalbreiten der Straßen namentlich in größeren Städten eine Fülle von Abstufungen machen muß von den außergewöhnlich breiten Hauptverkehrsstraßen bis zu ganz schmalen Wohnstraßen, kurz daß jede Straße und jeder Straßenteil so hergestellt werden, wie es der Verkehr, dem sie zu dienen haben, fordert. Daher müssen die Hauptverkehrslinien im voraus richtig erkannt, die wichtigsten Verkehrsmittelpunkte entsprechend verbunden und die Straßen nach dem gefundenen Zukunftsbedürfnisse in entsprechender Breite angelegt werden. Auch kann durch einstweilige Genehmigung breiter Vorgärten einer für die Zukunft erwarteten Verkehrsentwicklung Rechnung getragen und doch der Straße bis dahin der Wohncharakter gewahrt bleiben.

Bei wohl überlegter, richtiger Anwendung der heute in maßgebenden Kreisen anerkannten Grundsätze des Städtebaues und bei entsprechender Vorarbeit für die Zukunft durch im einzelnen noch unverbindliche und nur in großen Zügen angelegte Generalbaulinienpläne kann rechtzeitig dafür Sorge getragen werden, daß in gleichem Schritte mit der Entwicklung der Verhältnisse die Geschäftswelt entsprechend breite Verkehrsstraßen, die Industrie ein besonderes den Wohnstätten tunlichst entrücktes Gebiet mit dem nötigen Anschlusse an Bahnen und Transportstraßen, die Einwohner aber vom Verkehr möglichst abgeschlossene, daher auch stille, mehr staubfreie und gesündere Wohnviertel erhalten. Dies namentlich dann, wenn gleichzeitig mit der Baulinienfestsetzung, wo nötig, auch das einschlägige Bebauungssystem festgestellt, eine entsprechende Verschiedenheit in Gebäudehöhe und Gebäudeabstand vorgesehen und im Gebiete der offenen Bauweise das Zurückrücken der Gebäude in Gartenanlagen dispensweise da gestattet wird, wo dies gesundheitlichen Rücksichten oder zur Belebung des Straßenbildes dienlich ist.

Entsprechen aber die Baulinien und die Bauführung den verschiedenen praktischen Bedürfnissen, so daß die ganze Anlage des Ortes den Charakter der Zweckmäßigkeit trägt, dann wird die Entwicklung der Orte vielgestaltig und reizvoll und insoferne ist die zweckmäßige und gesunde bauliche Entwicklung eines Ortes auch die Vorbedingung schöner Straßen- und Platzbilder.

Schließlich sei auch noch bemerkt, daß Baulinien nur da gezogen werden sollen, wo wirklich ein Anlaß und Bedürfnis hiezu besteht, und daß es nicht angezeigt ist, kleine Orte und Ortsteile, in welchen eine Bautätigkeit überhaupt nicht zu erwarten ist, überfürsorglich mit Generalbaulinienplänen zu versehen.

Wenn in vorstehendem einige Grundsätze des Städtebaues, wie sie von den ersten Meistern dieser Kunst gelehrt werden, berührt wurden, so geschah das keineswegs zu dem Zwecke, Vorschriften zu geben wie bei der Festlegung der Straßenzüge zu verfahren sei; die Kunst des Städtebaues läßt sich nicht in Formeln zwängen, es muß das natürliche Empfinden entscheiden. Vielmehr wollte nur gezeigt werden, welch große, vor allem wirtschaftliche und finanzielle Bedeutung diesen Fragen für die Gemeinden nicht minder als für die einzelnen zukommt, und daß diese überaus wichtige und schwierige Aufgabe nur von solchen richtig gelöst werden kann, welche in den Fragen des Städtebaues besondere Schulung und Erfahrung besitzen, von Sachverständigen, die nicht bloß eine besondere technische Schulung für die Straßenführung, die bauliche Ausnützung und entsprechende Ausgleichung der angrenzenden Bauplätze besitzen, sondern auch Blick und Verständnis für die Bedürfnisse und die Entwicklung des örtlichen Verkehrs, des Erwerbslebens und der Industrie. Solche vielseitig geschulte und erfahrene Sachverständige stehen nun, wie die Erfahrung lehrt, den Gemeinden, abgesehen von wenigen Ausnahmen, nicht zur Verfügung. Wirtschaftliche Mängel der Baulinienpläne können aber in der Regel auch von den meist nur aus der Entfernung urteilenden mit der Bauliniengenehmigung befaßten Aufsichtsbehörden und -Stellen nicht durchweg erkannt und beseitigt werden. Denn bei der Anlage der Baulinienpläne liegt der Schwerpunkt in der entsprechenden Vorbereitung und Ausarbeitung an Ort und Stelle, nur dort kann voll und richtig erkannt werden, was der Gemeinde, der Allgemeinheit und den einzelnen not tut.

Angesichts der Bedeutung der Sache ist daher den Gemeinden, größeren wie kleineren, dringendst zu empfehlen, bei der Anlage von umfangreichen oder sonst wegen der in Betracht kommenden wirtschaftlichen und schönheitlichen Interessen wichtigen Fluchtlinienfestsetzungen und Generalplänen stets einen in Frage des Städtebaues geschulten Architekten, wo nötig auch Ingenieur, zu Rate zu ziehen, wie dies neuerdings in anerkennenswerter Weise u. a. die Gemeinden Pfersee, Lechhausen, Friedberg, Memmingen getan haben.

Auch erscheint es dringend geboten, die älteren Baulinienpläne gerade jetzt in der Zeit geringer Bautätigkeit einer entsprechenden Revision unterziehen zu lassen.

Die auf Zuziehung geeigneter Sachverständiger verwendeten Auslagen werden durch anderweite Ersparungen und durch den späteren glatten Vollzug weit aufgewogen.

Der Bayerische Verein für Volkskunst und Volkskunde e. V. in München (Dammstiftstr. 5) und der Bayerische Architekten- und Ingenieur-Verein in München mit seinen 8 Kreisvereinen haben sich bereit erklärt, den Gemeinden und Behörden auf Wunsch mit Rat und Tat zur Seite zu stehen und Sachverständige zu benennen, welche mit den technischen und wirtschaftlichen Fragen des Städtebaues vertraut und auch bereit sind, auf Grund der nötigen Feststellungen an Ort und Stelle die betreffenden Pläne herzustellen oder doch hiebei beratend mitzuwirken.

Die auf diesem Wege zustande gekommenen wichtigeren Baulinienprojekte sind bis auf weiteres dem K. Staatsministerium des Innern zur Einsichtnahme vorzulegen.

Die K. Regierungen, Kammern des Innern und die Distriktsverwaltungsbehörden werden sich den Vollzug gegenwärtiger Entschließung angelegen sein lassen.

München, den 18. Juli 1905.

Dr. Graf von Feilitzsch.

XVII. Ministerial-Entschließung vom 27. März 1907, Heimatschutz betr.

An die K. Regierungen von Oberbayern und von Schwaben und Neuburg, Kammern des Innern.

K. Staatsministerium des Innern.

In den Ministerialentschließungen vom 1. Januar 1904 und vom 18. Juli 1905 (MABl. S. 1 bezw. S. 317) ist bemerkt, daß bei der Baulinienziehung und bei allen Bauführungen auf charakteristische heimische Bauformen, auf reizvolle Orts- und Straßenbilder, auf das Gelände und die umgebende Landschaft sorgsamst Rücksicht genommen werden soll. Es wurde darauf hingewiesen, wie namentlich in kleineren Orten und auf dem Lande schlichte, die großstädtischen Architekturformen vermeidende Bauten mit einfachen klaren Umrissen, bescheidener Höhe und ruhiger Dachform dazu beitragen werden, der Ortschaft ihren behaglichen Charakter, der Landschaft ihre ungeschmälerte Wirkung zu wahren.

Diese Grundsätze gelten in besonderem Maße für die Ansiedelungen im Gebirge und an Gebirgsseen, wo leider gegen diese Forderungen des Heimatschutzes vielfach gröblich verstoßen wird. Es ist eine wichtige Aufgabe der Distriktsverwaltungs- und Gemeindebehörden, sorgsamst darüber zu wachen, daß unserem Lande dieser Reichtum an Schönheit erhalten bleibe, daß er nicht durch rücksichtslose unersättliche bauliche Ausnützung des Grund und Bodens, nicht durch häßliche, aufdringliche Bauten geschmälert und verdorben werde. Das Privatinteresse kann auch hier nicht für sich allein Berücksichtigung fordern; die Bauunternehmer müssen den höher stehenden Interessen der Allgemeinheit durch Maßhalten in der Ausnützung des Eigentums ein Opfer bringen.

Es ist übrigens auch im eigensten wirtschaftlichen Interesse der Gemeinden und ihrer Inwohner gelegen, daß die Schönheit des Ortes und der Umgebung, die so viele Fremde dorthin führt, ungeschmälert erhalten bleibe, wie es anderseits auch dem Interesse der Anwesensbesitzer dient, wenn rechtzeitig die Vorbedingungen für gute Verkehrsmöglichkeit und behagliches Wohnen geschaffen werden.

All diesen Anforderungen kann aber nur dann gebührend Rechnung getragen werden, wenn das Bauen rechtzeitig in geregelte Bahnen gewiesen wird. Zu diesem Zwecke ist es notwendig, vor allem diejenigen Punkte festzustellen, die wegen ihres landschaftlichen Reizes unter allen Umständen von einer Bebauung frei gehalten werden müssen. Für deren Sicherstellung ist sodann, insbesondere bei der Baulinienfestsetzung, Sorge zu tragen. Ferner empfiehlt es sich, für Geländeteile, in welchen in absehbarer Zeit die Bautätigkeit einsetzen wird, zunächst nur für die Behörde, die Richtpunkte aufzustellen, welche seinerzeit für die Handhabung der Baupolizei Maß geben sollen. Auch wird es sachförderlich sein, in einem Generalplan die künftigen Hauptstraßenzüge einzutragen.

Wird dann später ein Gebiet der Bebauung zugeführt, so ist nach Maßgabe des bestehenden Bedürfnisses durch Festsetzung der Bau- und Vorgartenlinien sowie durch Erlassung baupolizeilicher Vorschriften die zulässige Bebauung bindend festzusetzen Auch ist es wünschenswert, bei der Erschließung eines Geländes für Bauzwecke im Vollzuge des § 1 und des § 62 der Bauordnung einen Teil der Gesamtfläche zur Schaffung von Anlageplätzen und dergl. auszuscheiden und der Gemeinde zu überweisen.

Als Richtpunkte für die Vorarbeiten zu den Bebauungsplänen und -Vorschriften sowie für diese selbst sollen folgende allgemeine Bemerkungen dienen.

Was die Seeufer betrifft, so ist darauf zu achten, daß ein möglichst breiter Streifen Uferland von Gebäuden freigehalten und unter Ausscheidung des Wagenverkehrs für Promenaden und Erholungsplätze ausgestaltet werde, oder daß mindestens sehr geräumige Durchblicke auf den See offen bleiben.

Die baupolizeilichen Vorschriften werden Bestimmungen treffen über die Bauform und Bauweise (offen, mit großen Zwischenräumen), über die Maximalfrontlänge und -Höhe, über schönheitlich befriedigende Gestaltung der Gebäude namentlich an den dem See und den Verkehrswegen zugewendeten Seiten, dann über die Einfriedigungen (Beschaffenheit, Höhe) und dergl. Sehr zu wünschen ist ein Zurücksetzen der Gebäude in offene Gärten, deren Bäume und Sträucher dann gewissermaßen von der Architektur zur Landschaft überleiten. Zu diesem Behufe ist von der Dispensation weitgehendster Gebrauch zu machen.

Für die Bebauung von Berg- und Hügelgelände ist durch entsprechende Baulinienziehung (tunlichste Trennung von Fahr- und Fußgängerwegen) und durch örtliche Bauvorschriften vorzusehen, daß dem auf der Höhe Wohnenden und Wandernden der Fernblick weder durch Gebäudereihen, noch durch hohe Mauern und sonstige Einfriedigungen der Anwesensgrenzen ständig verschlossen wird. Die Hangwege sollen sich der Form des Geländes innig anschmiegen und gegen die Talseite tunlichst von Gebäuden frei bleiben oder nur mit mäßig hohen, durch große Zwischenräume getrennten, in Gärten gelagerten Häusern bebaut werden.

Die örtlichen Vorschriften über die Bebauung des Berg- und Hügelgeländes sollen bestimmen, wie weit die Höhenstraßen einseitig oder doppelseitig bebaut werden dürfen, wo offene und wo geschlossene Bauweise, wo Einfamilienhäuser gefordert oder Gruppenbauten zugelassen sind, welche Gebäudehöhe gestattet wird und dergl.

Daß bei Aufstellung der Bebauungsgrundsätze, der Bebauungspläne und -Vorschriften die Mitarbeit erfahrener, in solchen Fragen geschulter Architekten (Ministerialentschließung vom 18. Juli 1905, MABl. S. 322) unentbehrlich ist, bedarf keiner näheren Darlegung. Die hierauf erwachsenen Kosten werden sich reichlich lohnen; sie dürfen seitens der Gemeinden nicht gescheut werden, da es sich hier um hervorragend wichtige Aufgaben, um sehr bedeutende wirtschaftliche Interessen der Gemeinden handelt, um Aufgaben, die durch ein verständnisvolles und opferwilliges Zusammenwirken der Gemeinden und der Beteiligten eine befriedigende Lösung finden können und finden müssen, bevor es zu spät ist.

Im einzelnen finden die Verwaltungsbehörden beachtenswerte Anregungen in der Monatsschrift des Bayer. Vereins für Volkskunst und Volkskunde (vgl. insbesonders Jahrgang 1906 S. 99 ff., 1907 S. 16 ff.).

Die für vorstehendes in Frage kommenden Distriktsverwaltungsbehörden sind mit weiterer Weisung zu versehen und anzuhalten, die aufgestellten Bebauungsgrundsätze, dann die etwa veranlaßten Bebauungspläne und örtlichen Bauvorschriften jeweils noch im Entwurfe hieher in Vorlage zu bringen. Zunächst ist unter Darlegung der Verhältnisse zu berichten, für welche Orte und

Gelände Vorkehrungen im Sinne der obigen Anregungen veranlaßt sind, zugleich sollen zunächst die bereits genehmigten Baulinienpläne der an Gebirgsseen angrenzenden Gemeinden hieher vorgelegt werden.

XVIII. Ministerial-Entschließung vom 3. August 1910, Vollzug der Bauordnung betr.

(MABl. S. 477.)

K. Staatsministerium des Innern.

An die K. Regierungen, Kammern des Innern, die Distriktsverwaltungs- und Gemeindebehörden.

Vollzug der Bauordnungen betr.

Zum Vollzug der Verordnung vom 3. August 1910, die Bauordnungen betreffend (GVBl. S. 403), wird hinsichtlich der Änderung der Bauordnung vom 17. Februar 1901 folgendes bemerkt:

Zu § 1.

1.

Von besonderer Wichtigkeit für das Wohnungswesen ist in Orten und Gegenden mit sehr entwickelter Bautätigkeit die entsprechende Vorbereitung des Wohnstättenbaues durch zweckmäßige Baulinien- und Generalbaulinienpläne. Es entspricht einem in der Praxis zutage getretenen Bedürfnisse, wenn in § 1 der Bauordnung die bisher auf Städte, Märkte und zusammenhängend gebaute Dörfer, dann auf Staatsstraßen, Distriktsstraßen und Gemeindeverbindungswege beschränkte Pflicht zur Einhaltung der Baulinien nun ganz allgemein für genehmigungspflichtige Bauführungen an öffentlichen Plätzen, Straßen oder Wegen ausgesprochen ist.

Diese Änderung soll im Zusammenhalte mit den Bestimmungen in den §§ 2 und 3 für alle Fälle außer Zweifel stellen, daß durch die Festsetzung von Baulinien- und Generalbaulinienplänen auch abseits geschlossener Ortschaften in freiem Gelände, namentlich in Gegenden, die wegen ihrer landschaftlichen Schönheit für Ansiedelungen gesucht sind und des Schutzes bedürfen, ein wildes rücksichtsloses Bauen hintangehalten werden kann und so beliebte, seit Menschengedenken der Allgemeinheit offenstehende Höhen- und Uferwege, Aussichtspunkte und dergl. der Allgemeinheit erhalten werden können.

Mit der Änderung des § 1 ist aber keineswegs beabsichtigt, daß künftig diese Gelände, auch wenn kein dringendes Bedürfnis vorhanden ist, mit Baulinienetzen überzogen werden. Ein solches Übermaß würde einer ungesunden Spekulation Vorschub leisten und den Absichten des Heimatschutzes direkt widersprechen. Baulinien- und Generalbaulinienpläne sollen auch künftig, wie schon in der Ministerialentschließung vom 18. Juli 1905 (MABl. S. 317) betont wurde, nur dann festgesetzt und aufgestellt werden, wenn wirklich ein Anlaß und ein Bedürfnis hiezu besteht. Insbesondere ist es nicht zulässig, kleine Orte und Ortsteile, in denen eine größere Bautätigkeit nicht zu erwarten ist und auch sonstige öffentliche Interessen nicht zu schützen sind, überfürsorglich mit derartigen Plänen zu versehen.

§ 1 Abs. IV neuer Fassung gibt daher den Baupolizeibehörden (§ 58) weitgehende Befugnis, von der Forderung der Baulinien abzusehen. Hievon ist namentlich bei rein ländlichen Verhältnissen Gebrauch zu machen.

Da § 1 nur genehmigungspflichtige Bauten trifft, finden diese Bestimmungen auf bauliche Anlagen im Sinne des § 8 der Bauordnung nur dann

Anwendung, wenn hiefür die Genehmigungspflicht durch ortspolizeiliche Vorschrift angeordnet ist, was in Gegenden, die eines besonderen Schutzes bedürfen, ohnehin schon der Fall sein wird.

Zu den §§ 2, 3, 4, 11, 59.

2.

Im Hinblick auf die hohe Bedeutung sachgemäßer und zweckentsprechender Baulinienpläne für das wirtschaftliche Leben, für das Wohnungs- und Verkehrswesen der Gemeinden, ferner für eine gesundheitlich und ästhetisch befriedigende Entwicklung des Wohnstättenbaues hat das Staatsministerium des Innern die Behörden und Gemeinden unterm 18. Juli 1905 (MABl. S. 317) und durch Entschließung vom 27. März 1907 Nr. 5876 mit eingehenden Anweisungen versehen, die auch künftig genauestens zu beachten sind. Insbesondere wurde darauf hingewiesen, wie wichtig es ist, daß die Ausarbeitung der Baulinienpläne im Städtebau erfahrenen Architekten übertragen wird. Auch wird neuerdings bemerkt, daß es sich empfiehlt, besonders zu schützende Punkte des Geländes, Straßenbilder und Gebäudedenkmäler (auch vorbildliche Bauten der Neuzeit) im Baulinien- oder Generalbaulinienplan auffallend zu kennzeichnen.

Im Vollzuge dieser Entschließung haben erfreulicherweise eine Anzahl Gemeinden mit lebhafter Bautätigkeit unter Heranziehung geschulter Architekten die Umgestaltung der nach dem starren Grundsatze der Geradlinigkeit angelegten, praktisch vielfach undurchführbaren älteren Baulinienpläne herbeigeführt und für neue Baugebiete Baulinien- oder Generalbaulinienpläne nach den heutigen Grundsätzen des Wohnstättenbaues ausarbeiten lassen. Die Praxis lehrte, daß es notwendig ist, gleichzeitig mit der Festsetzung der Baulinien für das betreffende Gebiet auch die Bebauungsweise — offene oder geschlossene Bauweise, Gebäudeabstand, Gebäudehöhe, Hofraumgröße, Ausschluß lästiger Anlagen und dergl. — im engsten Anschluß an die Bebauungspläne beschlußmäßig festzusetzen. Die Festsetzung der Bebauungsweise kann wie bisher auch künftig allgemein durch orts- oder distriktspolizeiliche Vorschrift nach Art. 101 Abs. II und III des Polizeistrafgesetzbuches erfolgen. Die Baubeschränkungen können aber auch gleichzeitig mit den Baulinien oder in gesondertem Verfahren beschlußmäßig festgesetzt werden. Das gleiche gilt für die Aufstellung von Generalbaulinienplänen (§ 59), für die sich erfahrungsgemäß namentlich da ein Bedürfnis ergibt, wo eine lebhafte Bautätigkeit sprunghaft einsetzt und die Festsetzung von Baulinien noch nicht veranlaßt, aber doch eine gewisse Regelung der Bautätigkeit im Interesse einer planmäßigen Entwicklung der Ansiedelung oder zum Schutze der Landwirtschaft erforderlich ist. Diese in der Praxis vereinzelt schon seit einigen Jahren in der Form der bedingten Bauliniengenehmigung übliche Festsetzung der Bebauungsweise bietet die Möglichkeit einer engen Anpassung der Bauart an die Baulinienpläne und an die praktischen Bedürfnisse des Baugeländes. Durch diese Bestimmung werden die Verordnung vom 16. Mai 1876 (GVBl. S. 347) und § 11 der Bauordnung ersetzt.

3.

Im Verfolge der Ministerialentschließung vom 18. Juli 1905, die der starren Auffassung des Baulinienwesens entgegengetreten ist und vollste Anpassung an die praktischen Bedürfnisse forderte, hat das Staatsministerium des Innern einen freieren, beweglicheren Vollzug der Vorschriften über die Baulinien angebahnt, um die in dieser Richtung früher dem baukünstlerischen Schaffen und einem praktischen Wohnstättenbau entgegenstehenden formalen Schranken möglichst zu beseitigen. Diese in mehrjähriger Erfahrung bewährte Praxis hat nunmehr in der Bauordnung selbst (§ 4) Ausdruck gefunden, so daß künftig bei Festsetzung der Baulinien (§ 59) zu bestimmen ist, ob diese als Straßenbegrenzungs-, als Vorgarten-, als Gebäudefluchtlinien, als vordere, seitliche oder rückwärtige Bebauungsgrenze zu gelten haben. Auf diesem Wege können auch Grünplätze im Baublockinnern von der Bebauung freigehalten werden.

4.

Die Straßenbegrenzungslinien bestimmen die mit Rücksicht auf den Verkehr nötige Straßenbreite. Wird eine Einzäunung hergestellt, so ist sie unmittelbar an dieser Linie zu errichten.

Die Vorgartenlinie ist Straßenbegrenzungslinie, die im Zusammenhange mit einer dahinterliegenden Baufluchtlinie gedacht ist. Wird eine Einzäunung hergestellt, so ist sie unmittelbar an der Vorgartenlinie zu errichten. Ob eine Einzäunung erfolgen muß, dann wie die Einzäunung beschaffen sein muß und wie die Vorgartenfläche zu verwenden ist, wird durch ortspolizeiliche Vorschrift bestimmt.

Die Gebäudefluchtlinie hat die rechtliche Wirkung, daß die vordere Gebäudeflucht unmittelbar an diese Linie herangerückt werden muß.

Die vorderen, seitlichen und rückwärtigen Bebauungsgrenzen haben die rechtliche Wirkung, daß Gebäude entweder an diese Baulinien gestellt oder in einem beliebigen Abstande hinter diesen Linien errichtet werden dürfen. Die Baupolizeibehörde kann hier auf die Stellung und Richtung des Gebäudes Einfluß nehmen.

Darstellung der Baulinien. In den Baulinienplänen sollen die Baulinien künftig durch schwarze, mit Farbe hinterlegte Linien dargestellt werden. Für die Gebäudefluchtlinien ist rote, für die Straßenbegrenzungs- und Vorgartenlinie grüne, für die vorderen Bebauungsgrenzen blaue, für die seitlichen und rückwärtigen Bebauungsgrenzen violette Farbe anzuwenden und zwar in der Weise, daß die neuen Baulinien durch ununterbrochene Farbbänder, die unverändert bleibenden mit durch Punkte unterbrochenen Farbbändern (), die aufzuhebenden durch unterbrochene Farbbänder () gekennzeichnet werden. Baulinien, die zwar in Aussicht genommeu sind, aber meist noch nicht festgesetzt werden sollen, sind durch nicht hinterlegte Strichlinien (—— —— ——) von entsprechender Farbe zu kennzeichnen.

Fallen aufzuhebende und beantragte Baulinien zusammen, indem z. B. eine vordere Bebauungsgrenze in eine Gebäudefluchtlinie oder eine Gebäudefluchtlinie in eine Vorgartenlinie umgewandelt werden soll, so kann dies in der Weise dargestellt werden, daß die schwarze Linie mit entsprechendem Farbbande hinterlegt und zugleich ein entsprechendes, unterbrochenes Farbband vorgelegt wird.

Die Maße für die bestehenden Straßen- und Vorgartenbreiten sind schwarz, bei Veränderungen dieser Breiten rot einzuschreiben.

Zu § 8.

5.

Um eine Übereinstimmung mit § 7 herbeizuführen, wurde der Abs. II zu § 8 beigefügt.

6.

In § 15 werden die Baupolizeibehörden ermächtigt, zur Förderung des Kleinwohnungsbaues Erleichterungen hinsichtlich der

Stärke der Mittelmauern zu gewähren, wenn deren genügende Tragfähigkeit vom Baugesuchsteller nachgewiesen wird.

Zu den §§ 16, 27, 32, 40, 45 und 47.

7.

Es ist eine alte Klage, namentlich auf dem Lande, daß die von der Bauordnung vorgeschriebene Überdachführung der Brandmauer, insbesondere bei mangelhafter Bauführung, das Eindringen von Regen- und Schneewasser in die anstoßenden Gebäudeteile erleichtert. Die Überdachführung der Brandmauer wurde ferner wegen der damit verbundenen Mehrkosten und auch vom ästhetischen Standpunkt aus bekämpft. Weiter wurde zwecks Einsparung an Raum und an Baukosten der Verzicht auf die bisher vorgeschriebene Verstärkung der Brandmauer von oben nach unten angestrebt. Die Erfahrung hat gelehrt, daß unter gewissen im Interesse der Feuersicherheit und Standfestigkeit zu treffenden Vorsichtsmaßregeln von den vorgenannten bisherigen Forderungen der Bauordnung abgesehen werden kann.

Die umfassende Änderung des § 16 sieht wesentliche Erleichterungen nach den angegebenen Richtungen und die Voraussetzungen vor, unter denen diese Erleichterungen gewährt werden können. Für Gebäude mit mehr als 3 Geschossen und für Gebäude mit besonderer Feuersgefahr wird jedoch im Interesse der Feuersicherheit die Vorschrift der Überdachführung der Brandmauer beibehalten.

Die gewährten Erleichterungen kommen hauptsächlich dem Kleinhausbaue zugute.

8.

Die Bestimmung in § 62 Abs. VI wird es den Baupolizeibehörden ermöglichen, dahin Einfluß zu nehmen, daß namentlich bei Kleinwohnungsbauten die gemeindlichen Forderungen für Straßenherstellung in einem entsprechenden Verhältnisse zu der baulichen Ausnützung des Baugrundes stehen und daß insbesondere gemeinnützige, der Wohnungsfürsorge dienende Unternehmungen gefördert werden. Unter allen Umständen ist auf eine ordnungsmäßige Verbindung des Neubaues mit einer bereits bestehenden Straße zu achten.

Die Vergünstigung des Abs. VI Ziff. 2 darf nur den Gebäuden zugute kommen, die den Voraussetzungen dieser Bestimmung genau entsprechen. Zu den 4 Haupträumen ist auch die Küche zu rechnen.

Die Baupolizeibehörden haben bei Gewährung von Erleichterungen unter sorgfältiger Prüfung der Baupläne darauf zu achten, daß die projektierten Kleinwohnungen nicht ohne weiteres durch nicht genehmigungspflichtige Änderungen zu Großwohnungen gemacht werden können. Erfahren die Kleinwohnungsbauten später eine solche bauliche Änderung, daß sie nicht mehr den Bestimmungen in Abs. VI Ziff. 2 entsprechen, so kann die Gemeinde die Straßensicherungskosten im vollen Umfange nachfordern und es darf die baupolizeiliche Bewilligung zur baulichen Änderung erst erteilt werden, wenn die gemeindliche Forderung erfüllt ist. Bei Gewährung der Erleichterung ist diese Voraussetzung ausdrücklich hervorzuheben.

Beim Vollzug der Münchener Bauordnung sind die vorstehenden Anweisungen sinngemäß zu beachten.

München, den 3. Juli 1910.

von Brettreich.

Sachregister.

Die Zahlen bedeuten die Seiten.

C. (s. K. und Z.)

D.

E.

H.

J.

K.

N.

O.

P.

Q.

R.

S.

T.

U.

V.

W.

Z.